사회복지학개론 2판

박옥희 · 정민아 공저

INTRODUCTION TO SOCIAL WELFARE

학지사

머리말

오늘날 전 세계 대부분의 국가가 복지사회를 추구하고 있으며 우리나라도 예외는 아니다. 이러한 추세에 따라 사회복지전문인력을 양성하는 교육기관도 급증하여 1970년대 초까지만 하더라도 10여 개 대학에 불과하던 것이 현재는 대부분의 대학에 사회복지(관련) 학과가 개설되어 있다.

저자는 오랫동안 강단에서 사회복지학개론을 가르치면서 수업시간에 강의하는 내용을 충실히 담은 개론서를 만들고 싶은 마음에 이 책을 집필하게 되었다. 이 책이 사회복지 전공자뿐 아니라 사회복지를 공부하고자 하는 사람들에게 사회복지에 대한 기본지식을 제공해 주는 책이 되기를 바라는 마음이다.

이 책은 총 13개의 장으로 구성되어 있다. 제1장은 사회복지의 개관으로 사회복지의 정의, 사회사업과 사회보장, 가치, 구성, 사회복지전문인력, 사회복지시설 및 기관, 복지국가에 대해 소개하고 있고, 제2장에서는 영국, 미국, 일본, 한국의 사회복지 발달사를 소개하고 있다. 제3장에서는 사회복지실천과 실천기술을, 제4장에서는 사회복지행정과 사회복지정책, 사회복지조사에 대해 소개하고 있다. 제5장에서는 공공부조제도와 국민기초생활보장사업에 대하여 소개하고 있으며, 제6장에서는 공적 연금보험, 건강보험, 산재보험, 고용보험, 노인장기요양보험의 다섯 가지 사회보험제도에 대해 소개하고 있다. 그리고 제7장은 노인복지, 제8장은 장애인복지, 제9장은 아동·청소년복지, 제10장은 가족복지, 제11장은 지역사회복지, 제12장은 정신건강사회복지와 의료사회복지, 제13장은 기타 사회복지분야로서 여성복지, 산업복지, 학교사회복지, 교정복지에 대해 소개하고 있다.

1판이 나온 지 어느덧 몇 해가 지나 2판을 출간하게 되었다. 전반적인 내용에는 큰 차이가 없으나 1판 출판 후에 바뀐 내용을 수정 · 보완하였다. 미흡한 점이 많으나 이 책이 사회복지를 공부하는 사람들에게 유익한 책이 되기를 바라며, 이 책을 출판하는 데 도움을 주신 학지사 김진환 사장님과 편집부 직원분들, 그리고 나의 가족에게 고마움을 표한다.

저자 박옥희

차례

제 11 장

지역사회복지 • 353

제 12 장

정신건강사회복지와 의료사회복지 • 385

제 13 장

기타 사회복지분야 • 411

제 1 장

사회복지의 개관

1. 사회복지의 정의
2. 사회사업과 사회보장
3. 사회복지와 사회복지전문직의 가치
4. 사회복지의 구성
5. 사회복지전문인력
6. 사회복지시설 및 기관
7. 복지국가

1. 사회복지의 정의

사회복지라는 개념은 시대에 따라 그 의미가 다르게 사용되고 학자들 간에도 의견 차이가 있으므로 통일된 정의를 내리기 어렵다. 사회복지(social welfare)는 사회적(social)이라는 형용사와 복지(welfare)라는 명사의 합성어다. welfare는 well과 fare를 합친 것으로서 평안히 잘 지내는 상태를 뜻한다.

Friedlander와 Apte는 사회복지를 국민의 복지에 기본적인 것으로 인정된 사회적 욕구를 충족시키기 위하여, 그리고 사회질서의 회복을 위하여 제반 급부를 확보하거나 강화시키는 법률, 프로그램, 급여 및 서비스체계라고 정의하였고(Friedlander & Apte, 1980), Johnson은 사회제도나 체계 간의 조직적인 활동으로 인간의 복지를 유지하거나 개선하는 데 목적을 두는 사회사업을 포함하여 많은 전문직을 포함하는 광의의 개념으로 규정하였다(Johnson, 1965).

사회복지라는 용어는 인간생활의 이상적 상태를 의미하는 이념적 측면과 구체적인 실천적 활동을 포함하는 실체적 측면을 포함한다. 이념적 차원에서의 사회복지는 목적적 개념으로서 바람직한 사회, 즉 빈곤이 없고 국민이 자유롭고 평등한 생활을 영위할 수 있는 사회를 목적으로 하는 것이다. 실체적 측면에서의 사회복지는 사회복지의 이념과 목적을 달성하기 위한 수단으로서의 구체적인 실천활동을 의미한다.

사회복지라는 용어에는 사회구성원 모두가 복지를 누리는 사회적 안녕상태라는 의미와, 이러한 안녕상태를 만들기 위한 사회의 총체적 제도 및 노력이라는 의미가 포함되어 있다. 사회구성원 모두가 기초적인 생활보장은 물론 인간다운 생활을 영위하는 데 필요한 기본적인 수단들을 적절히 활용하기 위해서는 사회적 부와 기회 및 권리가 차별 없이 사회구성원 모두에게 적절히 배분되어야 한다. 사회복지의 의미에는 이러한 사회자원의 적절한 배분과 더불어 사회구성원 모두가 부당한 차별 없이 생활한다는 사회적 형평성도 포함되어 있다.

우리나라 「헌법」 제10조와 제31조부터 제36조까지는 광의의 사회복지 개념을 포괄하고 있다. 「헌법」 제10조에는 '모든 국민은 인간으로서의 존엄과 가치를 가지며, 행복을 추구할 권리를 가진다.'고 규정되어 있고, 제31조는 교육을 받을 권리, 제32조는 노동할 권리, 제33조는 노동3권의 보장, 제34조는 복지권, 제35조는 건강하고 쾌적한 환경에서 생활할 환경권, 제36조는 혼인과 가족, 보건에 관한 권리를 규정하고 있다. 특히 「헌법」 제34조에는 좁은 의미에서 사회복지의 개념을 규정한 복지권을 명시하고 있다. 제34조 제1항에는 '모든 국민은 인간다운 생활을 할 권리를 가진다.', 제2항에는 '국가는 사회보장, 사회복지의 증진에 노력할 의무를 진다.', 제3항에는 '국가는 여성의 복지와 권익의 향상을 위하여 노력하여야 한다.', 제4항에는 '국가는 노인과 청소년의 복지향상을 위한 정책을 실시할 의무를 진다.', 제5항에는 '신체장애인 및 질병, 노령, 기타의 사유로 인한 생활능력이 없는 국민은 법률이 정하는 바에 의하여 국가의 보호를 받는다.', 제6항에는 '국가는 재해를 예방하고 그 위험으로부터 국민을 보호하기 위하여 노력하여야 한다.'라고 되어 있다.

한편, 사회복지는 그 뜻을 협의로 해석할 수도 있고 광의로 해석할 수도 있다.

사회복지의 뜻을 협의로 해석하면 장애인, 노인, 아동 등 사회적 약자나 요보호자에 대한 서비스라고 할 수 있다. 이는 사회복지를 소극적이고 한정된 개념으로 보

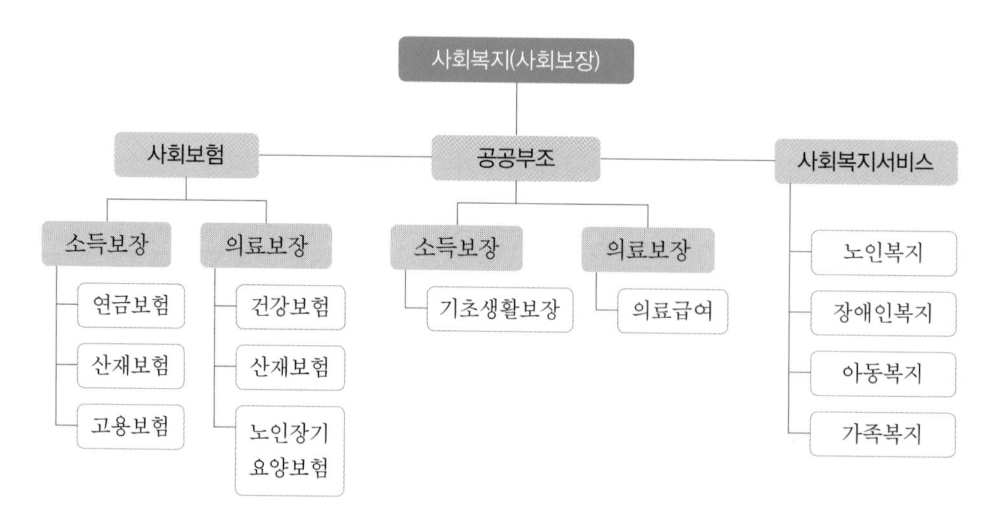

[그림 1-1] 사회복지의 분야

는 견해로서 정상적인 생활을 영위하지 못하는 개인을 경제적 · 정신적으로 도와주는 사회적 노력을 의미하는 것으로 대인복지서비스에 해당된다. 협의의 사회복지는 Wilensky와 Lebeaux가 말한 잔여적(보충적) 사회복지에 해당되는 개념으로서 사회적 약자들에게 정상적인 사회생활을 유지할 수 있도록 원조하는 활동을 의미한다.

광의의 사회복지는 전 국민을 대상으로 하는 것으로서 사회복지서비스 외에 보건, 의료, 주택, 고용, 교육정책 등을 포함하는 것이다. 이는 사회정책, 사회보장을 포함하는 광범위한 정책개념이다. 광의의 사회복지는 Wilensky와 Lebeaux가 말한 제도적 사회복지에 해당된다.

사회복지를 연구하는 학문인 사회복지학은 사회과학의 일종이다. 사회과학은 인간이 만든 사회현상을 연구하는 학문이다. 사회복지학은 다른 학문분야들을 종합하여 사회문제의 해결방안을 제시하는 종합학문이며, 사회문제를 해결하려는 실천적 목적을 가진 응용학문이다. 사회복지학은 개인에서부터 사회에 이르는 광범위한 관심영역을 이해하는 데 필요한 지식이 요구되므로 경제학, 사회학, 심리학, 행정학, 정치학, 법학, 역사학, 철학 등 여러 학문분야의 지식을 활용한다. 예를 들어, 사회학은 사회에 대한 이해를 위하여, 심리학은 클라이언트 개인의 심리를 이해하기 위하여, 철학은 사회복지가 추구하는 가치체계를 규명하기 위하여 필요하다. 이처럼 사회복지학은 다학문적인 성격을 가지고 있다. 또한 사회복지학은 가치지향적이다. 즉, 다른 학문분야에 비하여 인본주의와 같은 특정가치를 지향한다. 이는 사회복지학이 실천적 목적을 가진 학문이라는 점과 일맥상통하는 특성이다.

한편, Wilensky와 Lebeaux는 1950년대의 미국의 사회복지현상을 분석하는 개념모델로서 잔여적 사회복지(residual welfare)와 제도적 사회복지(institutional welfare)라는 개념을 규정하였다(Wilensky & Lebeaux, 1965). 잔여적(보충적) 사회복지는 가족이나 시장의 기능이 제대로 발휘되지 못할 때 국가가 일시적으로 개입하여 가족과 시장을 대신하여 도움을 주는 것이다. 이는 긴급사태가 발생한 경우에 활성화되고, 가족과 시장기능이 회복되는 경우에는 축소된다. 잔여적 사회복지는 한정적 · 비정상적 · 응급조치적 의미를 갖는다. 반면에 제도적 사회복지는 정상성, 적절성, 예방성 등이 강조되는 개념으로 사회복지가 하나의 사회제도로서 제도화된 것이다.

Wilensky와 Lebeaux는 국가가 산업화되면서 잔여적 사회복지에서 제도적 사회복지로 발전한다고 보았다. 이 두 개념은 사회복지의 역사적 발전과정과 사회적 구조와 기능을 분석하는 데 있어 유용하게 사용되고 있다.

2. 사회사업과 사회보장

사회복지와 유사한 용어로 사회사업과 사회보장이 있다. 사회사업(social work)은 사회복지의 일부분으로서 개인, 집단, 지역사회가 개인적 및 사회적 만족을 누릴 수 있도록 도와주는 전문적 서비스다. 사회사업은 개인이 일상생활에서 어려움을 경험하거나 사회적 기능을 원활히 수행하지 못할 때 전문기술을 사용하여 환경에 잘 적응할 수 있도록 도와주고 사회적 기능을 향상시키는 데 초점을 두는 전문적 활동이다.

사회보장이라는 용어는 사회복지와 중복되어 사용되고 있다. 사회보장이라는 용어가 공식적으로 사용된 것은 1935년에 제정된 미국의 「사회보장법(Social Security Act)」에서다. 그 후 영국의 베버리지(W. H. Beveridge)는 베버리지보고서에서 사회보장을 '실업, 질병, 재해에 의해 수입이 중단된 경우, 또한 노령에 의한 퇴직이나 본인 이외의

표 1-1 사회복지와 사회사업의 비교

사회복지	사회사업
이상적 측면 강조	실천적 측면 강조
바람직한 사회가 목적	바람직한 인간이 목적
일반적 대상(전 국민)	개별적 대상(사회적 약자)
제도와 정책	지식과 기술
고정적	역동적
예방적	치료적
거시적	미시적

사람의 사망에 의해 부양의 상실을 대비하기 위한, 또한 출생, 사망, 결혼 등과 관련된 특별한 지출에 대비하기 위한 소득의 보장을 의미한다.'라고 규정하였다. 일반적으로 사회보장은 질병, 노령, 장애 등의 제반 위험이나 사고에 대처하기 위한 사회보험과 사회보험으로는 필요를 충족할 수 없는 사람들을 위한 공공부조, 다양한 욕구를 가진 사람들에 대한 사회복지서비스를 포함하는 것으로 본다. 1995년에 제정된「사회보장기본법」제3조에는 '사회보장이라 함은 질병, 장애, 노령, 실업, 사망 등의 사회적 위험으로부터 모든 국민을 보호하고 빈곤을 해소하며 국민생활의 질을 향상시키기 위하여 제공되는 사회보험, 공공부조, 사회복지서비스 및 관련복지제도를 말한다.'라고 규정하고 있는데, 이에 의하면 사회보장은 사회복지와 관련제도까지 포함하고 있다.

한편,「사회복지사업법」제2조에는 '사회복지사업이라 함은 다음 각 목의 법률에 따른 보호·선도 또는 복지에 관한 사업과 사회복지상담, 직업지원, 무료숙박, 지역사회복지, 의료복지, 재가복지, 사회복지관 운영, 정신질환자 및 한센병력자 사회복귀에 관한 사업 등 각종 복지사업과 이와 관련된 자원봉사활동 및 복지시설의 운영 또는 지원을 목적으로 하는 사업을 말한다.'라고 되어 있다. 즉,「사회복지사업법」에서 사회복지란 제2조에서 열거한 제반 사업을 의미하며 각 목의 법률은 다음과 같다.

가. 국민기초생활보장법
나. 아동복지법
다. 노인복지법
라. 장애인복지법
마. 한부모가족지원법
바. 영유아보육법
사. 성매매방지 및 피해자보호 등에 관한 법률
아. 정신건강증진 및 정신질환자 복지서비스 지원에 관한 법률
자. 성폭력방지 및 피해자보호 등에 관한 법률
차. 입양특례법

카. 일제하 일본군위안부 피해자에 대한 생활안정지원 및 기념사업 등에 관한 법률
타. 사회복지공동모금회법
파. 장애인 · 노인 · 임산부 등의 편의증진 보장에 관한 법률
하. 가정폭력방지 및 피해자보호 등에 관한 법률
거. 농어촌주민의 보건복지증진을 위한 특별법
너. 식품 등 기부 활성화에 관한 법률
더. 의료급여법
러. 기초연금법
머. 긴급복지지원법
버. 다문화가족지원법
서. 장애인연금법
어. 장애인활동 지원에 관한 법률
저. 노숙인 등의 복지 및 자립지원에 관한 법률
처. 보호관찰 등에 관한 법률
커. 장애아동 복지지원법
터. 발달장애인 권리보장 및 지원에 관한 법률
퍼. 청소년복지 지원법
허. 그 밖에 대통령령으로 정하는 법률

사회가 변화하면 사회복지의 개념도 변화한다. Romanyshin은 사회복지 개념이 다음과 같이 변화되고 있다고 지적하였다(Romanyshin, 1971).

- 잔여적인 것에서 제도적인 것으로
- 자선에서 시민의 권리로
- 특수한 서비스에서 보편적 서비스로
- 최저조건에서 최적조건의 급여나 서비스로

- 개인적 변화에서 사회적 개혁으로
- 민간지원에서 공공지원으로
- 빈민구제에서 복지사회 구현으로
- 문제해결에서 문제예방으로

이와 더불어 사회복지 패러다임도 변화하는데, 이는 〈표 1-2〉와 같다.

표 1-2 사회복지 패러다임의 변화

구분	변화 양상
기본이념	보호, 구제 → 참여, 정상화의 실현
대상자	저소득층, 약자의 보호 → 복지욕구가 있는 모든 사람
공사관계	공사분리 → 공사협동
국가와 지방의 관계	중앙집권 → 지방분권
재원	공비 부담, 무료복지 → 공비 부담, 이용자 부담(서비스의 유료화)
서비스의 결정	행정청의 재량 → 이용자의 선택, 자기결정
공급주체	공적 공급, 법인위탁 → 공 · 사 혼합, 복지다원주의
서비스의 질	최저기준의 보장 → 삶의 질 향상
서비스 공급의 관점	공급자 중심 → 이용자 중심
서비스 공급장소	시설복지 → 재가복지

자료: 임춘식 외(2007). 사회복지학개론. 공동체, p. 27.

3. 사회복지와 사회복지전문직의 가치

1) 사회복지의 가치

사회복지의 가치는 사회복지를 이해하고 시행하는 데 기본이 되는 요소로서 사회복지를 실천하는 과정에서 나타나며 사회복지의 목표라고도 할 수 있다. 가치는 사회복지가 수행해야 할 목표를 제시해 주고, 사회복지사나 사회복지기관이 사회복지실천활동에서 어떤 사회적 관계를 형성해 나가야 할지 제시해 주며, 사회복지사가 다양한 실천대안 중에서 가장 바람직한 것을 선택하는 데 영향을 준다. 사회복지가 지향하는 주요 가치는 다음과 같다.

(1) 인간의 존엄성 확보

「헌법」 제10조에는 '모든 국민은 인간으로서 존엄과 가치를 가지며 행복을 추구할 권리를 가진다.'라고 되어 있다. 인간으로서의 존엄과 가치는 사회복지의 기본가치이자 목표다. 인간의 존엄성 확보는 인간의 인격을 존중하는 데 있다. 이러한 가치는 인권사상에 기초하는 것으로서 인간은 존엄하며 동일하게 가치가 있다고 본다.

(2) 인간다운 생활

인간의 존엄성은 인간다운 생활을 보장할 때 확보될 수 있다. 「헌법」 제34조에는 '모든 국민은 인간다운 생활을 할 권리를 가진다.'라고 규정되어 있다. 인간다운 생활이란 건강하고 문화적인 생활을 의미한다. 건강은 신체적 건강뿐 아니라 정신적·사회적 건강을 포함한다. 건강하고 문화적인 생활이란 창조적이고 교양 있는 생활을 추구하는 것이라고 할 수 있다.

(3) 자립적인 생활

자립적인 생활이란 타인에게 의존하면서 생활하지 않고 스스로 독립적인 생활을 영위하는 것을 말한다. 인간다운 생활은 자립생활이 가능할 때 이루어질 수 있다. 사회복지에서의 자립은 경제적 자립은 물론 요보호자에게 내재되어 있는 잠재적 능력을 최대한으로 발휘시키기 위한 노력과 독자적이고 주체적인 삶, 스스로 선택한 삶에 대해 책임질 수 있는 삶이라는 관점이 강조된 것이다.

(4) 개인의 성장과 개발

사회복지는 모든 사람이 각자의 잠재력을 발휘하여 성장하고 발달할 수 있도록 원

조하는 데 목표를 둔다.

(5) 사회적 통합

빈민, 장애인, 노인, 고아 등과 같은 요보호자들을 적극적으로 사회에 참여하게 하고 전체 사회에 통합시키는 것이 사회복지의 목표이자 가치다.

2) 사회복지전문직의 가치

미국의 '사회복지사 윤리강령'에서는 사회복지전문직의 핵심가치로서 여섯 가지를 제시하고 있다. 이들 핵심가치와 여기서 도출된 윤리적 원칙은 다음과 같다.

① 가치: 서비스
원칙: 사회복지사의 궁극적인 목표는 도움을 필요로 하는 사람들을 돕고 사회적 문제에 대응하는 것이다.

② 가치: 사회적 정의
원칙: 사회복지사는 사회적 불의와 대결해야 한다.

③ 가치: 인간에 대한 존엄성과 가치
원칙: 사회복지사는 인간의 타고난 존엄성과 가치를 존중해야 한다.

④ 가치: 인간관계의 중요성
원칙: 사회복지사는 신뢰받을 수 있도록 행동해야 한다.

⑤ 가치: 충실
원칙: 사회복지사는 자신의 임무에 성실하게 행동해야 한다.

⑥ 가치: 능력
원칙: 사회복지사는 자신의 능력범위 내에서 실천활동을 해야 하며 자신의 전문지식과 기술을 개발하고 향상해야 한다.

4. 사회복지의 구성

1) 주체

주체란 사회복지를 실천하는 주체를 말한다. 오늘날 사회복지에는 다양한 형태의 주체가 참여하고 있다. 주체는 크게 공공부문과 민간부문으로 나눌 수 있다. 공공부문은 국가와 지방자치단체 등 공공기관이나 이에 준하는 공공조직이고, 민간부문은 기업, 종교단체, 각종 사회단체 등의 민간단체나 개인이다. 공공부문이 주체가 되는 경우는 국가나 지방자치단체가 사회복지시설이나 기관을 설립하여 직접 운영하는 경우가 해당된다. 민간부문이 주체가 되는 경우는 기업이나 사회단체, 개인이 사회복지기관이나 시설을 설립하여 운영하는 경우다. 우리나라의 경우 초기에는 민간부문이 활발하였으나 그 후 공공부문의 비중이 확대되었다.

오늘날에는 공공부문과 민간부문으로 이분화되기보다는 많은 경우에서 공공부문과 민간부문이 혼합된 형태로 나타나고 있는데 이를 제3부문이라고 한다. 제3부문은 국가나 지방자치단체가 사회복지시설이나 기관을 설립하고 운영은 민간에 위탁하는 공설민영방식 또는 개인이나 민간기관이 사회복지시설이나 기관을 설립하고 운영은 정부에서 하는 민설공영방식으로 이루어진다.

2) 대상

대상은 다른 말로 객체로서 사회복지서비스나 정책의 수혜자를 말한다. 과거에 사회복지의 주 대상은 빈민, 고아, 장애인, 노인, 병자 등 어려움에 처하여 특별한 보호나 지원이 필요한 사람들이었다. 그러나 오늘날에는 사회복지의 영역이 확대되면서 사회복지의 대상이 사회적 약자에게만 국한되지 않고 전 국민으로 확대되었다.

3) 접근방법

(1) 기술적 접근방법

미시적 접근방법으로서 사회문제나 개인적 문제는 주로 개개인의 결함이나 이상, 가족이나 지역사회에서의 인간관계의 부적응문제에서 야기된다고 본다. 사회복지를 전문기술에 의해 인간관계를 조정하는 것으로 보는 접근방법이다. 구체적으로는 개별지도, 집단지도, 지역사회조직 등의 전문기술을 사용한다.

(2) 정책적 접근방법

거시적 접근방법으로서 전 국민을 대상으로 하여 생활수준을 향상시켜서 인간다운 생활을 보장해 주는 생활권적 기본권에 근거를 둔다. 구체적으로는 사회보험제도, 공공부조제도, 사회복지서비스정책 등을 포함한다. 정책적 접근방법은 자본주의 제도에 의해 발생하는 구조적 모순에서 비롯된 제반 사회문제를 대상으로 한다. 사회문제를 개인의 책임으로 보지 않고 국가와 사회의 책임으로 간주하여 이러한 문제에 대해 거시적으로 접근한다.

(3) 통합적 접근방법

기술적 접근방법과 정책적 접근방법을 혼용한 것이다. 사회복지실천현장에서 정책적 접근방법과 기술적 접근방법은 상호보완적 관계에 있다. 정책은 사회적 요인을 다루는 것이고 기술은 개별적 원조활동을 통해 개인을 다루는 것인데, 두 방법을 모두 사용할 때 효과적인 문제의 해결이 가능하다. 따라서 통합적 접근방법은 모든 사회복지실천분야에서 필요하다.

5. 사회복지전문인력

대표적인 사회복지전문인력으로는 사회복지사가 있다. 사회복지사의 등급에는 1급, 2급이 있으며, 1급은 국가시험에 합격한 사람에게 부여한다. 사회복지사 1급 국가시험과목은 8과목으로서, 사회복지기초(인간행동과 사회환경, 사회복지조사론), 사회복지실천(사회복지실천론, 사회복지실천기술론, 지역사회복지론), 사회복지정책과 제도(사회복지정책론, 사회복지행정론, 사회복지법제론)다. 각 과목별 시험문항은 25문항씩 총 200문항이며, 합격자는 전 과목 총점의 60% 이상, 매 과목 만점의 40% 이상 득점한 자로 한다.

등급별 사회복지사 자격기준은 〈표 1-3〉과 같다. 현재 우리나라는 사회복지사 자격증을 취득할 수 있는 교육기관이 급증하여 사회복지사 자격증이 공급과잉상태에

표 1-3 사회복지사 자격기준

등급	자격기준
사회복지사 1급	법 제11조 제3항에 따른 국가시험에 합격한 사람
사회복지사 2급	가. 「고등교육법」에 따른 대학원에서 사회복지학 또는 사회사업학을 전공하고 석사학위 또는 박사학위를 취득한 사람. 다만, 사회복지학 또는 사회사업학이 아닌 분야의 학사학위를 취득하고 사회복지학 또는 사회사업학 석사학위를 취득한 사람은 보건복지부령으로 정하는 사회복지학 전공교과목과 사회복지 관련 교과목 중 사회복지현장실습을 포함한 필수과목 6과목 이상(대학에서 이수한 교과목을 포함하되, 대학원에서 4과목 이상을 이수해야 한다), 선택과목 2과목 이상을 각각 이수한 경우에만 사회복지사 자격을 인정한다. 나. 「고등교육법」에 따른 대학에서 보건복지부령으로 정하는 사회복지학 전공교과목과 사회복지 관련 교과목을 이수하고 학사학위를 취득한 사람 다. 법령에서 「고등교육법」에 따른 대학을 졸업한 사람과 동등 이상의 학력이 있다고 인정하는 사람으로서 보건복지부령으로 정하는 사회복지학 전공과목과 사회복지 관련 교과목을 이수한 사람

라. 「고등교육법」에 따른 전문대학에서 보건복지부령으로 정하는 사회복지학 전공교과목과 사회복지 관련 교과목을 이수하고 졸업한 사람
마. 법령에서 「고등교육법」에 따른 전문대학을 졸업한 사람과 동등 이상의 학력이 있다고 인정하는 사람으로서 보건복지부령으로 정하는 사회복지학 전공교과목과 사회복지 관련 교과목을 이수한 사람
바. 종전의 「사회복지사업법」(법률 제14923호로 개정되기 전의 것을 말한다)에 따라 사회복지사 3급 자격증을 취득한 이후 3년 이상 사회복지사업의 실무경험이 있는 사람

비고: 외국의 대학 또는 대학원에서 사회복지학 또는 사회사업학을 전공하고 학사학위 이상의 학위를 취득한 사람으로서 등급별 자격기준과 동등한 학력이 있다고 보건복지부장관이 인정하는 경우에는 해당 등급의 사회복지사자격증을 교부할 수 있다.

있다.

한국사회복지사협회에서는 2001년에 '사회복지사 윤리강령'을 개정하여 기존의 선언적 윤리강령에서 탈피하여 실천적 행동강령으로서의 역할을 할 수 있게 하였다. '사회복지사 윤리강령'은 전문과 윤리기준, 사회복지사 선서로 구성되어 있다. 전문에서는 인본주의, 평등주의, 인간의 존엄성과 가치 존중, 천부의 자유권과 생존권의 보장, 사회정의, 평등과 자유, 민주주의 가치실천 등을 기본이념으로 규정하고, 실천적 가치로서 클라이언트의 주체성과 자기결정권의 보장, 사회복지사의 전문적 지식과 기술의 개발, 전문가로서의 능력과 품위 유지 노력 등을 규정하고 있다. 윤리기준에서는 사회복지사의 윤리기준, 클라이언트에 대한 윤리기준, 동료에 대한 윤리기준, 사회에 대한 윤리기준, 기관에 대한 윤리기준, 사회복지윤리위원회의 구성과 운영을 규정하고 있다.

사회복지사 외의 중요한 사회복지전문인력으로는 사회복지전담공무원이 있다. 사회복지전담공무원은 국민기초생활보장사업을 비롯한 사회복지업무의 전문적 수행을 위하여 정부에 의해 1987년부터 저소득층 밀집지역 읍·면·동사무소에 배치되기 시작하였다. 이들은 복지정책 집행의 최일선에서 지역복지의 중추인력으로 활동하고 있다. 처음에는 별정직 사회복지전문요원이었다가 1992년에 「사회복지사업법」

표 1-4 사회복지학 전공교과목과 사회복지관련 교과목

구분	교과목	이수과목(학점)	
		대학원	대학 · 전문대학
필수 과목	사회복지학개론, 인간행동과 사회환경, 사회복지정책론, 사회복지법제와 실천, 사회복지실천론, 사회복지실천기술론, 사회복지조사론, 사회복지행정론, 지역사회복지론, 사회복지현장실습	6과목 18학점 (과목당 3학점) 이상	10과목 30학점 (과목당 3학점) 이상
선택 과목	아동복지론, 청소년복지론, 노인복지론, 장애인복지론, 여성복지론, 가족복지론, 산업복지론, 의료사회복지론, 학교사회복지론, 정신건강론, 교정복지론, 사회보장론, 사회문제론, 자원봉사론, 정신건강사회복지론, 사회복지지도감독론, 사회복지자료분석론, 프로그램 개발과 평가, 사회복지역사, 사회복지윤리와 철학, 국제사회복지론, 가족상담 및 가족치료, 복지국가론, 빈곤론, 사례관리론, 사회복지와 인권, 사회복지와 문화다양성	2과목 6학점 (과목당 3학점) 이상	7과목 21학점 (과목당 3학점) 이상

비고: 교과목의 명칭이 동일하지 아니하더라도 교과의 내용이 동일하다고 보건복지부장관이 인정하는 경우에는 동일 교과목으로 본다.

을 개정하여 사회복지전문요원을 두는 법적 근거를 마련하였고 사회복지직렬을 신설하였다. 2000년에는 별정직 사회복지전문요원을 일반직 사회복지직렬로 전환하였다. 사회복지전담공무원은 2000년 「국민기초생활보장법」 시행을 계기로 대폭 확충되었다.

사회복지사 윤리강령

〈전문〉

사회복지사는 인본주의 · 평등주의 사상에 기초하여, 모든 인간의 존엄성과 가치를 존중하고 천부의 자유권과 생존권의 보장활동에 헌신한다. 특히 사회적 · 경제적 약자들의 편에 서서 사회정의와 평등 · 자유와 민주주의 가치를 실현하는 데 앞장선다. 또한 도움을 필요로 하는 사람들의 사회적 지위와 기능을 향상시키기 위해 저들과 함께 일하며, 사회제도 개선과 관련된 제반 활동에 주도적으로 참여한다.

사회복지사는 개인의 주체성과 자기결정권을 보장하는 데 최선을 다하고, 어떠한 여건에서도 개인이 부당하게 희생되는 일이 없도록 한다. 이러한 사명을 실천하기 위하여 전문적 지식과 기술을 개발하고, 사회적 가치를 실현하는 전문가로서의 능력과 품위를 유지하기 위해 노력한다.

이에 우리는 클라이언트 · 동료 · 기관, 그리고 지역사회 및 전체 사회와 관련된 사회복지사의 행위와 활동을 판단 · 평가하며 인도하는 윤리기준을 다음과 같이 선언하고 이를 준수할 것을 다짐한다.

〈사회복지사 윤리기준〉

I. 기본적 윤리기준

1. 전문가로서의 자세

1) 인간 존엄성 존중

가. 사회복지사는 모든 인간의 존엄, 자유, 평등을 위해 헌신해야 하며, 사회적 약자를 옹호하고 대변하는 일을 주도해야 한다.

나. 사회복지사는 모든 인간의 고유한 존엄성과 가치를 인정하고 존중하며, 이를 기반으로 사회복지를 실천한다.

다. 사회복지사는 클라이언트의 성,연령, 정신 · 신체적 장애, 경제적 지위, 정치적 신념, 종교, 인종, 국적, 결혼상태, 임신 또는 출산, 가족 형태 또는 가족 상황, 성적 지향, 젠더 정체성, 기타 개인적 선호 · 특징 · 조건 · 지위 등을 이유로 차별을 하지 않는다.

라. 사회복지사는 다양한 문화의 강점을 인식하고 존중하며, 문화적 역량을 바탕으로 사회복지를 실천한다.

마. 사회복지사는 문화적으로 민감한 실천을 제공하기 위해, 사회복지실천 과정에서 자신의 개인적 · 사회적 · 문화적 · 정치적 · 종교적 가치, 신념과 편견이 클라이언트와 동료 사회복지사에게 미칠 수있는 영향을 고려하여 자기 인식을 증진하기 위해 힘쓴다.

2) 사회정의 실현

가. 사회복지사는 사회정의 실현과 클라이언트의 복지 증진에 헌신하며, 이를 위한 국가와 사회의 환경 변화를 위해 노력한다.

나. 사회복지사는 사회, 경제, 환경, 정치적 자원에 대한 평등한 접근과 공평한 분배가 이루어지도록 노력한다.

다. 사회복지사는 개인적 · 집단적 · 사회적 · 문화적 · 정치적 · 종교적 특성에 근거해 개인이나 집단을 차별 · 억압하는 것을 인식하고, 이를 해결 또는 예방하기 위해 노력해야 한다.

2. 전문성 개발을 위한 노력

1) 직무 능력 개발

가. 사회복지사는 클라이언트에게 최상의 서비스를 제공하기 위해, 지식과 기술을 개발하는 데 최선을 다하며 이를 활용하고 공유할 책임이 있다.

나. 사회복지사는 사회적 다양성의 특징(성, 연령, 정신 · 신체적 장애, 경제적 지위, 정치적 신념, 종교, 인종, 국적, 결혼 상태, 임신 또는 출산, 가족 형태 또는 가족 상황, 성적 지향, 젠더 정체성, 기타 개인적 선호 · 특징 · 조건 · 지위 등), 차별, 억압 등에 대해 교육을 받고 이에 대한 이해를 증진하기 위해 노력한다.

다. 사회복지사는 변화하는 사회복지 관련 쟁점에 대응할 수 있도록 실천 기

술을 향상하고, 새로운 실천 기술이나 접근법을 적용하기 위해 적절한 교육, 훈련, 연수, 자문, 슈퍼비전 등을 받도록 노력한다.

라. 사회복지사는 사회복지실천에 필요한 정보통신 관련 지식과 기술을 습득하기 위해 노력하며, 이를 사용하는 과정에서 발생할 수 있는 윤리적 문제를 인식하고 정보통신 관련 지식과 기술을 활용하도록 한다.

2) 지식기반의 실천 증진

가. 사회복지사는 사회복지실천 과정에서 평가와 연구 조사를 함으로써, 사회복지실천의 지식 기반형성에 기여하고, 궁극적으로 사회복지실천의 질적 향상을 위해 노력한다.

나. 사회복지사는 평가나 연구 조사를 할 때, 연구 참여자의 권리를 보장하기 위해, 연구 관련 사항을 충분히 안내하고 자발적인 동의를 얻어야 한다.

다. 사회복지사는 연구 과정에서 얻은 정보를 비밀 보장의 원칙에서 다루며, 비밀 보장의 한계, 비밀 보장을 위한 조치, 조사자료폐기 등을 연구 참여자에게 알려야 한다.

라. 사회복지사는 평가나 연구 조사를 할 때, 연구 참여자의 보호와 이익, 존엄성, 자기 결정권, 자발적 동의, 비밀 보장 등을 고려하며, 「생명윤리 및 안전에 관한 법률」 등 관련 법령과 규정에 따라 연구윤리를 준수한다.

3. 전문가로서의 실천

1) 품위와 자질 유지

가. 사회복지사는 전문가로서의 품위와 자질을 유지하고, 자신이 맡고 있는 업무에 대해 책임을 진다.

나. 사회복지사는 자신의 이익을 위해 사회복지 전문직의 가치와 권위를 훼손해서는 안 된다.

다. 사회복지사는 전문가로서 성실하고 공정하게 업무를 수행한다.

라. 사회복지사는 부정직한 행위, 범죄행위, 사기, 기만행위, 차별, 학대, 따돌림, 괴롭힘 등 불법적이고 부당한 일을 행하거나 묵인해서는 안 된다.

마. 사회복지사는 자신의 소속, 전문 자격이나 역량 등을 클라이언트에게 정직하고 정확하게 알려야 한다.

바. 사회복지사는 클라이언트, 학생, 훈련생, 실습생, 슈퍼바이지, 직장 내 위계적 권력 관계에 있는 동료와 성적 관계를 형성해서는 안 되며, 이들에게 성추행과 성희롱을 포함한 성폭력, 성적 · 인격적 수치심을 주는 행위를 해서는 안 된다.

사. 사회복지사는 한국사회복지사협회 등 전문가 단체의 활동에 적극적으로 참여하여, 사회정의 실현과 사회복지사의 권익 옹호를 위해 노력한다.

2) 자기 관리

가. 사회복지사는 정신적 · 신체적 건강 문제, 법적 문제 등이 사회복지실천 과정에서의 전문적 판단이나 실천에 부정적 영향을 주거나 클라이언트의 이익을 저해하지 않도록, 동료, 기관과 함께 적절한 조치를 하도록 노력한다.

나. 사회복지사는 클라이언트에게 최상의 사회복지서비스를 제공하기 위해 사회복지사 자신의 정신적 · 신체적 건강, 안전을 유지 · 보호 · 관리하도록 노력한다.

3) 이해 충돌에 대한 대처

가. 사회복지사는 클라이언트의 이익을 우선으로 고려하고, 이해 충돌이 있을 때는 아동, 소수자 등 취약한 자의 이해와 권리를 우선시한다.

나. 사회복지사의 개인적 신념과 사회복지사로서 직업적 의무 사이에 이해 충돌이 발생할 때 동료, 슈퍼바이저와 논의하고, 부득이한 경우 클라이언트가 적절한 지원을 받을 수 있도록 클라이언트를 다른 사회복지사에게 의뢰하거나 다른 사회복지서비스로 연결한다.

다. 사회복지사는 전문적 가치와 판단에 따라 업무를 수행하는 과정에서, 기관 내외로부터 부당한 간섭이나 압력을 받아서는 안 된다.

4) 경제적 이득에 대한 실천

가. 사회복지사는 클라이언트의 지불 능력에 상관없이 복지 서비스를 제공해

야 하며, 이를 이유로 차별해서는 안 된다.

나. 사회복지사는 필요한 경우에 제공된 서비스에 대해 공정하고 합리적으로 이용료를 책정할 수 있다.

다. 사회복지사는 업무와 관련해 정당하지 않은 방법으로 경제적 이득을 취해서는 안 된다.

Ⅱ. 클라이언트에 대한 윤리기준

1. 클라이언트의 권익옹호

사회복지사는 클라이언트의 이익을 최우선의 가치로 삼고 이를 실천하며, 클라이언트의 권리를 존중하고 옹호한다.

2. 클라이언트의 자기 결정권 존중

1) 사회복지사는 사회복지실천 과정에서 클라이언트의 자기 결정을 존중하고, 클라이언트를 사회복지실천의 주체로 인식하여 클라이언트가 자기결정권을 최대한 행사할 수 있도록 돕는다.

2) 사회복지사는 의사 결정이 어려운 클라이언트에 대해서는 클라이언트의 이익과 권리를 보장하기 위한 적절한 조치를 취해야 한다.

3. 클라이언트의 사생활 보호 및 비밀 보장

사회복지사는 클라이언트의 사생활을 존중하고 보호하며, 전문적 관계에서 얻은 클라이언트 관련 정보에 대해 비밀을 유지한다. 그러나 클라이언트 자신과 타인에게 해를 입히거나 범죄행위와 관련된 경우에는 예외로 할 수 있다.

4. 정보에 입각한 동의

사회복지사는 클라이언트의 알 권리를 인정하고 동의를 얻어야 하며, 클라이언트가 받는 서비스의 목적과 내용, 범위, 합리적 대안, 위험, 서비스의 제한, 동의를 거절 또는 철회할 수 있는 클라이언트의 권리 등에 대해 정확하고 충분한 정보를 제공한다.

5. 기록 · 정보 관리

1) 클라이언트에 대한 사회복지실천 기록은 사회복지사의 윤리적 실천의 근거이자 평가 · 점검의 도구이기 때문에 중립적이고 객관적으로 작성해야 한다.
2) 사회복지사는 클라이언트가 자신과 관련된 기록의 공개를 요구하면 정당한 비공개 사유가 없는 한 정보에 접근할 수 있도록 해야 한다.
3) 사회복지사는 클라이언트에 대한 문서 정보, 전자 정보, 기타 민감한 개인 정보를 보호해야 한다.
4) 사회복지사가 획득한 클라이언트 관련 정보나 기록을 법적 사유 또는 기타 사유로 제3자에게 공개할 때는 클라이언트에게 안내하고 동의를 얻어야 한다.

6. 직업적 경계 유지

1) 사회복지사는 클라이언트와의 전문적 관계를 자신의 개인적 이익을 위해 이용해서는 안 된다.
2) 사회복지사는 업무 외의 목적으로 정보통신기술을 사용해 클라이언트와 의사소통을 해서는 안 된다.
3) 사회복지사는 어떠한 상황에서도 클라이언트와 사적 금전 거래, 성적 관계 등 부적절한 행동을 해서는 안 된다.
4) 동료의 클라이언트를 의뢰받을 때는 기관 및 슈퍼바이저와 논의하는 과정을 거쳐야 하며, 클라이언트에게 설명하고 동의를 얻은 후 서비스를 제공한다.
5) 사회복지사는 정보처리기술을 이용하는 것이 클라이언트의 권리를 침해할 위험성이 있다는 사실을 인식하고 직업적 범위 안에서 활용한다.

7. 서비스의 종결

1) 사회복지사는 클라이언트에게 제공되는 서비스가 더 이상 클라이언트의 이해나 욕구에 부합하지 않으면 업무상 관계와 서비스를 종결한다.
2) 사회복지사는 개인적 또는 직업적 이유로 클라이언트와의 전문적 관계를 중단하거나 종결할 때 사전에 클라이언트에게 충분히 설명하고, 다른 기관 또는 다른 전문가에게 의뢰하는 등 필요한 조치를 취한다.

3) 사회복지사는 클라이언트의 고의적 · 악의적 · 상습적 민원 제기에 대해 소속 기관, 슈퍼바이저, 전문가 자문 등의 논의 과정을 거쳐 서비스를 중단하거나 거부권을 행사할 수 있다.

Ⅲ. 사회복지사의 동료에 대한 윤리기준

1. 동료

1) 사회복지사는 존중과 신뢰를 기반으로 동료를 대하며, 전문가로서의 지위와 인격을 훼손하는 언행을 하지 않는다.
2) 사회복지사는 사회복지 전문직의 권익 증진을 위해 동료와 다른 전문직 동료와도 협력하고 협업한다.
3) 사회복지사는 동료의 윤리적이고 전문적인 행위를 촉진해야 하며, 동료가 전문적인 판단과 실천이 미흡하여 문제를 발생시켰을 때 윤리강령과 제반 법령에 따라 대처한다.
4) 사회복지사는 다른 전문직의 동료가 행한 비윤리적 행위에 대한 윤리강령과 제반 법령에 따라 대처한다.
5) 사회복지사는 동료의 직무 가치와 내용을 인정하고 이해하며, 상호 간에 민주적인 직무 관계를 이루도록 노력해야 한다.
6) 사회복지사는 동료들에게 정보통신기술을 사용한 비윤리적 행위를 하지 않는다.
7) 사회복지사는 동료가 적법하게 업무를 수행하는 과정에서 부당한 조치를 당하면 동료를 변호하고 원조해 주어야 한다.
8) 사회복지사는 동료에게 행해지는 어떤 형태의 차별, 학대, 따돌림 또는 괴롭힘과 자신의 전문적 권위를 행사하는 다른 동료와의 부적절한 성적 행동에 가담하거나 이를 용인해서는 안 된다.
9) 사회복지사는 슈퍼바이지, 학생, 훈련생, 실습생, 자신의 전문적 권위를 행사하는 다른 동료와의 성적 행위나 성적 접촉과 성적 관계에 관여해서는 안 된다.

2. 슈퍼바이저

1) 슈퍼바이저는 슈퍼바이지가 전문적 업무 수행을 할 수 있도록 지원하고 슈퍼바이지는 슈퍼바이저의 전문적 지도와 조언을 존중해야 한다.

2) 슈퍼바이저는 전문적 기준에 따라 슈퍼비전을 수행하며, 공정하게 평가하고 평가 결과를 슈퍼바이지와 공유한다.

3) 슈퍼바이저는 개인적인 이익 추구를 위해 자신의 지위를 이용해서는 안 된다.

4) 슈퍼바이저는 사회복지사 수련생과 실습생에게 인격적 · 성적으로 수치심을 주는 행위를 해서는 안 된다.

Ⅳ. 기관에 대한 윤리기준

1) 사회복지사는 기관의 사명과 비전을 확인하고, 정책과 사업 목표를 달성하기 위해 노력해야 한다.

2) 사회복지사는 소속 기관의 활동에 적극적으로 참여함으로써 기관의 성장과 발전을 위해 노력해야 한다.

3) 사회복지사는 기관의 부당한 정책이나 요구에 대해 전문직의 가치와 지식을 근거로 대응하고, 제반 법령과 규정에 따라 해결하도록 노력해야 한다.

Ⅴ. 사회에 대한 윤리기준

1) 사회복지사는 자신이 일하는 지역사회를 이해하고, 클라이언트가 지역사회에서 서로 도우며 함께 살아가도록 지원해야 한다.

2) 사회복지사는 정치적 영역이 클라이언트의 권익과 사회복지실천에 미치는 영향을 인식하여 사회정의 실현을 위한 사회정책의 수립과 법령 제 · 개정을 지원 · 옹호해야 한다.

3) 사회복지사는 사회재난과 국가 위급 상황에서 문제를 해결하기 위해 적극적으로 활동해야 한다.

4) 사회복지사는 지역사회, 국가, 나아가 전 세계와 그 구성원의 복지 증진, 삶의 질 향상을 위해 적극적으로 노력해야 한다.

5) 사회복지사는 인간과 자연이 서로 떨어져 살 수 없음을 깨닫고, 인간과 자연 환경, 생명 등 생태에 미칠 영향을 생각하며 실천해야 한다.

〈사회복지사 선서문〉

- 나는 모든 사람이 인간다운 삶을 누릴 수 있도록, 인간존엄성과 사회정의의 신념을 바탕으로, 개인 · 가족 · 집단 · 조직 · 지역사회 · 전체사회와 함께한다.
- 나는 언제나 소외되고 고통받는 사람들의 편에 서서, 저들의 인권과 권익을 지키며 사회의 불의와 부정을 거부하고, 개인이익보다 공공이익을 앞세운다.
- 나는 사회복지사 윤리강령을 준수함으로써, 도덕성과 책임성을 갖춘 사회복지사로 헌신한다.
- 나는 나의 자유의지에 따라 명예를 걸고 이를 엄숙하게 선서합니다.

이전에는 사회복지전담공무원의 인건비 일부를 국고에서 지원해 왔으나 2005년부터 복지사업의 지방이양으로 사회복지전담공무원 관리사업도 지방으로 이양되어 현재는 인건비 전액을 지방정부가 부담하고 있다. 이에 따라 재정이 열악한 시 · 군 · 구에서는 인건비 부족 등으로 신규충원이 어려운 경우도 발생하고 있다.

현재 우리나라의 공공복지전달체계는 중앙정부로부터의 서비스가 시 · 도와 시 · 군 · 구를 거쳐 읍 · 면 · 동의 사회복지전담공무원을 통해 복지대상자에게 전달되고 있다. 사회복지전담공무원은 혼자서 국민기초생활보장사업, 아동복지, 노인복지, 장애인복지 등 모든 분야의 복지업무를 담당하고 있고, 각 분야별로도 상담, 조사, 급여, 관리 등 모든 과정을 전담하고 있어 업무 과중의 문제가 발생하고 있다.

6. 사회복지시설 및 기관

사회복지사가 취업하는 사회복지시설과 기관에는 〈표 1-5〉와 같은 것이 있다.

표 1-5 보건복지부 소관 사회복지시설

대상자별	형태	시설 종류	
노인	생활	주거	• 양로, 노인공동생활가정
			• 노인복지주택
		의료	• 노인요양시설
			• 노인요양공동생활가정
	이용	재가	• 재가노인복지시설(방문요양, 주 · 야간보호, 단기보호, 방문목욕)
		여가	• 노인복지관
			• 경로당, 노인교실, 노인휴양소
		노인보호전문기관	
아동	생활	아동양육시설, 공동생활가정	
		아동일시보호시설, 아동단기보호시설	
		아동보호치료시설	
		아동직업훈련시설, 자립지원시설	
	이용	아동상담소, 아동전용시설, 아동복지관	
		지역아동센터	
장애인	생활	생활시설	• 장애유형별생활시설
			• 중증장애인요양시설
			• 장애인영유아생활시설
	이용	지역사회재활시설	• 장애인복지관
			• 장애인의료재활시설
			• 장애인주간보호시설
			• 장애인단기보호시설
			• 장애인공동생활가정
			• 장애인체육시설, 장애인수련시설, 장애인심부름센터
			• 수화통역센터, 점자도서관, 점서 및 녹음서출판시설

		직업재활시설	• 장애인보호작업장
			• 장애인근로사업장
		장애인생산품판매시설	
	생활	장애유형별 거주시설	
영유아	이용	보육시설	국공립, 법인, 직장, 가정, 부모협동, 민간보육시설
정신질환자	생활	• 정신요양시설 • 정신질환자사회복귀시설 –생활훈련시설, 작업훈련시설, 종합훈련시설, 주거시설 –입소생활시설, 주거제공시설, 공동생활가정, 중독자재활시설, 종합재활시설	
	이용	• 정신질환자사회복귀시설 –생활훈련시설, 작업훈련시설, 종합훈련시설 –주간재활시설, 심신수련시설, 직업재활시설, 생산품판매시설, 종합재활시설	
노숙인	생활	노숙인시설	
	이용	노숙인쉼터, 상담보호센터	
한부모가족	생활	모(부)자보호시설, 모(부)자자립시설, 미혼모(자)시설, 공동생활가정, 일시보호시설	
	이용	여성복지관	
다문화가족	이용	다문화가족지원센터	
지역주민	이용	사회복지관	
기타 시설	복합	결핵 · 한센시설	
	이용	지역자활센터	

7. 복지국가

1) 복지국가의 정의

복지국가(welfare state)라는 용어는 원래 1934년 옥스퍼드 대학교의 Zimmern이 사용한 것으로서 1941년 영국의 대주교인 Temple이 독일 나치의 권력국가에 대비하여 전후의 영국이 평화와 안정이 보장된 복지국가가 되어야 한다고 주장한 이후 널리 퍼지게 되었다. 그 후 복지국가라는 용어는 영국의 노동당 정부가 베버리지보고서를 근간으로 1948년 '요람에서 무덤까지'의 사회보장제도를 실시함으로써 일반적으로 사용되기 시작하였다.

복지국가의 정의는 이데올로기나 이론적 관점에 따라 매우 다양하다. Wilensky는 복지국가의 핵심은 국가가 모든 국민에게 최소한의 수입, 영양, 건강, 주택, 교육을 보장하는 것이라고 하고, 국가에 의한 이러한 복지 제공은 모든 국민이 누리는 정치적 권리에 대응하여 주어지는 것이라고 하였다(Wilensky, 1975). Mishra는 복지국가란 국민의 삶과 관련된 최소한의 전국적 기준을 유지하기 위해 국가의 책임을 제도화하는 것이라고 규정하고, 특히 제2차 세계대전 이후의 복지국가는 최소한의 전국적 기준을 보장하기 위해 완전고용의 실현, 국민의 기본욕구를 충족시키기 위한 보편적 서비스의 제공, 빈곤의 해소와 예방에 정책의 초점을 둔다고 하였다(Mishra, 1990). Esping-Andersen은 복지국가에는 다양한 형태의 복지체계가 존재한다고 주장하고, 복지국가의 발전 정도는 국가에 의해 부여되는 사회권이 국민의 시장에 대한 의존성을 얼마나 줄이는지, 즉 탈상품화의 정도가 어느 정도인지에 달려 있다고 하였다(Esping-Andersen, 1990).

이 같은 학자들의 견해를 종합하면 복지국가가 자본주의 경제체제 속에서 발전하게 되었다는 점, 복지국가가 탄생하는 필수조건으로서 민주주의를 전제로 한다는 점, 최소한의 전국적 수준을 강조하고 있다는 점 등이 공통점이다.

복지국가는 모든 국민에게 권리 성격의 급여 제공, 경제에 대한 정부의 통제, 완전고용이라는 세 가지 원칙을 가진다. 복지국가는 이념적으로는 사회민주주의를 추구하고, 정치적으로는 의회민주주의를 따르고, 경제적으로는 혼합경제를 지향하고, 사회적으로는 완전고용과 사회보장제도가 실현된 국가를 말한다고 할 수 있다.

복지국가가 성립되는 시기나 정치경제적 조건이 나라마다 다르고, 각 나라의 복지체제가 다르기 때문에 민주국가에서 복지국가에 이르는 단일한 경로를 제시하기는 어렵다. 하지만 자본주의적 경제발전이 상당 수준으로 진전되고 정치민주화가 이루어진 경우 대부분의 민주국가가 복지국가로 전환하였다.

2) 복지국가의 유형

복지국가의 형태는 국가마다 큰 차이가 있으므로 복지국가를 유형화하려는 노력은 오래전부터 시도되었다. 복지국가의 유형화를 시도한 최초의 학자는 Wilensky다. 그는 그의 저서『복지국가와 평등(The Welfare State and Equality)』(1975)에서 당시의 22개국을 복지국가로 규정한 후 복지국가를 세 가지 유형으로 나누었다. 최근에 가장 많이 언급되는 복지국가 유형은 Esping-Andersen이 주장한 것이다. 그는 개인이

표 1-6 Esping-Andersen의 복지국가 유형의 특성

구분	사회민주주의 복지국가	보수주의(조합주의) 복지국가	자유주의 복지국가
가족의 역할	주변적	중심적	주변적
시장의 역할	주변적	주변적	중심적
국가의 역할	중심적	보조적	주변적
연대의 양식	보편주의적	친족중심적, 조합주의적, 국가주의적	개인주의적
연대의 근거	국가	가족	시장
탈상품화 정도	매우 높음	높음(가구주의 경우)	매우 낮음
전형적인 국가	스웨덴	독일, 이탈리아	미국

자료: 박병현(2007). 사회복지정책론. 학현사, p. 73에서 재인용.

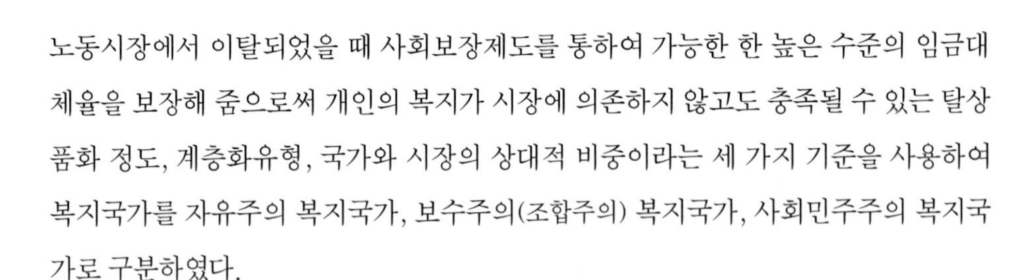
노동시장에서 이탈되었을 때 사회보장제도를 통하여 가능한 한 높은 수준의 임금대체율을 보장해 줌으로써 개인의 복지가 시장에 의존하지 않고도 충족될 수 있는 탈상품화 정도, 계층화유형, 국가와 시장의 상대적 비중이라는 세 가지 기준을 사용하여 복지국가를 자유주의 복지국가, 보수주의(조합주의) 복지국가, 사회민주주의 복지국가로 구분하였다.

3) 복지국가의 발전단계

(1) 태동기(1880~1920년대)

Pierson은 복지국가의 태동이 1880년대 이후 사회보험제도의 도입, 시민권의 확

표 1-7 OECD 국가의 사회보험제도 도입시기

구분	산업재해 보상보험	건강보험	연금보험	실업보험	가족수당
벨기에	1903	1894	1900	1920	1930
네덜란드	1901	1929	1913	1916	1940
프랑스	1898	1898	1895	1905	1932
독일	1871	1883	1889	1927	1954
아일랜드	1897	1911	1908	1911	1944
영국	1897	1911	1908	1911	1945
덴마크	1898	1892	1891	1907	1952
노르웨이	1894	1909	1936	1906	1946
스웨덴	1901	1891	1913	1934	1947
핀란드	1895	1963	1937	1917	1948
오스트리아	1887	1888	1927	1920	1921
스위스	1881	1911	1946	1924	1952
뉴질랜드	1900	1938	1898	1938	1926
캐나다	1930	1971	1927	1940	1944
미국	1930		1935	1935	–

자료: 박병현(2007). **사회복지정책론**. 학현사, p. 76에서 재인용.

충, 사회복지비의 증가에서부터 시작된다고 보았다(Pierson, 1991). 사회보험제도를 최초로 도입한 나라는 독일이다. 독일은 1871년에 산업재해보상보험제도, 1883년에 건강보험제도를 도입하였다. 영국은 1908년에 노령연금제도를 도입하였고, 대부분의 유럽국가는 제1차 세계대전 이전에 질병, 산업재해, 노령, 실업에 대비하는 사회보험제도를 도입하였다.

독일이 건강보험제도를 도입한 1883년부터 제1차 세계대전이 발발한 1914년까지 캐나다와 미국을 제외한 모든 국가가 사회보험제도 중에 산업재해보상보험제도를 가장 먼저 도입하였다. 사회보험제도 중 가장 늦게 도입되는 실업보험제도도 1920년까지 10개의 유럽국가가 도입하였다. 모든 남성에게 선거권이 주어졌던 시기와 사회보험제도의 도입시기는 깊은 관계가 있다. 정치적 차원에서 보면 복지국가는 선거민주주의의 발전에서 비롯되었다고 할 수 있다.

(2) 정착기(1920년대~1945년)

Pierson은 한 국가의 국내총생산(GDP)의 3% 이상을 공공복지에 사용하면 복지국가에 진입한 것으로 볼 수 있다고 하였다(Pierson, 1991). 많은 유럽국가가 국내총생산의 3% 정도를 복지분야에 지출하기 시작한 1920년대부터 제2차 세계대전이 종료되는 1945년까지를 정착기로 볼 수 있다. 이 시기는 제1차, 제2차 세계대전과 경제대공황이 일어났던 시기다. 독일, 프랑스, 영국, 미국을 포함한 17개 국가의 절반 정도가 1920년 이후부터 국내총생산의 3% 정도를 복지분야에 지출하기 시작하였고, 1930년부터는 17개 국가 모두가 국내총생산의 3% 정도를 복지분야에 지출하기 시작하였다. 그리고 1940년에는 거의 모든 국가가 국내총생산의 5% 정도를 복지분야에 지출하였다.

1929년에 시작된 대공황으로 인한 대량실업에 따른 빈곤문제 등과 같은 사회경제적 위기는 국가의 적극적인 개입과 국가 차원의 복지제도를 요구하였다. 정부가 빈곤구제에 개입하는 것에 대해 부정적이던 미국도 대공황 이후 정부의 개입을 높여 1930년대에 뉴딜(New Deal)정책을 추진하여 대규모 공공사업을 벌이고 1935년에는 「사회보장법」을 제정하여 빈민구호를 실시하였다. 뉴딜정책은 공공부문의 직업 창출과 복지급여를 통하여 빈곤층에게 소득을 제공함으로써 대공황을 벗어나려는 것이었다. 유럽국가도 1920년대 후반과 1930년대에 대공황을 극복하기 위하여 완전고용정책을 추진하였다.

제1차, 제2차 세계대전 동안 유럽국가는 국민을 동원하기 위하여 보다 나은 생활을 보장하는 복지국가 건설을 약속하였다. 제2차 세계대전은 서구국가에게 사회복지제도의 도입을 촉진하게 하여 국민의 생활에 대한 국가의 개입을 요구하였다. 제2차 세계대전 말경에는 국가가 국민의 안녕에 큰 관심을 갖게 되었고, 모든 사회계층의 어려움에 대해 구체적인 방안을 제시하는 것이 국가의 의무로 간주되었다.

영국은 1945년에 베버리지보고서에서 제시된 사회보장원칙을 반영한 「산업재해법」, 「가족수당법」, 「국민보건서비스법」 등을 제정함으로써 최초의 복지국가가 되었다. 1950년 이전까지 서구국가는 현대적인 사회복지제도를 완비하게 되었고 사회복지 수혜자와 복지예산도 확대되었다.

(3) 성장기(1945~1975년)

이 시기는 사회복지가 가장 발전한 시기로서 Pierson은 이 시기를 복지국가 황금기라고 부른다(Pierson, 1991). 이 시기에는 시민권에 기초한 포괄적이고 보편적인 복지국가로의 이행, 사회보험제도 급여수준의 향상과 대상의 확대, 혼합경제와 확대된 사회복지에 대한 정치적 합의, 경제성장과 완전고용에 대한 희망이 있었다.

1950년대 초반에는 복지분야에 대한 정부지출이 증가하여 미국, 영국, 캐나다, 프랑스, 독일을 포함한 17개 국가의 대부분이 GDP의 10~20% 정도를 복지분야에 지출하였고, 1970년대 중반에는 유럽의 복지국가 중에서 GDP의 25~30% 정도를 복지분야에 지출하는 국가도 생겨났다.

이 시기에 복지분야에 대한 정부지출이 증가한 것은 사회보험제도의 대상범위가 확대되고 급여수준이 높아졌기 때문이다. 저소득층뿐 아니라 중산층도 사회복지대상자에 포함되었고, 소득, 의료, 주택 등에 있어 다양한 프로그램을 제공하면서 복지지출이 팽창하였다. 모든 소득계층이 공공복지제도의 대상자가 되었으며, 건강, 교

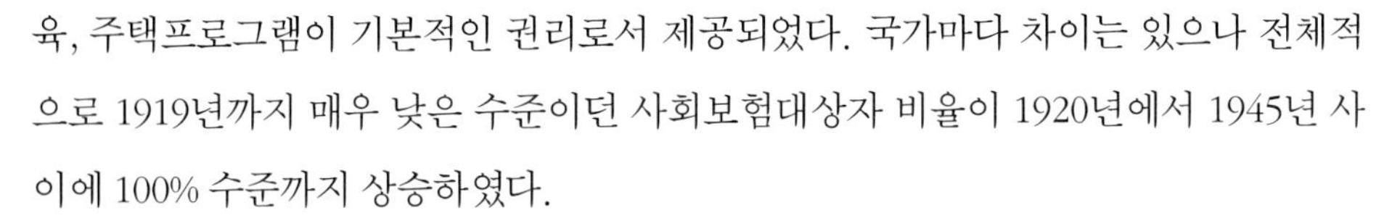

육, 주택프로그램이 기본적인 권리로서 제공되었다. 국가마다 차이는 있으나 전체적으로 1919년까지 매우 낮은 수준이던 사회보험대상자 비율이 1920년에서 1945년 사이에 100% 수준까지 상승하였다.

특히 1960년부터 1973년까지 건강보호와 연금에 대한 지출이 급증하여 사회복지분야에 대한 지출 중에서 가장 큰 비중을 차지하였다. 유럽국가의 경우 이 두 분야에 대한 지출이 전체 사회복지지출의 2/3에 육박하였다. 이러한 현상은 노인인구의 증가와 사회복지대상자의 증가에 기인한 것이다. 1970년대 초반에 석유파동이 발생할 때까지 경제적 호황 속에서 사회복지지출이 급증하고 급여수준과 적용대상이 크게 확대되었다. 사회복지지출이 증가한 원인으로는 상대적 비용의 상승, 인구구조의 변화, 서비스의 개선, 사회적 욕구의 증대 등을 들 수 있다.

(4) 침체기(1975~1990년)

1973년의 석유파동과 그 후의 경기침체, 실업 증대 등으로 인하여 복지국가는 1970년대 중반에 위기에 직면하게 되었다. 이러한 위기의 배경으로는 노인인구의 증가, 저출산, 핵가족화 등 인구사회학적 변화, 경기침체, 성장 둔화와 실업 증대, 세금회피와 탈세, 정부에 대한 신뢰성 저하, 정당에 대한 애착 결여, 관료기구의 비효율성 및 통제 강화, 이익집단 중심의 비효율적 다원주의, 사회통합의 이완, 성별 및 계층별 갈등현상 등이 있다. 복지국가는 정당성 위기에도 직면하였는데, 이러한 위기는 사회적 불평등의 해소를 해결하지 못한 데서 발생하였다. 정당성 위기는 복지국가에 대한 국민의 실망, 좌파정당에 대한 지지 감소, 복지부문에 대한 추가적 조세에 대한 저항 등으로 표출되었다.

사회복지지출이 급증한 가운데 경기침체에 따른 경제사정 악화로 인하여 재정수입이 급감하여 재정적 곤란이 초래되었으나 복지국가의 구조는 복지지출의 삭감을 통한 재정적자의 해소를 어렵게 하였다. 국가는 사회복지예산 마련을 위하여 적자재정을 편성하였고, 이는 재정위기의 악순환을 초래하였다.

경제침체기에 보수적인 정당들이 집권하기 시작하였고, 이들은 경기침체의 원인을 복지국가에서 찾으면서 복지축소를 추진하였다. 미국의 레이건 정부와 영국의 대처 정부는 신자유주의를 표방하면서 이전의 사회복지정책을 공격하였다. 레이거노믹스와 대처리즘이라고 불리는 이 두 정권의 정책은 과도한 사회복지지출이 경제성장을 둔화시키고 정부의 재정위기를 불러왔다고 주장하면서 복지비 삭감, 공공부문의 민영화, 기업에 대한 규제 완화, 지방정부의 역할 축소, 노조를 비롯한 사회세력의 약화 등을 추진하였다. 복지국가가 경제불황을 야기한 주요 원인 중 하나이며, 복지국가를 유지하는 데 필요한 높은 세금이 노동과 투자의욕을 감소시켰다고 주장하였다. 영국의 대처 정부는 1980년 이후 주택, 교육, 의료, 실업수당, 공공부조, 연금 등에 대한 지출을 대대적으로 삭감하였으며, 미국도 공공부조제도에 대한 대대적인 삭감을 단행하였다.

1975년부터 OECD 국가의 사회복지지출이 감소하기 시작하였다. 1960년부터 1975년까지 유럽과 미국에서 연평균 6.5%로 증가하던 사회복지비 지출이 1975년 이후 10년 사이에는 3.4%에 불과하였다. 복지국가는 위기를 극복하기 위하여 복지예산의 삭감, 민영화와 규제 완화, 중앙정부의 기능 축소와 지방정부의 역할 강화, 사회세력의 분화, 감세정책 등을 시도하였다. 이에 따라 복지제도와 프로그램이 축소되고 사회복지 급여수준이 저하되고 공공서비스가 축소되었다. 그리고 복지급여를 노동과 연계하는 생산적 복지를 추진하였다. 규제완화를 통하여 민간의 역할과 자율성을 증진하고 정부의 역할을 축소하고 국민의 복지서비스에 대한 선택의 자유를 도모하였다. 민영화는 민간부문의 서비스 이용 장려, 정부보조금의 삭감, 이용자의 부담 증가 등으로 나타났다. 민영화 결과 주민참여, 기업, 종교, 사회단체 등의 복지역할이 증대되었고, 민간과 정부의 협력이 강조되었다.

(5) 재편기(1990년 이후)

최근에 서구국가의 사회민주주의 정당은 복지국가의 탈관료화, 자유시장적 실용주의 노선의 수용 등과 같은 새로운 변신을 시도하면서 이를 통한 새로운 정치연합을 모색하고 있다. 냉전 종식, 정보화, 세계화, 탈산업화 등의 시대에 적합한 새로운 복

지모델을 고안하고 있다. 오일쇼크 이후 생산성 증가의 둔화, 높은 복지지출, 인구의 고령화, 여성의 노동시장 참여율 증가, 낮은 출산율, 한부모가구의 증가, 독립가구와 노인단독가구의 증가와 같은 가족구조의 변화 등은 복지국가를 변하게 만들고 있는 것이다.

이러한 거시적 변화를 포착하여 새로운 복지모델을 제안한 것으로서 Giddens의 제3의 길과 Gilbert의 근로촉진국가론 등이 있다. Giddens가 주장한 제3의 길은 영국의 노동당이 신자유주의와 사회민주주의를 뛰어넘으려는 시도를 하는 것으로서 Giddens는 권리와 책임을 연계하는 새로운 사회계약, 사회정책과 경제정책의 연계, 평등주의적 사회 창출, 시민사회의 중요성 인식, 정부 개혁, 시장과 시민사회에 대한 국가의 개입 등을 제시하였다.

표 1-8 복지국가의 발달과정

구분	태동단계 (1880~1920년대)	정착단계 (1920년대~1945년)	성장단계 (1945~1975년)	침체단계 (1975년 이후)
정치발달	민주주의의 성장: 성인에게 참정권 부여, 노동운동·사회민주주의·현대자유주의의 발달	복지비지출 증가에 대한 정치적 합의, 유럽에서의 노동당 강세와 미국에서의 민주당 강세	소외계층, 여성, 장애인 등에 대한 사회권의 확대	보수세력의 부상: 노동조합, 사회민주당의 쇠퇴, 복지국가 정통성의 쇠퇴
경제발달	자본주의의 황금기, 산업화시기	경제공황시기 동안의 케인즈경제학의 융성	제2차 세계대전 후의 고도경제성장, 저실업률, 1973년의 오일쇼크	저속 경제성장, 개인소득의 감소, 불평등의 증가, 실업률의 증가, 노령층으로부터 사회보장 요구의 증가

주요 사회복지 정책	빈민법 전통이 사회보장제도(연금제도, 실업보험제도, 건강보험제도) 실시로 이행	GDP의 5% 정도까지 사회복지비의 증가, 사회보장제도의 적용범위의 확대	소득보장제도, 건강보호제도, 사회적 서비스 프로그램의 확대, 1970년대 중반에 사회복지비가 GDP의 25%(유럽), 20%(미국)까지 증가	공공부조제도의 쇠퇴, 사회보장비 감축
정부의 역할	정부가 복지국가 발전의 주도권을 쥐기 시작, 민간제도의 쇠퇴, 지방분권화의 퇴조	정부가 복지국가의 보편화에 앞장섬	소외계층, 배제된 집단, 도시빈민 등의 사회적 및 경제적 권리를 강조하는 새로운 프로그램의 창출	복지국가에의 규모와 범위를 줄이기 위한 정부의 노력이 시작됨: 민영화 · 지방분권화
영국과 유럽의 주요 제도 도입시기	1883: 독일의 건강보험제도 도입 1911: 영국의 「국민보험법(National Insurance Act)」도입 1921: 오스트리아 최초의 가족수당제도 도입	1941: 영국의 Temple 주교가 처음으로 복지국가라는 용어를 사용함 1943: 베버리지보고서 발표	1966: 영국에서 새로운 사회보장청 마련, 보충급여의 제공 1971: 만성질환자에 대한 새로운 급여제도 마련	1979: 영국의 대처행정부 출범, 공공주택을 민영화하고, 연금급여를 감축함
미국의 주요 제도 도입시기	1913: 진보적 연방소득세제도의 도입	1935:「사회보장법」 도입	1964: 대빈곤전쟁(Waron Poverty) 선포 1965: 메디케어(Medi-care)와 메디케이드(Medicaid)의 도입	1980: 레이건 정부 출범 1994: 공화당이 미국 의회 장악 1996: AFDC 제도를 TANF 제도로 대치

자료: 박병현(2007). **사회복지정책론**. 학현사, p. 87에서 재인용.

제 2 장

사회복지 발달사

1. 영국의 사회복지 발달사
2. 미국의 사회복지 발달사
3. 일본의 사회복지 발달사
4. 한국의 사회복지 발달사

1. 영국의 사회복지 발달사

1) 근대 이전 시기

영국은 일찍이 1940년대에 사회보장제도를 확립하여 복지국가를 실현한 나라이며, 사회복지의 역사도 매우 오래되었다. 중세시대에는 봉건체제하에서 길드라는 이익집단을 통한 상부상조제도가 등장하였다. 길드의 구호활동으로는 사망한 회원에 대한 장례, 질병, 사고, 노령으로 인한 빈곤을 완화시키기 위한 정기적인 부조금의 지급, 재난에 의한 재산피해에 대한 성금의 전달 등이 있었다. 이러한 길드를 통한 공제제도는 봉건적 성격의 것이었으며 원조의 단위는 소규모의 정착된 지역사회였다. 봉건제하의 엄격한 계급사회에서 기술자의 빈곤은 길드가 보호해 주었고, 노인은 정년 없이 무한정 근로할 수 있었으며, 교회에서 자선을 행하였기 때문에 빈곤이 사회문제로 간주되지 않았고, 빈곤문제에 대한 대응도 자선적인 차원에서 이루어졌다.

이렇듯 자선활동과 자조행위에 의존하던 빈곤의 구호에 국가의 개입이 요구되기 시작한 것은 산업혁명과 종교개혁 등으로 인한 국가 전반에 걸친 사회경제적 변화 때문이었다. 14~15세기에 시작된 산업혁명은 중세의 영국사회에 근본적인 변화를 초래하였다. 이 시기에 봉건제도가 점차 해체되면서 많은 농민이 일자리를 잃게 되었다. 또 16세기에 일어난 종교개혁으로 인하여 교회 재산과 영토가 국왕에게 귀속되어 걸인에 대한 교회의 자선이 중단되었다. 16세기에 이르러 봉건영주로부터 최소한의 보호를 보장받을 수 있었던 봉건제도가 약화되고, 그 결과 수많은 농민과 군인이 유랑걸인이 되어 사회적 불안이 증가하였다. 그리하여 16세기에는 노동능력을 가지면서 빈민이 사회문제가 되어 이들에 대한 국가적 차원에서의 대응책이 요청되었다.

이에 따라 빈민에 대한 체계적인 대책이 수립되기 시작하였다. 그 한 예로서 1531년에 헨리8세의 법령(「걸인에 대한 처벌법」)이 제정되었는데, 이는 교구단위로 노동불능의 빈민을 구제하도록 하는 것이었다. 구체적으로는 시장이나 치안판사로 하여금 교구에 머무르면서 노동불능의 노인이나 빈민의 구호신청을 조사하도록 규정하고, 유랑걸인은 이전의 노동지역으로 복귀시키도록 하며, 이들을 등록하게 하여 지정된 구역에서만 구걸하도록 규정하였다. 이 법에서는 노인과 노동 무능력자들에게만 구걸을 허용하고 노동이 가능한 부랑인은 취업하게 하여 무차별적인 시혜를 금지하였다. 자선모금에 대한 의존이 증가하여 1562년에는 법으로써 판사나 시장이 정한 일정액의 기부금을 납부하지 않은 사람에 대하여 투옥을 명할 수 있게 하였으며, 국가가 정기적으로 부유층에게 자선금을 강제로 부과하였다.

1572년에는 구빈기금을 위한 일반세금제를 도입하고 빈민감독관제도를 수립하였다. 1597년에는 모든 교구에 빈민감독관을 배치하여 치안판사의 동의를 얻어서 교구 내의 부자에게 적당한 금액을 부과, 징수하는 법을 제정하였다.

1594~1597년 사이에 발생한 대기근으로 인하여 빈민구제가 문제시되어 1597년과 1598년에는 세 가지 주요 법률이 제정되었는데, 「빈곤자구제법」, 「방랑걸인 및 건장한 걸인에 대한 처벌법」, 「군인 및 선원으로 사칭하며 유랑하는 사기꾼 방지법」이 그것이다. 이 세 가지 법률은 그 전까지의 빈민구제에 대한 여러 규정을 일관성 있게 집대성했다는 점에 의의가 있다.

1601년에는 여러 빈민법을 집대성한 「엘리자베스 구빈법(The Elizabeth Poor Law)」이 제정되었는데, 이 법은 앞의 세 법률에 기초하여 완성된 것으로서 이제까지의 빈민구제를 위한 제 법령들을 집대성한 것이며 이후 다른 국가에도 큰 영향을 미친 중요한 법이다. 이 법으로 인하여 교구단위로 이루어지던 자선행위로서의 빈민구제사업이 국가에 의해 징수되는 구빈세에 의해 체계적으로 전개되었다. 동법의 주요 내용으로는 빈민의 구제를 정부의 책임으로 인식하는 것, 이를 위한 행정기관을 수립하는 것, 이를 위한 세금을 활용한다는 것, 노동능력 여부에 따라 빈민을 구분하여 대응한다는 것, 노동능력이 있는 빈민이라도 일자리를 얻지 못하는 경우가 있다는 사실을 인식한다는 것, 요보호아동을 보호하는 것, 작업장과 구빈원을 활용하는 것, 친족부양의 책임을 강조하는 것, 걸인에 대한 귀향조치 등이 있다.

「엘리자베스 구빈법」에서는 부랑자문제가 억압과 교구의 구빈만으로는 해결되지

않는다는 점을 인정하고, 빈민을 노동능력의 유무를 기준으로 하여 노동능력이 있는 빈민, 노동능력이 없는 빈민 그리고 요보호아동으로 구분하였다. 그리하여 노동능력이 있는 빈민에게는 작업장에서 강제로 일을 시키고 이를 거절하였을 때는 형벌을 주고, 노동능력이 없는 빈민은 구빈원이나 자선원에 수용보호하며, 요보호아동은 가정에 위탁하거나 위탁가정이 없는 경우에는 도제생활을 하도록 강제하였다. 빈민구제에 대한 책임은 교구가 맡고, 빈민감독관은 이에 대한 관리자로서 치안판사의 통제 아래 교구위원으로서 무보수로 종사하였다. 「엘리자베스 구빈법」은 빈민에 대한 구제를 중앙정부의 책임으로 규정했다는 점에서 역사적 의의가 있다. 그러나 이는 빈민에 대한 구제보다는 노동력을 활용하여 생산력을 제공하고, 사회질서의 유지를 위하여 빈민을 관리하려는 지배계급의 이해관계에서 나온 것으로서 빈민을 억압하는 것이었다.

그 후 사회경제적 변화에 따라 빈곤정책도 변화하였으며, 그 과정에서 1662년 「정주법(Settlement Act)」, 1722년 「작업장테스트법(Workhouse Test Act)」, 1723년 「내치블법(Knatchbull's Act)」, 1782년 「길버트법(Gilbert Act)」, 1795년 「스핀햄랜드법(Speenhamland Act)」, 1834년 「신구빈법」 등이 탄생하였다.

「정주법」은 빈민의 소속교구를 명확히 하고 이들의 도시유입을 막기 위해 제정된 법으로서, 여기서는 구빈에 대한 교구책임의 원칙과 작업장의 설치운영을 규정하고 빈민의 자유로운 교구 간 이동을 금지하였다. 이 법을 통하여 빈민의 거주 이전의 제한이 전국적 차원으로 확대되었으며, 따라서 이는 빈민의 기본권을 침해하고 노동력이 필요한 지역에의 노동력 공급을 제한한다는 비판을 받았다.

「작업장테스트법」에서는 여러 교구가 하나의 연합체를 구성하여 공동작업장을 설치하고 여기에 노동 가능한 빈민을 고용하는 것을 규정하였다.

「내치블법」은 빈민의 정주, 고용, 구제에 관한 법률을 개정한 것으로서 작업장을 단일 교구단위나 인접한 교구 간의 연합에 의해 세울 수 있게 하였다. 이 법이 제정된 이후 1732년까지 약 300개의 작업장이 설립되었다. 빈민이 노동력을 제공할 것을 선서한 경우에만 구빈을 행하였으며, 빈민은 구빈대상이 되는 조건으로 작업조건이 열악한 작업장에서 일해야 했다.

「길버트법」은 작업장에서의 빈민의 비참한 생활과 착취를 개선할 목적으로 제정된 것으로서, 노동은 가능하나 자활능력이 없는 빈민을 작업장에 보내는 대신 자신의 가정이나 인근의 직장에 취업하도록 알선해 주는 원외구조를 인정하였고, 노령, 질병 및 장애, 그리고 고아상태로 인한 빈민은 노동 가능한 빈민과는 별도로 다른 작업장에 수용하게 규정하였다. 이 법에 따라 노동능력이 있는 빈민과 실업자에게 일자리나 구제가 제공되었고 구호물품이 제공되었다. 이 법은 새로운 성격의 구빈제도로서 구빈행정의 억압적 성격을 완화시키고 시설구제를 확대시켰다는 데에 의의가 있다.

「스핀햄랜드법」은 빈민에 대한 임금보조제도를 규정한 법으로서, 최저생활기준에 미달되는 임금의 부족분을 보조해 주는 것을 목적으로 하였다. 이 법에 의하여 생계비와 가족수를 연동시킨 수당으로 저임금 노동자의 임금이 보충되었고, 노령자와 불구자, 장애인에 대한 원외구호가 확대되었다. 이 법은 저임금으로 인한 빈곤문제를 공공재원으로 해결하려고 한 점에서 이전의 구빈법과 차이가 있다. 이처럼 18세기 중반까지의 영국의 구빈제도는 길드와 구빈원, 작업장제도를 근간으로 하였다. 특히 구빈원과 작업장은 중앙정부와 지방정부에 의해 운영되었으므로 빈민에 대한 국가개입의 기반을 제공했다는 점에서 의의가 있다.

산업혁명 이후 영국에서는 자본주의가 급속히 발달하는 가운데 자유방임주의사상이 팽배하게 되었다. 그런 가운데 노동조합이 출현하고 노동자의 계급의식이 강화되어 구빈법의 수정이 요구되었다. 그리하여 1832년에 구빈법에 대한 왕립조사위원회가 구성되었는데, 동 위원회는 자유방임주의에 근거하여 개인의 자유와 자립을 강조하였다. 동 위원회의 권고를 받아들여 1834년에 「신구빈법」이 제정되었는데, 이 법에서는 노동능력이 있는 빈민에 대한 원외구호를 중단하는 대신에 노동능력이 없거나 노동의 대가로는 생활이 불가능한 상태에서만 구제를 제공하였다.

이 법의 세 가지 원칙은 열등처우의 원칙, 작업장 입소자격 조사, 구빈행정의 중앙집권화와 통일이라고 할 수 있다. 열등처우의 원칙은 빈민구제의 수준이 노동자의 최저생활수준을 상회해서는 안 된다는 것이다. 작업장 입소자격 조사는 원외구호를

중단하고 작업장 내 구제만 주어지도록 한 것에 근거한다. 구빈행정의 통일은 그 당시 수많은 교구에 의해 행해졌던 행정의 무능력과 비일관성, 구빈행정의 부패 같은 문제점을 개선하기 위한 것으로서 지방의 구빈행정을 감독하고 빈민법을 운영하기 위한 중앙기구를 제안하였다. 이로써 교구의 지배권이 사라지게 되고 빈민법이 중앙정부의 감독하에 들어가게 되었다.

이 법의 주요 내용은 구빈세의 낭비를 방지하기 위하여 구빈신청을 억제하는 목적에 맞추어 근로능력이 있는 자에게는 거택구호를 금지하고, 6개 범주(쇠약한 남자 성인, 15세 이상의 근로능력을 소지한 남자, 7~15세 사이의 소년, 쇠약한 여자 성인, 7~15세 사이의 소녀, 7세 이하의 아동)에 속하는 자들을 극빈자로 분류하여 작업장에 수용보호하는 것이었다. 「신구빈법」은 이처럼 자조를 중시하고 거택구호를 금하고 열등처우의 원칙을 시행하였으며 전국적으로 통일된 구빈행정을 실시하였다. 거택구호의 금지에 의해 빈민은 작업장에 강제 수용되었고 선거권이 박탈되었으며 사회적 지위가 저하되었다. 이와 같이 빈민에 대하여 비인간적인 대우를 한 것은 빈곤이 개인의 나태 때문이라는 생각에서였다.

2) 19세기

19세기에는 사회개량운동과 자선조직화운동, 그리고 사회조사의 발달 등이 사회복지의 발달에 큰 영향을 미쳤다. 이 시기에 Barnett 목사는 세계 최초로 인보관운동을 시작하였다. 그는 노동자들에게 보다 나은 환경을 제공하는 것에 관심을 두고 중산층의 개혁가들이 참여하여 빈민과 접촉하여 상호이익이 되도록 하는 사회개량운동을 전개하고, 1884년 런던에 세계 최초의 인보관인 토인비홀을 설치하였다. 그가 전개한 사회개량운동은 빈곤에 대한 새로운 대응책을 제시하는 운동이었다. 또한 빈곤문제를 정부의 개입 없이 해결하려는 자유주의자들을 중심으로 자선조직협회가 설립되었다. 그 당시 많은 종교단체와 사회단체는 각기 저마다 빈민구제활동을 하였고 체계적인 구제가 이루어지지 않았으며, 그 결과 물자의 낭비 등이 발생하였다. 그리하여 체계적이고 효과적인 빈민구제를 위하여 1896년에 런던자선조직협회가 창설되었다. 이 협회는 보호받을 가치가 있는 빈민은 성의를 가지고 대우하고 그 외의 사람들에게는 공공기관에서 억압적인 방법으로 취급할 것, 자선기관 간에 구호 실시상의 중복을 피할 것, 개인의 필요에 대해 신중히 조사하여 대처할 것 등을 내세우고 활동하였다. 이러한 자선조직화운동은 후에 개별사회사업방법론과 지역사회조직론의 발전에 기틀이 되었다.

한편, 19세기 말에는 빈곤에 대한 경험적 · 실증적인 사회조사가 실시되었는데, Booth는 런던 거주민의 주택, 고용, 임금, 보건상태 등 포괄적인 생활상태에 대한 경험적 조사를 실시한 결과, 런던 시민의 30% 이상이 빈곤선 이하의 생활을 하고 있음을 발견하였다(한국사회복지실천학회 편, 2005에서 재인용). 이 같은 사회조사에 의해 빈곤은 개인적 원인이 아니라 사회구조적 요인에 의해 발생하는 것임이 입증되었으며, 이를 통하여 기존의 구빈법과 사적인 자선활동이 적절하지 않음을 인식하게 되었다.

3) 20세기 전반기

빈곤이 사회적 원인에 의한 사회문제로 간주되면서 「신구빈법」의 원리는 더 이상 적합하지 않았다. 그리하여 1905년에 왕립구빈법위원회가 설치되고 구빈법의 문제점이 검토되었다. 동 위원회는 과거의 법을 개선하고 생존권을 보장하며 분류보호의 원칙, 회복적 처우의 원칙, 시설 보편화의 원칙 등에 동의하였으나 방법론에 대한 견해 차이로 인하여 두 파로 나뉘어서 두 개의 보고서를 제출하게 되었는데, 다수파보고서와 소수파보고서가 그것이다. 이 보고서는 1834년의 왕립위원회의 보고서와 1942년의 베버리지보고서와 더불어 영국의 사회보장의 발달사에 큰 영향을 끼친 3대 보고서 중 하나로 평가된다.

다수파보고서에서는 공공에 의한 구제는 그 종류를 막론하고 구빈법 시행기관에 의해 관리되는 것이 공공부조제도를 만드는 데 있어서 근본조건이라는 점을 강조하고, 구빈법의 존속을 인정하되 그 문제점을 시정할 것을 주장하였으며, 종래의 자선

사업의 폐단을 교정하려고 하였다. 반면, 소수파보고서에서는 빈곤의 사회적 책임을 강조하고 구빈행정의 일원화로는 빈곤의 원인을 조기에 발견할 수 없다는 점을 지적하였다. 또한 비조직적 자선을 우선시하여 공적인 사회적 서비스를 사적 자선기관의 통제하에 두는 것같이 보이게 하는 점을 비판하였으며, 병자는 보건당국에, 실업자는 노동당국에, 아동은 교육당국에 분산해야 한다고 주장하였다. 그리고 보건, 교육, 주택, 사회보험 등의 예방적 대책을 주장하고 구빈법의 전면적 폐지를 제안하였다. 결국 1909년에 다수파보고서가 채택됨으로써 구빈법이 폐지되지 않고 구빈활동은 자선조직협회의 몫으로 남게 되었다. 그러나 소수파보고서는 제2차 세계대전 이후 사회보장제도 탄생의 기틀을 마련하는 데 크게 기여하였다.

1908년에는「노령연금법」이 제정되어 70세 이상 노인으로서 20년 이상 영국에 거주하고 연간소득이 일정액 이하인 경우이며 구빈법에 의한 구호대상자가 아니면서 유죄가 없고 근로기피자가 아니면 누구에게나 소득수준에 따라 연금을 국가가 무상으로 지급하였다. 1911년에는「국민보험법」이 제정되어 의료보험과 실업보험이 규정되었는데, 이 법의 실시와 더불어 사회보장제도의 주요 방식이 사회부조에서 사회보험으로 전환하게 되었다.

제2차 세계대전과 더불어 기존 사회복지제도의 개혁에 대한 요구도 증가하였다. 제2차 세계대전 중에도 전후의 사회발전에 대응하기 위한 조치를 강구하였는데, 그 중 하나가 사회보험 및 관련서비스에 대한 정부 부처 간 조사위원회를 설치한 것이다. 베버리지를 위원장으로 한 동 위원회의 임무는 기존 사회보장제도의 실태 파악이었으나 조사가 진행되면서 베버리지는 전후의 새로운 시대가 요구하는 사회정책의 청사진을 제시하기로 결심하였고, 이러한 것이 위원회의 본연의 임무가 아니라고 판단한 정부의 태도로 인하여 베버리지만이 서명한 보고서가 되었다. 이것이 1942년 발간된 베버리지보고서, 일명 사회보험 및 관련 제반서비스에 관한 보고서다.

이 보고서에서 사회보장이라는 용어가 전문적 용어로서 처음으로 사용되었는데, 베버리지는 여기서 사회보장을 '실업, 질병 및 사고, 정년퇴직, 가구주 사망, 출생, 사망, 결혼 등의 예의적 지출과 같은 이유로 소득이 중단되거나 감소되었을 때 그 부족분을 현금으로 확보해 주는 방책'이라고 정의하였다. 이 보고서는 1946년의 「국민보험법」과 1948년의 「국민부조법」의 기초가 되었고 오늘날까지 영국의 사회보장제도의 근간을 이루는 것으로서 모든 사회성원이 빈곤으로부터 구제될 수 있도록 보장하기 위한 종합적 계획을 포함하는 것이었다.

베버리지보고서에서는 결핍, 질병, 나태, 무지, 불결을 5대 사회악으로 규정하고, 사회보장의 성공을 위한 전제로서 완전고용, 포괄적 보건서비스, 가족수당을 강조하였다. 여기서는 사회보장의 방법을 세 가지로 구분하였는데, 기본적 욕구의 충족을 위한 사회보험, 특수상황을 위한 국민부조, 기본적 욕구 이상을 성취하기 위한 자발적 보험이 그것이다. 이 중 앞의 두 가지는 국가에 의해 조직되고 자발적 보험은 민간에 맡겨지도록 구상되었다. 이 세 가지 방법 중에서 베버리지가 가장 중요시한 것은 사회보험으로서, 사회보험의 6대 원칙(국민최저수준의 동액혜택, 동액갹출, 사회보험행정의 통합, 혜택의 적절성, 포괄성, 범주화)대로 하면 국민 대다수의 기본적 욕구의 충족은 해결할 수 있으므로 국민부조의 중요성은 점차 감소되리라고 낙관하였다.

베버리지보고서를 기초로 하여 1601년부터 시작된 빈민법이 공식적으로 폐지되고, 1944년 사회보장청이 설치되었으며, '요람에서 무덤까지'로 상징되는 사회보장체계가 수립되었다. 그리하여 1940년대에 영국 사회보장제도의 기초가 되는 3대 입법으로서 1945년에 「가족수당법」, 1946년에 「국민보험법」, 1948년에 「국가부조법」이 제정되었다. 오늘날까지 영국의 사회보장의 주요 내용은 국민보험과 국민부조(현재는 보충급여), 가족수당(현재는 아동급여)으로 되어 있다. 이 외에도 1944년에 「심신장애자고용법」, 1946년에는 「국민보건서비스법」, 1948년에 「고용 및 직업훈련법」 등이 제정되어 1940년대에 영국은 명실공히 복지국가가 되었다.

베버리지위원회와 더불어 설치된 또 하나의 위원회로서 커티스위원회가 있다. 이 위원회는 전후의 급속한 사회변화로 인하여 가족의 해체와 이혼의 증가, 기혼여성의 취업 증가, 노인인구의 증가 등이 발생하면서 새로운 사회적 서비스가 요구됨에 따라 설립되었다. 1946년에 나온 커티스보고서는 아동에 대한 정부의 복지서비스에 중요한 영향을 미쳐 1948년에 「아동법」이 설치되었으며, 위탁, 입양, 수용보호 등의 방

법에 의한 보편주의적인 아동복지서비스가 실시되었다. 커티스위원회의 권고에 의하여 소득보장 및 의료보장체계와는 별도로 사회복지서비스를 체계화하려는 노력이 시작되었다. 제2차 세계대전 이후 사회복지서비스는 노인, 장애인, 아동 등 대상별로 관련입법을 달리하고 담당행정부처도 분산되었다.

4) 20세기 후반기

사회가 보다 복잡해지고 요보호자의 부적응문제가 대두되면서 사회복지서비스의 개선에 대한 요구가 증가하였고, 이에 따라 1965년에 Seebohm을 위원장으로 하는 조사위원회가 설치되었다. 1968년에 나온 동 위원회의 보고서에서는 기존 사회복지업무에서의 서비스 양의 불충분, 서비스 범위의 불충분, 서비스 질의 불충분, 제 서비스 간 조정의 결여, 서비스에 대한 접근 곤란성 등을 지적하고, 이 같은 문제를 해결하기 위해서는 제반 서비스의 재편성이 필요함을 주장하여 지방정부가 책임과 관할권을 갖는 새로운 지방자치단체 사회복지부의 설치를 권고하였다. 즉, 기존의 분산된 사회복지서비스를 하나의 기구 안에 통합시켜 포괄적인 가족서비스와 지역사회중심서비스를 실현하고자 하였다. 그리하여 1970년에 법이 제정되고 사회복지서비스는 소득, 보건, 주택, 교육에 이어 제5의 사회적 서비스로 정착되었다. 그리하여 현재까지 소득보장과 의료보장 등의 사회보장과 보건, 주택, 교육 등의 사회적 서비스는 중앙정부가 책임지고, 사회복지서비스는 지방자치단체가 책임지는 이원화체제가 지속되고 있다.

1960년대 이후 경제사정이 악화되자 복지자원의 낭비가 문제시되고, 보편주의보다 선별주의가 바람직하다는 주장이 대두되었다. 빈곤은 퇴치될 수 있다던 보편주의적 확신이 사라지고 그 대신 상대적 빈곤은 영원히 존재한다는 인식이 수용되었다. 순탄하던 경제성장이 한계에 부딪히고, 완전고용이 무너져 대량실업이 등장하고 국가재정이 곤란해지면서 복지국가 위기론이 대두되었다.

그리하여 1980년대 이후 선별주의원칙하에 복지정책이 추진되었는데, 이는 1979년에 출범한 보수당 대처 정부의 정책에도 잘 나타난다. 대처 정부의 등장은 영국의 사회복지 역사에 큰 변화를 일으켰다. 대처는 개인의 자유와 경쟁에 대한 신념과 복지국가 역할의 제한을 주장하고, 복지국가는 부자로부터 빈자에게 무상의 급여를 제공하는 소득이전기구의 역할을 하여 빈곤화의 매개체 역할을 한다고 생각하였다. 대처 정부는 대대적인 사회보장개혁을 실시하였는데, 파울러(Fowler)개혁은 베버리지의 구상을 주축으로 한 전후 영국의 사회보장제도에 큰 변혁을 가져온 것이었다. 파울러는 이제까지의 영국 사회보장제도는 지나치게 난해하고, 각종 급여와 적격자의 규정이 상호모순된 경우가 많고, 최대의 욕구를 가진 사람들에게 효과적인 원조를 제공하는 데 실패했으며, 빈곤과 실업의 덫을 방치하고 자조능력과 선택의 자유를 제한하는 등의 문제점을 지닌다고 지적하였다. 그리하여 개혁의 목표를 일관성 있게 문제에 대처할 수 있는 제도의 토대를 만드는 것에 두고서 연금 재정문제의 해결과 장래세대에 의한 자원활용의 선택 폭 증대, 이해하기 쉽고 운영이 편한 제도의 구축, 사회보장제도와 조세제도의 협조관계 규정, 국가만이 아닌 개인과 국가의 제휴에 의한 사회보장의 구축 등을 주장하였다. 이를 토대로 하여 대처 정부는 복지의 제공에 대한 국가의 책임을 축소하고 민영화를 추진하였으며, 가족과 개인의 책임과 자조를 강조하고, 국가가 담당하던 의료, 교육, 연금, 지역사회보호 등에 비공식부문을 동원하고, 사회복지분야에 시장원리를 도입·확대하고, 복지의 대상을 가장 복지를 필요로 하는 사람에게 한정하였다. 즉, 선별주의원칙에 입각하여 복지축소정책을 실시하였다.

1997년 총선에서 승리한 노동당의 블레어 수상은 Giddens가 주창한 '제3의 길'을 기초로 사회복지개혁을 추진하였다. 제3의 길은 사회민주주의나 신자유주의가 아닌 중도세력이 주도하는 것으로서 급진적 중도, 신혼합경제, 적극적 복지, 사회투자국가 등을 주장한다. 10여 년간 지속된 블레어 정부의 복지개혁의 핵심은 일할 능력이 있는 자에게는 일자리를 제공해 주고, 일할 능력이 없는 자에게는 사회보장혜택을 주는 것으로서 일할 수 없는 자에게만 사회보장을 제공하는 선별주의원칙을 강화하는 것이었다.

2. 미국의 사회복지 발달사

1) 20세기 이전 시기

17세기 미국에서는 영국, 프랑스, 스페인 등의 유럽국가에 의한 식민지화가 진행되었는데, 그중에서도 영국은 17세기 이후 독립혁명에 이르는 기간 동안 13개의 식민지를 차지하였다. 그리하여 당시 미국은 영국의 관습이 지배적이었고 영국의 영향을 크게 받았다. 영국에서 건너온 프로테스탄트적 윤리는 근면과 절약을 강조하고 빈곤을 죄악시하였다. 이러한 빈곤관에 입각한 구빈은 최소한도에 머물렀고, 구제대상자는 인디언에 의해 가족을 잃은 피난민, 고아, 과부, 노인, 부상자, 재해와 기아에 시달리는 사람, 이주 도중 병에 걸린 사람 등 노동능력이 없는 자와 일시적으로 구제를 필요로 하는 사람들로 제한되었으며 그 밖의 노동 가능한 부랑자나 나태자는 억압당하였다.

식민지가 확대되고 인구가 급증하면서 빈민도 증가하여 친족이나 이웃 등에 의한 상부상조나 교회의 자선으로는 충분하지 않아 구빈법을 제정하지 않으면 안 되었다. 그리하여 1646년 버지니아에서 미국 최초의 구빈법이 제정되었다. 18세기에 이르러 도시에서 빈민이 증가함에 따라 공립의 구빈원이 보스턴, 뉴욕 등에 설치되었다. 그 당시 민간 차원의 자선사업으로는 목사가 병자나 과부, 고아 등을 방문하는 것, 영국이나 프랑스 등 모국별로 설치된 자선협회에 의한 활동, 특수한 문제를 가진 사람들을 구제하기 위하여 독지가들이 만든 박애협회의 활동 등이 있었다. 1776년에 독립선언을 하고 1787년에 연방헌법을 제정함으로써 미국은 마침내 독립국가로 탄생하게 되었다. 미국의 독립혁명은 사회 전반에 걸친 변혁을 가져온 혁명이었고 이로 인하여 식민지시대에 존재하던 구제도의 타파가 이루어졌다.

19세기에는 자본주의가 급속히 확대되고 서부개척운동으로 서부의 인구가 급증하는 등 급속한 발전을 이루었다. 19세기 초에는 북부지방을 중심으로 산업혁명이 진행되었다. 산업이 발달하면서 도시에 인구가 집중되고 도시의 빈민과 부랑자가 증가하고 빈민가가 형성되고 아동 및 여성노동자는 장시간 노동에 시달렸다. 19세기 전반에 대부분의 주에는 구빈원이 설치되었으며, 빈민구제의 방법으로서 원내구호를 원칙으로 하였다. 그리하여 원외구호는 금지되고 노동능력이 없는 빈민(노인, 장애인, 병자, 아동)만이 시설에 수용되고 노동능력이 있는 실업빈민은 구제에서 배제되었다.

이 당시 구빈행정에 큰 영향을 주는 두 개의 조사보고서가 등장하였는데, 1821년 매사추세츠 주의회의 자문에 응하기 위하여 마련된 퀸시(Quincy)보고서와 1824년 뉴욕 입법기관의 위촉에 의해 마련된 예이츠(Yates)보고서가 그것이다. 퀸시보고서에서는 거택구호가 비경제적이고 요구호자에게도 해가 된다는 것, 작업장을 가진 구빈원이 더 경제적이라는 것, 빈민의 취업을 위해서는 농업이 가장 적합하다는 것, 빈곤의 가장 큰 원인은 음주라는 것 등을 지적하였다.

예이츠보고서는 각 군에 충분한 규모의 농장을 부설한 고용의 집을 한 개 이상 설치할 것, 요구호자는 여기서 군의 비용에 의해 생계를 유지하고 농업을 중심으로 한 건전한 일에 고용되며 아동은 교육되어 취업해서 독립시킬 것, 고용의 집에는 건강한 걸식자와 부랑인을 수용·훈련하기 위하여 작업장이나 감화원을 부설할 것, 18세에서 50세까지의 건강한 남자에게는 구호를 하지 않을 것 등의 내용을 담고 있다.

이들 보고서는 미국의 구빈제도에 큰 영향을 주어 뉴욕주에서는 1824년에 「구빈법」이 제정되었고, 이 법이 제정된 이후 각 지방에서 구빈제도가 개혁되고 노동 가능한 빈민의 구제 제한조치와 구빈원의 설치가 이루어지게 되었다. 동부지역의 도시에서는 많은 민간자선사업이 등장하였는데, 대표적인 자선활동으로는 미국자선조직협회의 전신인 AICP나 CAS 등이 있다. 이들의 목적은 빈민을 원조하는 것이 아니고 빈민을 중산층 시민으로 만드는 것이었다.

그러나 남북전쟁 이후 자본주의가 발전하고 자유방임주의가 대두되면서 사태는 역전되었다. 공업 위주의 북동부 및 중부지방과 면화재배를 주 산업으로 하는 남부지방 간의 갈등이 확대되면서 1861년 남북전쟁이 발발하였는데, 북부지방의 승리 이후 미국의 산업자본이 크게 발전하여 1890년대에는 세계 제1의 생산을 자랑하는 자

본주의국가로 발전하게 된다. 이런 가운데 자유경쟁을 주장하는 자유방임주의사상이 지배하였는데, 빈민의 구제에 반대하는 등 이 사상은 빈민정책에 큰 영향을 주었다. 한편으로 민간자선단체는 자선의 효율성을 위하여 영국에서 자선조직협회 방식을 도입하였고, 거틴 목사는 1877년에 최초의 자선조직협회를 창설하였다. 이러한 자선조직화운동은 그 후 미국의 전문적인 개별사회사업방법론과 지역사회조직의 기초가 되었다.

1880년대부터 1900년대 초기에 미국의 자본주의는 독점자본주의로 이행하기 시작하였다. 빈부격차가 심화되고 빈민가가 증가하였다. 그리하여 영국의 인보관운동에 영향을 받은 Coit는 대도시 빈민가에 살고 있는 사람들을 위하여 1886년에 미국 최초의 길드를 설립하였다. 그리고 1889년에는 Adams와 Starr가 시카고에 헐하우스(Hull House)를 설립하였다. 인보관운동은 당시의 자선조직화운동과 달리 사회문제의 원인이 개인의 나태와 무절제가 아닌 사회환경에 있다고 보았으며, 사회연대의식에 기초한 사회개량주의를 주장하였다. 이를 위하여 노동조합의 결성을 주장하고, 탁아, 교육, 공중위생 등 다양한 분야의 활동을 전개하였다.

2) 20세기 전반기

1900년대부터 1920년대까지 미국의 민간자선사업은 급속히 발전하였다. 1913년 오하이오주에서 시작된 공동모금운동은 각 지역에 확산되어 민간단체의 자금조달에 큰 역할을 하였다. 또한 주의 자선국이 설치되고 공립병원과 요양소가 많이 설치되었다. 이러한 기관의 증가에 따라 사회사업가에 대한 수요도 증가하고 이들을 위한 전문교육기관도 등장하였다. 1903년에 시카고 시민박애학교, 1904년에 뉴욕박애학교가 설립되었다. 1918년에는 미국의료사회사업가협회, 전미국사회사업가협회, 1926년에는 전미국정신의료사회사업가협회 등이 전문직단체로 창설되었다.

한편으로는 사회복지관련 법규가 활발하게 제정되어, 1916년에 노동자와 전고용인을 위한 「재해보상법」이 제정되었고, 1912년까지 38개 주에서 아동노동자의 최저 및 최고연령을 제한하는「아동노동법」이 제정되었다. 1915년에는 35개 주가「노동자재해보상법」을 제정하였고, 1926년까지「모자부조법」이 40개 주에서 제정되었다.

1929년에 시작된 경제대공황은 생산의 축소와 실업자의 급증을 초래하여 1930년 초에 4백만 명이었던 실업자가 1932년에는 1천만 명을 넘어섰다. 이에 루스벨트 대통령은 실업자 구제를 위하여 뉴딜정책을 발표하였다. 1933년 대통령에 취임한 루스벨트는 1933년「연방긴급구호법」을 제정하고 연방긴급구호청을 창설하였다. 그는 연방정부의 실업대책으로서 구제사업을 위한 보조금을 주에 교부하여 대규모의 노동력을 투입하는 공공사업을 단행하였다.

1935년에 제정된「사회보장법」은 사회보장이라는 용어를 탄생시켰다. 이 법이 제정되기 전까지는 일반근로자를 대상으로 한 사회보험이 없었다. 산업화의 진전으로 임금노동자가 증가하고 노동운동이 활발해지면서 이에 대한 대책으로 사회보험이 성립되었다. 미국에서 사회보험의 성립은 늦은 편인데 이는 풍부한 프론티어의 존재와 개인주의 및 지방분권주의 전통이 큰 요인이다. 개인주의에 따라 개인의 자유와 자조가 강조되었고, 식민지시대부터의 자유방임주의 전통으로 인하여 빈곤은 개인의 문제로 간주되고 정부는 빈곤문제에 관여하지 않았다. 그러나 산업화와 도시화가 진행되면서 기업의 대형화와 주기적 대량실업, 노사 간 대립, 만성적 빈곤 등이 대두되었고, 그리하여 노동자와 농민은 시장경제에 대한 정부의 적극적인 개입을 요구하였다.

1920년대 말까지 미국에서는 정부가 시민 개개인의 생활의 불안이나 빈곤의 해소를 위해 노력한 적이 거의 없었다. 이러한 상황하에서「사회보장법」제정의 계기가 된 것은 1930년대의 대공황이었다. 대량 실업자의 생활문제는 민간이나 지방기관에 의한 해결을 불가능하게 하였으므로 연방정부가 나설 수밖에 없었다. 그전까지의 사회복지는 지역중심적이고 민간중심적이었다. 연방정부 차원의 광범위한 공적 급여나 서비스체계는 존재하지 않았고, 단지 특정국민, 즉 인디언, 이민자, 재소자, 군인 등을 위한 서비스만을 제공하였다. 경제대공황으로 자유방임주의가 쇠퇴하고 신자유주의사상에 입각한 뉴딜정책이 실시되었다. 이에 입각하여 연방정부는 직접 대규모의 구호사업을 실시하여 시민에게 현금, 식료품, 의류를 제공하거나 공공사업을 통

해 일자리를 제공하고, 한편으로는「사회보장법」을 제정하였다.

1935년 8월부터 실시된「사회보장법」은 연방정부 차원에서 최초로 사회보장제도를 성립하는 것이었다. 이 법은 세 부분으로 구성되어 있는데, 연방정부가 운영하는 노령연금보험, 주정부가 운영하는 실업보험에 대한 연방보조금, 주가 운영하는 공공부조(노령부조, 맹인부조, 요보호아동부조)와 사회복지서비스(모자보건서비스, 지체장애인복지서비스, 아동복지서비스, 직업재활 및 공중보건서비스)에 대한 연방보조금이 그것이다. 이 중 연방정부가 직접 운영하는 것은 노령연금이며, 실업보험, 공공부조, 사회복지서비스는 주에서 운영한다. 1946년에는 사회보장의 단일행정기구로서 사회보장청이 설립되었다.

「사회보장법」의 성립으로 미국의 사회복지 역사에는 큰 변화가 시작되었다. 사회복지정책과 공적 사회복지체계가 급속히 강화되어 사회복지의 사회화와 국영화가 이루어졌다. 당시까지도 명확하지 않았던 전문사회사업은 이때부터 전문적 기능을 수행하는 방법과 기술로 주목받기 시작하였다.

3) 20세기 후반기

1945년 제2차 세계대전이 끝나고 트루먼 대통령이 등장하여 사회보장정책을 더욱 확대 · 개선하였으며 1950년대에는 비교적 안정된 시기를 맞이하였다. 1953년에는 보건 · 교육 · 복지성이 창설되었다. 1960년대에는 빈곤문제가 당시의 인종문제와 도시문제와 맞물려 사회적 쟁점이 되었다. 1960년대 케네디와 존슨 대통령 시대에는 보다 더 진보적인 사회개혁의 필요성이 대두되었다. 이 시기에 다시「사회보장법」이 개정되어 주요 프로그램이 첨가되었는데, 1962년과 1967년에 개인적 사회서비스에 대한 개정이 있었고, 1965년에는 의료보장제도인 메디케어(Medicare)와 메디케이드(Medicaid)가 수립되었다.

한편, 1960년대에는 흑인인권운동을 비롯한 민권운동이 활발하였다. 민권운동가는 1966년 빈곤 및 제 권리에 관한 활동센터를 설치하여 각 지방의 복지권 조직활동을 지원하고 조정하는 작업에 착수함과 동시에 복지권 데모를 조직하고 연대행동을 하는 등 복지권운동을 전개하였다. 1967년에는 전국복지권대회를 개최하고 여기서 전국 조직인 전국복지권조직을 결성하였다. 공공부조제도를 기본적으로 비판한 이 운동은 사회복지정책뿐만 아니라 전문사회사업에도 영향을 미쳐, 종래의 기술주의적인 요소를 반성하고 클라이언트를 대변하여 제도와 자원의 개혁에 적극적으로 임해야 한다는 새로운 전문사회사업가 역할론이 확산되었다.

1970년대에 닉슨 대통령은 노인, 맹인, 폐질자를 위한 최저수준의 연방급여를 수립하였는데, 이것이 1974년 실시된 보충적 보장소득(Supplemental Security Income)이다. 1975년의 '사회보장법 타이틀 20'으로 인하여 개인적 서비스를 위한 주정부의 보조금이 새로 제정되었고「사회보장법」이 더욱 포괄적으로 되어 사회보험, 공공부조, 사회복지서비스라는 세 가지 프로그램이 구성되었다. 타이틀 20은 미국의 사회보장체계에 큰 변화를 가져왔다. 이는 이제까지 미국의 사회보장의 주류를 이루었던 소득보장과 대인서비스를 분리시켜 사회보장법체계를 재편성하였고, 대인서비스에 대해서는 연방정부가 보조금을 지급하고 운영은 주정부에 이양하게 되었다. 이에 따라 주민의 생활기반을 기초로 한 대인서비스의 제공이라는 새로운 단계를 맞이하게 되었다.

미국에서 협의의 사회보장은 보통 노령 · 유족 · 장애보험(OASDI)을 의미한다. 이는 근로자가 노령에 이르거나 사망하거나 장애로 인해 노동능력을 상실함에 따라서 중단된 소득을 대치하기 위한 것이다. 1935년의「사회보장법」에서는 노령보험만 포함시켰으나 1939년의 개정으로 유족이 포함되고 1956년에 장애보험이 추가되었다. 이 보험의 적용대상요건, 급여내용, 재정 등은 지속적으로 변경되고 있다.

1975년부터 1980년대 중반까지 OASDI는 수입보다 지출이 많아 적자를 면치 못하였고 이로 인해 사회보장의 위기가 초래되었다. 1980년 레이건이 대통령에 취임하면서 보수주의를 지향하며 사회보장제도에 대한 대대적인 개편을 단행하였다. 레이건 정부는 근로연계복지(workfare)를 강화하고, 복지프로그램을 감축하였으며, 빈자의 보호를 위해 교회와 민간부문의 지원을 호소하였다. 1988년에는「복지개혁법」이 제

정되었는데, 그 목적은 일할 수 있는 능력이 있는 복지수급자에게 필요로 하는 교육이나 직업훈련 등의 자원을 제공하기 위한 것이었다.

레이건 정부는 또한 신연방주의를 주장하여 연방주의를 축소하고 주정부로의 권한 이양을 주장하였는데, 그 기본이념은 복지국가를 반대하지는 않으나 온정주의적 국가는 반대하는 것, 시장경제를 중시하는 것, 완전평등주의는 위험하다고 생각하는 것 등이다. 이러한 신보수주의 이념은 복지정책에 큰 영향을 주었다. 그리하여 진정으로 필요한 자만을 대상으로 하는 것, 복지비리를 근절하는 것, 노동능력이 있는 자에게는 노동의무를 부과하는 것, 부당한 급여를 배제하는 것, 부양의무자에게 부양을 강제하는 것, 복지행정의 능률화와 효율화를 높이는 것, 연방의 권한을 주정부에 이양하는 지방분권화를 추진하는 것 등을 기본원칙으로 삼았다. 원조를 필요로 하는 자에게 적절한 원조를 제공하는 것 이외의 복지는 가능하면 억제하고 자력으로 생활하도록 하는 것을 주장하였다.

1992년 클린턴 대통령은 기존 복지체제의 종식을 선언하면서 복지수급기간을 제한하고 근로연계복지로 방향을 바꾸는 획기적인 정책을 시행하였다. 1996년에는 복지개혁입법인 「개인책임 및 근로기회 조정법(PRWORA)」을 제정하여 미국 사회복지의 상징이라고 할 수 있는 AFDC 제도를 폐지하고, 그 대신 요보호가구 일시부조제도(Temporary Assistance for Needy Families: TANF)를 도입하였다. 동법은 1935년에 「사회보장법」이 제정된 이래 미국의 사회복지정책에서 가장 큰 변화로 간주된다. 이는 빈곤한 근로능력자들의 자립을 제고시키고자 하는 개혁으로서 법의 핵심내용은 주정부가 독자적으로 TANF 정책을 수립 · 집행하도록 주정부의 역할을 강화하는 것이었다. TANF의 수혜조건의 핵심은 근로의무로서, 수혜자 중에서 근로활동에 참여해야만 하는 최저기준을 정해 놓고 이 기준을 초과달성한 주에 대해서만 연방정부가 포괄보조금을 제공하도록 하였다.

또한 TANF의 수혜자는 급여기간이 24개월을 초과하기 전에 소득 있는 일자리를 구해서 근로를 시작해야 하며, 급여는 2년까지만, 그리고 일생 동안 5년을 초과할 수 없도록 하여 개인책임을 강화하였다. TANF는 공공복지, 보육서비스, Food Stamp,

자녀 양육비 강화, 아동복지, 고용안정 등과 같은 다양한 프로그램을 포함하고 있다. 이 같은 복지개혁이 시행된 이후 복지관련 사례건수가 감소하고, 복지 수혜자가 완전 고용되어 복지 대상자에서 제외되었으며, 아동 빈곤율이 감소하는 등의 성과가 있었다. 이처럼 최근의 미국 사회복지는 개인책임, 민영화, 근로를 강조하고 있다.

미국은 개인주의와 지방분권주의를 중시한다. 개인주의사상에 따라 자조를 강조하는데, 그 예로서 미국은 「사회보장법」 제정 이래 자조능력을 가진 자와 없는 자를 구분하여 상이한 빈곤대책을 강구하는 것을 빈곤대책의 기본원칙으로 하고 있다. 그리고 자조를 강조함으로써 빈곤의 해결을 전적으로 공적 제도에 의존해서는 안 된다는 이념하에 자조능력을 가진 자에 대한 빈곤대책으로 저축이나 민간보험 등이 있다. 이러한 자조에 대한 강조는 의료보장제도에도 나타나는데, 메디케어는 65세 이상 노인 외에는 일부의 국민에게만 적용된다. 미국에서는 이렇듯 공적 제도에만 의존할 수 없다는 사상에 입각하여 사적 제도를 확보하는 것으로서 생활보장을 실시하지만, 문제는 사적 제도가 일부 국민만을 포함한다는 것이다. 그리고 지방분권주의에 입각하여 제도의 운영이 기본적으로 각 주의 자치에 맡겨진 결과, 주마다 급부조건에 큰 차이가 있다.

3. 일본의 사회복지 발달사

1) 근대화와 자본주의 성립기

일본에서 사회사업이라는 용어가 공식적으로 사용된 것은 1920년대이지만 자선과 구제행위는 오래전부터 존재하였다. 에도시대로부터 시작되는 근세는 막번 지배체제였는데, 이는 장군과 영주를 정점으로 하는 무사와 그 가족이 전 인구를 지배하고 도시에 거주하면서 영주로부터 조세를 거두어들여 생활하는 형태였다. 막번의 지배자들은 유교정신에 입각하여 왕도정치를 강조하였다. 농민이 전체 인구의 대다수를

차지하였으며 구제대상도 이들에게 집중되었다. 지배층의 수탈에 시달린 농민들은 도시와 상업지역으로 몰려들었고 비참한 생활을 하였다. 이 당시의 통치자들은 빈곤문제를 촌락공동체 속에서 해결하도록 하는 정책을 취하였고, 친족 간의 상호부조를 통한 구제를 강조하였다. 막번시대 말기에는 서민의 생활이 더욱 궁핍해지고 빈민의 저항이 거세지는 가운데 덕천정권이 붕괴되었다.

일본에서는 1868년에 시작된 메이지유신에 의하여 근대화가 시작되었다. 메이지유신 이래 1945년까지 일관되게 추진되어 온 기본방침은 부국강병이었다. 메이지유신에 의하여 막번체제가 붕괴되고 전제적인 중앙집권체제가 성립되었다. 그리고 신분제도의 재편성이 이루어졌는데, 이 과정에서 무사계급과 천민계급이 해체되어 하급무사의 대부분이 무산층으로 전락하였고 중소자영농민도 토지를 잃고 소작농이나 일일노동자로 전락하였다.

이런 가운데 정부는 1876년에 재해궁민의 구제를 목적으로 궁민일시구조규정과 행려병자를 구제하는 행려병자취급규칙 등을 제정하였다. 1874년에는 구빈법으로서 공공부조의 시초라고 할 수 있는 휼구규칙이 제정되었다. 이는 생업불능의 70세 이상 병자나 장애인과 13세 미만의 연소자 등 부양자가 없는 무고의 빈자를 대상으로 한 제한적 부조를 규정한 것이었으며 구제의 책임을 국가보다는 근친가족이나 지연에 둔 열악한 구빈정책이었다. 이 같은 휼구규칙은 1926년에 「구호법」이 성립되기까지 일본의 구빈법으로 시행되었다. 휼구규칙은 구제대상을 근로능력이 없는 자에 한정한 점과 그 시행방식이 중앙집권적이라는 점이 중요하게 평가된다.

1880년대에 자본주의가 급속히 발전하였으며, 근대적 의미의 구빈대상이 나타난 것은 자본주의가 성립되면서부터다. 이 시기에는 급속한 농민해체가 야기되고 광범위한 빈농층이 형성되었으며 대기업이 성장하고 산업혁명이 진행되었다. 한편, 국내경제의 취약성을 국외시장을 통해 만회하기 위하여 제국주의하에서 부국강병책을 추진하였다. 산업혁명이 이루어짐에 따라 임금노동자가 급증하고 이들의 노동재해와 질병이 증가하였다. 1890년대에는 빈곤에 대한 사회적 인식을 강조하고 사회정책학회가 설립되고 빈민연구회도 발족되었다. 빈곤문제가 심화되자 빈곤의 원인을 개인이 아닌 사회 탓으로 여기는 사상이 형성되었고 빈곤의 구제는 국가의 책임이라는 인식이 생겼다.

한편, 이 시기에는 사회주의적 자선사상, 전문적 자선주의, 종교적 자선주의, 사회개량주의 등이 출현하기 시작하였다. 자선사업의 출현은 사회사업의 전문적 연구를 발전시키고 전국적인 사회사업가 조직을 설립시켰다. 다양한 기관과 시설이 설립되었으며, 1903년에는 오사카에서 전국자선대회가 개최되어 여기서 중앙자선협회의 설립이 결정되었고, 이를 계기로 1908년에 중앙자선협회(중앙사회사업협회의 전신)가 발족되어 사회사업가단체의 전국조직으로 발전되었다.

정치사회적으로는 정당내각제가 성립되고, 노동자와 농민, 빈민 등이 사회운동을 전개하고, 노동총연맹과 농민조합이 결성되고, 사회주의정당이 성립되는 등 민중세력이 강력히 부상하였다. 그리고 공장근로자가 급증하고 중화학공업이 발전하고 기업규모가 확대되고 독점자본주의가 발전하였다. 1910년대 말에는 만성적 불황에 직면하여 민중의 궁핍화가 심화되었는데, 이는 이제까지의 자선사업으로는 빈곤문제에 대처할 수 없어 근대적인 사회사업이 성립하는 계기가 되었다. 내무성 구호과가 사회과로 개칭되고 1920년에는 사회국이 설치되었다. 사회사업행정이 중앙정부 차원에서 정비되고 법령에도 사회사업이라는 용어를 사용하게 되었다. 사회사업에 대한 교육도 이루어져서 여러 대학에서 사회사업강좌가 개설되었다.

2) 1920년대~1945년

1920년대의 대공황과 관동 대지진 이후 대량의 실업자와 빈민이 발생하고 노동쟁의 등 사회운동이 격화되었다. 이때까지 공적 부조제도로는 휼구규칙밖에 없었는데, 이 같은 구제제도로는 만성적인 빈곤문제에 대처할 수 없게 되자 국가가 주체가 되는 복지사업이 등장하게 되었다. 이것이 1929년에 공포되고 1932년부터 실시된 「구호법」이다. 「구호법」의 구호대상은 부양의무자가 없는 65세 이상의 노쇠자, 13세 이하의 아동과 임산부, 불구, 폐질, 질병, 상병, 기타 정신 또는 신체상의 장애에 의해 노

무에 종사할 수 없는 자이며, 구호기관은 구호받는 자의 거주지의 시정촌장이다. 구호방법은 거택구호를 원칙으로 하였으나 불가능한 경우 시설수용과 가정위탁을 허용하였다. 구호의 종류로는 생활부조, 의료부조, 조산부조, 생업부조 등이 있었고, 그 비용은 국가와 시정촌과 도부현이 분담하였다. 그러나 이는 특정의 빈곤자에게만 국한된 제한적인 부조제도였다.

1937년에 중일전쟁, 1941년에 태평양전쟁이 시작되고 전시체제하에서 일본정부는 내무성을 해체하고 후생성으로 개명하여 전쟁의 수행을 위한 인적자원의 보호육성에 주력하게 되었다. 그리하여 1941년 사회사업이라는 용어 대신 후생사업이라는 용어가 등장하였고, 전쟁을 위한 인적자원의 확보와 생산력 증강 등에 치중하였다.

이러한 가운데 1937년에「모자보호법」과「보건소법」, 1938년「사회사업법」, 1938년「국민건강보험법」, 1940년「국민위생법」, 1942년「의료보호법」, 1942년「전시재해보호법」, 1943년「전쟁사망상해보험법」, 1944년「후생연금보험법」이 제정되었다. 1941년에는「노동자연금보험법」이 제정되어 1944년에 오늘날의「후생연금보험법」으로 개명되었다. 이처럼 1945년의 패전까지 각종 사회보험과 공공부조제도가 성립되었으나 이는 어디까지나 전시정책을 위한 전력증강에 목적이 있었다고 할 수 있다.

3) 1945년~1970년대

1945년 패전 이후 1952년 미일강화조약까지 일본은 연합국총사령부의 지배를 받았는데, 이 시기에 일본의 사회복지는 그 기본체제를 갖추게 되었다. 연합군의 정책적인 유도에 의해 구축된 사회복지 기본체제는 1989년까지 그 기본골격을 그대로 유지하였다. 1946년에 공포된「개헌헌법」에 따라 군국주의가 해체되고 재벌 해체, 노동법 제정, 농지개혁 등이 실시되었다. 그러나 전쟁의 후유증으로 상이군인, 실업자, 고아, 장애인, 부랑인 등이 급증하고 기아가 만연하였다. 이에 가장 긴급한 공공부조, 아동보호, 장애인 구제를 위하여 1946년 (구)「생활보호법」, 1947년「아동복지법」, 1949년「신체장해자복지법」의 이른바 복지 3법이 제정되었다.

「생활보호법」에서는 생활보호를 요하는 상태에 있는 자에 대하여 노동능력여부와 상관없이 무차별평등의 원칙에 따라 보호하고, 비용의 부담은 80%는 국가가, 나머지는 지방자치단체가 부담하도록 하였으며, 부조의 종류로 주택, 의료, 출산, 생업, 장제 등을 규정하였다. 이 법은 1950년에 현재의 「생활보호법」으로 전면 개정되어 오늘날까지 일본 공공부조의 핵심을 이루고 있다.

1948년에 사회보장심의회가 설치되어 1950년 정부에 '사회보장제도에 관한 권고'를 제출하였고, 이에 따라 사회보장분야가 사회보험, 공공부조, 공중위생 및 의료, 사회복지의 네 부문으로 나뉘었다. 동 권고에서는 사회보장의 범위를 광의와 협의로 나누었는데, 협의의 사회보장에는 공공부조, 사회복지, 사회보험, 공중위생 및 의료가 포함되었고, 광의의 사회보장은 이에 더하여 은급 및 전쟁희생자원호, 그리고 관련제도로서 주택대책과 고용대책을 포함하였다. 1947년에는 「실업보험법」이 제정되는 등 일본은 연합국 점령기에 사회보험과 공공부조제도가 확립되었다. 1951년에는 「사회복지사업법」이 제정되어 복지사무소가 전국에 의무적으로 설치되었고 사회복지주사가 배치되었으며 사회복지협의회가 법정단체로 설립되었다. 1950년 한국전쟁이 발발하자 일본은 군수물자의 특수로 경제를 재건하게 되었다.

1955년의 경제자립5개년계획을 계기로 일본은 1970년대까지 고도의 경제성장을 지속하였고, 이 기간 중 사회보장의 각 부문이 발전하였다. 1958년에는 기존의 「국민건강보험법」을 전면 개정하였는데, 개정된 「국민건강보험법」의 요지는 시정촌의 국민건강보험을 1961년 4월까지 강제 설립하도록 하는 것이었다. 그리하여 의료보험의 전 국민에의 적용이 실현되었다. 1959년에는 「국민연금법」이 제정됨으로써 후생연금 및 공제조합 연금과 더불어 국민개연금시대가 열리게 되었다. 그리고 1960년 「정신박약자복지법」, 1963년 「노인복지법」, 1964년 「모자복지법」이 제정되었는데, 이로써 그 전에 제정된 「아동복지법」, 「신체장해자복지법」, 「생활보호법」과 더불어 복지6법이 확립되어 오늘날의 사회복지의 기본체제를 이루게 된다.

1970년대 중반부터는 복지국가 위기론이 제기되기 시작하였다. 이는 1970년대에 선진복지국가에서 보수정치세력이 등장하고 복지국가 위기론이 대두되면서 복지예

산이 축소되고 지방자치단체의 역할 및 지역주민의 복지참여 유도를 위한 계획이 추진된 것 등에 영향을 받고, 또한 저성장에 따른 재정위기의 심화로 인하여 증가하는 복지욕구에 충분히 대응할 수 없으며 복지욕구의 질적 변화로 인하여 이제까지의 복지제도와 방법이 재구성되지 않으면 안 된다는 인식에 따른 것이었다.

전국사회복지협의회는 1974~1984년 동안 저성장하에서 사회복지의 방향을 발표하였는데, 여기서는 지역사회보호의 이행, 사회복지의 효율적 운영, 민간복지재원의 확보 등을 언급하였다. 이 중 특히 행정부의 지지를 받아 등장한 것이 재가복지, 지역사회보호, 민간자원봉사활동의 추진이었다. 1979년의 신경제사회7개년계획에서는 일본형 복지사회를 주장하였는데, 선진국을 추종하지 않고 개인의 자조노력과 가족, 이웃, 지역사회 등의 연대를 기초로 정부가 적정한 공적 복지를 중점적으로 보장하는 독자적인 복지사회의 실현을 주장하였다.

4) 1980년대 이후

1980년대에 들어서면서 평균수명의 연장과 출생률 저하에 따른 인구의 급속한 고령화, 핵가족화와 가구원의 감소, 취업구조의 변화와 여성의 사회진출 증가, 대폭적인 소득증가에 따른 생활수준의 향상 등 전반적인 사회환경이 크게 변화하였다. 이 같은 변화에 따라서 사회분야에서도 정상화이념의 고취, 복지욕구의 증대와 다양화, 재가복지서비스의 발달, 복지서비스 전달주체와 조직의 다양화와 확대, 복지서비스의 일반화와 비용부담원칙의 확립, 국가와 지방의 역할분담, 의료 및 연금제도의 확충, 복지와 보건의료의 연계 등 새로운 움직임이 급속히 진전되었다.

이러한 분위기 속에 1986년 전국사회복지협의회에서는 사회복지 개혁의 기본구상을 발표하였는데, 여기서는 21세기의 사회복지과제로서 고령화사회의 도래, 가족의 보호기능 저하, 도시화와 지역사회의 변화, 가치관의 다양화와 생활의식의 변화, 국제사회에서의 위치와 역할 등을 인식하는 것 등을 지적하고, 국민생활과 의식의 변화에 따라 사회복지욕구가 다양화 · 고도화되고, 정상화이념의 정착과 대인적 서비스가 확대되는 가운데 사회복지에서 새로운 움직임이 나타남을 지적하였다. 그러므로 앞으로의 사회복지는 사회복지의 보편화와 일반화, 재가복지의 추진, 복지공급체계의 재편성, 새로운 공공의 입장에서는 사회복지, 총합화의 촉진 등을 지향함을 지적하고 있다. 1989년에는 복지관계 3심의회에서 향후 사회복지가 나아갈 방향을 제시하였는데, 여기서는 인생 80년 시대에 걸맞은 장수, 복지사회를 실현하기 위하여 복지서비스를 질적으로 확충할 뿐만 아니라 정상화이념의 침투, 복지서비스의 일반화와 체계화 촉진, 서비스 이용자 선택의 폭 확대 등에 유의하면서 새로운 사회복지를 도모한다고 지적하고, 시정촌의 역할의 중시, 재가복지에의 충실, 민간복지서비스의 육성, 복지와 보건의료의 연계성 강화, 복지인력의 확보, 서비스의 총합화와 효율화를 추진하기 위한 복지정보제공체계의 정비 등을 이룰 것을 지적하였다.

일본은 오늘날 세계 제1의 장수국가이며 경제대국이다. 그러나 사회복지 재정규모는 다른 선진복지국가에 비하여 작은 편이다. 현재 일본의 사회복지의 최대과제는 세계에서 가장 높은 평균수명이 말해 주듯이 노인대책이라고 할 수 있다. 1989년에는 '고령자보건복지추진 10개년 전략'을 발표하였는데, 이는 재가복지를 중심으로 한 지역복지 장기계획이다.

1987년에는 「사회복지사 및 개호복지사법」을 제정하였고, 1990년에는 복지 8법인 「노인복지법」, 「신체장해자복지법」, 「정신박약자복지법」, 「아동복지법」, 「모자및과부복지법」, 「사회복지사업법」, 「노인보건법」, 「사회복지의료사업단법」의 일부를 일괄 개정하였다. 1950년대에 형성된 사회복지 기본틀이 이 복지 8법의 개정을 통하여 일대개혁을 이루었다고 할 수 있다. 그 주요 내용은 가정봉사원 등 재가복지서비스의 적극적 추진, 특별양호노인시설 등에의 입소결정사무를 정촌으로 이양할 것, 시정촌 및 도도부현의 노인보건복지계획 작성, 노인 건강유지사업 촉진을 위한 전국 규모의 법인 지정, 유료노인복지시설에 대한 지도감독 강화 등이다. 특히 1993년부터 재가복지서비스와 시설복지서비스의 기반정비를 내용으로 하는 노인보건복지계획이 작성됨에 따라 일본의 사회복지 역사상 최초의 사회계획화가 실현되었다. 이러한 가운데 일본은 21세기를 지향한 일본형 복지를 추구하고 있다.

4. 한국의 사회복지 발달사

1) 근대 이전 시기

우리나라의 사회복지 역사는 선진복지국가와 비교하면 1세기 정도 뒤졌으나 1960년대부터 시작된 경제성장과 이에 따른 국민 생활수준의 제고, 복지욕구의 증대 등으로 기본적인 사회보장체제를 갖추게 되었다. 우리나라의 역사를 살펴보면 삼국시대, 고려시대, 조선시대의 왕들은 민생구휼 차원에서 여러 가지 정책을 실시하였다. 삼국시대에는 고아, 과부, 홀아비, 노인, 병자 등에게 식량을 제공해 주었으며, 고려시대에는 빈곤한 농민에 대한 구빈대책으로 의창, 상평창 등을 설치하여 구제하고 대비원, 혜민국 등을 설치하여 빈곤한 환자를 치료해 주었다. 조선시대에는 유교의 영향으로 인으로써 백성을 다스려야 한다는 사상에 입각하여 백성이 굶주리는 것은 왕의 책임이라 하여 구제사업을 실시하였다. 조선의 왕들은 민생구휼을 주요 시책으로 삼았으며, 구제사업으로서 상평창, 의창, 사창제도, 진혈, 진대 등을 실시하였고, 의료구제기구로서 대비원, 혜민국, 제생원 등을 운영하였다. 향약에는 환난상휼의 조항이 있었고, 구체적인 사업으로 급난의 구제, 질병의 구제, 빈궁의 진휼 등을 규정하여 향리주민의 어려움을 해결하게 하였다.

2) 일제강점기

일본의 식민지시대에는 구제사업도 식민지정책의 일환으로 실시되었다. 일제강점기의 구제사업은 일본천황의 인정을 강조하고 한국인의 불만을 희석하려는 목적에서 시작되었다. 일본은 본국에서 시행하던 행정체계를 우리나라에 그대로 옮겨와서 시행하였다. 1921년에 내무국 제2과를 사회과로 개칭하여 사회사업의 지도관리를 담당하게 하였고, 1932년 사회과를 학무과로 이관하여 사회사업에 대한 사무와 사회교육에 대한 사무 및 종교사무를 합하여 관장하도록 하였다. 민간 사회사업지도기관으로는 조선사회사업협회가 있었다. 이 협회는 1921년 조선사회사업연구회로 조직되었다가 1929년에 개칭 · 확대되었다.

일본은 시간이 지나면서 구제행정을 더욱 체계화시키고 구제사업을 확대하여 이재민구호, 궁민구호, 행려병자구호, 군사구호, 양로사업, 의료보호, 아동보호, 경제보호, 노동보호, 사회교화사업 등을 실시하였다. 1944년에는 조선구호령이 공포되었는데, 이는 65세 이상 노인, 13세 이하 아동, 임산부, 불구, 폐질, 질병, 상이, 기타 정신 또는 신체의 장애로 인하여 노동하기에 지장이 있는 자를 대상으로 하였다. 구호의 종류로는 생활부조, 의료부조, 조산부조, 생업부조, 장제부조가 있었고, 구호방법은 신청에 따라 자산조사를 실시한 후 거택구호를 하는 것을 원칙으로 하였다. 조선구호령은 1961년에 「생활보호법」이 제정되기까지 우리나라 공공부조의 지침이 되었다.

3) 미군정기

해방 후 독립정부가 수립된 1948년까지 우리나라는 3년간 미군정기를 경험하였다. 미군정기의 복지행정은 보건후생부를 중심으로 이루어졌다. 1946년 부로 승격한 보건후생부는 그 당시 정부부서 중 최대규모였다. 당시 우리나라는 일제의 침탈과 남북의 단절, 산업생산의 부진, 귀환동포와 월남민의 유입 등으로 빈곤이 보편화되었다. 미군정기의 전재민의 숫자는 약 2백만 명에 달하였고 이 중 요구호대상자는 약 98만여 명에 이르는 것으로 추정된다. 그리고 귀환 전재민 이외에 요구호 실직 빈궁민이 약 1백만 명 이상이었음을 고려하면 즉각적인 구호를 필요로 한 인구는 2백만 명을 넘는다고 볼 수 있다.

미군정은 체계적이고 장기적인 측면에서 공공부조의 법적 · 제도적 장치를 새로이 마련하지 않았으며 공공부조정책은 일제강점기와 큰 차이가 없었다. 제도의 주 대상이 노동능력을 상실한 빈곤자로 제한되고, 최저생활보장의 개념이 규정되지 않는 등 자선과 시혜의 차원을 벗어나지 않았다. 미군정은 일제강점기의 조선구호령을 형식

적으로 계승하면서 필요에 따라서 군정법령 및 처무준칙을 임시방편으로 마련하였다. 전재민, 이재민, 월남동포, 빈민, 고아 등을 대상으로 한 기아 방지, 최소한의 생계유지, 보건위생 및 치료, 응급주택 공급 등의 사업을 전개했을 뿐 획기적인 정책을 실시하지 않았다. 1946년 후생국보 3호에서는 공공구호대상자를 65세 이상의 자, 6세 이하의 부양할 아동을 가진 여자, 13세 이하의 아동, 불치병자, 분만 시 도움을 요하는 자, 정신 또는 육체적 결함이 있는 자로서 구호시설에 수용되지 않고 가족이나 친척의 보호가 없고 노동할 수 없는 자로 규정하고 있다. 전반적으로 미군정기의 구호는 당시의 수요에 비하여 극히 불충분한 것이었다.

4) 정부수립~1950년대

1948년 정부수립 이후 1950년의 한국전쟁으로 인하여 수백만 명의 피난민과 전재민이 발생하였다. 정부는 재정이 부족하여 외국 원조단체의 도움을 받지 않을 수 없었다. 국제원조처, 유엔한국재건단 등의 협조 아래 중앙구호위원회가 조직되고 지방에도 각급 구호위원회가 조직되었다. 고아원, 모자원, 양로원 등의 수용시설이 급증함에 따라서 정부는 시설에 대한 지도감독을 하지 않을 수 없게 되었으며 대책으로 1950년에 후생시설 설치기준을 공포하였는데, 이는 난립한 시설들의 최소한도의 요건을 규정한 것이었다.

1952년에는 사회사업을 목적으로 한 법인의 설립 허가신청에 관한 건을 지시하였는데, 이는 시설의 설립이 등록제에서 허가제로 바뀌는 계기를 마련하였다. 또한 후생시설 운영요령을 제정하여 후생시설을 영아원, 육아원, 감화원 등의 아동시설과 모자원, 정신치료감화원, 불구자수용원, 맹아원, 직업보도원 등의 특수시설 및 양로원 같은 노인시설로 구분하여 복지시설의 종류를 처음으로 체계화하였다. 사회복지교육기관도 설립되기 시작하였는데, 1947년 최초의 대학교육기관으로 이화여자대학교 기독교사회사업과가 설치되었고, 1953년 중앙신학교에 사회사업학과가 설치되었으며, 1957년에는 국립사회복지종사자훈련원이 개원되었다.

5) 20세기 후반기

1961년부터 1979년까지 집권한 박정희 정권은 경제개발과 근대화를 주창하고 고도경제성장정책을 실시하였다. 그리하여 1960년대 이후 경제성장이 급속도로 이루어졌으며 이에 따라 국민의 욕구도 증대·다양화되었다. 그러나 이 시기는 분배보다 경제성장을 우선한 시기이므로 사회복지는 침체되었다. 박정희 대통령은 절대빈곤의 해소를 내세우며 제1차 경제개발5개년계획(1962~1966)을 실시하였다. 그는 경제우선주의에 입각하여 최대목표를 경제발전에 두었으며, 이 과정에서 이농한 영세민들이 도시빈민층을 형성하고 상대적 빈곤과 빈부격차가 심화되었다. 군사혁명으로 정권을 잡은 정부는 사회복지관련 법률을 무더기로 입법화하였으나 재정 부족 등으로 실제로 시행된 법은 극소수였다.

1961년「생활보호법」이 제정된 이후 동법에 의해 정부의 보호가 강화되었고, 1965년부터 정부지원이 확대됨에 따라서 민간외국원조단체가 철수하기 시작하였다. 제4공화국 후반부터 경제개발5개년계획을 경제사회발전5개년계획으로 개칭하여 사회개발을 추가함으로써 경제와 사회의 균형적인 발전을 도모하기 시작하였으나, 박정희 정권은 여전히 선 경제성장 후 분배정책을 강조하여 사회복지는 전근대적인 시설수용보호사업과 영세민을 대상으로 한 제한적인 부조로 일관하였다.

1962년 3월 각령 제469호에 따라 사회보장 연구를 위한 최초의 사회보장연구실과 사회보장제도심의위원회가 탄생되었는데, 연구분야는 사회보장 전반, 산재보험, 의료보험, 공공부조 및 사회복지였다. 동 위원회의 건의에 따라서 구체적인 사회보장제도의 수립을 구상하고 근거법률의 제정을 추진하였다. 그리하여 1963년 사회보험과 공공부조를 포함하는 사회보장의 개념을 정의하고, 사회보장정책의 범위를 규정하고, 관장부처 및 자문기관의 설치 등에 관하여 규정한 법률인「사회보장에관한법률」이 제정되었다.

박정희 정권하에서 제정된 주요 복지관련법으로는「아동복리법」(1961년),「고아입양특례법」(1961년),「고아의 후견 집무에 관한 법률」(1961년),「윤락행위 등 방지법」

(1961년), 「갱생보호법」(1961년), 「사회복지사업법」(1970년), 「생활보호법」(1961년), 「의료구호법」(1970년), 「재해구호법」(1962년), 「재해구호로 인한 의사상자 구호법」(1970년), 「군사원호보상법」(1961년), 「국가유공자 등 특별원호법」(1962년), 「자활지도 사업에 관한 임시조치법」(1968년), 「공무원연금법」(1962년), 「군인연금법」(1963년), 「군인보험법」(1962년), 「선원보험법」(1962년), 「산업재해보상보험법」(1963년), 「사립학교교원연금법」(1973년), 「국민복지연금법」(1973년), 「의료보험법」(1976년) 등이 있다.

혹자는 박정희 정권기의 사회보장제도의 발달과정을 1960년대 초의 사회보장 창설기와 1970년대 중반의 확충기로 나누기도 한다. 1960년대에는 사회보장전문가의 주장이 받아들여지는 유연성이 있었으나, 1970년대는 유신체제에 따른 정책결정상의 경직성으로 인하여 실적 위주의 즉흥적 발상이 팽배하였고 관료에 의한 정책결정의 독점현상이 일어났으며 전문가의 참여가 어렵게 되었다.

1980년부터 1987년까지의 전두환 정부에서는 복지국가의 구현을 4대 국정지표 중 하나로 내세우고 복지예산을 대폭 확충하였다. 전두환 정권은 영세민대책을 중시하였는데, 영세민대책은 생활무능력자에 대한 단순한 생계구호보다는 근로능력이 있는 저소득층에 대한 소득능력의 배양과 빈곤 세습화의 차단 및 영세민의 대도시 집중 억제에 집중되었다.

제5공화국 후기에는 한국형 복지모형론이 등장하였는데, 이는 1970년대에 선진복지국가에서 복지국가 위기론이 대두되면서 우리도 복지병을 유발할 수 있다는 관료들의 우려 때문이었다. 전두환 정권기에는 많은 복지관련법이 개정 또는 제정되었다. 1980년 「사회복지사업기금법」, 1981년 「심신장애자복지법」과 「노인복지법」이 제정되었으며, 「아동복지법」이 개정되고, 1982년 「생활보호법」, 1983년 「사회복지사업법」이 개정됨으로써 복지 5법이 확립되고 사회복지서비스가 법적 기초 아래 발달하게 되었다. 제5공화국 후반부터는 시설수용 위주의 복지사업에서 벗어나 지역복지와 재가복지가 강조되기 시작하였고, 그 한 예로서 사회복지관이 증설・확대되었다.

1988년부터 1993년까지 집권한 노태우 정부는 경제와 사회의 균형적인 발전을 통하여 가진 자와 못 가진 자 간의 격차와 갈등을 해소하겠다는 목표를 선언하였다.

1989년「지방자치법」이 제정되고 지방자치시대가 시작되면서 중앙정부가 관장하던 업무를 지방정부에 이양하기 시작하였다. 노태우 정부는「모자복지법」(1989년),「영유아보육법」(1991년),「장애인 고용촉진 등에 관한 법률」(1990년),「고령자고용촉진법」(1992년)을 제정하고,「장애인복지법」(1989년),「노인복지법」(1989년),「사회복지관 설치운영규정」(1992년),「의료보호법」(1991년),「사회복지사업법」(1992년)을 개정하였다.

1987~1991년의 제6차 경제사회발전 5개년계획에서는 경제사회발전 수준에 맞는 복지시책, 가족과 지역사회의 복지기능을 최대한 조장하고 자립정신에 입각한 복지시책의 전개, 민간복지자원의 최대한 동원 등을 기본방향으로 제시하였다. 이처럼 한국형 복지모형은 국가개입을 가능한 한 최소화하고 가족기능을 강화하며 자조와 재활을 강조하고 자원봉사를 강조하는 것이었다.

노태우 정부에서는 국민연금제도의 실시, 의료보험의 전국 확대 실시, 최저임금제 실시 등이 이루어져 복지제공이 폭발적으로 확대되었다. 의료보장의 경우「의료보험법」이 1963년 처음으로 제정되었으나 시행되지 못하다가, 1976년에 전면 개정된「의료보험법」이 제정됨으로써 의료보험제도가 1977년부터 시행되었고, 그 후 12년만인 1989년 전 국민 대상의 의료보험으로 발전하였다. 소득보장제도인 국민연금제도는「국민복지연금법」이 1973년에 제정되었으나 실시가 보류되다가 1988년부터 실시되었다.

제6공화국 정부는 1988년 서울장애인올림픽이 끝나자 대통령 직속의 장애인복지대책위원회를 설치하여 장애인복지종합대책을 공포하고「장애인 고용촉진 등에 관한 법률」을 제정하는 등 장애인복지에 관심을 기울였다. 또한 사회복지관을 전국적으로 확대하여 수용시설 위주의 복지서비스에서 탈피하려고 하였고, 여성의 사회참여가 증대됨에 따라서「영유아보육법」을 제정하여 보육시설을 확충하였다. 그리고 재가복지를 중시하여 재가복지봉사센터를 설치하고, 1987년부터 사회복지전문요원을 영세민 밀집지역에 배치하였다.

1993년부터 1998년까지의 김영삼 정부에서는 사회복지 발전이 상대적으로 정체되었다. 김영삼 정부에서 주장한 한국형 복지모형에서는 성장과 복지의 조화, 한국

적 특수성의 반영, 생산적 및 예방적 복지의 강화, 복지 공급주체의 다원화, 물질적 만족과 정신적 행복의 추구를 기본이념으로 제시하였으며, 복지를 시장원리에 맡기고 취약계층만 국가가 책임지는 잔여적 복지정책을 추구하였다.

1992~1996년의 제7차 경제사회발전 5개년계획에서는 공공부조 면에서는 모든 저소득층이 기본적인 생활유지능력이 없을 경우 국가의 책임으로 최저생활이 보장되도록 향상시키고, 근로능력이 있어 자립 가능한 사람의 경우는 자립지원시책을 통하여 자립할 수 있게 한다고 하였다. 또한 사회복지전달체계를 개선하기 위하여 보건복지사무소를 시범적으로 설치한다고 하였으며, 보편주의에 입각하여 평균 가계소비지출의 50% 미만 계층은 정부부담에 의한 서비스를 제공하고 그 이상의 소득계층은 수익자부담에 의한 유료복지서비스의 제공을 도입한다고 하였다.

1997년 말 우리나라는 IMF 체제에 들어감에 따라 국가적 위기를 맞게 되었다. 이러한 가운데 1998년에 김대중 정부가 출범하였는데, 이 정부에서는 생산적 복지를 내세우고 제1차 사회보장발전계획(1999~2003)을 수립하였다. 동 계획에서는 경제위기를 맞이하여 1차 안전망인 4대 사회보험과 2차 안전망인 공공부조, 3차 안전망인 긴급구호로 구성된 사회안전망을 갖춘 복지국가 건설을 주창하였다. 그리고 전 국민에 대한 사회보험 적용, 사회보험의 통합운영을 통한 효율적 관리체계 구축, 생활보호대상자의 확대와 전 국민 기초생활보장, 가족복지와 지역복지 강화, 취약계층의 소득 및 의료보장 강화, 예방 및 재활 중심의 복지서비스 강화 등을 통한 전 국민의 사회보험화, 최저생활수준 보장, 사회복지서비스 확충을 추구하고, 궁극적으로 성장과 복지의 조화를 통한 균형적 복지국가의 달성을 목적으로 하였다. 이 시기에는 국민연금제도가 전 국민으로 확대 실시되고, 의료보험조합을 단일화하여 건강보험제도로 일원화하고, 고용보험이 전 사업장으로 확대 실시되고, 「생활보호법」이 「국민기초생활보장법」으로 대체되어 공공부조제도가 획기적으로 개선되었다.

2003년부터 2008년까지의 노무현 정부에서는 참여복지를 내세웠다. 참여복지에서는 저소득층 위주의 지원에서 탈피하여 복지대상을 전 국민으로 확대하고, 소득보장 위주가 아닌 의식주 생활권 보장으로 확대하는 복지의 보편성, 복지는 일차적으로

표 2-1 사회안전망

<table>
<tr><th colspan="2">사회안전망</th><th>제도</th><th>사회적 위험</th><th>대상계층</th></tr>
<tr><td colspan="2" rowspan="2">1차: 예방
(사회보험)</td><td>건강보험</td><td>질병</td><td>일반국민</td></tr>
<tr><td>국민연금
산재보험
고용보험</td><td>노령
산업재해
실업</td><td>근로자</td></tr>
<tr><td rowspan="2">2차: 기초생활
보장</td><td>보안적 장치</td><td>공공근로사업
직업훈련
각종 대부사업</td><td>실업</td><td>실직자</td></tr>
<tr><td>공공부조</td><td>기초생활보장</td><td>빈곤</td><td>저소득계층</td></tr>
<tr><td colspan="2">3차: 긴급구호</td><td>긴급식품권
긴급의료권</td><td>–</td><td>저소득계층</td></tr>
<tr><td colspan="2">민간사회안전망</td><td>–</td><td>실업, 빈곤</td><td>저소득계층</td></tr>
</table>

자료: 최일섭, 정은(2006). 현대사회복지의 이해. 공동체, p. 27.

국가가 책임지는 국가 책임, 그리고 정책형성과정과 서비스의 선택과 제공과정에 국민이 이용자로서 참여하는 국민참여의 3대 지표를 내세웠다. 노무현 정부에서는 특히 지방분권정책과 지역균형발전정책을 추진하여 지역특성에 맞는 복지정책을 강조하였다. 그리고 급속한 고령화로 인하여 거동이 불편한 노인에 대한 수발서비스의 필요성이 증대됨에 따라 「노인장기요양보험법」을 제정하였다.

2008년부터 2013년까지의 이명박 정부에서는 5대 국정지표의 하나로 '능동적 복지'를 내세우고 실용과 성장 위주의 정책을 강조하였다. 2013년부터 2017년까지의 박근혜 정부에서는 한국형 복지국가를 내세웠으며, 2017년부터 2022년까지의 문재인 정부에서는 포용적 복지국가를 내세웠다.

우리나라의 사회보장제도는 1960년대부터 2000년대에 걸쳐 산재보험, 건강보험, 연금보험, 고용보험, 노인장기요양보험의 5대 사회보험제도가 시행되고, 공공부조와 사회복지서비스가 지속적으로 확대되는 등 그 기본틀을 갖추었으나, 복지수준과 내용은 선진국에 비하여 아직 미흡한 실정이다.

우리나라의 사회보장제도는 국민을 사회경제적 위험으로부터 보호해 주는 사회적 안전장치로 확립되어야 하며, 사회보장과 시장경제의 발전은 상호보완적 관계에 있다는 인식하에 경제위기 극복을 위한 사회안전망의 확립 등 사회보장제도의 내실화가 시급하다. 2000년에는 65세 이상 노인인구의 비율이 7%를 넘어서 고령화사회에 진입하는 등 고령화가 더욱 진전되고, 핵가족화가 가속화되었으며, 지방자치제의 본격적인 실시 등으로 국민의 복지수요가 확대 · 다양화되었다. 또한 여성의 사회참여 증가 등으로 가족의 부양기능이 약화되고, 이혼 증가에 따른 결손가정의 증가와 요보호아동의 증가 등으로 새로운 복지수요가 발생하고 있다. 따라서 이러한 사회적 변화에 적절히 대응할 수 있는 한국적 복지모형을 구축하여 시행하는 것이 필요하다.

제 3 장

사회복지실천과 실천기술

1. 사회복지실천의 정의와 원칙

1) 사회복지실천의 정의

사회복지실천(social work practice)은 클라이언트의 사회적 기능수행상의 어려움을 해결하여 사회적 기능을 강화하는 것을 목적으로, 클라이언트와 환경 간의 상호작용에 초점을 두어 클라이언트와 환경 간의 상호작용과 관련된 문제들을 경감시키고 이에 대응할 수 있는 개인적 능력 및 자원체계를 강화시키는 것을 돕는 원조과정이다. 미국사회복지사협회에서는 사회복지실천을 개인, 집단 또는 지역사회가 사회적 기능에 관한 그들의 능력을 강화 또는 회복시키고 그들의 목표에 바람직한 사회적 환경을 만들어 가도록 돕는 전문적인 원조활동이라고 정의하였다. 사회복지실천은 다양한 실천현장에서 사회복지사가 수행하는 구체적인 활동을 포함하는 것으로서 사회복지사가 사회적 안녕상태를 이루기 위해 필요한 서비스를 서비스가 요구되는 현장에서 실천에 옮기는 일이다.

사회복지실천의 초점은 사회적 기능수행의 향상이며, 이러한 기능은 사회적 상호작용과 관련되어 있어 개인과 환경 간의 상호작용의 변화를 지향한다. 즉, 오늘날의 사회복지실천은 개인과 환경 간의 상호작용에 초점을 두고 있는 것이 특징이라고 할 수 있다.

Perlman은 사회복지실천의 구성요소를 네 가지라고 하였는데, 문제(problem), 사람(person), 장소(place), 과정(process)이 그것으로서 4p라고 부른다(Perlman, 1957). 그는 나중에 여기에 전문가(professional)와 제공물(provisions)을 추가하였다. 문제란 클라이언트가 갖고 있는 문제이며 사람은 클라이언트를 의미한다. 장소는 사회복지사가 소속되어 있는 기관이며 전문가는 사회복지사를 의미한다. 제공물(제공자원)은 물질뿐만 아니라 제반 서비스와 기회를 말한다.

2) 사회복지실천의 원칙

사회복지실천에서는 일차적인 것이 클라이언트와 사회복지사 간의 관계라고 보고, 양자의 관계를 클라이언트의 문제해결을 위한 중요한 특성으로 간주하고, 상호간에 관계가 형성됨으로써 문제의 실마리나 해결책을 찾을 수 있다고 본다. Biestek은 사회복지실천에서 사회복지사와 클라이언트 간의 문제해결을 위해 전문적인 인간관계를 형성하기 위한 원칙으로서 일곱 가지 원칙을 제시하였는데 이는 다음과 같다(Biestek, 1957).

(1) 개별화

모든 인간은 저마다 독특한 자질과 특성을 가지고 있으며 모든 클라이언트는 개별적 욕구를 가진 존재다. 따라서 각 클라이언트의 문제해결을 위해 개개인의 개별적 차이를 인정하고 이해하고 존중하며, 이에 따라 각기 다른 원리나 방법을 활용하는 것을 말한다.

(2) 의도적 감정표현

인간은 기본적으로 자신의 감정을 자유로이 표현하고자 하는 욕구를 지니고 있다. 의도적 감정표현이란 클라이언트가 가지고 있는 감정을 자유롭게 표현하도록 하는 것이며, 특히 부정적인 감정을 자유롭게 표현하도록 하는 것이다.

(3) 통제된 정서적 관여

한 사람이 다른 사람에게 자신의 감정을 표현할 때, 감정을 표현한 사람은 상대방으로부터 자신이 표현한 감정에 대한 반응을 기대한다. 사회복지사는 클라이언트의 감정에 호응하기 위해 정서적으로 관여하되, 이러한 관여는 통제되어야 한다는 것이다.

(4) 수용

클라이언트를 있는 그대로 편견 없이 받아들여 클라이언트의 장점뿐 아니라 단점도, 긍정적 감정뿐 아니라 부정적 감정이나 행동도 있는 그대로 이해하고 받아들여야 한다는 것이다. 그러나 이것은 클라이언트의 비정상적인 태도나 행동을 인정하거나 시인하는 것을 의미하지는 않는다.

(5) 비심판적 태도

일반적으로 클라이언트는 자신의 문제에 대해 상대방이 비판적으로 판단할 것을 두려워한다. 인생의 실패자로 낙인찍힐 것을 두려워하며 열등감 등을 갖고 있기 때문에 비판에 대해 민감하다. 비심판적 태도란 문제의 원인이 클라이언트의 개인적 요인에 의한 것이든 환경에 의한 것이든 간에 문제의 책임이 클라이언트에게 있다는 것을 표현하거나 비난하지 않는 것을 의미한다.

(6) 자기결정

인간은 자기의지가 있으며, 자기 스스로 결정하고자 하는 욕구와 자기결정능력을 가지고 있다. 자기결정이란 클라이언트가 모든 의사결정과정에 참여하여 스스로 선택하고 결정하는 자유를 누리는 것을 의미한다. 따라서 사회복지사는 클라이언트가 스스로 결정할 수 있도록 격려하고 원조해야 한다. 그러나 자기결정의 권한은 클라이언트의 신체적 · 정신적 능력의 한계나 도덕적 · 법적 사항에 따라 제한받기도 한다.

(7) 비밀보장

사회복지사는 클라이언트에 관한 정보를 외부에 누출시키지 말아야 한다. 그러나 예외적으로 타인이나 사회의 권리 등과 충돌하는 경우에는 비밀보장이 지켜지지 않을 수도 있다.

2. 사회복지실천의 과정

1) 접수 및 자료수집단계

원조과정을 시작하는 초기단계로서 사례의 적격여부를 판별하여 접수를 결정하고, 접수된 사례에 대하여 개입에 필요한 자료를 수집하는 단계다. 원조과정에서 제일 처음 이루어지는 것은 접수다. 접수(intake)란 원조를 신청하러 온 사람의 문제와 욕구를 확인하여 사회복지서비스를 받을 자격을 갖추었는지 여부를 결정하는 일이다. 사회복지사는 잠재적 클라이언트의 욕구가 기관의 목적과 서비스 내용에 적합한지 여부를 판단하여 접수 여부를 결정해야 한다. 사회복지사는 클라이언트와 가족에게 기관의 정책과 서비스 내용, 클라이언트에게 요구되는 과업 등을 설명해 주고, 클라이언트의 특성, 문제와 욕구, 보유하고 있는 자원 등을 파악하여 기관이 클라이언트에게 적합한 서비스를 제공할 수 있을지를 판단한다.

접수단계에서 해야 할 일은 문제의 확인, 의뢰, 관계 형성을 통한 클라이언트의 참여 유도다. 문제의 확인은 클라이언트가 현재 문제로 지적하는 것에서 시작하는데, 사회복지사는 문제의 성격과 원인, 그 문제가 클라이언트에게 어느 정도 중요한지 등을 탐색한다. 클라이언트가 개입을 통해 기대하는 바를 명확히 파악하고 그것이 기관의 목적과 정책에 부합되는지 판단해야 한다. 사회복지사는 클라이언트에게 기관의 목적과 기관에서 제공하는 서비스에 대해 명확히 설명해 줌으로써 클라이언트가 원조를 신청하는 데 도움이 되도록 해야 한다.

접수단계에서 클라이언트는 기관과 사회복지사에 대한 첫인상을 갖게 되고 이 첫인상이 향후 클라이언트의 참여에 영향을 주게 된다. 따라서 사회복지사는 첫인상이 호의적이 되도록 노력해야 하는데, 이를 위해서는 라포(rapport)의 성립이 중요하다. 라포 성립을 위하여 사회복지사는 클라이언트가 가지고 있는 저항감과 거부감을 이해하고 이를 해소해야 한다.

이 단계에서의 또 다른 일은 의뢰(referral)다. 클라이언트의 욕구와 문제가 기관의 목적과 서비스 내용에 부합하지 않는 경우에는 클라이언트에게 다른 적합한 기관을 소개하여 서비스를 연결시켜 주어야 한다. 의뢰를 할 때는 클라이언트에게 의뢰하는 기관명과 위치, 서비스 내용, 접촉할 담당자 등에 대한 구체적인 정보를 제공해 주어야 한다. 이를 위해 사회복지사는 다양한 사회복지기관 및 관련기관에 대한 정보와 상호연계체계를 가지고 있어야 한다.

접수가 이루어진 후에는 클라이언트에 관한 자료를 수집해야 한다. 클라이언트의 문제를 정확히 파악하기 위해서는 충분한 자료수집과 자료의 사정에 따른 문제규정 작업이 필요하다. 자료수집이란 클라이언트 개인과 그의 환경에 관한 객관적 자료를 확보하는 일이다. 자료수집은 개입의 전 과정에서 이루어지지만 특히 이 단계에서 가장 집중적으로 일어난다. 문제의 심각성과 영향력에 대한 현실적인 인지 정도, 문제가 클라이언트의 일상생활에 미치는 정도, 클라이언트의 해결능력 등에 대한 정보의 수집이 필요한데, 이러한 정보수집을 통해 사회복지사는 클라이언트의 문제를 사정하게 된다.

자료를 수집하기 위해서는 우선 자료의 출처를 파악해야 한다. 자료의 주요 출처로는 클라이언트의 진술 및 비언어적 행동, 초기면접지 자료, 관련 인물과의 면접, 가정방문, 심리검사 등 각종 검사결과와 공적 기록(학교생활기록부 등) 등이 있다. 클라이언트는 일차적인 정보제공자로서 가장 중요하다. 클라이언트의 진술을 통해 얻을 수 있는 주요 정보는 문제와 원인, 보유하고 있는 자원, 기존의 문제해결 노력 정도 등이다. 초기면접지를 통해 수집된 자료들은 사회복지사가 개입을 준비할 때 필요한 정보를 제공해 준다. 이 자료를 통해 클라이언트에 대한 이해와 기초적인 개입계획을 구성해 볼 수 있다. 기타 부수적인 정보의 출처로는 클라이언트 외의 가족이나 이웃, 친구, 친척, 교사, 직장동료 등이 있다. 이러한 자료출처를 사용할 때는 클라이언트의 동의를 얻어야 한다.

2) 사정단계

자료수집이 끝나면 이에 기초하여 사정을 한다. 사정(assessment)은 수집하고 정리된 자료를 분석하여 문제를 규정하고 우선순위를 정하는 것이다. 사정의 대상은 클라이언트의 심리상태, 역할수행상의 문제, 생활력, 자기방어기제, 강점과 대처방법, 가족구조와 기능, 사회적 지지 등이다. 문제가 규정되면 문제의 중요성과 변화의 시급성을 기준으로 표적문제를 찾아내어 개입목표를 정한다.

사정단계에서 해야 할 일은 정보를 수집하고, 문제를 발견하고, 문제를 규정하는 것이다. 클라이언트의 충족되지 않은 욕구를 인지하고 욕구충족을 방해하는 장애물을 규명하여 제거하는 방식을 정한다. 사회복지사는 사정과정에서 클라이언트가 어떤 사람이며 자신의 문제를 무엇이라고 생각하는지, 문제가 얼마나 지속되어 왔는지, 클라이언트가 문제해결을 위해 어떤 노력을 하였으며 그러한 노력이 어떤 효과가 있었는지, 클라이언트의 강점과 약점은 무엇인지, 문제에 관련된 사람들은 누구인지, 클라이언트에게 영향을 줄 수 있는 주요한 타인들은 누구인지, 클라이언트가 문제해결에 동기화되어 있는지 등에 대해 파악하려고 한다. 이러한 질문에 대답하기 위해서는 클라이언트 개인에 대한 정보와 클라이언트가 처한 상황에 대한 이해가 필요하다.

문제의 소재를 사정한 후에는 문제해결에 필요한 클라이언트의 자원을 사정해야 한다. 자원에는 클라이언트 내부의 개인적 자원과 외부의 자원이 있다. 클라이언트 내부의 자원은 클라이언트의 능력과 자질로서 구체적으로는 클라이언트의 개인적 자질과 성격, 문제해결에 대한 의지, 문제해결능력, 의사결정능력, 교육수준, 취업경험, 물리적 및 재정적 자원 등을 말한다. 클라이언트 개인의 자원은 문제해결에 가장 중요하다.

클라이언트가 처한 사회환경과 상황적 맥락에 대한 사정도 해야 한다. 클라이언트를 둘러싼 사회환경은 문제를 일으키는 요인이 될 수도 있으나 문제해결에 필요한 자원을 갖고 있기도 하다. 클라이언트는 사회적 지지가 미약한 특성을 갖는데, 클라이언트가 적절한 사회적 지지를 사용할 수 있도록 하기 위하여 클라이언트의 잠재적인

사회적 지지를 확인하고 사정할 필요가 있다.

3) 계획수립단계

사회복지사와 클라이언트 간에 문제에 대한 이해가 공유되고 나면 개입활동의 목표를 정해야 한다. 개입목표란 클라이언트가 현재의 상황에서 벗어나기 위한 바람직한 변화의 방향이다. 목표설정이 중요한 이유는 목표가 개입방향을 명확히 제시해주고, 개입이 종결된 후 개입결과를 평가할 때 기준이 되기 때문이다.

목표를 설정하기 위해서는 우선 표적문제를 정해야 한다. 클라이언트의 문제는 대부분 복합적이기 때문에 개입목표를 정하기 위해서는 사정과정에서 드러난 여러 가지 문제 중에서 가장 중요하고 시급하게 해결해야 할 문제인 표적문제를 선정하는 것이 필요하다. 표적문제를 결정하는 데는 사회복지사와 클라이언트 간의 협의가 중요하며, 특히 클라이언트의 자기결정권을 존중하여 클라이언트가 중요하게 생각하고 시급하게 해결되기를 원하는 해결가능성이 있는 문제를 표적문제로 선정한다.

표적문제가 선정되면 이에 따라 개입목표를 정한다. 개입목표는 구체적이고 분명해야 개입의 효과를 볼 수 있다. 개입목표는 사례를 종결하는 시점에서 개입활동의 성공여부를 평가하는 기준이 되므로 측정 가능한 것이어야 하며, 누가, 무엇을, 어떤 상황에서, 어느 정도, 언제까지 할 것인지에 대한 답이 제시될 수 있도록 구체적으로 표현되어야 한다.

개입목표가 정해지면 그 성취를 위해 개입활동을 수행한다. 그러나 클라이언트의 문제나 상황이 변하면 개입목표도 변할 수 있다. 초기에 정한 목표가 상황 변화로 인하여 더 이상 의미가 없다고 생각될 때는 목표를 수정해야 한다.

표적문제와 개입목표가 결정되면 클라이언트와 사회복지사의 의무와 과업, 구체적인 실천활동을 약속하는 계약을 한다. 계약은 개입활동의 성공여부가 클라이언트가 자신이 해야 할 일과 역할을 분명히 인식하고 적극적인 참여가 요구된다는 것을 인정하는 데에 달려 있으므로 중요하다. 계약은 클라이언트에게 문제해결과정에서 자신이 수동적인 존재가 아니라 중심적인 역할을 하며 사회복지사와 동등하게 대우받는다는 사실을 일깨워 줄 수 있다. 계약내용은 계약 당사자와 주요 관련 인물들의 역할, 문제들의 리스트와 목표의 우선순위, 최종목표, 사회복지사와 클라이언트의 과업과 책임, 개입방법, 개입장소, 개입기간, 평가방법 등으로 구성된다. 계약은 구두로 할 수도 있으나 서면으로 계약서를 작성하는 것이 바람직하다.

4) 개입단계

개입은 문제해결을 위해 목표를 달성하려는 활동으로서 클라이언트가 자신의 문제행동과 상황, 환경과의 관계를 변화시키는 방향으로 노력하도록 도와주는 과정이다. 개입단계에서의 목표는 문제해결을 위한 구체적인 변화전략을 수립하고, 개입을 통하여 변화를 유도하며, 지속적인 점검을 통하여 변화를 유지하고 평가하는 것이다.

개입단계는 개입목표를 달성하기 위하여 클라이언트나 클라이언트의 주변환경에 변화를 가져오기 위한 개입활동이 수행되는 시기다. 개입은 사회복지사가 클라이언트의 가치와 신념, 일상생활에서의 대처방법 등을 잘 파악하고 있어야 효과가 있다. 사회복지사 개입활동의 핵심은 문제를 해결하려는 클라이언트의 변화 노력을 지원하기 위하여 문제해결을 위한 구체적인 변화전략을 수립하는 것이다. 개입에 활용되는 전략으로는 상담, 지역사회와의 자원 연계, 새로운 자원의 개발, 사회적 지지집단의 활용, 교육, 역할극 등 다양한 전략이 있다. 사회복지사는 계획대로 문제해결과정이 잘 진행되고 있는지 지속적으로 점검하면서 잘될 수 있도록 인도하고 도와주고 지지와 환류를 제공해야 한다.

개입할 때 사회복지사는 중개자(broker), 조력자(helper), 교사, 중재자(mediator), 옹호자(advocate) 등의 역할을 한다. 중개자란 클라이언트와 자원을 연결해 주는 역할로서 이를 위해 사회복지사는 지역사회의 기관과 자원에 대한 정보를 가지고 있어야 한다. 조력자란 클라이언트가 자기 스스로 문제를 해결할 수 있는 능력을 기르고 필요한 자원을 찾아낼 수 있도록 돕는 역할을 의미한다. 교사란 클라이언트에게 새

로운 정보나 지식, 기술을 배울 수 있도록 도와주고 가르치는 역할이다. 중재자란 갈등을 일으키는 클라이언트와 타인, 또는 외부체계를 조정하여 합의에 도달하도록 하는 역할이다. 옹호자란 클라이언트를 대신하여 그의 이익을 대변해 주는 역할이다.

상이한 상황하에서 상이한 욕구를 가지고 있는 클라이언트는 사회복지사에게 개별화된 개입활동을 요구하게 된다. 사회복지사의 개입활동은 원조관계에 관한 접근방법과 사회복지실천이론에 근거해야 한다. 사회복지실천이론과 모델은 사회복지사에게 사정을 위해 어떤 정보를 수집해야 하는지, 바람직한 클라이언트와 사회복지사 간의 관계는 어때야 하는지, 목표설정은 어떻게 해야 하는지, 개입은 어떻게 할 것인지 등을 알려 준다.

개입활동에는 클라이언트에 대한 직접적 개입과 클라이언트를 제외한 개인이나 소집단, 조직, 지역사회에 대한 간접적 개입이 있다. 직접적 개입은 클라이언트의 행동, 감정, 사고 등에 초점을 두고 장애가 되는 감정이나 태도, 행동 등을 수정하는 것이다. 직접적 개입이 필요한 경우는 클라이언트의 문제가 주로 클라이언트의 내부원인 때문인 경우, 대인관계에 문제가 있는 경우, 문제의 초점이 애매하여 문제해결에 어려움이 있는 경우, 자원을 이용할 수 있는 클라이언트의 능력이 손상된 경우, 클라이언트가 위기상황에 처하여 감정이 복잡하고 갈등을 겪고 있는 경우 등이다. 간접적 개입은 문제의 원인이 클라이언트를 둘러싸고 있는 가족이나 집단 등의 환경에 있는 경우에 환경의 변화를 통해 문제를 해결하는 것이다. 클라이언트의 문제해결을 위해 가족이나 그가 속한 집단의 변화가 필요할 때 가족치료나 집단지도를 사용하여 변화를 가져올 수 있다.

개입단계에서 해야 할 한 가지 일은 개입활동의 전개과정이 개입목표에 비추어 볼 때 올바른 것인지 여부를 점검(monitoring)하는 것이다. 개입 초기단계에서 맺은 계약내용은 개입활동이 전개되는 과정에서 클라이언트나 주변환경의 변화에 따라 달라질 수 있는데, 이러한 변화를 인식하고 이에 적절히 대처하기 위해서는 개입의 전개과정에 대한 지속적인 점검과 평가가 필요하다. 점검을 함으로써 이미 수립된 개입계획이 차질 없이 수행되도록 하고, 변화나 문제가 발생하는 경우 계획을 수정할 수 있다. 점검은 개입전략의 효과성과 효율성을 평가하고 개입의 전개과정에서 발생할 수 있는 장애요인을 발견하여 이에 대처하기 위한 것으로서 이를 통해 클라이언트의 반응을 평가하여 클라이언트가 나타내는 부정적인 반응에 즉시 대처해야 한다.

5) 종결 및 평가단계

종결은 사회복지사의 개입활동을 마무리하는 것으로서 계획된 개입기간이 종료되었거나 개입목적이 달성되었을 때 일어난다. 종결은 사회복지사의 개입활동 결과를 정리하는 과정으로서 이제부터는 클라이언트 스스로가 문제에 대처하게 되었다는 것을 예고하는 것이기도 하다. 따라서 개입을 종결할 때 클라이언트는 불안, 긴장, 두려움 등 복합적인 감정을 경험하게 된다. 이렇듯 관계의 종결은 정서적 반응을 동반하는데, 이러한 감정을 어떻게 처리하는지에 따라서 차후에 긍정적인 효과를 가져올 수도 있고 부정적인 영향을 미칠 수도 있다. 따라서 사회복지사가 성공적으로 개입을 종결하려면 돕는 관계가 만족스럽게 끝나도록 해야 하며, 이를 위해서는 종결과정을 잘 다룰 수 있는 기술과 계획이 필요하다. 종결과정에서는 사회복지사와 클라이언트가 개입과정을 통해 발전시켜 온 성과를 이해시킨다.

종결단계에서 사회복지사가 해야 할 일은 개입활동 전반에 관한 평가를 하고, 적절한 종결시기를 정하고, 종결에 따른 클라이언트와 사회복지사의 정서적 반응을 처리하고, 개입을 통해 획득한 효과를 유지·강화시키고, 필요한 경우 클라이언트를 다른 기관에 의뢰하는 것이다.

종결단계에서는 개입활동 전반에 관한 평가가 이루어진다. 평가는 사회복지실천의 전 과정에서 지속적으로 이루어지는 것으로서 실천의 목적과 목표의 달성 정도를 결정하고, 목적과 목표를 성취하기 위해 사용된 수단과 전략의 적합성과 효과성을 심사하는 것이다. 개입이 끝날 때 하는 평가는 중간과정에서 이루어지는 평가보다 더욱 중요하다. 평가는 개입의 효과성과 효율성을 측정하는 것이다. 효과성은 목표달성 여부를 말하고, 효율성은 투입된 시간, 노력, 금전 등의 비용과 산출된 성과 간의

비율을 말한다. 평가는 무엇이 클라이언트에게 도움이 되었고 어떤 것들이 달리 진행되었어야 했는지를 말해 준다.

종결단계에서 이루어져야 할 것은 목적달성 정도에 대한 점검이다. 계약서에 명시된 모든 목표가 적절하게 시도되었는지, 추진과정은 적절하였는지, 결과는 무엇이며 종결 후에도 획득된 이득이 지속될 수 있는지 등을 평가하고 사후지도를 통해 클라이언트를 안정시켜야 한다.

종결단계에서 해야 할 한 가지 일은 정서적 반응의 처리다. 개입과정에서 사회복지사와 클라이언트는 인간관계를 형성한다. 개입이 종료됨으로써 사회복지사와의 우호적 관계가 끝난다는 사실이 클라이언트에게는 서운함, 슬픔, 두려움 등 복합적인 감정을 유발할 수 있다. 경우에 따라서는 클라이언트가 종결을 두려워하여 이전 단계로 후퇴함으로써 사회복지사에 대한 의존욕구가 증가하는 퇴행적 행동을 보이거나 새로운 문제를 만들어서 관계를 지속하려 할 수도 있다. 따라서 사회복지사는 클라이언트가 이러한 감정을 잘 표현하고 처리하도록 도와주어야 한다.

이 단계에서 해야 할 또 하나의 일은 개입을 통해 획득한 효과를 유지 · 강화시키는 것이다. 개입을 통하여 얻은 클라이언트의 능력이나 기술, 행동이나 태도의 변화 등과 같은 이득은 개입이 끝나더라도 계속 유지되어야 한다. 클라이언트는 개입과정을 통하여 문제해결방법과 과정을 경험하면서 앞으로 또 다른 문제가 생겼을 때 문제해결능력을 발휘할 수 있어야 하며, 이러한 능력이 더 강화됨으로써 순조롭게 적응해야 한다. 그러나 실제로는 개입이 이루어질 당시에만 효과가 있고 또 다른 문제가 발생하면 그 이전의 행동이나 태도로 되돌아가는 경향이 강하다. 따라서 종결단계에서 사회복지사는 클라이언트에게 이러한 문제점을 주지시키고 개입을 통해 클라이언트가 획득한 이득을 유지하고 강화시킬 수 있도록 해야 한다.

종결단계에서 해야 할 또 다른 일은 의뢰다. 사회복지실천현장에서 제한된 개입기간 동안에 클라이언트의 문제나 욕구가 해결되지 않는 경우도 있고, 한 기관이 클라이언트가 요구하는 서비스를 다 제공하지 못하는 경우도 있다. 이런 경우에 사회복지사는 다른 기관이나 외부 자원과 클라이언트를 연결시켜 주는 일을 수행해야 한다.

3. 사회복지실천기술의 정의와 방법

1) 사회복지실천기술의 정의

사회복지실천기술은 사회복지사가 수행하는 실질적인 일련의 활동으로서 개인, 집단, 가족, 지역사회 수준의 실천방법을 활용하여 클라이언트의 원만한 사회적 기능수행을 도와줌으로써 일상생활에서의 욕구나 문제를 클라이언트 스스로 해결해 나갈 수 있게 하는 전문적인 활동이다. 사회복지사가 사회복지와 관련된 전문지식을 잘 갖추고 있고 사회복지전문직의 가치를 잘 이해한다고 하더라도 이러한 지식과 가치를 클라이언트와의 관계에 잘 투입할 수 있는 기술이 결여되어 있다면 클라이언트의 문제해결을 돕는 과정은 제대로 이루어지기 어렵다. 따라서 사회복지사는 개인, 가족, 집단, 지역사회 등과 함께 일할 때 각 상황에 필요한 기술을 갖추고 있어야 한다.

2) 사회복지실천기술의 종류

사회복지사가 갖추어야 할 기본적인 실천기술에는 다양한 종류가 있다. 이러한 기술들은 사회복지실천 상황에 따라 각각 별도로 활용되기도 하지만 종합적으로 혼합되어 사용되는 경우가 더 많다. 사회복지사가 갖고 있는 실천기술이 종합적으로 잘 활용될 때 클라이언트와 긍정적인 원조관계가 형성되고, 이러한 긍정적인 원조관계는 사회복지실천 결과에 영향을 준다. 사회복지사의 실천기술이 실천의 결과에 직접 영향을 주기보다는 이러한 기술이 사회복지사와 클라이언트 간의 협력적 관계 형성에 긍정적인 영향을 주고, 이것이 실천의 결과에 영향을 준다. 따라서 사회복지실천을 통하여 긍정적인 결과를 얻어 내기 위해서는 사회복지사가 실천에 필요한 다양한 기술을 습득하고, 이 기술을 클라이언트와의 긍정적 원조관계 형성을 위해 사용해야 한다.

사회복지사가 활용하는 기초적인 실천기술에는 다음과 같은 것들이 있다(엄명용, 김성천, 오혜경, 윤혜미, 2005).

(1) 의사소통기술

사회복지사는 적절한 의사소통기술을 갖고 있어야 한다. 클라이언트와의 의사소통뿐 아니라 직장동료와 상사, 다른 관련기관의 인사들과 원활한 의사소통을 할 수 있는 기술이 있어야 한다.

(2) 질문기술

면접과정에서 질문은 매우 중요한 기술이다. 질문은 보통 '언제, 어디서, 누가, 무엇을, 왜, 어떻게'의 육하원칙에 따라 한다.

(3) 라포 형성과 관계형성기술

라포는 공감대를 의미하는 것으로서 클라이언트와 사회복지사의 상호 간 이해와 전문적 관계를 형성할 수 있도록 해 준다. 사회복지사와 클라이언트 간의 전문적 관계와 라포는 상호 간의 존경과 신뢰를 바탕으로 이루어진다. 전문적 관계가 잘 형성되어도 라포 형성에는 어려움을 겪을 수 있다. 라포 형성은 클라이언트가 사회복지사에게 신뢰감을 갖는 것에서 출발한다.

(4) 공감 및 동정

좋은 관계를 형성하는 것은 타인과의 공감, 즉 감정이입에서 시작된다. 공감은 사회복지사가 클라이언트의 입장에 서서 그의 감정, 사고, 행동 등을 이해하는 것이다. 동정은 타인의 고통이나 문제에 대하여 인간으로서 느끼는 감정을 의미한다.

(5) 경청기술

경청은 클라이언트가 하는 말을 주의 깊게 듣는 것뿐 아니라 클라이언트의 비언어적 행동을 면밀히 관찰하고, 클라이언트가 자유롭게 표현할 수 있도록 적극 격려하는 것을 의미한다.

(6) 명료화기술

이 기술은 모호한 내용을 정리하면서 사회복지사가 들은 바를 정확히 이해했는지 확인하기 위해 사용하는 것으로서 클라이언트가 한 말을 사회복지사가 보다 이해하기 쉬운 말로 정리하는 것이다.

(7) 언어의 재구성

이 기술은 클라이언트가 한 말을 잘 이해하고 있다는 것을 표현할 목적으로 클라이언트가 한 말을 다른 말로 다시 표현하여 반응하는 것이다.

(8) 요약기술

이 기술은 클라이언트가 한 말의 내용과 그 안에 담긴 감정들을 전체적으로 묶어서 정리하는 것을 말한다. 이를 통하여 사회복지사가 클라이언트가 한 말의 내용과 감정을 정확하게 파악하고 있음을 보여 준다.

(9) 침묵의 활용

면담 도중의 침묵은 의미를 갖고 있으므로 상황에 따라 각기 다른 의미를 파악하려는 노력이 필요하다. 침묵은 클라이언트로 하여금 조용히 생각할 수 있는 시간적 여유를 줌으로써 평소에는 생각해 보지 않았던 것을 생각해 볼 수 있는 기회가 된다.

(10) 부연설명기술

클라이언트가 한 말 중에서 핵심적인 말을 반복하여 말하는 것을 말한다. 이 기술은 사회복지사가 클라이언트에게서 들은 내용을 확인하기 위해 사용한다.

(11) 피드백 주고받기

솔직한 피드백은 목표를 성취함에 있어 일련의 행동이 제대로 수행되고 있음을 확인하는 방법이 된다. 또한 이는 의사소통에 있어 말뿐 아니라 감정적인 내용을 짚고 넘어갈 수 있도록 돕는다.

(12) 초점유지 및 탐색기술

초점유지기술은 주제와 면담의 목적을 유지하기 위한 것으로서 면담의 내용이 핵심에서 벗어나지 않도록 하는 것이다. 탐색기술은 재차 질문하거나 부연질문을 함으로써 보다 자세하고 정확한 정보를 알아내는 것이다.

(13) 계약기술

클라이언트와 사회복지사가 성취하고자 하는 목표에 대한 합의를 토대로 각자의 역할, 책임, 업무 등을 공식화하는 것이다. 계약은 구두로 할 수도 있으나 되도록이면 문서로 하는 것이 좋다.

3) 사회복지실천방법

사회복지실천방법은 대상 및 범위에 따라 개별사회사업, 집단사회사업, 지역사회조직의 세 가지 방법으로 각각 발달되어 왔다. 그러다가 1970년대 이후부터 세 가지 실천방법을 하나의 통일된 실천기술체계로 통합하는 작업이 진행되면서 통합방법론이 대두되기 시작하였다. 왜냐하면 실제로 사회복지실천현장에서 사회복지사의 활동은 개별, 집단, 지역사회 중 어느 한 방법에 따라 개별적으로 이루어지기보다는 세 가지 방법이 서로 보완 · 중복되어 이루어지기 때문이다. 그리하여 우리나라의 경우에도 한국사회복지교육협의회에서 통합방법론으로의 변화를 인정하여 사회복지실천방법과 관련된 교과목을 사회복지실천론과 사회복지실천기술론으로 통합 · 구분하였다. 사회복지실천론에서는 사회복지실천의 기본개념과 가치와 윤리, 사회복지실천현장에서의 사회복지사의 역할, 사회복지실천과정, 클라이언트와의 관계 형성과 면접기술 등을 다루고, 사회복지실천기술론에서는 이를 바탕으로 개인과의 실천, 집단과의 실천, 가족과의 실천 등에 필요한 지식과 기술을 다룬다.

(1) 개인을 대상으로 한 사회복지실천

개별사회사업, 개별지도 또는 개별실천(casework)은 개인적 혹은 사회적 문제에 직면해 있는 개인을 일대일로 만나 문제해결을 원조하는 활동으로서 클라이언트가 주변환경에 적응하도록 도움을 제공하거나 개인에게 영향을 미치는 사회경제적 결핍상태를 완화시켜 주기 위한 활동이다.

개인을 대상으로 한 실천기술에서 대표적인 개입방법은 클라이언트와의 직접적인 대면접촉이다. 이러한 상호작용적 접촉은 치료, 상담, 원조 등의 다양한 용어로 불리고 있다. 일반적으로 개인에 대한 개입에서는 클라이언트와의 직접적 및 간접적 대면을 통하여 개입이 시작된다고 볼 수 있다.

개인에 대해 개입하기 위해서는 상황 속의 인간에 대한 이해, 클라이언트 개인이 가지고 있는 욕구나 문제에 대한 명확한 파악, 클라이언트가 가지고 있는 강점과 약점에 대한 파악이 필요하다. 또한 사회복지사는 클라이언트의 다양한 욕구와 문제점에 대해 면접이나 대화, 지적이고 감정이입적인 기법, 통찰, 자원의 개발 및 연결 등을 통해 개입하게 된다.

개인을 대상으로 한 실천은 공공기관의 사회복지전담공무원, 사회복지기관 및 시설의 사회복지사, 병원의 의료사회복지사, 정신병원 및 정신보건센터의 정신보건사회복지사, 학교사회복지사, 교정사회복지사 등의 분야에서 활발히 시행되고 있다.

(2) 집단을 대상으로 한 사회복지실천

집단사회사업, 집단지도 또는 집단실천(group work)은 유사한 목표를 가진 개별구성원들을 하나의 집단으로 구성하여 그 집단을 대상으로 사회복지사가 집단이라는 환경과 집단 내 역동성을 활용하여 집단구성원들의 개별목표와 집단의 공동목표를

성취하기 위해 노력하는 실천방법이다. 이는 자신의 문제를 해결하거나 성장하기를 원하는 개인에게 의도적으로 집단경험의 기회를 제공함으로써 개인의 사회화 촉진, 정보교환, 문제대처방법의 교환, 비행예방, 잘못된 행동이나 가치 등을 교정하고자 하는 것이다.

집단을 대상으로 한 실천에서는 특정한 문제를 가진 사람이나 문제를 갖지 않은 건강한 사람들을 모두 대상으로 하며, 이러한 이유로 인해 클라이언트라는 용어보다는 집단성원이라는 용어를 사용한다. 집단실천은 사회적 상호작용에 대한 장애를 경감시키거나 제거하여 개인의 사회적 기능을 향상시키는 것에 목적이 있다.

집단은 집단성원의 개별목표와 집단의 공동목표를 성취하기 위해 집단성원 등을 지지하고 격려하는 힘을 가졌으며, 이들의 성장을 촉진하는 환경이 될 수 있다. 그러나 집단이 항상 긍정적인 결과를 초래하는 것은 아니다. 따라서 사회복지사가 효과적으로 집단을 운영하기 위해서는 개인과 집단, 환경 그리고 이들이 어떻게 서로 영향을 미치는지에 대한 지식을 갖고 있어야 한다. 집단실천을 위해서는 집단역학(group dynamics)에 대한 이해가 필요하다. 즉, 집단 내부의 상호작용과 의사소통유형, 하위집단 등의 집단구조와 집단의 응집력 정도, 집단규범, 집단문화, 집단구성원의 지위와 역할 등을 파악하고 이해해야 할 필요가 있다.

집단을 대상으로 한 사회복지실천의 특징은 목적지향적 활동이라는 점, 집단구성원과 전체 집단, 집단이 속한 환경의 세 가지 초점영역을 가진다는 점, 주로 소집단과 활동한다는 점, 문제를 가진 개인뿐 아니라 건강한 개인들로 구성된 집단도 대상으로 한다는 점, 대상이 되는 집단은 치료집단과 과업집단을 모두 포함한다는 점, 전문가인 사회복지사의 지도와 원조하에 이루어진다는 점, 일정한 형식에 따라 체계적인 과정으로 진행된다는 점 등이다.

사회복지사는 청소년 약물남용 예방을 위한 집단, 사회기술훈련 향상을 위한 집단, 우울증 환자들의 문제를 해결하기 위한 집단, 부모교육을 위한 집단 등 다양한 형태의 집단프로그램을 운영하고 있다. 집단의 형태가 다양할 뿐만 아니라 집단의 대상도 아동, 청소년, 여성, 노인, 약물중독자 등 다양하기 때문에 사회복지사는 집단사회사업에 대해 잘 이해하고 있어야 하며 집단운영에 필요한 기술을 갖추고 있어야 한다.

집단실천기술의 모델에는 세 가지가 있다.

첫째, 사회적 목표모델(the social goal model)로서 민주주의를 유지하고 발달시키려는 사회적 목표, 곧 사회적 의식과 사회적 책임성을 목표로 한다. 인간관계의 훈련이나 지도력의 실험, 시민참여, 민주적 과정의 학습 등과 같은 집단활동을 통하여 사회적 의식과 책임성을 가진 바람직한 개인으로 성장시키고자 한다. 개인의 성숙과 민주시민의 역량개발에 초점을 두고 토론, 참여, 합의, 집단과제 개발 및 실행 등의 활동을 수행한다. 보이스카우트, 걸스카우트 등과 같은 집단활동이 해당된다.

둘째, 치료적 모델(the remedial model)로서 집단을 개인의 치료를 위한 수단으로 보고 개별구성원의 치료에 역점을 둔다. 역기능적인 행동을 하는 구성원들을 대상으로 하여 그들의 행동유형 변화를 추구하는 것으로 병원이나 교정시설 등에서 많이 활용된다. 여기서 집단은 개인의 치료를 위한 수단이자 상황이 된다. 사회복지사와 집단구성원은 개별적인 치료계약을 맺고 자신의 문제를 해결하기 위해 집단에 참여하게 된다. 사회복지사의 전문적인 개입과 결과에 대한 상호평가를 통해 사정이 계속되며, 이를 위해 과거의 경험, 이론적 지식, 현재의 관찰 등의 방법이 동원된다. 우울증 치료를 위한 집단, 성폭력 피해자들을 위한 집단 등이 해당된다.

셋째, 상호작용적 모델(the reciprocal model)로서 적정수준의 적응과 사회화를 성취하기 위해 집단구성원 간의 상호작용, 상호지지체계 형성, 대인관계 향상에 초점을 둔다. 집단의 목표는 사회복지사와 집단구성원 간의 상호관계 속에서 이루어지는 상호작용을 통해 형성된다. 이 모델에서 집단은 사회복지사와 모든 집단구성원을 포함한 하나의 사회적 체계로 간주되며, 집단사회사업가와 클라이언트는 동반자적 관계를 갖는다. 집단구성원은 상호지지와 재보장을 해 주며 자신의 인생을 스스로 통제하도록 도움을 받는다. 가정폭력 피해자집단이 이에 해당된다.

(3) 가족을 대상으로 한 사회복지실천

가족을 대상으로 한 실천기술은 일반적으로 가족치료(family therapy)라는 용어로

사용되고 있다. 이는 가족구성원 간의 관계나 가족구성원 중 한 사람의 행동 또는 심리상의 문제에 개입하여 문제를 해결하기 위한 노력이다. 개인보다는 가족을 단위로 개입할 때 개입효과가 더 크다고 판단될 때, 또는 클라이언트의 문제해결을 위하여 가족 모두의 협조와 노력이 요구된다고 판단될 때 사용한다. 이는 가족구성원 개인의 문제 원인을 개인적 요인에서 찾는 것이 아니라 가족구성원 간의 상호작용유형, 즉 관계에서 찾고자 하며, 문제의 해결도 개인적 변화에 초점을 두기보다 가족구성원 간 상호작용유형의 변화에 초점을 둔다. 문제가 있는 가족구성원의 변화를 위해서는 가족구성원 간 상호작용 방식을 변화시켜야 한다고 본다. 즉, 가족의 한 성원이 문제를 가지고 있다 할지라도 장애요인은 단지 문제를 가지고 있는 사람에게만 있는 것이 아니라 전체로서의 가족에게 있다는 것이다.

가족단위의 실천을 하기 위해서는 가족에 대한 이해가 필요하다. 사회복지사는 가족을 하나의 사회체계로 이해하는 것이 필요하다. 즉, 가족은 개개의 구성원으로 이루어진 체계이자 지역사회와 다른 가족 등과 상호작용하는 하위체계다. 가족치료는 가족구성원 간의 관계나 구성원 중 한 사람의 문제에 개입하여 문제를 해결하기 위한 활동이며, 주로 부부문제, 부모자녀문제, 아동문제 등을 해결하기 위해 사용된다. 가족을 대상으로 한 사회복지실천은 교회, 병원, 가족치료센터, 사회복지관 등 다양한 장소에서 실시되고 있다.

가족치료는 상황적 행동을 강조한다. 즉, 행동은 상황적인 것으로서 사람과 환경 간의 상호작용에서 발생하는 복잡한 양상의 결과라고 본다. 환경 속의 인간을 중시하는 관점은 가족을 환경(상황)의 중요한 부분으로 간주한다. 가족치료의 특징은 전체 가족이 개입의 초점이 된다는 점, 가족과 사회복지사 간의 동등한 관계에서의 협력이 요구된다는 점, 가족의 선택을 중시하여 가족이 가장 중요한 의사결정자가 된다는 점, 가족의 강점을 중요하게 고려한다는 점, 서비스가 문제가 있는 가족구성원뿐 아니라 모든 구성원에게 제공된다는 점, 개별가족의 특성을 존중하면서 가족단위로 개별화된 서비스를 제공한다는 점, 가족 내에서 취약한 여성, 노인, 아동이 동등한 목소리를 내도록 평등과 민주적 과정을 보장한다는 점 등이다.

(4) 지역사회를 대상으로 한 사회복지실천

현재 우리나라의 종합사회복지관을 중심으로 하여 이루어지고 있는 지역사회실천에는 지역사회보호활동과 지역사회조직활동이 혼합되어 있다. 지역사회보호활동은 지역사회 내에 존재하는 후원자원을 발굴·동원하여 지역사회 내 요보호대상자들을 보호하는 활동이다. 그리고 지역사회조직활동은 잠재해 있는 지역사회자원을 찾아내고 이를 서로 연결함으로써 지역복지의 발전을 위한 토대를 마련하고, 지역주민의 조직화를 통하여 지역사회의 복지 향상을 도모하는 활동이라고 할 수 있다.

지역사회조직(community organization)은 지역사회에 개입하는 기술로서 지역 내에 생활하는 주민이나 사회복지대상자들에게 개별적이고 공통적인 생활과제를 조직적으로 해결하고자 하는 것이다. 다시 말하면 지역사회를 단위로 하여 발생하는 사회적 문제, 즉 지역주민이 당면하고 있는 공통적인 요구나 곤란을 지역사회 스스로가 조직적으로 해결할 수 있도록 하는 측면에서 도움을 주는 사회복지실천기술이라 하겠다. 여기에서 중심적인 기술적 요소는 조직적인 문제해결을 위해서 요구와 자원 간의 효율적인 결합, 조정과 주민과 집단 간의 자주적인 협력태세를 확립하는 일이다.

지역사회조직의 실천모델에는 세 가지가 있다.

첫째는 지역사회개발모델(locality development model)이다. 이 모델은 지역사회문제의 해결을 위한 지역사회 능력과 사회통합이라는 목표를 통해 지역사회를 새롭게 만드는 데 초점을 둔다. 지역사회의 문제를 다룰 때 주민의 자조정신을 강조하여 주민이 스스로 문제를 해결할 수 있는 능력을 강화시키는 데 역점을 두고 문제의 해결과정에 주민의 광범위한 참여를 장려한다. 주로 교육적 방법을 통해 주민 중에서 지도자를 양성하고 그 지도력을 개발하여 지역사회문제에 주민들이 협력적으로 일할 수 있는 분위기를 조성하는 것을 강조한다.

둘째는 사회계획모델(social planning model)이다. 이 모델은 비행, 주택, 정신건강과 같은 지역사회문제를 해결함에 있어 기술적 과정과 합리적인 면을 중시하여 문제해결을 위한 합리적인 계획수립과 통제된 변화를 중요시한다. 합리적인 계획에 따른 계획된 변화에는 고도의 기술을 행사할 수 있는 전문가가 필요하다고 본다. 이 모델

에서는 지역사회개발모델과 같이 지역사회문제 해결능력을 배양한다거나 사회행동모델과 같이 근본적인 사회변혁을 추구하는 것은 그다지 중요하지 않다.

셋째는 사회행동모델(social action model)이다. 이 모델은 지역사회에서 억압받고 소외된 불우계층의 주민이 사회정의와 민주주의에 입각하여 보다 나은 처우를 지역사회에 요구하는 행동을 취하는 것이다. 사회복지사는 지역사회의 기존제도와 현실에 대한 근본적인 변화를 추구한다. 권력 등 자원의 재분배와 지역사회의 정책결정에 있어서의 역할의 재분배, 공공기관의 정책에 대한 근본적인 변화를 추구한다.

4) 사례관리

(1) 정의와 특성

1950~1960년대 탈시설화의 영향으로 정신장애인의 지역사회보호를 목적으로 한 사례관리 차원의 개입이 수행되다가 1976년 미국사회사업가협회에서 사례관리가 클라이언트의 보호를 위한 실천의 새로운 출발점을 나타내는 개념이라고 제안하는 등 사례관리는 1970년대에 들어서 시작되었다. 우리나라의 경우 1990년대 이후 노인복지, 장애인복지, 정신보건분야 등에서 사례관리 개념을 도입하여 클라이언트에게 필요한 도움을 통합적으로 제공하고 있다. 오늘날 사례관리는 재가보호분야뿐 아니라 정신보건, 장애인 및 재활, 노인복지분야 등 다양한 사회복지실천분야에서 널리 활용되고 있다.

사례관리는 전통적인 사회복지실천방법인 개별실천, 집단실천, 지역사회조직을 통합적으로 적용한 사회복지실천의 핵심기술 중 하나다. 미국에서는 사례관리가 정신장애인의 치료를 중심으로 발전한 반면에 영국에서는 노인이나 장애인에 대한 대인서비스나 케어를 중심으로 발전하였다. 그래서 미국의 경우에는 사례관리(case management), 영국의 경우에는 케어관리(care management)라는 용어를 사용하고 있다. 사례관리는 다양하고 복합적인 문제를 가진 클라이언트를 대상으로 필요한 서비스들을 체계적으로 연계하여 제공함으로써 그들의 욕구를 충족시키고 사회적 기능을 향상시키기 위한 사회복지실천방법이다. 사례관리는 다양한 문제를 동시에 가지고 있으나 활용 가능한 자원의 발굴에 어려움을 겪거나, 자원은 있으나 자원활용능력이 부족하여 자원활용이 용이하지 못한 클라이언트를 위해 필요한 서비스다.

사례관리의 목적은 클라이언트의 다양하고 복합적인 욕구를 충족시키고 그의 사회적 기능과 능력, 자립을 극대화하는 데 있다. 사례관리는 이러한 목적을 달성하기 위해 직접적 서비스를 제공하고 클라이언트를 자원과 연결시키며, 간접적 서비스를 제공함으로써 클라이언트가 사례관리자의 도움 없이도 자원과의 연결을 유지할 수 있도록 하는 것이다. 이는 클라이언트가 그의 욕구를 충족시킬 수 있는 환경적으로 적합한 상황을 마련해 주는 것을 기본원칙으로 한다.

사례관리는 다양하고 복합적인 욕구를 가진 클라이언트에게 장기적으로 보호를 보장하고, 단편적인 접근보다는 포괄적인 접근을 통하여 효과적으로 서비스를 제공하는 특성을 가진다. 따라서 사례관리자에게는 고도의 복합적인 기능을 수행할 다양한 역할과 기술이 요구된다. 사례관리는 클라이언트중심적이며 적극적인 지역사회보호를 강조하는 특성이 있다. 클라이언트중심적이란 클라이언트의 욕구에 기초한 서비스를 개발 · 제공하는 것이며, 적극적인 지역사회보호란 분산된 지역사회서비스를 조정하고 통합하는 것이다. 따라서 사례관리자는 지역사회자원에 대한 충분한 지식이 있어야 한다. 사례관리는 자원관리와 조정 등의 간접적 서비스를 제공함과 동시에 클라이언트와 환경을 사정하여 클라이언트의 다양한 욕구를 만족시킬 수 있는 서비스들을 연결 · 제공하고 직접적 서비스도 제공해야 한다.

개별실천과 사례관리는 유사점도 많지만 서로 다른 특성을 가진다. 개별실천은 사회복지사와 클라이언트 간에 특별한 관계를 맺고서 특정 목표를 달성하기 위해 특정한 개입목표를 수립하고 개입을 시도하여 클라이언트를 변화시키려는 직접적 서비스 제공을 목적으로 하는 반면, 사례관리는 직접적 서비스 제공보다는 간접적 서비스 제공을 통하여 보호의 연속성을 보장하고, 비용-효과성을 증대하고, 접근성과 책임성을 증진하고, 클라이언트의 사회적 기능을 향상시키는 것을 목적으로 한다. 또한 개별실천은 자기 스스로 해결하기 곤란한 문제를 가진 개인을 대상으로 하지만 사례

관리는 사회적 기능상의 문제를 지닌 복합적 욕구를 가진 사람을 대상으로 한다. 개별실천의 대상이 주로 사회적응에 장애가 되는 심리사회적 문제를 가진 사람이라면 사례관리의 대상은 주로 장기보호가 필요한 복합적 욕구를 가진 노인, 장애인, 발달장애아동 등이다.

(2) 사례관리의 구성요소와 과정

사례관리의 구성요소는 클라이언트, 사례관리자, 사례관리과정, 사회자원이다. 사례관리가 보건서비스 중심인 경우에는 의사나 간호사가 사례관리자 역할을 담당할 수 있지만 복지서비스 중심일 경우에는 사회복지사가 사례관리자 역할을 담당하게 된다. 미국의 경우에는 사례관리의 3/4 정도에서 사회복지사가 사례관리자 역할을 담당하고 있다. 일반적으로 한 명의 사례관리자가 20~30명의 클라이언트를 담당한다. 다양한 분야의 전문가들이 참여하는 팀접근으로 사례관리를 하고, 직접적 개입보다 서비스 조정과 점검 등의 간접적 개입을 위주로 하는 경우에는 20~30명의 클라이언트를 담당할 수 있다. 그러나 치매노인 같은 중증환자의 경우에는 담당 사례수가 10명을 넘기 어렵다.

사례관리의 과정을 Steinberg와 Carter는 가입, 사정, 목적설정과 서비스 기획, 보호계획의 수행, 재사정과 종결의 5단계로 구분하고, Moxley는 사정, 기획, 개입, 점검, 평가의 5단계로 구분하였다.

(3) 사례관리자의 역할

사례관리자의 구체적인 역할은 다음과 같다.

- 사정자 역할: 클라이언트의 약점, 역기능, 결함 등과 같은 부정적 요소보다 강점, 능력, 자원, 잠재력 등의 긍정적 요소에 중점을 두고서 클라이언트의 욕구를 분석하고 파악한다.
- 계획가 역할: 클라이언트의 욕구충족을 위한 사례관리 계획, 치료, 서비스 연계,

관련기관들의 서비스망 등을 설계한다.

- 상담자 역할: 클라이언트와의 상담을 통하여 그에 대한 이해를 도모하고 클라이언트와의 신뢰관계를 발전시킨다.
- 중개자 역할: 클라이언트가 필요로 하는 자원을 제공받지 못하거나 능력부족으로 유용한 자원을 활용하지 못하는 경우에 유용한 자원과 클라이언트를 연결시키는 역할을 한다.
- 조정자 역할: 원조를 수행하는 과정에서 클라이언트의 욕구와 자원 간의 관계, 클라이언트와 원조자들 간의 관계에서 필요한 조정과 타협의 역할을 한다. 사례관리자는 클라이언트가 원조자들과 효과적인 접촉을 할 수 있도록 돕고 갈등을 감소시킨다.
- 평가자 역할: 프로그램의 효과성과 효율성을 평가하기 위하여 사례관리과정 전반에 관한 자료를 수집하고 분석한다. 사례관리자는 클라이언트, 서비스계획, 서비스 전달체계, 서비스활동, 지원체계 등의 효과성을 분석하고 평가한다.
- 옹호자 역할: 자신을 대변하고 옹호할 수 있는 능력이 부족한 클라이언트를 대변하여 클라이언트를 옹호하고 그의 요구사항을 구체화시키고 자원이 클라이언트에게 적절하게 공급될 수 있도록 한다.

4. 사회복지면접과 의사소통

1) 면접

사회복지사의 클라이언트에 대한 면접은 사회복지실천의 구체적인 한 가지 방법이다. 사회복지사는 클라이언트와의 면접을 통한 의사소통이 잘 이루어져야 클라이언트의 욕구를 잘 이해하고 개입방법을 의논할 수 있다. 사회복지면접은 면접자와 피면접자 간의 대화로 이루어진다는 점에서는 다른 면접과 큰 차이가 없지만 특별한

주제를 가지고 사회복지사에 의해 전문적으로 이루어진다는 점이 특징이다. 사회복지면접은 전문지식을 가진 사회복지사가 클라이언트와 그의 문제를 이해하고 원조하려는 목적을 가지고 의도적으로 수행하는 전문적인 대화다. 사회복지면접의 목적은 클라이언트에 대한 정보를 수집하여 그의 문제를 파악하고, 이를 통해 클라이언트와 그가 처한 상황을 이해하고, 적절한 원조를 제공하여 문제를 해결하는 것이다.

사회복지면접의 특징은 면접이 이루어지는 특정기관의 상황적 특성을 의미하는 장(setting)이 있다는 점, 목적지향적이라는 점, 한정적이고 계약적이라는 점, 사회복지사와 클라이언트가 각기 다른 역할을 수행하면서 특수한 역할관계를 형성한다는 점 등이다.

면접은 일회성에 그치지 않고 한 사례에 대하여 여러 번의 면접이 이루어질 수 있다. 면접 초기과정에서는 무엇보다 면접자와 피면접자 간에 신뢰관계를 형성하는 것이 중요하다. 사정단계에서의 면접은 유용한 정보를 더 많이 얻어 내는 것을 목적으로 하며, 실행단계에서의 면접은 문제해결과 치료에 목적이 있다. 따라서 사회복지사는 면접의 궁극적인 목적과 함께 각 면접마다 세부적인 면접목표를 정하고 이를 주지해야 한다. 사회복지사는 효과적이고 숙련된 면접기술을 구비해야 한다. 대인관계기술, 의사소통기술, 관찰기술, 경청, 질문기술, 해석 등과 같은 면접기술을 갖추어야 한다.

면접을 할 때는 면접장소, 면접시간, 면접기록 등과 같은 구조적 조건을 고려해야 한다. 면접장소는 조용하고 프라이버시가 보장되고 집중할 수 있는 곳이어야 한다. 면접실은 편안하고 심리적으로 여유를 느낄 수 있는 곳이 좋다. 면접시간은 면접목적에 따라 다를 수 있으나 일반적으로 한 시간 이상은 바람직하지 않다. 면접기록은 필기하기도 하고, 경우에 따라서 녹음기나 비디오를 사용하여 녹음 또는 녹화를 할 수도 있다. 이러한 도구를 사용하는 경우에는 반드시 사전에 클라이언트의 동의를 얻어야 한다.

면접에서 사회복지사가 클라이언트에게 반드시 확인시켜 주어야 하는 것이 비밀보장이다. 사회복지사와 클라이언트 간에 오간 정보는 클라이언트의 동의 없이는 제삼자에게 누설하지 않는다는 것을 분명히 해야 한다. 면접자가 클라이언트를 이해하기 위해서는 자신의 준거틀과 선입견을 버리고 클라이언트의 생각을 클라이언트의 관점에서 이해하고자 하는 태도를 가져야 하며 클라이언트의 말을 경청하는 태도를 가져야 한다.

면접자가 해야 할 일로는 관찰, 경청, 질문과 대답하기, 요약과 해석, 기록 등이 있다.

관찰기술은 사회복지면접에서 매우 중요한 기술이다. 관찰할 내용은 클라이언트의 몸짓, 말의 내용, 주제의 이동이나 반복, 말 내용의 불일치 등이다. 클라이언트의 몸짓이나 표정 같은 비언어적 수단은 유용한 정보를 제공해 줄 수 있다.

경청은 단순히 듣는 것이 아니라 적극적인 청취다. 면접자는 주의 깊은 경청을 통하여 클라이언트를 이해하게 된다.

질문은 필요한 정보를 얻기 위해 필요하다. 질문은 클라이언트의 속도에 맞추어야 하고 적절한 시점에서 이루어져야 한다.

면접자는 클라이언트의 진술을 요약하고 해석해야 한다. 요약을 하면 클라이언트의 생각이나 감정을 정리해 줌으로써 면접자가 클라이언트의 말을 경청하고 있음을 보여 주고, 면접자가 정확하게 이해했는지 확인할 수 있다. 해석은 클라이언트가 미처 알지 못하는 자신의 문제를 이해할 수 있게 한다.

기록은 개입의 전 과정을 객관적으로 서술하는 것이다. 기록해야 할 내용으로는 활동일시와 장소, 활동목표, 목표달성전략, 활동내용, 평가, 추후 활동계획 등이 있다.

2) 의사소통

면접의 기본은 대화이고 대화는 의사소통의 한 방법이다. 사회복지면접이 사회복지사와 클라이언트 양자 간의 관계에서 비롯된다고 보면 사회복지 개입이 성공적이기 위해서는 두 사람 사이의 대인관계가 지속되어야 하고, 대인관계를 유지하기 위해서는 명확하고 안정적인 의사소통 통로가 확보되어야 한다.

의사소통은 두 사람 이상이 서로 의미를 주고받는 상호작용과정이다. 의사소통에

는 메시지의 송신자와 수신자가 있다. 송신자가 메시지를 기호화하여 송신하면 수신자는 이를 수신하여 해독하고, 자신의 피드백 메시지를 기호화하여 이를 다시 송신자에게 보내는 과정이 반복된다. 메시지를 송신하고 수신하는 과정에서 잡음이 있을 수 있기 때문에 수신자는 송신자를 통하여 메시지를 점검해야 한다. 이런 과정이 누락되면 의사소통에 문제가 발생한다.

일반적으로 사람들은 언어를 매개로 하여 의사소통을 하지만 때로는 비언어적 수단을 사용하여 의사소통을 한다. 이처럼 의사소통에는 언어적인 것과 비언어적인 것이 있다.

(1) 언어적 의사소통

언어를 통한 의사소통은 전달하고자 하는 내용을 가장 효과적으로 전달해 주기 때문에 가장 만족스러운 방법이라고 할 수 있다. 그러나 사람들은 같은 단어를 서로 다른 의미로 사용하기도 하고, 감정을 표현하는 방법이 다를 수도 있고, 단어의 제약이 있을 수도 있다. 클라이언트는 자신의 생각이나 감정 등을 언어로 표현하는 데 미숙한 경우가 많다. 사회복지사는 여러 방법으로 클라이언트와의 언어적 의사소통을 격려한다.

(2) 비언어적 의사소통

비언어적 의사소통은 때로는 언어적 의사소통보다 더 정확하고 유용한 정보를 제공해 줄 수 있으므로 중요하게 취급되어야 한다. 비언어적 의사소통에서는 눈 맞춤, 옷차림, 외모, 표정, 자세, 몸동작 등에 주목해야 한다. 눈은 말이 제공해 주지 않는 정보를 전달해 준다. 사람들은 관심이 있으면 대화하는 상대에게 눈을 맞추고 관심이 없으면 눈을 잘 맞추지 않는다. 불안하거나 솔직하지 못한 의사소통을 할 때는 눈 맞춤을 피하는 경향이 있으므로 이를 통해 말의 진위 여부를 파악할 수 있다. 옷차림은 직업, 나이, 성격, 환경 등을 짐작할 수 있게 해 준다. 사회복지사는 클라이언트의 옷차림을 통해 그에 관한 정보를 얻을 수 있고, 반대로 사회복지사의 옷차림이 클라이언트에게 영향을 줄 수도 있다. 표정은 말로써 전달하고자 하는 내용을 더 분명하게 나타내 준다. 따라서 말을 할 때 말의 내용뿐 아니라 표정도 잘 살펴볼 필요가 있다. 손이나 팔, 다리 등의 몸동작이나 자세도 의미를 전달해 준다.

5. 사회복지실천모델

1) 클라이언트중심모델

클라이언트중심모델은 인간중심접근법이라고도 하며 Rogers가 1940년대에 개발한 인간성장과 변화에 대한 접근법이다. 현재 대부분의 기본적인 면접기술과 클라이언트중심접근법의 원리를 구분하기 어려울 정도로 클라이언트중심모델의 원리와 기술이 사회복지실천분야에서 많이 활용되고 있다.

클라이언트중심모델은 실존주의적 인본주의를 기반으로 하고 있다. 인간은 스스로에 대한 이해를 성취할 수 있다는 낙관적인 관점을 가진다. 이 모델에 바탕을 둔 사회복지실천의 궁극적인 목표는 클라이언트의 자기이해를 통한 자아실현의 성취다. 클라이언트를 자신에 대해 이해하고 싶은 욕구를 지니고서 전문가의 도움을 요청하는 사람이라고 보고, 원조의 목적을 진정한 자아에 도달하고 싶어 하는 클라이언트를 도와서 자기이해 수준을 높이는 데 둔다. 클라이언트의 자기이해 수준이 높아지면 자신의 유기체적 욕구에 따라서 생활상의 일들을 결정하고 보다 새롭고 건설적인 행동을 할 수 있게 된다. 또한 자신의 결정에 책임을 지고 자신의 미래를 당당하게 맞을 수 있게 되며, 이것이 개인의 긍정적인 변화를 초래하여 자신이 가진 능력을 최대한 발휘할 수 있는 자아실현에 이르게 된다. 이러한 과정을 거쳐서 진정한 사람이 된다고 본다. 따라서 사회복지사의 임무는 클라이언트가 자신의 실체와 욕구를 정확히 이해하는 자기이해에 도달할 수 있도록 하는 것이다.

사회복지사가 클라이언트에게 감정이입과 무조건적인 긍정적 관심을 표시하면 클

라이언트에게 긍정적인 변화가 생긴다고 본다. 클라이언트에 대해 갖고 있는 사회복지사의 자세는 사회복지사와 클라이언트 간의 관계를 통해 전달되는데, Rogers는 이 관계가 개입효과를 결정하는 가장 중요한 요소라고 보았다. 클라이언트와 사회복지사 간에 진정한 보살핌의 치료관계가 형성되면 클라이언트는 진정한 자기이해를 하게 되며, 이를 바탕으로 하여 클라이언트는 최대한 성장하여 자아실현을 이룰 수 있다고 본다.

2) 인지행동모델

인지행동모델은 인지이론과 행동주의를 합한 것으로서 인지행동모델에서의 실천기술은 사회복지실천기술 중에서 가장 많이 활용된다. 인지이론은 인간의 환경에 대한 인식이 정서와 행동을 결정하는 요인이라고 보는 반면, 행동주의이론은 인간의 행동은 관찰과 모방을 통해 학습된 것이기 때문에 행동수정을 통해 변화를 가져올 수 있다고 본다. 인지이론은 왜곡된 인지 때문에 문제가 발생한다고 보는 반면, 행동주의이론은 인간이 잘못된 행동을 학습한 결과 역기능적인 행동을 보인다고 본다. 인지행동모델을 기반으로 한 실천기술은 문제를 일으키는 잘못된 사고유형을 확인하고 재평가하여 수정하도록 원조한다.

인지행동모델은 개인과 환경 양자에 초점을 둔다. 개인의 행동을 결정하는 것은 개인의 신념체계나 의지 등과 같은 개인적 특성과 환경, 즉 상황 간의 상호작용 결과라고 본다. 개인의 인지는 환경이 주는 정보에 의해 영향을 받기만 하는 것이 아니라 환경을 변화시키기도 한다고 본다. 인지행동모델의 기본전제는 인간의 사회적 · 행동적 역기능이 자신이나 타인, 상황 등에 대해 갖고 있는 잘못된 사고나 인지로 인해 발생한다는 것이다. 따라서 잘못된 인지를 수정함으로써 역기능이 해소될 수 있다고 본다. 인지행동모델의 목표는 클라이언트가 갖고 있는 역기능적 사고와 행동을 수정하는 것이다. 사회적 · 행동적 역기능의 해결은 인지구조의 재구성을 통해 이루어진다.

사회복지사는 인지치료기법을 사용하여 클라이언트가 상황을 왜곡하여 인지하는 방식과 잘못된 감정을 변화시킬 수 있도록 도우면서 새로운 행동기술을 습득하게 하고, 강화를 통해 인지와 행동의 변화를 유발한다. 사회복지사는 클라이언트의 역기능적 행동과 감정을 초래하는 왜곡된 인지구조를 클라이언트 스스로 변화시킬 수 있도록 도움을 제공해 준다. 인지구조를 수정하는 과정에서는 문제를 가진 클라이언트뿐 아니라 그와 상호작용하는 상대방이 보내는 정보를 검증하는 일도 이루어져야 한다. 따라서 인지행동모델에서는 클라이언트의 생각뿐 아니라 그와 상호작용하는 주변환경에도 개입한다.

3) 심리사회모델

심리사회모델은 Hollis가 집대성한 것으로서 사례를 이해하기 위해 현재와 과거 시점에서 클라이언트의 환경을 조사했던 Richmond와 관련된 과거사실에 대한 개인력 조사를 통한 연구를 강조한 Freud의 관점을 반영하고 있다. 이 모델은 Freud 이론과 같이 인간의 감정과 생각이 의식 밖에 존재한다고 보며, 성격이 행동에 영향을 주는 역동적인 힘이므로 성격체계 내의 작은 변화라도 그 영향이 성격체계 전체에 파급되어 생각이나 감정, 행동을 변화시킨다고 본다. 겉으로 드러난 문제는 정신 내부의 갈등을 드러내서 해소하려는 적응의 산물이라고 본다.

또한 인간을 합리적 · 심리역동적이고 상호작용하는 존재로 보기 때문에 생물학적 · 심리적 · 사회적 체계 간의 상호작용에 관심을 갖는다. 인간의 심리체계가 생물학적 · 사회적 체계와 상호작용한다고 전제하므로 사회복지사는 클라이언트의 현재 문제상황에 영향을 주는 모든 심리적 · 생물학적 · 사회적 체계에 개입해야 한다. 개인의 문제행동은 개인, 가족, 사회가 상호영향을 주고받는 가운데 발생하는 것으로 간주된다.

이처럼 심리사회모델은 개인 내적 요소와 사회적 요소를 모두 중시하여 사회복지실천의 초점을 개인의 심리상태와 그를 둘러싼 사회환경 그리고 개인과 환경 간의 상호작용에 둔다. 따라서 이 모델에 입각한 사회복지사는 문제상황을 개인의 내적 문

제, 사회환경문제 또는 개인과 사회 간의 상호작용문제로 보고, 문제해결을 위하여 개인에 대한 개입, 사회환경에 대한 개입, 개인과 사회환경 간의 상호작용에 대한 개입을 모두 실시한다. 이 모델은 개인의 성격이나 행동 같은 개인 내적 요소, 가족, 그가 속한 사회체계 중 어느 한 부분을 변화시키면 다른 부분에도 변화가 일어날 수 있다는 것을 전제한다. 즉, 클라이언트의 변화는 개별적으로 발생하기보다 어느 한 요소의 변화를 통해 다른 요소들의 변화를 유발하는 방법으로 발생한다고 본다.

심리사회모델은 인간의 근본이 선하다고 가정하고, 인간행동은 단순히 이해될 수 있는 것이 아니고 예측 가능한 방법으로 영향을 받고 변화할 수 있다고 보며, 현재의 행동을 이해하기 위하여 과거를 중시한다. 인간은 성장하고 학습하고 적응하는 능력과 환경을 변화시킬 수 있는 능력을 가진 존재라고 가정하고, 인간의 성장과 발달을 위하여 적절한 여건을 조성하는 것에 개입의 초점을 둔다. 즉, 개인적 성격의 장점과 환경자원을 활용하여 개인에게 필요한 기회를 더 많이 부여하고, 보다 효과적인 대인관계 기능을 개발하는 것에 초점을 둔다.

심리사회모델은 클라이언트의 수용과 자기결정을 중요시한다. 즉, 모든 인간은 가치와 존엄성을 갖고 있다고 보기 때문에 사회복지사는 클라이언트의 존엄성을 존중하기 위하여 그를 있는 그대로 받아들이고, 클라이언트로 하여금 자신이 자신의 인생에 관한 최고의 전문가라는 사실을 깨닫게 하여 클라이언트 스스로 자신의 행동에 대해 결정을 내리도록 하고 그의 결정을 최대한 존중해 준다. 사회복지사는 클라이언트가 기회를 최대한 이용할 수 있도록 돕기 위해 환경에 개입하고 클라이언트 스스로 결정을 내려서 행동할 수 있도록 도와준다.

4) 과제중심모델

과제중심모델은 1970년대에 Reid와 Epstein이 발전시킨 것으로서 문제를 가진 개인을 돕는 데는 긴 개입기간을 요구하는 방법에 비하여 단기간의 접근이 더 효율적이라는 것을 발견하고 단기치료모델로 개발한 것이다. 경험에 입각한 지식을 바탕으로

계획적이고 의도적인 과정을 통하여 클라이언트의 문제를 구체적인 과제로 해결해 나가려는 것으로서 특정이론이나 개입방법에 국한되지 않고 체계이론, 인지이론, 의사소통이론, 정신분석이론, 행동주의이론의 원리들을 통합하였다.

과제중심모델의 특징은 시간제한적인 단기치료로서 주 1~2회의 면접을 6~12회 정도 하여 보통 4개월 이내에 사례를 종료하며, 개입의 초점을 클라이언트와 사회복지사가 계약한 구체적인 문제의 해결에 둔다는 것이다. 이 모델의 기본과정은 표적문제의 구체화와 문제 완화를 위한 계획의 수립에 달려 있으며, 개입활동은 문제를 감소시키도록 계획된 구체적이고 다양한 과제의 수행에 초점을 둔다.

사회복지사는 클라이언트가 동의한 과제를 중심으로 단계별로 각자의 과업을 구체화하여 클라이언트가 과제를 수행할 수 있도록 원조한다. 과제를 선정할 때는 클라이언트의 자기결정권을 존중하고 개입의 책무성을 강조한다. 사회복지사는 클라이언트가 자신의 문제라고 인정하고 함께 해결하려고 지적한 문제에 한하여 접근한다. 사회복지사는 클라이언트가 자신의 문제를 구체화하고 과제를 선정하는 것을 도와주며, 과제실행 계획을 세우고 실행 동기를 부여하고, 과제수행상의 장애물을 제거하여 과제수행을 촉진시킨다. 사회복지사는 조사에 근거한 경험적 자료에 의존하여 직접적인 치료기법을 제공해 주기보다는 클라이언트 스스로 실행가능한 과제를 수행할 수 있도록 인도해 주며, 클라이언트가 제한된 기간 내에 긍정적으로 자신의 문제를 해결할 수 있는 활동을 할 수 있도록 원조한다.

5) 정신역동모델

정신역동모델은 Freud의 정신분석이론과 Jung과 Adler의 심리학이론 등을 합한 것으로서 정신역동이라는 개념은 의식적 및 무의식적으로 인간행동에 영향을 주는 정서적 · 인지적 · 동기적 · 정서적 과정을 말한다. 이 모델은 인간의 행동이 인간 마음속의 역동과 상호작용으로부터 나온다는 점을 강조하고, 정신이 행동을 자극하는 방식을 강조한다.

정신분석이라는 개념은 무의식과 같이 정신의 심층에 존재하는 내용을 관찰하고 분석하는 것으로서 Freud는 자유연상이나 꿈의 해석 등을 통해 그 내용을 이해할 수 있다고 보았다. 정신분석이론의 기본가정은 인간행동이 무의식적 요인에 의해 결정되며, 쾌락을 최대화하고 고통은 최소화하려는 쾌락원리에 따른다는 것이다. 정신분석이론의 핵심은 인간행위가 우연히 발생한다기보다 인간의 사고과정으로부터 일어나며, 인간의 지식으로는 알 수 없게 숨겨져 있는 무의식을 강조하는 것이다. 오늘날 정신분석적 접근방법은 거의 모든 사회사업실천의 기저에 깔려 있으며 정신분석이론에서 나오는 용어를 많이 활용하고 있다.

Freud는 성적 발달단계를 구강기, 항문기, 남근기, 잠재기, 생식기로 구분하고, 이드(id)와 자아(ego), 초자아(superego)라는 개념을 사용하여 이드를 통제하려는 자아와 초자아의 욕구가 갈등을 빚어내는 방식과 자아가 갈등을 운용해 나가는 방식을 강조한다. 이드란 본능적 충동의 복합체이며, 자아는 환경이 어떻게 이해되고 조작될 수 있는지에 대한 아이디어를 제공하는 것으로서 이드를 통제하는 역할을 하며, 초자아는 자아를 안내하는 도덕적 원리에 따르는 것이다.

정신분석치료의 목적은 개인에게 억압된 감정에 대한 통찰력을 제공해 주는 것이다. 정신분석치료는 환자가 자신의 과거에 대해 자유롭게 이야기하게 하고, 치료자는 중립적 자세로 자신을 드러내지 않은 채 환자가 전이한 사람에 대한 무의식적 사고나 감정을 인식하도록 도와준다. 이를 통해 환자는 억압된 감정이 드러나면서 문제의 기원에 대한 통찰력을 획득한다. 구체적인 치료기법은 전이, 자유연상, 꿈의 해석, 저항에 대한 해석 등이다.

6) 행동수정모델

행동수정모델은 행동주의에 기초한 모델이다. 행동주의는 인간의 내면이 아니라 직접 관찰할 수 있는 외적 행동을 중시하여 구체적이고 특정한 문제행동에 초점을 두며, 행동을 자극과 반응 도식에 의해 파악한다. 행동주의에서는 인간의 행동이 학습된 것이며 인간이 느끼고 사고하고 행동하는 것은 학습의 결과라고 본다. 인간의 문제는 인지나 동기처럼 추상적인 개념이 아니라 직접 관찰할 수 있는 행동을 통하여 해결해야 한다고 주장한다. 행동의 변화는 의지가 아닌 기술의 문제라고 본다.

Skinner는 행동주의를 인간의 행동을 내면에서 일어나는 정신적 과정에 의존하지 않고 설명하려는 시도라고 하였다. 행동주의자들은 인간을 그가 현재까지 학습한 것의 총합이라고 본다. 어떤 행동의 결과가 유쾌하였다면 그 행동은 유사한 상황에서 다시 일어날 가능성이 높은 반면에 불쾌한 결과를 가져왔던 행동은 다시 일어날 가능성이 낮다. 이처럼 행동은 호의적이거나 비호의적인 결과를 제공하는 환경에 근거하여 일어난다는 것이다. 행동주의모델에서는 클라이언트의 문제에 결정적인 조작적 요소가 개입되어 있다고 간주한다.

행동수정모델은 구체적이고 정확한 문제규정, 변화목표, 개입과정을 강조한다. 사회복지실천분야에서 사용되는 행동수정은 Bandura가 주장한 학습이론에서 발전된 것이다. 행동수정의 기본원칙은 정상적인 행동이나 비정상적인 행동은 모두 동일한 원칙하에 발달된다는 것과, 모든 행동은 학습원리에 의해 수정되거나 변화될 수 있다는 것이다. Bandura의 학습이론에서는 인간행동은 조작적 요인, 생물학적 요인, 환경적 자극에 대한 반응적 요인의 셋 중 하나 또는 그 이상에 의해 획득된다고 주장한다. 즉, 행동주의에 의하면 클라이언트의 행동은 조작적 요인과 생물학적 요인, 반응적 요인이 상호작용한 결과다.

7) 위기개입모델

위기개입모델은 위기에 처한 사람을 돕는 접근방법으로서, 위기란 사건에 대한 개인의 주관적인 현실에 기초한다. 이 모델에서는 현재 상황에 대한 구체적인 사실과 이를 변화시키는 클라이언트 자신의 노력을 강조한다. 클라이언트가 위기상황에서 위협적인 사건을 통해 취약해지면서 기존의 전략으로는 스트레스나 외상에 대처할 수 없는 불균형상태가 된다고 본다. 개인이나 가족이 현재의 균형상태를 유지할 수 없는 위기상황을 극복해 가는 과정에서 나타나는 법칙들을 확인하고, 이에 입각하여 원조활동의 원칙을 체계화한다. 이 모델에서 다루는 급격한 위기상태는 일시적 · 단기적이다.

위기개입모델은 위기상황에 처해 있는 개인이나 가족을 초기에 발견하여 초기단계에서 원조활동을 하는 것으로서 위기개입의 목표는 클라이언트가 최소한 위기 이전의 기능수준으로 회복되도록 돕는 데 있다. 위기개입은 사건 직후 4~6주 내에 적용하는 단기적 접근방법으로서 신속한 개입과 즉각적 반응이 특징이다. 예방적 정신건강운동을 강조하며, 무의식적이고 정신 내면적인 갈등의 해결에는 역점을 두지 않으므로 만성적인 클라이언트에게는 부적절한 방법이다. 위기개입을 할 때는 가장 적합한 치료전략을 수립해야 하며, 사회복지사는 개입 시 적극적이고 직접적인 역할을 수행해야 한다. 사회복지사는 경청, 위기강도의 사정, 방향 제시, 강점 확인, 문제해결, 정상화, 사후관리 등의 역할을 수행해야 한다.

위기개입과정은 초기과정, 중간과정, 종결과정으로 구분할 수 있다.

초기과정에서 사회복지사는 위기상황에 즉각적으로 초점을 맞추고, 현재의 클라이언트의 곤경에 대해 평가하고, 향후 활동에 대해 계약한다. 이 과정에서는 클라이언트의 주관적 반응을 도출하는 것이 중요하며, 클라이언트가 감정을 표현함으로써 합리적이고 이성적으로 위기상황에 대처할 수 있도록 원조하는 것이 중요하다.

중간과정은 클라이언트가 주요 주제에 대해 깊이 탐색하는 과정으로서 위험사건 이후의 자료를 조직화하고, 단기간에 성취할 수 있는 목표와 목표달성을 위한 과제에 대해 작업함으로써 행동의 변화를 초래한다. 이 과정에서는 클라이언트가 자율성을 획득함에 따라 사회복지사는 소극적 역할로 전환하며, 클라이언트의 일상생활에서 활용 가능한 자원을 찾아서 적극적으로 활용할 수 있도록 지원한다.

종결과정에서는 성취한 과제, 목표와 성취하지 못한 것에 대해 점검하고 클라이언트의 활동계획을 의논한다. 클라이언트가 사회복지사에게 의존하지 않도록 격려하고, 사회복지사를 활용 가능한 자원으로 인식할 수 있도록 해야 한다.

8) 역량강화모델

역량강화모델은 클라이언트 자신의 삶에 대한 집단적 통제력을 획득하는 방법에 관한 이론으로서 클라이언트에게 결여된 힘을 증대시키기 위해 추구하는 방법이다. 이 모델의 목적은 성장과 힘을 위한 개인적 욕구충족을 넘어서 공동체의 역량을 강화시키고 힘 있는 사람들을 개발하는 것이다. 역량강화는 개인, 집단, 지역사회가 환경에 대한 통제력을 얻고, 자신의 목표를 달성하여 결과적으로 자신과 다른 사람을 원조함으로써 삶의 질을 최대화시키는 수단이다.

이 모델은 생태체계적 관점을 통합하면서 강점을 지향하고, 클라이언트가 가진 다양한 강점을 인정하며 이에 따라 문제해결책도 다양하게 존재한다는 것을 인식한다. 또한 클라이언트로 하여금 자원을 보게 하고 자신을 자원으로 보도록 도우며, 클라이언트의 완전한 참여를 격려한다. 클라이언트를 자원으로 활용하기보다는 권리와 책임을 지닌 동반자로서 신뢰하게 한다. 결함보다는 강점을, 문제 확인보다는 문제해결 추구를, 처방에 따른 치료보다는 능력 향상을, 그리고 전문가의 전문적 능력보다는 협력적 동반자관계를 강조한다.

역량강화에 의한 원조행위는 클라이언트가 자신의 욕구를 명확히 하고 우선순위화하도록 도우며, 클라이언트의 문제나 욕구에 부합하는 도움을 제공한다. 또한 욕구를 충족시키는 데 있어 파트너십을 활용하고, 의사결정 시 전적으로 도움을 구하는 사람에게 맡긴다. 역량강화를 조성하는 구체적인 방법으로는 클라이언트가 정보를 획득하고 자신의 관심사에 대해 가능한 한 많이 알도록 격려하며, 전문용어를 일상적이고 이해하기 쉬운 언어로 바꾸는 것이다. 또한 클라이언트에게 서비스와 자원에 접근할 수 있는 권리에 대해 알려 주고, 클라이언트가 자신의 의견을 명확히 표현하도록 격려하며, 자신의 욕구에 기초하여 적극적인 의사결정을 내리도록 격려한다.

제 4 장

사회복지행정과 정책 및 사회복지조사

1. 사회복지행정의 정의

사회복지행정은 사회복지와 행정이 합쳐진 개념이다. 행정이란 공공정책을 수립하여 이를 구체화하려는 조직의 집단행동이다. 사회복지행정의 정의는 사회복지의 개념을 협의로 보는지 또는 광의로 보는지에 따라 달라진다.

협의의 사회복지행정은 사회사업(기관)행정으로 이해하는 것으로서 개별사회사업, 집단사회사업, 지역사회조직과 같이 하나의 사회복지실천방법으로 보는 것이다. 사회사업행정은 사회사업서비스를 계획하여 전달하는 사회사업조직의 운영과 기능을 촉진시키고, 조직을 통한 사회사업 실천활동을 증진시키려는 사회사업의 한 개입방법이라고 할 수 있다. 광의의 사회복지행정은 사회복지의 목표달성을 위해 정치권력을 배경으로 한 사회복지정책의 형성과 이를 구체화하기 위한 행동을 의미한다. 따라서 사회복지행정은 사회복지행정조직의 관리, 사회복지정책의 형성과 구체화, 사회복지정책의 목표와 이념 설정, 사회복지 실현방법의 사용 등을 복지행정의 이념에 입각하여 전 국민 또는 일부계층을 대상으로 추구해 가는 활동을 말한다. 협의의 사회복지행정이 관리자에 의한 체계적인 관리활동이라면 광의의 사회복지행정은 조직의 운영과 목표달성을 위하여 조직의 모든 구성원이 참여하는 것이다.

사회복지행정은 사회복지조직의 운영과 목표달성을 위하여 관리자의 지식, 기술 등을 사용하여 조직의 목표를 실천하고 그 성과를 평가하는 체계적인 관리활동이다. 공적 및 사적 사회복지기관에서 요보호자 또는 전 국민의 복지증진을 위한 목적을 설정하고, 이를 달성하기 위한 인적 및 물적 자원의 확보와 관리행위를 총칭하는 것이다. 이는 사회복지정책을 사회복지서비스로 전환하는 데 필요한 사회복지조직의 총체적 관리활동으로서 광의로 해석하는 것이 바람직하다.

사회복지행정은 일반행정과 공통점도 있으나 차이점도 있다. 주된 차이점은 사회복지행정은 지역사회 내 클라이언트들의 욕구충족을 위한 독특한 성격의 서비스를 산출하며, 사회복지행정을 통해 제공되는 서비스는 손상된 사회적 기능의 회복, 보다 효과적인 사회적 기능을 위한 개인적 및 사회적 자원의 제공, 사회적 역기능의 예방 등이다. 사회복지행정가는 사회복지조직의 운영에 있어 지역사회에 대한 책임을 갖고 지역사회와 밀접한 관련을 가져야 하며, 전문적인 사회복지사의 재량권이 크고 이들의 직무수행에 크게 의존한다. 또한 행정가가 아닌 모든 구성원이 행정에 참여하고 이들이 조직의 목표달성에 크게 영향을 미친다는 점 등이다.

사회복지행정의 유형은 행정주체에 따라 사회사업기관(시설)행정, 사회복지행정, 공공사회복지행정으로 구분할 수 있고, 사회복지분야에 따라 사회보험행정, 공공부조행정, 사회복지서비스행정으로 구분할 수도 있다. 대상에 따라서 노인복지행정, 장애인복지행정, 아동복지행정, 청소년복지행정, 여성복지행정, 근로자복지행정 등으로 구분할 수 있고, 행정과정에 따라 사회복지기획행정, 사회복지조직행정, 사회복지인사행정, 사회복지조정행정, 사회복지보고행정, 사회복지재무행정, 사회복지평가행정 등으로 구분할 수도 있다. 또한 공간적 범위에 따라서 국제사회복지행정과 국가사회복지행정으로 구분할 수도 있다. 국가사회복지행정은 다시 중앙정부에 의한 중앙사회복지행정과 지방정부에 의한 지방사회복지행정으로 분류할 수 있다.

2. 사회복지행정조직

1) 조직의 정의와 특성

Etzioni는 조직이란 일정한 환경하에서 특정 목표를 달성할 목적으로 의도적으로 계획된 단위라고 정의한 바 있다. 조직은 다수의 인간이 특정 목표를 달성하기 위해 구성한 것으로서 인적 및 물적 자원을 동원하고, 환경과 상호작용하며, 구성원 간에 일정한 관계를 유지하는 일정한 지속성과 분업체계를 가진 사회적 단위다. 조직을 어떻게 효율적으로 운용하는지가 행정의 최대과제라고 해도 과언이 아니다.

조직의 특성은 다수의 인간에 의해 구성된다는 점, 달성하고자 하는 목표를 가진다

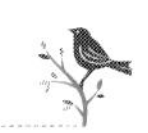

는 점, 환경과 상호작용한다는 점, 조직의 목표달성을 위해 조직의 구성요소들이 과업을 분담하는 분업체계를 가진다는 점, 조직활동을 규제하는 규범이 있다는 점, 어느 정도의 지속성을 가진다는 점, 한 조직을 다른 조직이나 환경과 구별하게 하는 경계가 있다는 점, 공식적 측면과 비공식적 측면이 있다는 점 등이다.

2) 사회복지조직의 특성

사회복지조직은 인간의 복지증진을 목표로 한다. 이는 특정 목적을 달성하기 위하여 인적 및 물적 자원을 효율적으로 조직하고 관리한다는 점에서 일반조직과 공통점을 갖는다. 그러나 사회복지조직은 인간에 대한 봉사조직이므로 일반조직과 다른 특성을 갖는다.

우선, 조직의 원료가 인간이므로 사회복지조직이 사용하는 서비스와 기술은 도덕적으로 정당화되어야 한다. 그리고 사회복지조직의 목표는 추상적 · 유동적이고 애매모호하다. 이처럼 목표가 추상적이고 유동적이므로 조직구조가 탄력적이어야 한다. 조직구조가 경직되면 유동적이고 다양한 클라이언트의 욕구를 충족시키기 어렵기 때문이다. 또한 사회복지조직의 운영자금은 주로 외부에 의존하므로 환경의 변화에 쉽게 영향을 받는다. 그리고 직원과 클라이언트 간 관계의 질이 사회복지조직의 성패를 좌우하는 요인이 되므로 일선직원들의 역할이 중요하다. 또한 조직목표가 모호하고 다양하며, 서비스나 기술이 불안정하고, 인간행동의 관찰과 측정이 어렵기 때문에 결과에 대한 평가에 논란이 발생하고, 조직의 변화에 대한 저항이 다른 조직보다 크다. 사회복지조직은 저소득층, 요보호자, 사회부적응자 등의 욕구를 충족시켜 주기 위한 조직으로서 다른 조직보다 봉사적 성격이 강한 특성을 지닌다.

3) 사회복지조직이론

조직을 합리적인 목적달성을 위한 폐쇄체계로 간주하는 관료제이론, 과학적 관리론, 행정관리론은 고전이론에 속하고, 조직 내 인간관계와 비공식적 조직의 중요성을 강조하면서 고전이론에 대한 반동으로 나타난 인간관계론은 신고전이론에 속한다. 고전이론은 조직구성원들의 분업과 전문화의 원리에 입각하고, 구성원들에게 경제적 유인이 마련되면 조직의 효율성이 달성될 수 있다는 전제에서 출발하였다. 그러나 이러한 시각은 환경에 의존적인 사회복지조직의 특성 때문에 문제가 있다.

따라서 오늘날에는 조직을 개방체계로 간주하여 환경과의 상호작용하에 발전한다는 개방체계적 관점이 강조되고 있다. 특히 사회복지조직은 다른 조직에 비해 환경에의 의존성이 높으므로 개방체계이론을 이해하는 것이 중요하다. 개방체계이론에 속하는 것으로는 의사결정이론, 체계이론, 상황이론, 정치경제이론, 제도이론, 총체적 품질관리론, 목표관리론 등이 있다. 개방체계이론가들은 조직 내의 합리성이 구성원들의 성격과 같은 내부요인과 물질의 공급 변화와 같은 외부요인에 의해 제한받는다는 점에 관심을 갖고서 고전이론과 인간관계론을 통합하려는 데서 출발하였다.

(1) 관료제이론

Weber는 관료제조직을 사회체계 내에서 자원과 권력을 동원하는 가장 효율적인 도구로 보았다. 관료제의 특성은 합리적인 규칙과 최대한의 효율성 추구다. 관료제는 공적 지위에 기초한 수직적이고 위계적인 권위구조를 가지며, 지위에 따른 권위를 규정하는 엄격한 규칙체계를 가지며, 명확하고 고도로 전문화된 분업과 책임의 명확화, 비인격적인 조직체계를 가진다. 오늘날 사회복지조직은 그 규모가 커지고 복잡해짐에 따라 공식적 규정과 위계질서 속에서 운영되고 있기 때문에 관료제는 사회복지행정에도 적용될 수 있는 조직관리방법이다. 그러나 관료제는 비인간화를 초래하는 등 여러 가지 역기능적 측면이 있다.

(2) 과학적 관리론

과학적 관리론은 최소한의 노동과 최대한의 비용으로 생산효과를 확보할 수 있는 최선의 방법을 찾아내기 위한 관리이론으로서 산업경영의 합리화와 능률화를 위해

개발되었다. 과학적 관리론의 특징은 산업기술자에 의해 사용되는 직무분석방법과 산업현장에서 노동자를 위한 이익분배를 계획하는 것이다.

과학적 관리론의 창시자인 Taylor는 조직의 능률성을 극대화시킬 수 있는 최선의 방법을 모색하기 위해 일에 대한 시간과 동작연구에 기초하여 과학적 관리의 원리를 발전시켰다(Taylor, 1947). 과학적 관리의 주요 원리는 작업자에게 명확하게 설정된 충분한 과업을 부여하는 것, 작업자의 작업조건을 표준화시키는 것, 과업을 완수한 작업자에게는 고임금을, 완수하지 못한 작업자에게는 손해를 받아들이도록 하는 것, 과업은 일류의 작업자만이 달성할 수 있는 정도여야 하는 것 등이다.

(3) 행정관리론

행정관리론은 1920~1930년대에 발전된 이론으로서 이 이론을 주장한 학자로는 Fayol, Gulick, Urwick 등이 있다. 행정관리론은 조직의 임무와 목적을 성취하기 위하여 조직의 계층구조에 광범위하게 적용할 수 있는 보편타당한 조직원리를 개발하였다.

Fayol은 조직관리의 열네 가지 원리를 제시하였는데, 이는 분업, 권한과 책임의 상응, 규율, 명령의 통일, 지휘의 통일, 개인이익의 전체이익에의 종속, 보수, 집권화, 계층제, 질서, 형평성, 신분보장, 솔선, 단체정신이다. Gulick과 Urwick은 관리자가 해야 할 기능으로서 POSDCoRBE를 제시하였는데, 이는 조직행정의 과정과 내용을 나타낸 것이기도 하다.

(4) 인간관계론

인간관계론은 고전이론의 단점을 보완하기 위해 Mayo를 중심으로 1924~1932년에 이루어진 호손 공장실험의 결과로 나타난 이론이다. 실험 결과, 생산성은 조직구성원들의 태도나 감정에 큰 영향을 받으며, 구성원들의 태도나 감정은 그가 속한 집단 내의 인간관계와 밀접한 관계가 있다는 것을 발견하였다(Mayo, 1933).

인간관계론은 경제적 능률보다 사회적 능률을 강조하고, 조직구성원의 정서적 측면을 중시하며, 공식적 관계보다 비공식적 관계에 관심을 집중하였다. Mayo는 호손 실험을 통하여 과학적 관리론과는 대조적으로 인간의 심리적 · 사회적 욕구가 금전적 욕구 못지않게 생산에 효과적이고, 작업집단 내의 사회적 상호작용은 작업과업의 조직만큼 영향력을 지니며, 조직에는 공식적 부서와는 다른 비공식적 집단이 존재하고 이 집단이 개인의 태도와 생산성에 영향을 미친다는 것을 증명하였다.

(5) 의사결정이론

관료제이론이 조직의 합리성을 지나치게 강조한 반면, 인간관계론은 이를 지나치게 과소평가한 면이 있다. March와 Simon은 이 두 이론을 조직행동의 의사결정모델과 연결시키려고 하였다. 의사결정이론은 인간의 합리성보다 조직 내 인간의 심리적 측면을 중요시하는 개인적 · 형태론적 접근방법이다.

March와 Simon 이론의 초점은 조직 속에서 서로 다른 지위를 차지하고 있는 개인의 의사결정이다. 이들은 인간의 합리적 행동의 한계를 지적하고, 순수한 합리성이 아닌 주관적 합리성이 추구될 수 있을 뿐이며, 조직의 문제해결과 목표달성을 위해 의사결정은 최적이 아닌 만족할 만한 수준에서 이루어진다고 주장한다. 의사결정자는 과거 경험, 현존하는 자극의 선택적 인식, 관습적 대안을 토대로 하여 최적이 아닌 만족할 만한 해결책을 모색한다고 본다.

(6) 체계이론

체계이론은 1950~1960년대 중반에 발전한 이론으로서 조직을 폐쇄적 체계가 아닌 개방적 체계로 인식한다. 조직을 개방체계로 인식하기 시작한 것은 구조기능주의와 일반체계이론을 조직에 적용하면서부터다. 체계이론은 조직을 생물학적으로 비유하며, 조직 내 갈등이나 분파적 요소보다는 조직의 통합과 상호의존성을 강조한다. 조직은 조직을 구성하는 요소들 간의 균형을 이루어야 한다는 것을 전제로 한다. 조직을 각자의 기능을 수행하는 하위체계들로 구성된 통일된 전체를 형성하는 하나의 체계로 간주한다.

(7) 상황이론

상황이란 조직을 둘러싼 내외적 환경을 의미한다. 상황이론은 가장 효율적이고 생산적인 조직구조를 결정하는 유일한 최선의 방법은 없으며, 이는 당시의 구체적인 상황에 따라 결정된다는 전제에서 출발한다. 조직을 개방체계로 간주하고, 상황에 적합한 조직구조와 형태를 유지하는 것이 바람직하다고 본다. 조직의 환경, 기술, 규모를 포함한 상황이 조직의 구조를 결정하는 데 중요한 영향을 미치며, 따라서 조직이 처한 상황이 달라지면 조직의 구조도 달라진다고 본다.

상황을 구성하는 요소는 환경, 기술, 규모다. 조직환경이 안정적이면 조직구조의 분권화와 공식화 정도를 높일 수 있으나, 환경이 불안정하고 변화가 많은 경우에는 조직구조의 집권화 정도를 낮춰야 신속한 업무처리에 유리하다. 기술이 복잡하고 전문적 기술을 사용하는 경우에는 분권화하는 것이 적합하다. 대규모 조직인 경우에는 조직구조의 공식화 정도를 높여도 되지만 소규모 조직인 경우에는 공식화 정도를 높여서 계층별로 결재가 요구되면 비효율적이다. 이렇듯 상황이론에서는 조직의 내부구조가 환경의 변화와 안정성 정도, 사용되는 기술의 복잡성 정도, 조직규모에 따라 다르게 결정되어야 한다고 본다.

(8) 목표관리이론

Drucker가 주장한 목표관리(Management by Objectives: MBO)란 조직구성원들의 광범위한 참여를 통해 공동의 목표를 명확히 설정하여 이를 수행하고, 효과적인 관리를 통해 활동결과를 평가하고 환류하는 관리방법을 의미한다.

목표관리이론에서는 우선 목표를 명확히 설정해야 한다. 조직구성원들이 참여하여 1년 이내의 비교적 단기적이고 측정 가능한 목표를 설정한다. 설정된 목표는 실행계획을 세워 구체화시키고, 최종목표 달성을 위한 중간목표를 설정하며, 중간목표에 비추어 중간결과를 평가하여 중간목표에 환류시킨다. 환류를 통해 전체 활동과정과 결과를 평가하여 장래의 목표관리를 개선하는 데 도움을 주며, 조직의 문제해결능력과 개인의 직무수행능력을 향상시키고자 한다.

(9) 총체적 품질관리론

총체적 품질관리론(Total Quality Management: TQM)은 1980년대 초에 기업조직에서 처음으로 사용된 일본식 품질경영방식으로서 1980년대 후반부터 공공행정조직에도 적용되기 시작하여 최근에는 사회복지조직에도 널리 적용되고 있다. 이것은 조직이 산출하는 서비스의 질을 향상시켜서 궁극적으로 소비자 만족을 추구하기 위하여 조직문화와 질적 향상을 목표로 효과적인 관리기법을 통합적으로 운영하는 조직관리방법이다. 고객만족을 서비스 질의 최우선 목표로 삼고, 조직구성원들의 광범위한 참여하에 조직의 과정과 절차를 지속적으로 개선하여 장기적인 전략적 품질관리를 하기 위한 관리방법이다. 서비스의 질은 궁극적으로 고객이 결정한다고 보며, 그 핵심내용은 고객중심, 품질보증, 권한위임, 조직책임, 지속개선이다. TQM은 단순히 제품이나 서비스의 결함을 발견하여 제거하는 것이 아니라 총체적으로 소비자가 만족할 수 있도록 전체적인 품질을 향상시키는 혁신적인 조직관리방법이라고 할 수 있다. 우리나라에서는 최근에 사회복지조직에서 클라이언트 삶의 질이 강조되며 서비스의 질적 향상을 위한 기법을 적극적으로 활용할 필요가 있다는 인식이 확산되면서 적극적으로 적용하고 있다.

3. 사회복지행정의 분야

Gulick과 Urwick은 사회복지행정의 과정을 여덟 가지로 나누었는데, 이를 영어 약자로 POSDCoRBE라고 표현한다(Gulick & Urwick, 1937). 이 여덟 가지 요소는 사회복지행정의 과정이자 분야라고 할 수 있다(〈표 4-1〉 참조).

표 4-1 POSDCoRBE의 내용

과정	내용
기획(planning)	• 목표의 설정, 목표달성을 위한 과업 및 활동, 과업수행을 위해 사용되는 방법의 결정 포함
조직(organizing)	• 작업의 할당, 즉 업무분담이 규정되고 조정되는 공식적인 구조의 설정을 필요로 함 • 기관의 구조는 일반적으로 정관의 규정이나 운영지침서에 기술되며, 역할과 책임이 분명하지 않을 때 직원 간 갈등이 초래되고 비효율적이며 비효과적인 기관이 됨 • 직원의 채용과 해고, 훈련, 활동조건 유지 등 활동 포함
인사(staffing)	• 행정관리자는 이 과정을 책임지며, 효과적인 훈련 프로그램의 수립을 통하여 직원 훈련 과업을 수행하고, 구성원 간의 개방적 의사소통망 유지
지휘(directing)	• 행정책임자는 합리적 결정 능력, 기관 목적에 대한 능동적 관심과 이를 달성하려는 헌신적 태도, 다른 직원의 공헌을 칭찬하고 지위향상을 돕는 능력, 책임과 권한을 효과적으로 위임하는 능력, 개인과 집단의 창의성을 고취하는 능력 등을 입증하고 지휘할 수 있어야 함
조정(coordinating)	• 기관 활동의 다양한 부분들을 상호 관련시키는 중요한 기능으로서, 기관의 여러 부서와 직원들 간에 효과적인 의사소통 통로가 만들어져 유지되도록 해야 함
보고(reporting)	• 기관의 상황을 기관의 직원, 이사회, 지역사회재원 제공기관 등에 알리기 위하여 기록의 유지, 정기적 감사, 조사연구 등의 활동이 이루어져야 함
재정(budgeting)	• 건전한 조직상의 계획, 재정계획, 재정운영의 통제 등은 건전한 재무행정을 위한 필수요소임 • 지출을 위한 권위와 책임을 분명하게 규정하고, 예산수립은 임금지급계획, 수입확보방법, 지출통제방법 등에 기초하며, 재정기록을 통해 기관 재정운영의 전반적 책임을 감당해야 함
평가(evaluating)	• 설정된 기관목표에 비추어 전반적인 활동결과를 사정하는 과정으로서, 효과성척도, 효율성척도 등을 사용할 수 있음

자료: 사회복지고시연구회(2007). 1급 사회복지사 수험서. 양서원, pp. 757-758.

사회복지행정의 주요 분야를 구체적으로 살펴보면 다음과 같다.

1) 인사관리

(1) 인사관리의 정의

인사관리란 조직의 목적달성을 위하여 인적자원을 최대한 효율적으로 활용하려는 관리활동이다. 구체적으로는 직원을 채용하고, 업무능력을 제고시키기 위하여 직원을 훈련시키고, 능력을 개발하여 의욕을 갖고서 조직에 헌신할 수 있도록 동기를 부여하고 관리하는 활동을 의미한다. 즉, 조직이 필요로 하는 인적자원을 조달, 유지, 개발, 활용하는 관리활동이다.

사회복지기관에서 제공하는 서비스는 미리 규정된 규칙이나 절차에 따라 이루어지기보다는 직원들의 능력과 판단에 많이 의존하므로 직원들의 능력과 자질은 기관활동의 성패를 좌우하는 중요한 요인이다. 따라서 직원에 대한 인사관리는 서비스의 질을 결정하는 중요한 요소가 된다.

(2) 인사관리의 과정 및 내용

① 인사계획

인사계획은 어떤 인력을 언제, 얼마나 선발할 것인지 등에 대한 전반적인 계획을 세우는 것이다. 인사계획을 수립하기 위해서는 현재 인력이 적절한 규모인지, 업무관련 기술이 있는지, 적절한 부서에 배치되어 있는지, 업무수행을 제대로 수행하고 있는지 등에 대한 전반적인 평가가 먼저 이루어져야 한다.

② 모집 및 선발

모집의 목적은 업무능력이 있는 인력을 채용하는 것이다. 모집과정은 채용 희망자에게 채용에 대한 정보를 제공하여 유능한 인력이 지원하도록 유도하는 것이다. 봉

사정신이 강하고 클라이언트 및 타 직원들과 원만한 인간관계를 유지할 수 있고 유능한 사람이 충원될 수 있도록 해야 한다. 직원을 모집하기 위해서는 매스컴이나 인터넷 등을 활용하여 모집내용을 공고해야 한다. 모집을 통하여 지원자를 확보한 후에는 다양한 방법을 통해 이들에 대한 정보를 얻어야 한다. 정보를 얻는 데 주로 사용되는 것으로는 이력서, 추천서, 시험, 면접, 자격증 여부 등이 있다.

선발은 면접이나 시험 등을 통하여 업무에 가장 적합한 사람을 뽑는 것이다. 선발을 할 때는 조직의 요구와 기대와 채용될 사람의 요구와 기대를 평가해야 한다. 일반적인 선발과정은 '직무명세서 작성 → 서류전형 → 선발시험 → 면접 → 경력조회 → 신체검사 → 선발 결정 → 채용' 순으로 진행된다. 선발에 활용되는 도구로는 서류, 필기시험, 면접 등이 있다.

③ 임용

임용을 하기 위해서는 기관 운영자의 승인이 필요하다. 신규직원을 임용할 때는 관리자가 구체적인 업무와 책임, 조직의 목적과 구성, 직원, 기관이 속한 지역사회 상황, 보수, 근무시간, 휴가, 직원회의, 직원개발계획, 타 기관과의 관계 등을 포함한 정보를 자세히 설명해 주어야 한다. 임용 시의 직급은 응시자의 배경과 경험 등에 맞추어 결정된다.

④ 오리엔테이션

오리엔테이션은 기관과 서비스, 지역사회 등에 대해 소개하는 것이다. 오리엔테이션에서 소개하는 주요 사항으로는 기관의 역사와 서비스, 기본정책과 규정, 기관의 조직구조, 보수 · 근무시간 · 휴가 등에 관한 정보, 사무실 배정, 건강보험 · 퇴직 · 여가시설 등을 포함한 부가급부, 승진 · 보수 인상 · 창의성 발휘 같은 기회 등이다.

⑤ 직원개발 및 동기부여

직원개발은 직원의 소양과 능력을 개발하고, 직무수행에 필요한 지식과 기술을 향상시키고, 가치관과 태도를 바람직하게 변화시키기 위한 교육 및 훈련활동이다. 직원개발은 참가자의 동기부여를 위해 이루어져야 한다. 직원개발의 목적은 능률 향상, 사기 앙양, 조직 발전, 신기술과 지식의 습득, 새로운 태도 습득, 조직에 대한 적응 유연성 제고 등이다.

동기부여란 인간행위를 유발시키고 이를 유지시키며, 나아가 그 행위를 목표지향적인 방향으로 유도해 가는 과정이다. 조직과 과업에 대한 개인적 관심, 직원들의 사기를 높여 주는 행정적 지지, 직원들의 책임과 권한의 명확화, 직원들에 대한 승인과 칭찬, 성취기회의 제공 등에 의해 동기가 부여되고 만족도가 높아진다.

⑥ 승진

승진은 하위직급에서 상위직급으로 수직적 이동을 하는 것이다. 승진에 의하여 보수가 오르고 직위가 높아지며 직무의 책임도가 증가한다. 승진의 주요 기준은 근무연한과 업무수행능력이다. 업무수행능력은 근무성적의 평가로 측정한다. 근무성적 평가는 근무실적, 능력, 성격, 적성 등을 정기적으로 평가하는 기준이다. 이 외에도 학력, 시험성적, 교육훈련성적, 상벌 등이 승진기준으로 활용될 수 있다.

⑦ 평가

근무성적평가는 직원들의 근무성적, 능력 등을 객관적으로 판정하여 이를 인력관리에 활용하는 것을 말한다. 평가는 직원들의 근무능률을 향상시키고 발전가능성을 측정하는 데 유용하다. 업무수행평가의 주요 목적은 직원들에게 정보를 제공하고, 평가결과에 따라 보수 인상을 결정하고, 승진 대상자를 파악하고, 업무수행의 장애요인이나 문제점을 인식하고, 업무수행이 향상될 수 있는 방법을 논의하는 것 등이다.

⑧ 해임

해임(종결)은 퇴직, 지위변동, 해고에 의하여 발생한다. 해임에는 의원면직, 권고사직, 직권면직 등이 있다.

2) 재정관리

(1) 재정관리의 정의

재정관리란 조직의 목표달성을 위하여 필요한 재원을 합리적 · 계획적으로 조달하고 배분하여 효율적으로 사용하고 관리하는 일을 의미하는 것으로서 재무관리 또는 재무행정이라고도 한다. 사회복지기관 운영에 필요한 재원은 한정되어 있으므로 이를 효율적으로 사용하고 관리하는 것은 매우 중요한 행정업무다. 사회복지기관의 관계자는 기관 운영을 위하여 활용 가능한 재원을 개발해야 할 뿐 아니라 예산을 계획하고 집행하는 기술을 발전시켜야 한다.

사회복지조직은 재원에 대한 의존성이 높아 예산에 따라 사업을 진행할 수 있다. 따라서 행정가는 재원확보를 위해 많은 노력을 기울인다. 사회복지조직은 정부지원금, 재단지원금, 후원금, 기부금, 서비스 이용요금, 수익사업 이익금 등 다양한 재원을 가진다. 이러한 다양한 재원으로부터 재정을 확보하기 위해서는 재정지원기관에 사업제안서를 제출하거나, 정부와 계약을 맺거나, 기부자에게 후원금품을 요청하거나, 클라이언트에게 요금을 지불하게 하거나, 특별행사를 개최하는 등 다양한 재원확보전략을 수립하여 시행해야 한다.

(2) 재정관리의 과정

① 재정계획(예산) 수립

예산은 사업계획을 효과적으로 수행하기 위하여 일정기간 동안 기관의 수입과 지출을 계획한 것이다. 일반적으로 예산은 향후 1년간의 재정계획을 말하며, 1년간 조직의 목표를 금전적으로 표시한 것이다. 이는 1년 회계연도에 있어서의 세입과 세출의 예정적 계산이라고 할 수 있다. 세입은 1년 회계연도 간의 수입을 말하며, 세출은 1년 회계연도 간의 지출을 말한다. 공적 또는 사적 사회복지기관에 따라서 적용받는 예산회계의 규정이 다르다. 공공사회복지기관은 정부의 예산회계법의 적용을 받고,

민간사회복지기관은 보건복지부의 사회복지법인 재무・회계규칙의 적용을 받는다.

예산을 수립하는 절차로는 우선 문제가 무엇인가를 확인하고 수혜대상 집단을 정리하여 목표와 대상을 정한 후에 기획을 통해 얻은 프로그램과 개입정도가 적절한지를 결정한다. 그 후 수입과 지출을 추정하여 잠정적으로 예산을 결정한다. 수입안은 조달 가능한 가용자원에 준하여 결정하고, 지출안은 예산수립과정의 수행에 따라 결정한다.

② 예산집행과 결산

예산이 적절하게 편성되었다 하더라도 효율적으로 집행하지 못하면 조직의 목표를 효과적으로 달성할 수 없으므로 예산집행과 결산에 대한 관리가 중요해진다. 예산집행의 주요 기능은 사업별로 예산의 출처를 명확하게 구분하여 지출해 나가도록 하는 데 있다. 예산집행과 결산은 수입과 지출에 대한 단순한 관리와 통제라는 의미뿐 아니라 회계의 통제, 프로그램 관리의 통제, 인사관리의 통제, 제공된 서비스의 통제, 관리행위의 통제라는 의미도 가진다.

③ 회계와 회계감사 및 재정평가

회계란 재정거래를 분류하여 기록하고, 그 결과를 해석하는 표준화된 방법이다. 회계는 그 목적에 따라 재무회계와 관리회계로 구분된다. 재무회계는 내외의 정보이용자의 경제적 의사결정에 필요한 내용을 일정기간 동안의 수입과 지출사항을 기록하여 보고하는 것이며, 관리회계는 경영자가 행정적 의사결정을 하는 데 필요한 재정관련 자료를 정리하는 것이다.

회계감사는 조직의 수입과 지출 결과에 대한 사실을 확인하여 검증하고, 이에 대한 보고를 하기 위해 장부와 기타 기록을 체계적으로 검사하는 것을 말한다. 이는 예산을 정확하고 효율적으로 집행하기 위해 필요하다. 회계감사에는 감사주체에 따라 조직 내의 재무담당자가 하는 내부감사와 조직 외부의 회계기관이 하는 외부감사가 있다. 사회복지법인 및 시설에 대한 회계감사는 사회복지법인 재무・회계규칙에 의하

여 매년 1회 이상 실시한다.

재정평가는 회계감사를 바탕으로 이루어지는 것으로서 과거의 활동이 얼마나 잘 되었는지를 측정하고, 향후계획을 보다 잘 수행해 가는 데 도움을 준다.

(3) 사회복지재정의 원천

사회복지재정은 후원금, 보조금, 정부위탁금, 수수료 수입, 서비스 이용료, 기여금, 기타 관련기금 등에 의해 확보된다. 보조금과 정부위탁금에 의존하는 사회복지기관은 재정원천이 부족하여 장기적인 계획이 어렵다. 적극적인 사회복지기관은 보조금과 정부위탁에만 의존해서는 안 되며, 이 외에 다른 추가적인 재정원천을 확보하도록 노력해야 한다.

사회복지재정은 복지주체에 따라 공공사회복지재정과 민간사회복지재정으로 구분된다. 공공사회복지재정은 다시 중앙정부와 지방정부의 사회복지재정으로 구분된다.

3) 마케팅과 홍보

(1) 마케팅

사회복지조직에서 지역사회와의 상호작용은 홍보와 마케팅을 통하여 구체화된다. 홍보는 지역사회 내에 있는 조직과 집단들 간의 의사소통을 원활하게 하는 것으로서 조직의 이미지와 능력을 증진시키는 기능을 한다. 마케팅은 잠재적 클라이언트를 대상으로 한 직접적 활동으로서 서비스나 프로그램에 대한 정보제공을 주 내용으로 한다. 오늘날 마케팅은 일반기업체뿐 아니라 사회복지기관에서도 후원자를 개발하거나 모금활동을 하는 등 민간자원을 개발하는 데 중요하다. 클라이언트의 욕구에 반응하여 이를 만족시킬 수 있는 조직이 되기 위해서는 마케팅이 필요하다. 마케팅은 표적시장을 대상으로 효과적인 시장공략을 통하여 조직의 유지를 돕는 것을 목적으로 하며, 판매자의 입장보다는 표적시장의 욕구에 따른 조직의 전략에 의존한다.

사회복지조직에서의 마케팅은 영리추구를 목적으로 하는 상업적 마케팅보다 윤리성이 중요하므로 마케팅의 목적이 윤리적 기준을 넘어서는 안 된다. 영리조직에서 사용하는 마케팅전략을 비영리조직에도 적용할 수 있으나, 영리조직에서는 상품을 통하여 마케팅이 이루어지지만 비영리조직에서는 서비스를 통하여 마케팅이 이루어진다.

마케팅과정은 환경 및 자원개발 가능성 분석, 시장조사, 마케팅 목표설정, 시장세분화와 표적시장의 선정, 마케팅도구 선정, 마케팅 실행, 마케팅 관리, 평가 순으로 진행된다.

(2) 홍보

홍보(Public Relations: PR)란 조직에서 제공하는 서비스나 프로그램을 지역사회에 널리 알리는 것이다. 이는 조직이 공중의 이해와 수용을 얻기 위한 활동으로서 조직을 둘러싼 클라이언트, 지역사회, 후원자, 정부, 기타 관련기관 등과의 관계형성을 위한 노력을 의미한다. 이러한 활동을 통하여 필요한 자원을 개발하고 클라이언트를 확보한다.

사회복지기관에서 효과적으로 홍보활동을 하기 위해서는 자기계발이 필요하다. 사회복지기관에서 기부를 요청할 때 자선을 구하는 경우가 있는데 이는 바람직하지 못한 것이며, 이러한 문제를 해결하기 위해서는 직원에 대한 교육과 자기계발이 필요하다. 또한 적극적으로 자원이 있는 곳을 직접 찾아가서 기관을 소개하고 협조를 구해야 한다. 사회복지기관에 대한 긍정적인 이미지를 창출하는 것도 후원자를 모집하는 데 도움이 된다. 홍보를 위해서는 다양한 매체를 잘 활용해야 한다. 홍보를 위한 매체로는 시각적 매체(신문, 잡지, 현수막, 유인물 등), 청각적 매체(강연회, 라디오 등), 시청각적 매체(텔레비전, 공개토론, 학술대회 등)가 있다. 각 매체는 고유한 특성이 있고 효과가 다르므로 목표달성을 위해 가장 효과적이라고 판단되는 매체를 선택하여 활용해야 한다.

4) 정보(자원)관리

조직의 의사결정은 신속하고 정확한 정보를 토대로 한다. 정보는 개인이나 조직의 특정 목적에 기여하도록 자료를 정리한 것으로서 특정 목적의 달성을 위한 의사결정에 도움을 주는 것이다. 정보는 사용자에게 의미가 있어야 하며, 업무처리과정을 지원하고 미래의 불확실성을 감소시키는 것이다. 정보의 가치를 결정하는 기준은 적합성, 정확성, 포괄성, 적시성, 접근가능성 등이다.

사회복지분야에서도 정보관리의 중요성이 어느 때보다 부각되고 있다. 정보자원이란 정보와 이를 다루는 기술, 즉 컴퓨터 하드웨어와 소프트웨어, 통신, 사무자동화 체계와 인적 및 재정적 자원을 포괄한다. 정보(자원)관리란 조직의 정보체계와 관련된 하드웨어, 소프트웨어, 인력, 데이터베이스, 원거리 통신시스템, 조직구조와 절차 등을 관리하고 조정하는 것으로서 정보자원에 대한 관리에 초점을 맞춘 용어다. 이는 다양하고 방대한 정보를 효율적으로 관리하기 위하여 필요하다.

정보(자원)관리의 장점으로는 업무 자동화에 따라 비용이 절감되고 시간이 절약되어 업무처리의 효율성이 제고되고, 상이한 조직들 간에 정보교류가 활성화되어 서비스 간의 연계가 용이해지며, 조직들 간에 공유된 정보를 업무에 활용하고 이를 참고하여 미래에 대한 계획을 수립할 수 있다는 점 등이 있다. 반면, 단점으로는 전산화로 인해 모든 정보가 공유되기 때문에 조직의 비밀보장이 어렵고, 정보기술이 부족한 사람들이 정보로부터 소외되고 이것이 사회경제적 격차로 나타날 수 있으며, 잘못된 정보를 그대로 받아들이거나 기존의 정보를 그대로 수용함으로써 새로운 욕구가 무시될 수 있다는 점 등을 들 수 있다.

5) 기획과 의사결정

(1) 기획

기획은 사회복지서비스의 개발, 개선, 조정 등에 관심을 둔 것으로서 목표를 설정하고 달성하기 위한 수단을 결정하는 일이다. 기획은 목표지향적이고 미래지향적이며 의사결정과 연관되고 목표를 위한 수단적인 것이라는 특성을 갖는다. 기획(planning)은 계획(plan)이라는 용어와 혼용되나 엄밀하게 구분하면 기획은 계획을 세우는 과정에 초점을 둔 계속적 행동이고, 계획은 세부사업에 대한 연속적 의사결정이라는 의미와 기획에서 결정된 행동노선을 의미한다.

사회복지행정에서 기획의 유형에는 자원기획, 프로젝트기획, 개인기획이 있다.

① 자원기획

시설, 장비, 재정, 소비물자, 인력 등에 대한 기획이다.

② 프로젝트기획

개별 프로젝트건 집단 프로젝트건 미리 계획을 세우지 않으면 활동의 연결이 잘되지 않는다. 프로젝트가 정해진 시간 내에 최소한의 비용으로 성공적으로 달성되기 위해서는 기획에 의거하여 진행되어야 한다.

③ 개인기획

개인이 달성해야 할 목표를 정하고 이에 필요한 활동을 계획하는 것이다.

기획과정은, 첫째, 기획이 시작되고 발전되는 과정, 둘째, 기획대로 실행하는 과정, 셋째, 실행된 결과가 의도했던 바와 일치하는지 여부를 확인하는 평가과정으로 나눌 수 있다. Skidmore는 사회복지행정의 기획단계로서 7단계를 제시하였는데, 이는 목표 선택, 기관의 가용자원들의 고려, 대안의 모색, 최선의 계획 결정, 우선순위화, 구체적인 프로그램 계획의 수립, 변화에 대한 개방성 유지다.

(2) 의사결정

의사결정이란 여러 가지 대안 중에서 최적의 대안을 선택하는 과정이다. 의사결정은 조직을 운영함에 있어 핵심적인 활동으로서 조직의 목표달성에 중대한 영향을 미

친다. 사회적 요구의 변화에 대처하기 위해서는 신속하고 적절한 의사결정을 하는 것이 중요하다. 사회복지조직의 행정가는 일상적으로 의사결정을 해야 하며, 따라서 의사결정에 대한 지식과 기술을 갖춰야 하고 의사결정과정에 대한 이해를 필요로 한다. 특히 사회복지조직에서의 의사결정은 윤리성을 중시해야 하는 인간을 대상으로 한다는 점에서 더 어렵다.

유능한 사회복지행정가는 의사결정이 필요한 상황에 직면하였을 때 어떤 방법으로 결정하는 것이 바람직한지, 그 장단점은 무엇인지를 알고서 결정해야 한다. 또한 모든 의사결정에는 감정적 요인이 작용하기 때문에 이를 인정하고, 합리적인 의사결정을 함에 있어 자신의 선입견이 영향을 주지 않았는지 따져 보아야 한다.

Skidmore는 의사결정과정을 9단계로 나누었는데, 이는 상황과 문제의 정의, 관련된 사실의 수집과 조사, 대안의 모색, 대안의 결과 예측, 관련자의 감정 고려, 최적의 대안 선택, 대안의 실천과 지원, 융통성의 발휘, 결과의 평가다(Skidmore, 1995).

6) 지도력(리더십)

(1) 리더십의 정의

Stogdill은 리더십(leadership)이란 어떤 상황에 대한 통제의 책임을 지는 것이고, 지시하거나 지도하는 지위이며, 다른 사람들이 지도자가 취한 길을 따르도록 다른 사람과의 관계에 영향을 주는 기술이나 능력이라고 정의하였다(Stogdill, 1948). 리더십은 바람직한 변화를 가져오거나 다른 사람의 행동을 일으키는 능력을 포함한다. 리더십은 지도자가 구성원들로 하여금 공동의 목표를 보다 효과적으로 달성할 수 있도록 사기를 진작시키고, 사명감을 불어넣고, 능력을 최대한 발휘할 수 있도록 영향력을 행사하는 능력으로서 조직의 성과에 영향을 미치는 중요한 요소 중 하나다.

행정가는 리더십의 본질을 잘 이해해야 하며, 필요한 자질을 갖추어야 한다. 사회복지조직에서는 행정관리자의 리더십이 우수해야 하며, 조직 간 리더의 수준별 책임과 역할이 중요하다. 사회복지행정가에게는 조직관리의 리더십이 요구된다. 사회복지조직의 리더는 구성원들의 능력을 증진시키고, 업무만족도와 사기를 진작시킬 수 있는 환경을 조성해야 한다. 어떤 리더십을 발휘하는지에 따라 조직의 목표달성 여부가 결정된다는 것을 명심해야 한다. 의사결정과 정책결정과정에 참여하는 빈도가 높을수록 만족도가 높아지고 원활한 상호작용이 이루어질 수 있다. 리더는 구성원들에게 분명한 목표를 제시해야 하며 솔선수범해야 한다.

(2) 리더십이론

① 특성이론

특성이론은 초기이론으로서 리더십은 리더가 갖고 있는 개인적 특성에서 나온다고 본다. 즉, 특정한 자질을 갖추고 있으면 효과적인 리더가 될 수 있다고 주장한다. 리더가 갖추어야 할 자질로서 Barnard는 활력, 인내성, 결단성, 설득력, 책임성, 지적 능력 등을 들었고(강용규 외, 2007에서 재인용), Stogdill은 육체적 특성, 사회적 배경, 지능, 인성, 과업과 관련된 특성, 사회적 특성 등을 지적하였다(Stogdill, 1948). 이 이론은 처음에는 누구나 일정한 특성을 가지고 있으면 어떤 상황에서도 리더십을 발휘할 수 있다고 주장하였으나, 그 후 이 같은 특성이 고정된 것이 아니라 처해진 환경과 상황에 따라 변화한다고 수정되었다.

② 행동이론

행동이론은 행동과학자들이 특성이론의 한계를 극복하기 위해 제기한 이론으로서 리더십은 지도자가 되는 사람의 특정행동에서 발생한다고 주장한다. 리더의 행동을 연구하여 유사한 성향을 가진 행동들을 몇 개의 리더십 유형으로 분류하고, 어떤 리더십 유형이 효과적인지에 초점을 둔다. 효과적인 리더는 특별한 행동에 의해 비효과적인 리더와 구별된다고 본다. 행동이론에는 오하이오연구, 미시간연구, 관리격자(managerial grid)이론 등이 있다.

오하이오연구는 리더의 행동을 구조주도행동과 배려행동으로 구분한다. 구조주도

행동이란 리더가 조직목표를 달성하기 위해 구성원들에게 업무를 할당하고 업무성과를 평가하는 행동을 말하며, 배려행동이란 구성원들에 대한 관심, 신뢰, 지지 등 구성원들의 복지에 관심을 나타내는 행동을 말한다. 오하이오연구는 구조주도행동과 배려행동을 조합하여 구조주도와 배려가 높은 리더가 낮은 리더보다 구성원들의 성과와 만족을 높일 수 있는 이상적인 리더십이라고 규정한다.

미시간연구는 리더십 유형을 직무중심적 유형과 구성원중심적 유형으로 구분한다. 직무중심적 리더십은 합법적이고 강제적인 권력을 활용하며, 업무계획표에 따라 실천하고 성과를 평가하는 데 중점을 두고, 구성원중심적 리더십은 인간지향적이고 책임의 위임과 구성원들의 복지, 욕구, 승진, 성장에 관심을 둔다. 연구 결과, 구성원중심적 리더십이 높은 생산성과 직무만족도를 나타냈고, 직무중심적 리더십은 낮은 생산성과 직무만족도를 나타냈다.

③ 상황이론

상황이론은 행동이론의 한계를 극복하기 위해 1960년대 말에서 1970년대에 새로 개발된 이론으로서 특정상황이 지도자를 만든다고 주장한다. 즉, 누가 지도자가 되는지는 그 당시 상황에 따라 달라진다고 본다. 상황이란 리더가 속해 있는 조직의 목표, 성격, 규모, 역사, 유형, 발전 정도, 구성원의 자질, 행동, 욕구 등을 의미한다. 리더는 상황의 산물이기 때문에 주어진 상황에 따라 리더의 능력이 다르게 평가되고, 요구되는 리더의 유형이 달라진다고 본다. 상황이론에 속하는 것으로 상황적합이론(contingency theory)이 있다.

상황적합이론은 Fiedler와 동료들이 개발한 것으로서 리더유형과 상황적 조건을 결합시킨 이론이다. 리더의 유형을 구성원과의 관계에 중심을 두는 관계지향적 리더와 과업성취에 중점을 두는 과업지향적 리더로 구분한다. 리더에게 호의적인지 여부를 결정하는 상황요소에는 리더와 구성원 간의 관계, 과업구조, 직위권력 등이 있다. 리더와 구성원 간의 관계는 구성원이 리더에 대해 갖고 있는 신뢰와 존경 정도를 말하며, 과업구조는 직무가 절차화된 정도를 말하고, 직위권력은 리더가 채용, 해고, 승진, 임금인상 등에 대해 행사하는 영향력 정도를 말한다. 연구 결과, 과업지향적 리더는 매우 호의적인 상황이나 매우 비호의적인 상황에서 더 좋은 성과를 나타내고, 관계지향적 리더는 중간 정도로 호의적인 상황에서 더 좋은 성과를 나타내는 경향이 있었다.

(3) 리더십의 수준

리더십 수준에 따른 리더십의 구체적 내용은 〈표 4-2〉와 같다.

표 4-2 리더십의 수준과 내용

수준	내용
최고관리자	• 내부운영을 지시·조정하고 조직의 기본적 임무를 설정 • 외부 이해관계집단과 교섭·중재함으로써 조직의 정통성 확립 • 임무 수행을 위한 서비스 기술을 선정하고, 내부구조를 발전·유지시킴 • 변화를 주도하는 것과 관련한 의사결정·수행
중간관리자	• 조직의 주요 프로그램 부서 책임자 • 최고관리층으로부터의 지시를 구체적인 프로그램 목표로 전환 • 프로그램 전략을 선택하며, 이에 따른 직원 및 물자를 확보 • 내부 운영절차 개발, 프로그램 활동을 감독·조정·평가 • 일선직원과 최고관리층 간의 연결 역할을 함 • 다른 부서와의 수평적 관계 유지 • 직원들의 욕구를 조직목표에 통합시키는 기술이 요구됨
일선관리자	• 일선직원들과 일상적으로 접촉하는 슈퍼바이저들임 • 일상적으로 긴밀한 관계를 맺음 • 업무의 기술적 측면에 대해 충고와 지침 제공 • 부족한 지식과 기술을 지적함 • 개인적 성과를 평가함 • 기술적 지식과 형평에 대한 관심을 필요로 함

자료: 사회복지고시연구회(2007). 1급 사회복지사 수험서. 양서원, p. 785.

4. 사회복지정책

1) 사회복지정책의 정의와 특성

사회복지정책은 사회복지와 정책의 합성어다. 정책이란 대부분의 사회구성원과 관련된 시급한 문제를 합법적으로 해결함으로써 생활의 질과 공익을 향상시키고자 하는 정부와 공공기관의 미래지향적 활동방침이나 활동목표를 말한다. 정책은 공공기관이 주체이기 때문에 정치권력성을 띠며, 목표지향적 활동이므로 미래성과 방향성을 가진다. 또한 비용과 편익의 배분을 통해 국민의 이해관계에 영향을 미치며, 의도적 행위뿐 아니라 의식적인 부작위도 포함한다. 상호관련된 많은 의사결정 간의 상호작용 결과로서 일회의 선택을 의미하는 의사결정과 구분되며, 거시적이고 총체적인 성격을 지닌다.

유럽국가는 대부분 사회복지정책이라는 용어 대신 더욱 광범위한 의미의 사회정책이라는 용어를 선호한다. 반면, 미국은 좁은 의미의 사회복지정책이라는 개념을 사용하여 개별적 사회서비스에 관한 정책으로 한정하여 사용한다. Marshall은 사회정책이란 시민들에게 그들의 복지에 직접적인 영향을 줄 뿐 아니라 서비스나 소득을 제공함으로써 사람들의 복지에 간접적인 영향을 미치는 정부의 정책이라고 하였고, Titmuss는 사회정책이란 일정의 물질적 및 사회적 필요욕구에 관하여 시장이 충족하지 못하거나 충족시킬 수 없는 특정의 사람에게 부여하는 정부의 행위라고 정의하였다(양정하 외, 2005에서 재인용).

사회복지정책의 의미에는 협의의 사회복지정책, 즉 사회복지서비스정책만을 포함하는 유형, 대부분의 국가정책을 사회복지정책에 포함하는 유럽의 사회정책에 가깝게 사용하는 유형, 그리고 이 두 유형의 중간형태로서 사회복지정책에 소득보장, 교육, 주택, 의료정책 등은 포함하지만 환경, 문화, 인구정책 등은 포함하지 않는 유형이 있다. 어디까지를 사회복지의 대상으로 생각하는지에 따라 사회복지정책의 범위가 결정된다고 할 수 있다. Townsend는 소득보장, 건강, 교육, 주택, 대인적 서비스의 다섯 가지 분야를 사회복지정책의 영역으로 보고, Titmuss는 조세정책을 사회복지정책의 영역에 포함시킨다(양정하 외, 2005에서 재인용). 노동시장정책과 고용정책을 사회복지정책에 포함시키는 학자도 있다.

일반적으로 협의의 사회복지정책에는 소득보장정책, 건강정책, 주택정책, 대인적 사회서비스, 교육정책이 포함되고, 광의의 사회복지정책에는 협의의 사회복지정책 이외에 조세정책과 노동시장정책이 포함된다. 조세정책과 노동시장정책은 간접적으로 소득재분배에 기여하여 실질적으로 소득보장의 기능을 하므로 소득보장정책과 깊은 관련이 있다. 오늘날에는 복지국가에 대한 욕구증대와 함께 인간의 기본적 욕구실현뿐 아니라 인간다운 삶의 실현이라는 측면에서 사회복지정책의 영역이 점차 확대되고 있다.

사회복지정책의 주체는 공공부문과 민간부문으로 나눌 수 있다. 공공부문은 중앙정부와 지방정부를 말하며, 민간부문은 가족, 친족, 종교단체, 기업 등을 포함한다.

사회복지정책이 일반 사회정책과 다른 점은 사회복지정책은 사회구성원의 기본적 필요를 직접 현물이나 현금을 지원하여 해결하는 것이며, 대가 없이 대상자에게 무료로 서비스가 제공된다는 점에서 비시장적이며, 대가 없이 정부로부터 수혜자에게 전달되는 일방적 이전 형태라는 점이다.

2) 사회복지정책의 발달이론

(1) 사회적 양심론

영국 사회정책학의 통설로서 인도주의에 기초한 이타주의와 사회적 책임이라는 관점에서 사회복지정책의 형성을 설명하는 이론이다. 사회정책은 사회적 양심이 성장하고 열악한 사회경제적 상태에 대한 지식이 알려지면 이를 개선하기 위해 발달한다고 주장한다. 그리고 이러한 발달은 보다 나은 사회정책으로 변화해 가는 진화적 성격을 지니며, 사회정책의 의도와 결과는 항상 복지수혜자에게 이익을 가져다주는

순기능을 가진다고 본다. 사회복지정책을 국가의 자선활동으로 간주하는 동정주의적 관점을 가지며, 복지국가를 이룩해 온 사회복지정책의 역사적 경험에 입각하여 결과론적으로 해석한 낙관적 이론이다.

(2) 시민권론

사회복지정책의 발달을 시민권의 발달이라는 측면에서 진화론적으로 설명한 것으로서 사회권이 확립되면서 사회복지도 권리의 차원에서 발달되었다고 보는 이론이다. Marshall은 시민권의 요소를 공민권, 정치권, 사회권으로 구분하였다(Marshall, 1977). 공민권은 신체의 자유, 언론과 사상의 자유, 법 앞에서의 평등권을 의미하고, 정치권은 정치적 권력행사에 참여할 수 있는 참정권을 의미하며, 사회권은 최소한의 경제적 보장과 더불어 사회의 보편적 기준에 맞는 시민적 존재로서 생활을 누릴 권리를 의미한다.

(3) 산업화론(수렴이론, 기술결정론)

산업사회에서 발생하는 욕구에 대한 합리적 대응이 산업화로 인해 가능해진 자원을 통해서 사회정책이 발전한다는 이론이다. 사회복지의 발달수준은 산업화 정도, 경제성장 수준 등과 같은 요인이 결정하며, 정치경제적 사회문제가 다르더라도 산업화나 경제성장 정도가 유사하면 사회복지의 발달수준도 비슷하다고 본다. 자본주의체제는 사회통합을 위해 국가의 통제를 도입하고, 공산주의체제는 효율성과 창의성 증대를 위해 분산화를 도입하다 보면 양 체제의 사회복지가 다원주의적 산업주의로 수렴한다고 본다. 산업사회의 사회복지정책은 전문적이고 기술수준이 높은 고급노동력의 양성에 기여할 뿐 아니라 생산성 향상을 위한 유인정책이 됨으로써 산업화에 기여한다고 본다.

(4) 음모이론

사회복지정책의 주요 목적을 사회안정과 질서유지라고 보고, 사회정책의 발달은 사회통제나 노동규범을 강화하기 위한 엘리트들의 음모이며, 사회정책은 복지수혜자들에게 이익을 주는 것이 아니라 해로운 것이라고 본다.

(5) 확산이론

국가 간 의사소통과 교류 등으로 인해 사회복지정책이 전파·확산되어 사회복지정책이 발달한다고 주장한다. 각 나라는 선구적인 복지국가의 정책을 모방하며, 따라서 사회복지정책을 도입하는 것은 모방의 결과라고 본다.

(6) 이익집단론

사회정책의 발달을 다양한 이익집단 간의 민주적 타협의 결과로 이해하고, 국가는 이익집단들의 정치적 힘을 중재하는 중립적인 중재자 역할을 한다고 본다. 정부의 사회복지정책에 대한 지출은 민주주의사회에서 선거에서의 득표를 위한 경쟁에서 비롯된다고 보고, 많은 이익집단이 자신들의 이익을 위한 프로그램을 지지하는 정당에 표를 준다고 본다.

(7) 국가중심론

사회복지 공급자로서 국가의 적극적인 역할을 강조하는 이론으로서 사회복지에 대한 수요가 비슷하더라도 국가구조의 차이에 따라서 국가마다 사회복지정책의 발달이 다르다고 본다. 문제를 발견하여 해결책을 찾아내고 이를 수행하는 정부 관료조직의 역할을 가장 중요시한다.

(8) 페미니즘론

복지국가의 주요 목표와 역할은 여성에 대한 남성의 지배를 강화하는 데 있다고 본다. 복지국가가 자녀를 양육하고 남편에게 봉사하는 여성의 전통적인 역할을 무보수로 해 줌으로써 여성이 사회가 필요로 하는 노동력을 재생산하는 데 희생당하고 있다고 본다.

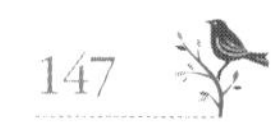

(9) 엘리트론

사회는 소수의 엘리트집단을 정점으로 한 피라미드구조로 되어 있으며, 정책은 엘리트집단이 사회개량을 위해 헌신한 노력의 결과로서 대중에게 일방적 · 하향적으로 전달되는 것이라고 본다.

(10) 종속이론

제3세계 사회정책의 변화에 대해 설명하는 이론으로서 중심국가의 경제적 지배형태가 주변국가의 사회적 부정의를 심화시키고, 이러한 불평등 심화현상은 제3세계가 선진국의 발전전략을 무분별하게 도입하여 억지로 적용한 것에 기인한다고 본다. 사회정책은 국민의 욕구에 의해 결정되는 것이 아니라 선진국지향적인 경제와 관련된 사회형태의 불가피성으로 인해 결정되는 것이라고 본다. 제2차 세계대전 이후 개발도상국들은 사회보장제도의 확대에도 불구하고 빈곤, 자원 재분배의 실패, 불평등의 심화가 계속되었는데, 그 근본원인은 식민지시대의 관습이 그대로 반영되었기 때문이라고 본다.

3) 사회복지정책의 이념모형

(1) Titmuss의 이념모형

1974년에 주창한 Titmuss의 이념모형은 다음과 같이 세 가지로 구분된다.

표 4-3 Titmuss의 이념모형

보충적 모형	산업성취업적 모형	제도적 재분배 모형
• 일차적으로 가족과 시장을 통해 욕구충족이 안 되는 빈곤자나 요보호자를 대상으로 함 • 잠정적으로 최소한의 생활을 보장함	• 사회복지 급여를 경제적으로 기여한 업적에 따라 결정 • 사회복지정책을 경제성장의 수단 또는 종속물로 보므로 시녀적 모형이라고 함	• 사회복지정책을 사회의 중요한 제도로 간주 • 욕구의 원리에 입각하여 시장경제 메커니즘 외부에서 보편적 급여 제공 • 평등추구 입장의 모형

자료: 사회복지고시연구회(2007). 1급 사회복지사 수험서. 양서원, p. 672.

(2) George와 Wilding의 이념모형

1976년에 주창한 George와 Wilding의 이념모형은 다음과 같이 네 가지로 구분된다.

표 4-4 George와 Wilding의 이념모형

반집합주의 모형	소극적 집합주의 모형	페비안 사회주의 모형	마르크스주의 모형
• 자유방임주의, 개인주의 • 국가의 개입은 최소한으로 • 복지국가 반대 • 복지혜택은 최저생계비 이하 빈곤층에 대해 최소한으로 • 보충적 모형과 유사 • 1834년 신구빈법이 대표적	• 수정자유주의 • 지나친 불평등을 제거하기 위해 정부개입을 조건부로 인정 • 시장실패를 보충하는 수단으로 복지국가 찬성 • 국민 최저한의 보장과 소극적 평등 주장	• 사회민주주의 • 자원재분배 및 사회통합 증진 • 평등, 자유, 우애, 민주주의, 인도주의에 기초 • 정부개입 및 복지국가 적극 찬성 · 적극적 자유 • 복지국가는 사회주의 이행의 전 단계	• 사회주의 • 복지국가의 대안으로서 사회주의혁명 제시 • 정부개입 적극 인정, 복지국가 적극 반대 • 경제적 평등과 적극적 자유 • 산업민주주의와 생산수단의 국유화 • 계획경제체제

자료: 사회복지고시연구회(2007). 1급 사회복지사 수험서. 양서원, p. 672.

4) 사회복지정책의 형성과정

사회복지정책은 정부가 사회문제를 해결하기 위해 의도적으로 선택한 행동지침이다. 그러나 모든 사회문제가 사회복지정책으로 형성되지는 않는다. 사회복지정책이 형성되는 과정은 정책의제 형성, 정책대안 형성, 정책결정, 정책집행, 정책평가로 나누어 볼 수 있다.

(1) 정책의제 형성

사회문제가 정책으로 형성되기 위한 첫 단계는 정책의제의 형성이다. 다양한 사회문제 중에서 정부가 해결해야 할 공적인 정책문제로 채택되는 것을 정책의제의 형성이라고 한다. 모든 사회문제가 정책으로 형성되는 것은 아니다. 정책의제가 형성되

기 위해서는, 첫째, 사회문제가 존재해야 한다. 둘째, 사회문제가 이슈화되어야 한다. 이슈란 사회구성원들의 다양한 이해관계를 내포하고 공적인 해결방안이 요구되는 문제, 정치적 논점으로 부각된 문제를 의미한다. 주된 이슈 제기자는 클라이언트, 사회복지사, 언론, 정치인 등이다. 많은 경우에 사회문제는 이슈화되지 못한다. 이슈를 제기하는 방법에는 캠페인, 청원, 공청회, 시위 등이 있다. 이슈화란 많은 사회구성원으로부터 관심을 받아서 사회 전체를 위해 해결해야 할 문제라는 것을 인식시키는 일이다. 사회문제가 이슈화되기 위해서는 공공의 관심을 끌어야 하고 공공정책상의 논점으로 제시되어야 한다.

이슈화과정이 끝나면 어젠다 형성과정이 있다. 어젠다(agenda)란 일련의 정치적 논쟁거리로서 특정시대에 대중의 관심을 끌 만하다고 인식되는 문제다. 즉, 이슈화된 사회문제 중에서 정책결정자들이 관심을 갖고 논의하려는 주제를 말한다. 어젠다 형성이란 정부가 정책적 해결을 위해 사회문제를 정책문제로 채택하는 과정, 즉 사회문제가 정책문제로 전환되는 과정을 말한다. 체제유지에 긍정적이라고 예상될수록 어젠다로 형성될 가능성이 높다.

(2) 정책대안 형성

정책대안이 형성되는 과정은 합리적이고 기술적인 성격을 띠며, 상대적으로 비정치적인 성격을 띤다. 이는 다음과 같은 과정으로 진행된다.

① 문제와 상황의 파악

사회문제의 원인이 사회제도에 있는지 또는 그 제도로 인해 고통받는 사람들에게 있는지를 파악하고, 사회문제가 미치는 영향의 범위와 영향을 받는 사람들이 심각하게 인식하고 있는지를 파악한다. 또한 사회문제를 인식하고 있는 사람들이 얼마나 되고 어떤 해결방법을 원하는지를 파악하고, 그 문제가 개인의 힘으로 해결될 수 있는지, 해결에 드는 비용과 자원조달방법은 무엇인지를 파악하며, 사회문제의 사회적 중요성과 정치적 성향 정도는 어떤지 등을 파악한다.

② 정책목표의 설정

미래 예측을 통해 사회복지정책의 목표를 정한다. 사회복지정책 목표를 설정할 때 고려해야 할 요인은 클라이언트와 비용부담자, 국민의 이해관계, 정책문제의 특성, 목표의 종류와 성격, 다른 목표와의 관계, 목표가 기초하고 있는 가치 등이다.

③ 대안의 탐색과 개발

정책대안을 만들기 위해서는 문제, 상황, 미래에 대한 정보를 수집하여 종합적으로 검토하고 분석해야 한다.

④ 대안의 비교분석

기술적 · 정치적 실현가능성, 효율성, 효과성, 형평성 등을 기준으로 하여 대안들을 비교분석하고 예비분석 후에 장단점, 비용 등의 측면에서 보다 자세하게 분석한다.

(3) 정책결정

정책결정은 문제해결을 위해 제시된 대안들 중 하나를 선택하는 것을 말한다. 정책결정은 권위 있는 정책결정자가 하며, 여러 세력의 이해관계 속에서 정책결정자가 최종적인 해결대안을 선택한다. 정책결정자는 사회 전체의 공익을 기준으로 정책대안들 중 하나를 선택한다. 정책을 결정할 때는 다른 정책과의 관계, 미래의 상황변화 등 사회 전체를 보는 거시적인 관점이 필요하다.

(4) 정책집행

정책의 집행은 결정된 정책을 수행하는 일이다. 즉, 정책목표를 달성하기 위해 결정된 정책을 실행에 옮기는 활동을 말한다. 이는 프로그램을 조직하고, 정책을 구체화하여 현실적응력을 높이고, 서비스 및 급여를 대상자에게 전달하는 과정이다.

정책집행이 성공하기 위해서는 인적 및 물적 자원이 적절해야 하고, 정책을 효과적으로 관리하고 통제할 수 있는 구조와 관료제적 규칙이 필요하다. 또한 정책집행

기관이 정치적 자원과 기술을 갖고 있어야 하고, 대통령, 국회, 이익집단 등의 지지가 필요하다.

(5) 정책평가

정책평가란 정책목표를 어느 정도 달성하였는지, 목표달성이 부진하다면 그 원인은 무엇인지 등을 종합적으로 분석하고 파악함으로써 정책의 유지나 중단을 결정하고, 부족한 부분을 보충함으로써 정책목표를 달성하도록 유도하는 것이다. 즉, 정책평가란 정책활동에 관한 평가로서 정책실행 결과에 대한 정보를 수집하고 분석하고 해석함으로써 그 가치를 판단하는 것이다.

평가는 정책형성의 마지막 단계이자 새로운 정책결정의 시작이라고 할 수 있다. 왜냐하면 정책평가의 결과가 환류과정을 거쳐서 새로운 정책의 형성에 영향을 미치기 때문이다. 환류가 없는 평가는 무의미하다. 정책평가의 목적이 다양한 만큼 정책평가의 기준도 다양하다. 정책평가의 기준은 효율성, 효과성, 형평성, 반응성, 민주성, 합법성, 편의성, 시의적절성, 실현가능성 등이다.

정책평가의 과정은, 첫째, 평가목표 설정, 둘째, 평가범위 설정(시간적 · 공간적 범위), 셋째, 정책프로그램의 내용 파악(목표, 대상, 관련단체 등), 넷째, 평가설계(정책프로그램이 영향을 받거나 영향을 미치는 과정에 관한 인과모형), 다섯째, 자료수집, 여섯째, 자료분석 및 해석, 일곱째, 평가보고서 작성 등이다.

5) 사회복지정책의 분석틀

Gilbert와 Terrell은 사회복지정책을 분석하는 틀로서 무엇을 급여로 제공해야 하는가(급여체계), 누구에게 급여가 제공되어야 하는가(대상체계), 급여가 어떻게 전달되어야 하는가(전달체계), 필요한 재정을 어떻게 충당할 것인가(재원체계)의 네 가지를 제시하고 있다(Gilbert & Terrell, 1998).

(1) 급여체계

급여체계는 대상자에게 무엇을 줄 것인가, 어떤 형태로 급여를 제공하였을 때 사회복지정책이 바라는 목표를 달성할 수 있을 것인가에 관한 것이다. 급여를 어떤 형태로 지급하는지는 대상자의 욕구, 특성, 가치 등에 따라 결정해야 한다.

표 4-5 현금급여와 현물급여의 비교

구분	현금급여	현물급여
장점	• 수급자가 사용하기 편리하고 관리·행정적 처리가 수월하며 비용이 적게 듦 • 수급자의 자유의지를 존중하고 수치심을 줄여 주며 존엄성 인정 • 자기결정 원리와 소비자 주권 증진	• 규모의 경제를 이룰 수 있어 급여를 대량으로 값싸게 제공 가능 • 급여대상자에게 본래의 목적대로 정확히 전달될 수 있어 효과적임
단점	• 현금이 수급자의 욕구충족과는 무관하게 오용될 위험이 있음 • 욕구충족에 효과적으로 사용되었는지 확인이 어려움	• 수급자 개인선택의 확보가 어렵고 현물관리에 비용이 듦 • 낙인감

자료: 사회복지고시연구회(2007). 1급 사회복지사 수험서. 양서원, p. 696.

표 4-6 주요 급여형태

급여형태	내용
기회	• 저소득층 주민에게 영구임대아파트 입주기회 제공, 입학정원 배정 등
서비스	• 교육, 상담, 계획, 치료, 훈련 등
재화	• 식품, 의복, 주택 등 제한된 교환가치
증서	• 세금공제증서나 쿠폰 등 • 교환가치가 있으며 부분적으로 선택의 자유를 보장하면서 소비행위에 대한 사회적 통제 가능
현금	• 공공부조, 아동수당, 사회보험 등 • 보편적 교환가치+소비자 선택 자유 • 영향력의 재분배에 관한 것
권력	• 사회복지급여를 제공하는 기관의 이사회에 빈민이나 저소득층 대표자가 참석하는 것 등

자료: 사회복지고시연구회(2007). 1급 사회복지사 수험서. 양서원, p. 697.

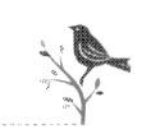

현금급여는 수급자가 자신에게 가장 필요한 분야에 사용할 수 있으므로 경제적 효율성이 가장 높은 급여형태이나 수급자에게 선택의 범위를 제한하지 않음으로써 정책목표 달성의 실효성에 의문이 제기될 수 있다는 단점이 있다. 현물급여는 대상자에게 필요한 식품, 의복, 주택 등의 재화를 지급하는 것으로서 대상자에게 필요한 현물이 정확히 전달되기 때문에 정책목표의 효율성이 높다. 기회는 사회구성원들 모두에게 동등한 기회를 부여하는 것을 말하며, 타인에게 양도할 수 없다. 증서(voucher)는 식품쿠폰처럼 일정한 용도 내에서 수급자로 하여금 원하는 재화나 서비스를 선택하게 할 수 있는 급여형태다.

(2) 대상체계

대상체계는 사회복지정책에 의한 급여대상자를 누구로 선정할 것인가에 관한 문제로서 보편주의와 선별주의로 구분할 수 있다(〈표 4-7〉 참조). 즉, 특정인을 대상으로 급여를 제공할 것인지, 아니면 모든 사회구성원에게 급여를 제공할 것인지를 정해야 한다.

표 4-7 보편주의와 선별주의

구분	보편주의	선별주의
내용	• 전 국민을 사회복지의 대상으로 삼는 것 • 시민권에 입각하여 하나의 권리로 복지서비스를 제공함	• 사회복지대상자들을 사회적 · 신체적 · 교육적 기준에 따라 구분하여 복지서비스를 제공함 • 드러난 욕구가 대상자 선정에서 최우선시되어야 하고 제한적 급여가 필요하다고 봄 • 급여가 꼭 필요한 사람들에게만 가도록 자산조사가 필수적

장점	• 수급자들이 낙인감, 열등감, 굴욕감을 느끼지 않게 함 • 행정절차가 용이 • 시민의 구매력을 일정 수준에서 유지시켜 경제적 안정과 성장에 기여	• 비용이 적게 듦 • 서비스를 필요한 사람에게 집중시켜 자원의 낭비가 없음
단점	• 비용이 많이 듦 • 한정된 자원을 꼭 필요한 부분에 효과적으로 사용하는 데 한계가 있음	• 자산조사의 조사과정과 일반시민(비용부담자)들과의 관계에서 낙인이 존재함 • 행정절차가 복잡함

자료: 사회복지고시연구회(2007). 1급 사회복지사 수험서. 양서원, pp. 694-695.

(3) 전달체계

전달체계란 사회복지정책이 제공하는 급여를 제공하는 조직적 장치를 말한다. 전달체계의 목표는 사회복지서비스가 필요한 대상에게 제대로 전달되어 정책목표를 효율적 · 효과적으로 달성하는 데 기여하는 것이다. 전달체계는 크게 공공부문과 민간부문으로 나눌 수 있다. 공공부문으로는 중앙정부와 지방정부를 들 수 있으며, 민간부문으로는 비영리사회단체, 기업 등을 들 수 있다. 전통적으로는 주된 전달체계로서 공공부문이 중시되었으나 최근에는 다양화되고 있다.

표 4-8 국가와 민간공급주체의 비교

국가책임으로 하는 것이 바람직한 경우	• 사회복지욕구의 특성상 시장기능에 맡겨서는 해결이 어려운 경우(공공재적 교육, 의료서비스 등) • 가족의 사회복지적 기능에 결함을 가지고 있거나 가족기능 자체로서 한계를 가지는 욕구(노령, 환경오염, 실업 등) • 국민의 보편적, 기초적 욕구와 연관된 사회복지서비스
민간책임으로 하는 것이 바람직한 경우	• 시장 메커니즘이나 가족기능에서 충분히 대처할 수 있는 욕구나 문제 • 기본욕구 외에 부차적 · 부가적 욕구에 관련된 사회복지서비스 공급

자료: 사회복지고시연구회(2007). 1급 사회복지사 수험서. 양서원, p. 700.

표 4-9 사회복지 공급주체로서 중앙정부와 지방정부의 특성

공급주체	특성 및 한계	내용
중앙정부	특성	• 포괄적이고 기초적인 서비스 제공자 • 국가보조금의 지원 • 규제자로서의 역할 • 공적 기구의 고용자로서의 기능
	한계	• 탄력적인 국민 복지욕구 해결에 미흡 • 사회문제와 욕구 불충족의 항존 • 점증하는 복지욕구 억제 실패 • 소수인종의 복지혜택 부족 • 관료제적 구조에 따른 접근성과 편익성의 한계
지방정부	특성	• 지방이 가진 특수한 욕구에 신속하고 전문적으로 대응할 수 있음 • 사회복지서비스는 비화폐적 · 심리사회적인 것이 많아 지역단위로 실시하는 것이 바람직함 • 지역 간 경쟁을 통해 국민복지 증진을 효율화하고 전체적 국민복지 향상
	한계	• 재정적 차별성으로 인한 급여의 불평등, 기술 및 능력 등 차이로 인한 불평등 • 규모의 경제가 작용할 수 없고 전문 기술수준이 낮아 비효율적이며 단편적 실시

자료: 사회복지고시연구회(2007). 1급 사회복지사 수험서. 양서원, p. 700.

우리나라의 경우 사회복지정책의 구체적인 전달체계는 공공부조와 사회복지서비스는 보건복지부 소관이지만 행정안전부 소속의 지방조직에 업무를 위탁하고 있고, 고용보험과 산재보험정책은 고용노동부와 고용노동부 산하의 근로복지공단이, 국민연금과 건강보험, 노인장기요양보험정책은 보건복지부 산하의 공단이 담당하고 있다.

(4) 재원체계

사회복지정책의 집행에 필요한 재원을 어떻게 조달할 것인가에 관한 문제로서 크게 공공재원조달방식과 민간재원조달방식으로 나눌 수 있다.

공공재원의 종류는 조세, 사회보험료, 수익자부담으로 나눌 수 있다. 조세란 반대급부 없이 일반국민을 대상으로 강제 징수하는 것으로서 그중 일부분이 사회복지비용으로 사용된다. 사회보험료는 가입자가 부담능력에 따라서 징수하는 사회성과 피보험자 모두의 평균 사고발생확률을 고려하여 부과하는 보험성을 내포한 공공재원이다. 수익자부담금은 건강보험의 경우 본인이 일부 부담하거나 사회복지서비스 이용료처럼 서비스를 이용하는 사람들이 대가를 지불하도록 함으로써 사회복지서비스

표 4-10 정부 재원의 종류

정부 재원		내용
일반세	소득세	• 누진세율을 적용함 • 일정소득 이하인 사람에게는 조세를 면제해 주거나 저소득층에게 조세 감면 • 소득계층 간 소득재분배효과가 가장 큼
	소비세	• 일반소비세와 특별소비세가 있음 • 상품을 소비할 때 부과됨
	재산세	• 소유재산에 부과 • 지방정부의 주요 재원이 되며 대개 단일세율을 적용함
목적세		• 지출용도를 정해 놓은 세금 • 사용목적이 정해져 있어 다른 정책부문과 경합되지 않아 안정성이 있음 • 안정된 세원이므로 중앙정부 및 지방정부가 선호함 • 과세대상의 방법 여하에 따라 재원확대가 어렵다는 단점이 있고, 혜택을 받지 못하는 사람들의 조세저항 가능성이 있음 • 사례: 우리나라의 교육세와 미국의 사회보장세
조세비용		• 특정집단에게 조세를 감면, 공제, 면제해 주는 제도 • 정부 입장에서는 세입 감소, 수혜자 입장에서는 정부로부터 지원받는 것임 • 혜택이 주로 중상위 소득계층에게 가고(기부금에 대한 세금감면 등), 저소득 계층은 수혜를 받기 어려워 소득역진적 성격이 있음

자료: 사회복지고시연구회(2007). 1급 사회복지사 수험서. 양서원, p. 702.

의 남용을 억제하고, 자원 이용의 효율성을 제고하며, 국가의 사회복지 재정부담을 완화시키는 기능을 한다.

민간재원조달방식은 후원금, 기부금, 회비, 모금, 수익사업 등을 통하여 재원을 확보하는 방법이다. 이는 재정운영의 투명성과 책임성이 확보되는 경우 재원조달의 유인책이 될 수 있고, 재원의 사용목적에 동의하는 사람들로부터 재원조달이 용이하며, 지역사회 변화에 따른 욕구변화의 반영이 쉬워서 재원조달이 용이한 장점이 있다. 단점으로는 사회적 여건의 변화에 따라 변동이 심하여 재정이 불안정적일 수 있고, 사용상의 책임성 문제로 신뢰를 상실하는 경우에는 재원조달이 어렵다는 점을 들 수 있다.

5. 사회복지조사

1) 조사의 정의 및 종류

조사란 합리적이고 과학적인 절차와 논리적 원칙에 입각하여 기존의 지식을 기각 또는 강화하거나 새로운 지식을 만들어 내려는 탐구활동으로서 연구자가 풀고자 하는 문제에 대한 해답을 찾기 위하여 자료를 수집하고 분석하여 결과를 얻는 일이다.

조사는 그 목적에 따라 탐색을 목적으로 한 조사, 기술을 목적으로 한 조사, 설명을 목적으로 한 조사로 구분할 수 있다.

조사의 종류는 크게 양적 조사와 질적 조사로 구분할 수 있다(〈표 4-11〉 참조).

표 4-11 양적 조사와 질적 조사의 비교

양적 조사	질적 조사
이론적 근거: 실증주의, 논리실증주의	이론적 근거: 현상학, 해석학
결과지향적(조사결과 중시)	과정지향적(조사과정 중시)
가설과 이론의 검증이 목적	이론의 개발이 목적
연역적 방법 사용	귀납적 방법 사용
객관적 실재 가정	상호주관적, 구성된 실재 가정
인간행동의 규칙성, 안전성 중시	인간행동의 가변성, 역동성 중시
연구자와 연구대상 간에 거리 유지 (연구자는 비관여적, 객관적)	연구자와 연구대상 간에 밀접한 관계 유지 (연구자는 동참적, 주관적)
조사결과의 일반화 가능	조사결과의 일반화 곤란
외부로부터의 설명(외부자적 관점)	내부로부터의 이해(내부자적 관점)
연구절차가 사전 결정	연구절차가 융통적, 유동적
정형화된 척도 사용	연구자의 준거틀 사용
가치중립적	가치개입적
질문지, 실험, 구조화된 면접과 관찰	심층면접, 참여관찰, 문서연구
통계를 사용한 양적 분석	해석적, 서술적 분석
확률표본추출 사용	비확률표본추출 사용
표본크기가 큼	표본크기가 작음

자료: 박옥희(2006). 사회복지조사론. 학지사, p. 24.

2) 조사의 과정

조사의 과정을 그림으로 나타내면 [그림 4-1]과 같다.

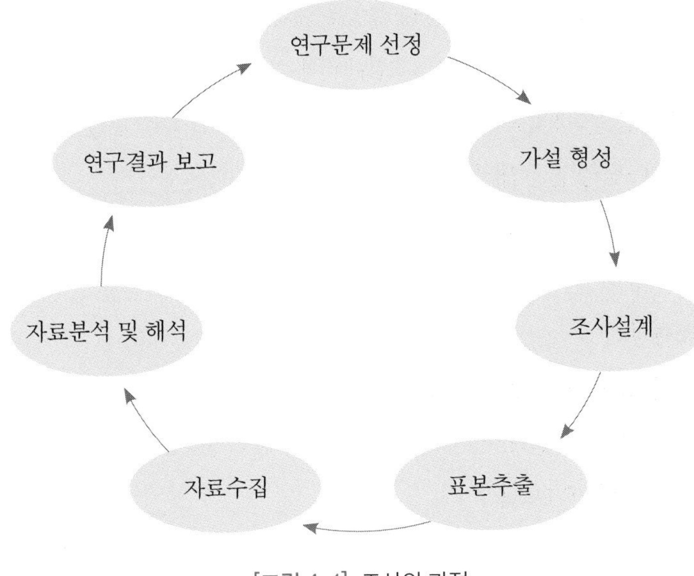

[그림 4-1] 조사의 과정

(1) 연구문제 선정

조사는 연구자가 어떤 것을 문제로 인식하는 것에서 출발한다. 연구자가 의문시하는 연구할 가치가 있는 문제를 찾아내는 일은 조사의 전 과정에서 가장 기초적이고 중요한 작업이다. 연구문제가 적절히 선정되었을 때 조사를 통하여 제대로 된 해답을 얻을 수 있다. 즉, 조사결과는 연구문제의 성격에 따라 좌우된다. 따라서 연구문제를 정하는 일은 조사의 성격을 규정하는 핵심적이고 중요한 작업이다.

사회복지는 응용학문, 실천학문이므로 직무수행 도중에 실천현장에서 나타난 문제를 연구문제로 다루는 경우가 많다. 의문을 갖게 되면 문헌연구, 전문가로부터의 의견 청취, 동료와의 토론 등을 통하여 의문을 보다 구체화시켜서 이를 연구문제로 명료화시켜야 하는데, 여러 생각이 복잡하게 혼재하고 추상적인 의문형태로 존재하는 것을 연구문제로 명료화시키는 것이 결코 쉬운 일은 아니다. 추상적이고 광범위한 아이디어로부터 점차 생각을 정리하는 과정이 필요하다.

순수하게 이론적이고 학문적인 목적을 가진 연구를 순수연구(pure research)라고 하고, 조사결과를 실생활에 활용하기 위한 실천적 목적을 가진 연구를 응용연구(applied research)라고 한다. 이론적 측면에서는 기존 이론 및 지식에 비추어 연구문제가 얼마나 새로운 지식을 제공하는 것인지, 그리고 실천적 측면에서는 실제 생활에서 연구결과가 어떤 실용적이고 실질적인 결과를 가져올 것인지가 연구문제의 적절성을 판단하는 기준이 된다.

(2) 가설 형성

연구문제를 선정한 후에는 그와 관련된 가설(hypothesis)을 만들어야 한다. 그러나 모든 조사에서 가설이 필요한 것은 아니고 가설검증을 목적으로 하는 조사인 경우에만 가설을 형성할 필요가 있다.

가설이란 둘 또는 그 이상의 변수들 간의 관계에 대해 진술한 검증되기 이전의 가정적인 명제다. 가설에는 반드시 둘 이상의 변수가 포함되며, 가설에 포함된 변수는 경험적으로 측정 가능해야 한다. 가설은 이미 알려진 사실에 관한 진술이 아니라 아직 사실로 증명되지는 않았으나 추구할 만한 가치가 있는 추측이다. 이는 믿음에 근거하지 않고 어떤 논리적 관계를 경험적 사실에 의해서 검증할 수 있는 명제다. 가설은 연구자가 갖고 있는 연구문제에 대한 잠정적인 해답이라고 할 수 있다.

(3) 조사설계

조사설계란 전반적인 조사과정에 대한 계획이나 전략을 의미한다. 조사를 수행하기 위한 계획으로서 조사문제에 대한 답을 얻고 조사목적을 달성하기 위한 계획 내지 전략이다. 조사설계과정에서 해야 할 것으로는 개념화와 조작화, 분석단위와 관찰단위의 결정, 연구범위의 결정, 자료수집방법과 자료분석방법의 결정, 시간적 차원의 결정 등이다.

적절한 자료수집방법을 결정하는 것은 중요한 일이다. 대표적인 자료수집방법에는 질문지법, 면접법, 관찰법, 실험법, 문서연구법, 온라인조사법 등이 있다. 어떤 방법으로 자료를 수집하고 조사할지는 조사연구의 목적과 성격, 조사대상의 특성, 조사

하고자 하는 내용 등을 고려하여 가장 적합한 방법을 선택해야 한다.

자료수집방법은 크게 질적 방법과 양적 방법으로 구분된다. 자료수집방법을 이처럼 구분하는 것은 근본적으로는 조사의 종류를 크게 질적 조사와 양적 조사로 구분하고, 연구방법론을 질적 방법론과 양적 방법론으로 구분하는 것과 연관된다.

이 밖에 조사설계단계에서 고려해야 할 사항들이 있는데, 조사연구의 실제적인 수행가능성(feasibility), 용이성 등에 대한 검토가 필요하다. 또 연구대상인 개인, 집단, 지역사회 등을 직접 조사할 때 자료를 얻어 낼 수 있을지의 여부를 의미하는 조사대상에 대한 접근성(accessibility)을 고려해야 한다. 조사대상자가 사적인 생활에 대한 접근을 기피한다거나 조직의 비밀을 지키기 위해 접근을 허용하지 않을 수도 있다.

(4) 표본추출

모집단 전체를 조사하는 전수조사(census)가 아닌 표본조사(sample survey)인 경우 조사대상을 선정하는 문제는 표본을 선정하고 추출하는 문제다. 전수조사는 드물고 실제로 실시되는 대부분의 조사는 모집단의 일부를 뽑아 낸 한정된 표본을 대상으로 한다.

전수조사는 표본조사에 비하여 시간과 비용이 더 많이 들고 더 많은 노력이 요구된다. 그럼에도 전수조사가 표본조사보다 반드시 더 정확한 것은 아니다. 표본조사를 하는 경우에는 모집단을 규정하고 표본의 성격을 기술해야 한다. 표본의 크기와 종류를 결정해야 하며 여러 가지 표본추출방법 가운데 적합한 방법을 선택해야 한다.

(5) 자료수집

현장에 나가 본조사를 실시하여 자료를 수집한다. 자료수집방법은 크게 질적 방법과 양적 방법으로 나눌 수 있다. 어떤 성격의 자료를 원하는지, 즉 질적 자료를 원하는지 또는 양적 자료를 원하는지에 따라 적절한 방법을 선정해야 한다. 대부분의 자료수집은 현장에 직접 들어가서 이루어지는 것이므로 조사현장에서 실제로 부딪힐 수 있는 여러 가지 현실적 장애와 문제를 미리 생각하여 이에 대한 대처방안을 마련하는 것도 중요하다.

(6) 자료분석 및 해석

통계를 사용하여 자료를 분석할 때는 자료의 성격에 맞는 적절한 통계분석방법을 선택해야 하는데, 기술통계방법과 추리통계방법이 있다. 기술통계는 자료를 묘사·기술하는 목적을 가진 통계분석방법이다. 추리통계는 추론을 통한 가설검정을 목적으로 한 통계분석방법으로서 표본조사 결과가 모집단을 어느 정도 반영하는지, 모집단에도 적용 가능한지 분석하는 것을 목적으로 한다.

자료분석 결과를 해석할 때는 조사결과가 가설을 지지하는지 또는 거부하는지를 밝히고 그것이 어떻게 이론으로 구성될지를 설명해야 한다. 연구자가 설정한 가설과 일치하지 않는 결과가 나온 경우에는 이를 솔직히 인정하고 그 이유를 나름대로 추론해야 한다. 조사결과를 해석하는 과정에서는 연구자의 주관이나 편견이 개입될 여지가 크므로 유의해야 한다.

(7) 연구결과 보고

조사의 결과는 문서나 구두로 보고하고 발표해야 한다. 연구자는 자신의 지식과 이해의 증진뿐만 아니라 다른 사람들의 이해를 돕기 위하여 연구결과를 발표함으로써 지식을 공유해야 한다. 대부분의 경우 연구결과를 보고하고 발표하는 것은 연구보고서를 통하여 이루어진다. 연구보고서를 작성하는 일은 조사과정의 마지막 단계로서 아무리 잘된 조사라 할지라도 연구보고서가 그 결과를 제대로 충분히 나타내지 못하면 연구의 가치가 희석되고, 연구결과는 최종보고서를 통하여 평가되므로 보고서 작성은 매우 중요한 작업이다. 따라서 연구보고서는 정확성, 명료성, 간결성, 포괄성, 체계성, 논리성이 있어야 한다.

제 5 장

공공부조

1. 공공부조의 정의와 기본원리
2. 국민기초생활보장제도
3. 의료급여제도
4. 긴급복지지원제도

1. 공공부조의 정의와 기본원리

1) 공공부조의 정의

공공부조는 보편적 성격의 사회보험과 달리 절대빈곤층이나 노인, 아동, 장애인 등의 사회적 약자 중에서도 지불능력이 없는 사람들을 우선대상으로 하는 잔여적 복지의 성격을 가진 제도다. 여기에 필요한 재원은 전액 정부의 일반조세를 사용하게 된다. 지불능력이 없음을 입증하기 위하여 수급자의 재산이나 소득이 일반적으로 최저생계수준, 즉 절대적 빈곤선 이하인지를 파악하기 위한 자산조사(means test)를 실시한다. 그리고 공공부조의 급여수준은 최저생계수준을 목표로 한다.

공공부조는 빈곤한 개인이나 가족의 최저생활보장을 위해 국가가 제공하는 현금급여, 의료급여, 사회서비스를 말한다. 이는 현대 복지국가에 있어 사회보험과 더불어 사회보장제도를 구성하는 대표적인 제도다. 공공부조는 사회보험과 달리 기여능력이 없는 저소득층을 대상으로 하기 때문에 자산조사를 통해 대상자가 선정되며, 재원은 조세를 통해 마련된다. 자산조사를 하여 절대적 빈곤상태에 있음을 증명해야 하므로 수혜자에게 부정적 낙인, 수치심, 열등감 등을 유발시킬 수 있는 문제점이 있으나 조세를 사용하기 때문에 소득재분배효과가 크다는 긍정적 성격을 갖는다. 사회보험은 장래에 예견되는 전체 국민의 평균욕구에 근거하지만 공공부조는 표출된 개별적 욕구에 근거한다.

공공부조의 역사는 사회복지의 역사와 동일한 시대적 · 상황적 맥락을 가진다. 즉, 자본주의체제가 형성되기 시작하던 초기에 절대왕정이 급증하는 빈민과 부랑자문제에 대처하기 위해 제정하였던 「빈민법」이 공공부조의 시작이라고 볼 수 있다. 오늘날의 공공부조제도는 제2차 세계대전 이후 근대복지국가가 형성되면서 갖추어졌다고 할 수 있다. 공공부조를 통해 최저생계를 보장받는 인구수는 국가별로 차이는 있으나 대체로 전체 인구의 3~5% 정도다.

공공부조는 Wilensky와 Lebeaux의 사회복지모델 중 잔여적 모델을 대변하는 제도다. 빈곤의 예방보다는 감소에 목적이 있기 때문에 사후치료적 성격이 강하고, 전체가 아닌 일부의 국민만을 대상으로 하며, 모든 국민이 최저생활 이상으로 살아갈 수 있도록 하는 최후의 보루로서의 역할을 한다.

공공부조프로그램은 하나의 통일된 형태를 갖춘 것이 아니고 국가에 따라 다양한 프로그램을 통해 제공되고 있다. 공공부조프로그램의 종류와 범주가 국가별로 상이하기 때문에 하나의 공통된 틀을 기준으로 각 나라의 공공부조제도를 설명하기는 어렵지만 일반적으로 자산조사를 통해 제공되는 급여라는 기준이 사용되고 있다.

2) 공공부조의 기본원리

공공부조의 기본원리는 다음과 같다.

(1) 생존권 보장의 원리

이는 국민의 복지에 대한 책임이 현대국가의 가장 중요한 요소 중 하나임을 인정하여 국가는 모든 국민의 건강하고 문화적인 최저한의 생활을 보호하여야 하며, 역으로 국민의 입장에서 생존권을 보호받을 수 있는 권리를 보장하는 원리다. 그러므로 국민은 누구나 생활이 곤란할 때 국가에 대하여 보호를 청구할 권리가 있고 국가는 국민의 이러한 권리를 보장할 의무가 있는 것이다.

(2) 국가책임의 원리

공공부조를 통한 생존권 보장을 국가의 책임으로 하는 원리로서 국가는 이를 위해 재정적 책임을 져야 하고 행정체계를 갖춰야 한다. 이때의 국가는 주로 중앙정부를 의미하지만 필요에 따라 주민과의 접촉이 가장 용이한 지방자치단체가 행정 및 재정의 일부를 책임지기도 한다. 그러나 국가가 개인의 빈곤에 대하여 무조건 혹은 무제한으로 책임지는 것은 아니다.

(3) 최저생활보장의 원리

공공부조의 보호수준은 최저한의 생활이 유지되도록 하여야 한다. 이때 최저한의 수준은 단순히 육체적 생존에 필요한 최저한이 아니라 인간다운 생활을 누릴 수 있는 건강하고 문화적인 생활수준으로 보통 인정되고 있으나 구체적인 수준은 각 나라의 사회 · 문화 · 경제적 상황과 관련하여 변화된다. 대개는 공식적인 최저생계비 수준의 빈곤선을 결정하여 이를 충족시키게 된다.

(4) 무차별 평등의 원리

이는 공공부조 수급의 법적 기준에 해당되는 사람이면 누구든지 빈곤의 원인이나 인종, 신앙, 성별 등에 상관없이 모두 평등하게 보호받아야 한다는 것이다.

(5) 보충성의 원리

이는 공공부조를 시행할 때 무엇보다도 먼저 수급자가 갖고 있어 이용할 수 있는 자원이나 능력을 최대한 활용해야 하고, 부양의무자가 있을 때는 그 부양의무를 충실히 수행하게 하고, 그렇게 하고도 최저생활을 유지할 수 없을 때에 비로소 국가가 그 부족한 부분을 보충해 주는 것을 원칙으로 하는 것이다. 이는 자본주의사회에서 빈곤 또는 생활상의 책임이 일차적으로 개인 및 가족에게 있음을 강조한 것으로 이에 대한 국가나 사회의 책임을 이차적인 것으로 간주하는 한계가 있다.

(6) 자립조장의 원리

이는 보충성의 원리와 함께 생활상의 책임을 개인에게 지우는 것으로서 공공부조의 목적과 내용이 궁극적으로 수급자, 즉 보호대상자 스스로 자신의 생활을 책임질 수 있도록 한다는 것이다. 이에 따라 경제적 급여 외에 대인서비스를 제공하게 된다.

이러한 기본원리는 가급적 지켜져야 하겠으나 공공부조는 성격상 잔여적인 한계를 가지며, 빈곤이나 생활유지의 어려움에 대한 원인을 일차적으로 국가나 사회 대신 개인으로 간주한다는 점을 인식해야 한다.

2. 국민기초생활보장제도

1) 특성

국민기초생활보장제도는 우리나라의 대표적인 공공부조제도다. 이 제도는「국민기초생활보장법」이 1999년 9월 제정되고 이듬해 10월부터 시행되면서 1961년부터 실시되던 생활보호제도를 대체하였다. 생활보호제도가 국민기초생활보장제도로 전환하게 된 직접적인 계기는 1997년 이후 외환위기의 여파 속에서 경제적 침체가 사회문제로 전환되면서 기존제도의 한계가 인식되었기 때문이다. 즉, 경제위기에 따른 대량실업 및 빈곤의 증가, 가족해체, 노숙자 및 자살률의 증가는 광범위한 사각지대의 문제를 안고 있던 기존 사회보장제도로는 해결할 수 없는 문제를 발생시켰다. 특히 이러한 과정에서 노인, 장애인과 같은 근로무능력자뿐만 아니라 근로능력이 있는 사람들의 빈곤화가 진행되는 새로운 현상이 나타나게 되었다. 이에 따라 정부는 근로능력에 상관없이 빈곤선 이하의 모든 저소득층에게 최저생계비 이상의 생활을 국가가 보장하고, 근로능력자에 대해 빈곤에서 스스로 탈출할 수 있도록 자활서비스를 제공함으로써 생산적 복지를 실현한다는 목적하에 국민기초생활보장제도를 도입하게 되었다.

「국민기초생활보장법」은「헌법」제34조의 생존권적 기본권에 근거하여 국가와 지방자치단체가 최저생계비 수준 이상(건강하고 문화적인 최저생활을 유지할 수 있는)의 국민생활을 보장하여야 할 법적 의무를 지움과 동시에 이는 국민의 권리임을 명확히 하고 있다. 즉, 이는 과거「생활보호법」의 '보호'라는 시혜적 성격에서 '보장'이라는 권리적 성격으로의 전환을 의미한다.

국민기초생활보장제도는 과거의 생활보호제도와 근본적인 차이가 있는데, 이는

다음과 같다.

첫째, 최저생계보장을 국민의 기본권으로 인정하고 있다. 이는 과거 생활보호제도와 달리 대상자를 수급자와 수급권자라는 용어로 전환하였으며, 급여 역시 시혜적 성격의 보호가 아닌 권리적 성격의 급여로 변경하였다. 이와 더불어 보호신청을 급여신청으로 변경함과 동시에 급여의 신청절차를 보다 명확히 하여 수급권자와 그 친족, 기타 관계인이 관할 시장, 군수, 구청장에게 급여를 신청할 수 있도록 하였다. 또한 사회복지전담공무원은 급여를 필요로 하는 사람이 누락되지 않도록 관할지역 내에 거주하는 수급권자에 대한 급여를 직권으로 신청할 수 있도록 하였다.

둘째, 국민기초생활보장제도는 수급자 선정기준을 합리화함으로써 근로능력이 있는 빈민도 수급대상자가 될 수 있게 하였다. 생활보호제도의 경우 1999년도 대상자 선정기준을 1인당 월소득 23만 원 이하, 가구당 재산소득 2,900만 원 이하로 규정하고, 부양의무자의 요건을 충족함과 동시에 18세 미만 아동, 65세 이상 노쇠자, 임산부, 질병, 사고의 결과로 인해 근로능력을 상실하였거나 장애로 인해 근로능력이 없는 자, 그리고 이들과 생계를 같이 하는 자로서 이들의 부양, 양육, 간병, 이에 준하는 사유로 생활이 어려운 자를 거택보호대상자로 하였다. 이 외에 기타 생활이 어려운 자로서 자활을 위해 보호가 필요한 자는 자활보호대상자로 규정하였다. 그러나 국민기초생활보장제도는 근로능력과 상관없이 수급권자로 인정한다. 따라서 국민기초생활보장제도의 수급대상자가 되기 위해서는 소득이 일정기준 이하이어야 한다.

셋째, 급여의 합리화다. 생활보호제도는 대상자 선정과정에서 소득의 크기를 고려하였으나 일단 대상자로 선정이 되면 소득의 크기와 무관하게 동일한 급여를 제공하였다. 이러한 획일적 급여는 대상자의 개별적 욕구를 고려하지 않는다는 점에서 불합리한 것이었다. 그러나 국민기초생활보장제도는 최저생계비와 가구소득의 차액으로 급여를 결정하는 보충급여방식을 따르기 때문에 대상자의 개별적 욕구를 반영할 수 있을 뿐만 아니라 모든 수급자의 최저생계가 보장될 수 있다.

넷째, 근로능력자에 대해 스스로 일자리를 찾거나 직업훈련, 공공근로, 자활공동체, 자원봉사 등에 참가하는 것을 조건으로 생계비를 지급하고, 근로의욕과 근로능

표 5-1 생활보호제도와 국민기초생활보장제도의 비교

구분	생활보호제도	국민기초생활보장제도
법적 용어	• 국가에 의한 보호적 성격 –보호대상자, 보호기관	• 저소득층의 권리적 성격 –수급권자, 보장기관, 생계급여 등
대상자 구분	• 인구학적 기준에 의한 구분 –거택보호자: 18세 미만 아동, 65세 이상 노인 등 –자활보호자: 인구학적으로 경제활동 가능한 근로능력자	• 대상자 구분 폐지 –근로능력이 있는 자는 구분
대상자 선정 기준	• 보건복지부장관이 정하는 소득과 재산 이하인 자	• 소득인정액이 중위소득의 일정비율 이하인 자
급여 수준	• 생계보호 –거택보호자에게만 지급 • 의료보호 –거택보호: 의료비 전액지원 –자활보호: 의료비의 80% • 교육보호: 중·고생 자녀 학비 전액지원 • 해산보호 • 자활보호 • 장제보호	• 생계급여 –모든 대상자에게 지급하되 근로능력자는 자활관련사업에 연계하는 조건부로 지급 • 주거급여(신설) –임대료, 유지수선비 등 주거안정을 위한 수급품 • 긴급급여(신설) –긴급 필요시에 우선급여를 실시 • 의료, 교육, 해산, 장제보호 등은 과거와 동일
자활 지원 계획	–	• 근로능력자 가구별 자활지원계획 수립을 통해 체계적 자활 지원 –근로능력, 가구특성, 자활욕구 등을 토대로 자활방향, 자활에 필요한 서비스, 생계급여의 조건 등을 계획 –자활에 필요한 서비스를 체계적으로 제공하여 수급권자의 궁극적인 자활 촉진

력, 가구여건 등을 감안하여 자활지원프로그램 시 사회복지서비스를 제공함으로써 근로능력자의 자립이 강화되었다.

다섯째, 보다 체계화된 행정체계를 갖추게 되었다. 각종 전산자료와 가정방문을 통해 자산조사의 정확도를 높이고, 이를 위해 사회복지전담공무원을 확충하였다.

국민기초생활보장제도는 다음과 같은 원칙에 기초한다.

(1) 최저생활보장의 원칙

생활이 어려운 자에게 생계 · 주거 · 의료 · 교육 · 자활 등 필요한 급여를 행하여 이들의 최저생활을 보장한다.

(2) 보충급여의 원칙

생계 · 주거 · 의료 · 교육급여액과 수급자의 소득인정액을 포함한 총 금액이 최저생계비 이상이 되도록 지원한다.

(3) 자립지원의 원칙

근로능력이 있는 수급권자에게는 자활사업에 참여할 것을 조건으로 급여를 지급한다. 이를 위해 수급자 가구별로 자활지원계획을 수립하고 자활사업에 참여하도록 조건을 부여하며, 조건 불이행자는 수급자 본인의 생계급여 일부 또는 전부를 지급하지 않는다.

(4) 개별성의 원칙

급여수준을 정함에 있어서 수급권자의 개별적 특수상황을 최대한 반영한다. 이를 위해 수급권자 및 부양의무자의 소득 · 재산, 수급권자의 근로능력 · 취업상태 · 자활욕구 등 자활지원계획 수립에 필요한 사항, 기타 수급권자의 건강상태 · 가구특성 등 생활실태에 관한 사항 등을 조사한다.

(5) 가족부양 우선의 원칙

급여 신청자가 부양의무자에 의하여 부양될 수 있는 경우에는 기초생활보장급여에 우선하여 부양의무자에 의한 보호가 먼저 행해져야 한다. 이와 더불어 수급자에게 부양능력을 가진 부양의무자가 있음이 확인된 경우에는 부양의무자로부터 보장비용을 징수할 수 있다.

(6) 타 급여 우선의 원칙

급여신청자가 다른 법령에 의하여 보호를 받을 수 있는 경우에는 기초생활보장급여에 우선하여 다른 법령에 의한 보호가 먼저 행해져야 한다.

(7) 보편성의 원칙

「국민기초생활보장법」에 규정된 요건을 충족시키는 국민에 대하여는 성별 · 직업 · 연령 · 교육수준 · 소득원 기타의 이유로 수급권을 박탈하지 아니한다.

우리나라의 국민기초생활보장 수급자 수는 총 인구의 약 3%를 차지한다.

2) 급여내용

과거의 국민기초생활보장제도는 가구의 소득과 재산을 환산한 소득인정액이 최저생계비 이하인 경우에만 모든 급여를 지원하였다. 그러나 최저생계비라는 기준을 조금만 초과해도 급여가 일시에 중단되므로 수급자의 생계가 급격히 곤란해지거나 수급자가 일자리를 통한 자립 · 자활을 기피하는 문제가 있었다. 그리하여 2015년 7월부터 맞춤형 급여체계를 도입하였다.

맞춤형 급여체계는 생계급여, 의료급여, 주거급여, 교육급여 등의 선정기준을 다르게 한 것으로 수급자의 소득이 증가하여 기준을 초과하더라도 수급자의 가구여건에 맞게 필요한 급여는 계속 지원받을 수 있게 된다.

최저생계비는 최소한의 생활에 필요한 물품을 결정하고 그 시장가격 등을 반영하여

최저생활의 기준을 결정한 것으로 최소한의 생활을 보장한다는 점에서 중요한 의미가 있으나, 경제발전 등 상대적 생활수준의 향상을 반영하기 어려운 한계가 있었다.

그리하여 이 문제를 해결하기 위해 중위소득을 도입하였다. 전체 가구를 소득에 따라 세웠을 때 중간에 위치하는 가구의 소득인 중위소득을 기준으로 정하게 되면 다른 사람들과 비교하여 얼마나 어려운지 하는 상대적 빈곤개념이 적용되고, 이에 따라 우리나라 사람들의 소득수준이 높아지면 기준이 자연스럽게 올라가게 되는 효과가 있다.

(1) 생계급여

의식주 및 기타 일상생활에 기본적으로 필요한 금품을 현금급여로 지급한다. 생계급여 수급권자는 소득인정액이 중위소득의 32% 이하인 경우다.

급여 실시여부를 결정하기 전에 긴급히 생계급여를 필요로 하는 경우 시 · 군 · 구청장의 직권에 의해 긴급생계급여를 지급할 수 있다. 이를 지급받기 위해서는 주 소득원의 사망, 질병, 부상, 사고, 사업부도 · 파산 등으로 갑자기 생계유지가 어려운 경우, 부 또는 모의 가출, 행방불명 등으로 갑자기 생계유지가 어려운 경우, 천재지변이나 화재 등으로 재산 · 소득상의 손실이 발생하여 갑자기 생계유지가 어려운 경우, 거주지 외의 지역에서 거주하고 있으나 소득이 없어 생계유지가 어려운 경우, 기타 시장 · 군수 · 구청장이 긴급생계급여가 필요하다고 인정하는 경우 등의 조건을 만족시켜야 한다. 급여액은 최저생계비 중 식료품비에 해당하는 금액을 지급한다. 긴급생계급여 지급기간은 1개월이며, 필요시 1월에 한하여 연장할 수 있다. 현금지급을 원칙으로 하며 적당하지 않다고 인정되는 경우에는 물품지급도 가능하다.

(2) 주거급여

주거안정에 필요한 임차료, 수선유지비, 그 밖의 수급품을 지급한다. 주거급여 수급권자는 소득인정액이 중위소득의 48% 이하인 경우다.

(3) 교육급여

수급자의 자녀가 고등학생인 경우 입학금 및 수업료 전액과 일정액의 교과서대와 학용품비를 지급하고, 중학생인 경우 일정액의 부교재비와 학용품비, 초등학생인 경우 부교재비를 지급한다. 수급권자는 소득인정액이 중위소득의 50% 이하인 경우다.

(4) 해산급여

생계급여, 의료급여, 주거급여 수급자 가정에 출산여성이 있는 경우 조산 및 분만 전후의 필요한 조치와 보호를 위해 지급된다. 출산여성에게 1인당 일정액을 현금으로 지급한다.

(5) 장제급여

생계급여, 의료급여, 주거급여 수급자가 사망한 경우 사체의 검안 · 운반 · 화장 또는 매장 기타 장제조치를 행하는 데 필요한 금품을 지급하는 것으로, 근로능력 유무와 상관없이 구당 일정액을 지급한다.

(6) 의료급여

의료급여는 의료수급권자의 질병 · 부상 · 출산 등에 대한 진찰 · 검사, 약제 · 치료재료의 지급, 처치 · 수술과 그 밖의 치료, 예방 · 재활, 입원, 간호, 이송과 그 밖의 의료목적 달성을 위한 조치를 그 내용으로 한다. 수급권자는 1종 대상자와 2종 대상자로 구분된다. 1종 대상자는 소득인정액이 중위소득의 40% 이하로서 근로능력이 없는 사람, 「국민기초생활보장법」에 의한 복지시설 입소자, 이재민, 의상자, 의사자의 유족, 국가유공자, 독립유공자, 무형문화재보유자, 북한이탈주민, 광주민주화운동 관련자 등이며, 2종 대상자는 소득인정액이 중위소득의 40% 이하로서 근로능력이 있는 경우다.

(7) 자활급여

국민기초생활보장제도가 과거의 생활보호제도와 차별성을 보이는 대표적인 영역

자활사업 대상자	=	조건부 수급자	+	자활급여 특례자	+	일반 수급자	+	차상위 계층

[그림 5-1] 자활사업대상자

이 자활급여다. 이는 자활에 필요한 사업에 참가할 것을 조건으로 생계급여를 지급하는 조건부수급자에게 자활공동체사업, 생업자금 융자, 직업훈련, 취업알선, 창업지원 및 창업훈련, 공공근로, 재활프로그램 등의 급여를 실시하는 것이다. 즉, 「국민기초생활보장법」의 시행에 따라 근로능력이 있는 수급자에게는 자활에 필요한 사업에 참가할 것을 조건으로 생계급여를 실시하고, 체계적인 자활지원서비스와 각종 자활사업 참여기회를 제공하여 자활능력 배양 및 기능습득을 통해 빈곤으로부터의 탈피를 유도하고 있다. 이를 위해 시장 · 군수 · 구청장은 수급자에 대한 근로능력 · 가구여건 · 취업상태 · 자활욕구 등을 고려하여 가구별 자활지원계획을 수립하고, 이에 따른 자활급여 실시 및 후원을 연계하고 있다.

자활사업은 시 · 군 · 구별로 지역사회의 복지자원을 최대한 이용하여 자활근로, 지역봉사, 사회적응프로그램 등 다양한 자활프로그램 제공 및 자활공동체의 창업을 지원하는 한편, 고용노동부의 고용관련 인프라를 통하여 취업알선, 직업훈련 등의 취업지원서비스를 제공하는 등 저소득층의 자활촉진을 위한 각종 지원 및 서비스 제공을 실시하고 있는 사업이다.

자활사업대상자는 근로능력이 있는 18세 이상 64세 이하의 수급자 중 자활사업 참여를 조건으로 생계급여를 지급받는 수급자를 의미한다. 근로능력이 있는 수급자 중 조건부수급자는 조건에 따른 자활사업에 의무적으로 참여해야 하고, 자활급여특례자, 조건부수급자 이외의 일반수급자, 차상위계층도 자활사업에 참여할 수 있다. 조건부수급자는 근로능력이 있는 수급자로서 자활사업에 참가할 것을 조건으로 생계급여를 지급받는 수급자를 말한다. 자활급여특례자는 자활사업에 참가하여 발생한 소득으로 인하여 소득인정액이 선정기준을 초과하는 수급자를 말한다. 차상위계층

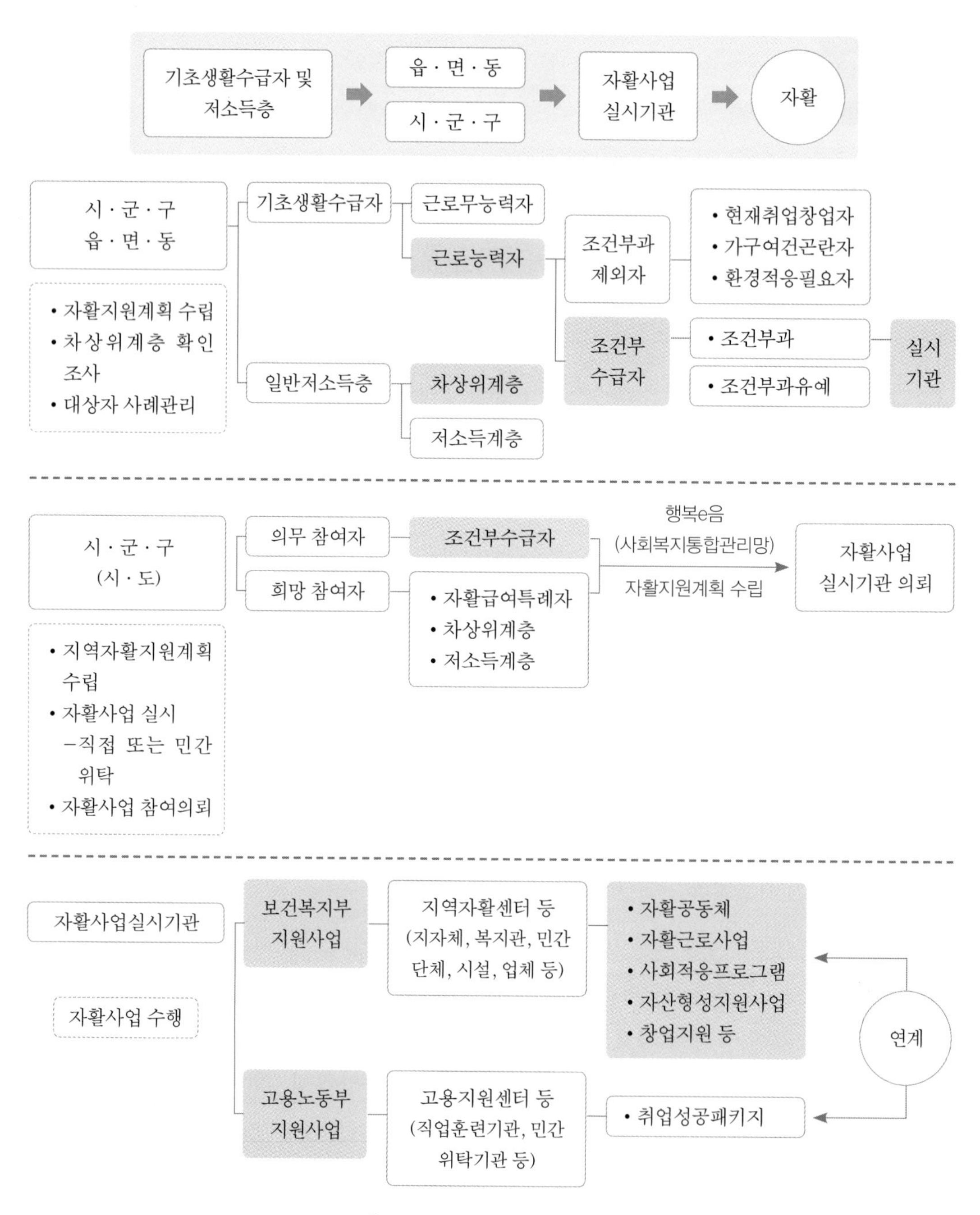

[그림 5-2] 자활사업 흐름도

자료: 보건복지부(2010). 자활사업안내.

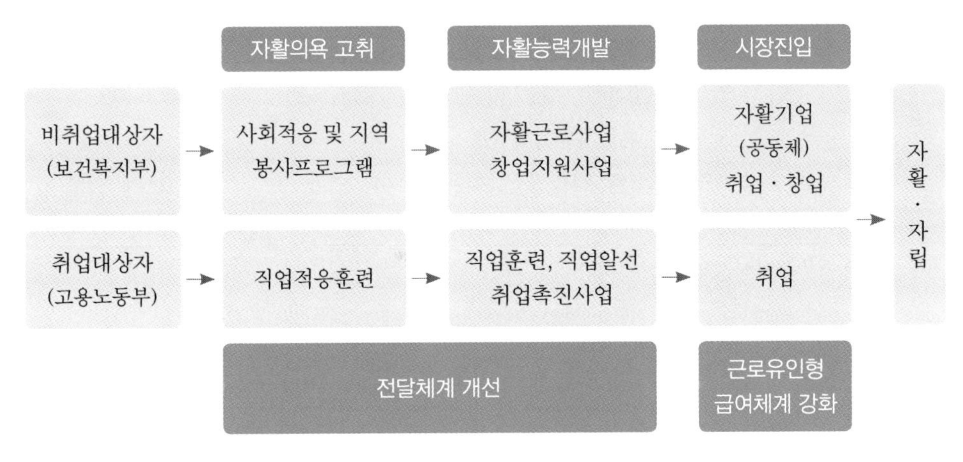

[그림 5-3] 부처별 자활사업 추진체계

은 소득인정액이 중위소득의 50% 이하인 자를 말한다. 미성년자녀를 양육하고 있는 국적 미취득의 여성 결혼이민자도 자활사업대상자에 포함된다. 이들 중 자활급여특례자, 일반수급자 그리고 차상위계층은 희망에 의하여 자활사업에 참여하고 있다.

표 5-2 자활사업 추진체계

구분	기능 · 역할	비고
보건복지부	• 국민기초생활보장제도 총괄 • 종합자활지원계획 수립 • 자활프로그램 개발 · 추진 • 지역자활센터 지정 · 관리	자활정책 · 사업 총괄 관리
시 · 도/ 시 · 군 · 구	• 지역자활지원계획 수립 • 자활기금의 설치 · 운영 • 급여 실시여부 및 내용 결정, 지급 • 자활기관협의체 운영 • 조건부수급자 책정 및 생계급여 중지 여부 결정 • 참여자 자활지원계획 수립 · 관리	자활사업 총괄 시행
읍 · 면 · 동	• 조건부수급자 확인조사(자산조사 제외)	조건부수급자 관리

고용노동부	• 종합취업지원계획 수립 • 취업지원프로그램 개발 · 추진	취업대상자 총괄 관리
고용지원센터	• 개인별 취업지원계획 수립 · 관리 • 취업알선 등 취업지원프로그램 시행 • 취업대상자의 조건이행 여부 확인	취업지원 시행

자료: 보건복지부(2010). 자활사업안내.

자활사업프로그램은 참여자의 능력에 따라 단계별로 제공하고 있다. 자활사업프로그램은 비취업대상자 중심의 보건복지부 주관 자활사업과 취업대상자 중심의 고용노동부 주관 자활사업으로 구분할 수 있다. 비취업대상자는 자활후견기관, 자활사업을 위탁한 사회복지기관이나 민간기관에 의뢰되며, 취업대상자는 고용안정센터를 비롯하여 직업훈련기관, 민간위탁기관을 통하여 참여한다. 비취업대상자는 보건복지부에서 실시하는 사회적응프로그램, 지역봉사사업, 자활근로사업, 자활기업사업, 창업지원 등의 프로그램에 참여한다. 취업대상자는 고용노동부의 직업적응훈련, 자활직업훈련, 자활취업촉진사업, 창업지원 등의 프로그램에 참여한다.

(8) 비취업대상자 프로그램(보건복지부)

① 사회적응프로그램 및 지역봉사사업

사회적응프로그램은 근로능력은 있으나 근로의욕이 현저히 낮거나 알코올남용, 심리적 문제 등으로 가정이나 사회생활에 적응이 어려운 수급자를 대상으로 근로의욕을 고취하기 위하여 전문적인 상담, 치료, 사회적응교육을 제공하여 자활의욕을 회복시키려는 목적으로 실시하는 프로그램이다. 이 프로그램은 정신건강증진센터 등 사회적응프로그램 실시기관에서 실시한다. 대상자는 의무참여자로서 생계비 수급을 조건으로 프로그램을 이용하는 대상자, 알코올남용 및 우울증 등 정신건강문제가 경미한 자(정신질환자 제외)이며, 지정참여자는 신규참여자로서 시장 · 군수 · 구청장이 지정하는 자, 희망참여자로 다른 자활사업에 참여하는 조건부수급자 및 일반수급자다.

지역봉사는 연령이 높고 건강상태가 좋지 않아 근로능력이 낮은 수급자를 대상으로 가벼운 지역사회 자원봉사활동을 통해 근로의욕을 유지하고 지역사회 참여기회를 제공하는 사업으로서 장애인이나 노인에 대한 재가복지도우미, 무료급식배달도우미, 산불감시환경도우미 등으로 활동한다. 대상자는 조건부수급자로서 비취업대상자는 건강상태, 연령상 노동 강도가 낮은 사업만이 가능한 자, 지역사회여건상 자활근로나 자활공동체 등 자활후견기관사업에 참여하기 어려운 경우에 대기기간 동안 지역봉사사업에 참여가 가능하다.

② 자활근로사업

자활근로사업은 자활을 위한 근로기회를 제공하여 자활기반을 조성하는 사업으로서 자활촉진을 위하여 보다 장기적인 계획하에 자활공동체 창업 등 자립이 가능하도록 기초능력 배양에 중점을 두고 있다. 이 사업은 자활의지는 있으나 근로능력이 다소 미흡한 저소득층을 대상으로 근로능력의 향상과 자활공동체 창업 등 자립을 위한 전 단계 프로그램으로 활용하고 있다. 자활능력과 사업유형에 따라 근로유지형, 사회서비스형, 인턴 · 도우미형, 시장진입형으로 구분하여 실시하고 있다. 기존의 공공근로사업처럼 한시적인 일자리 제공이 아닌 저소득층 자활촉진을 위한 공동체창업 등을 위한 기초능력 배양에 중점을 두고 있다. 특히 간병 · 집수리 · 청소 · 폐자원재활용 · 음식물재활용사업의 5대 전국표준화사업을 중점으로 하되, 지역실정에 맞는 특화된 사업을 적극 개발하여 추진한다.

③ 자활기업사업

자활기업사업이란 2인 이상의 수급자 등이 상호협력하여 조합 또는 공동사업자 형태로 근로 · 생산 · 판매 · 소득공동체 등을 결성 · 운영하여 자립기반을 다지는 공동출자방식의 사업이다. 일반적으로 시장진입형 자활근로사업이 발전하여 수익성이 확보되는 경우 해당 사업단의 참여자 주도로 사업자 등록 등을 통한 독립채산제 형태로 창업하는 형태다.

표 5-3 자활사업프로그램의 종류(보건복지부 주관)

프로그램명	목적 및 내용	대상자
자활 근로	• 대상: 저소득층 • 목적: 자활을 위한 근로기회 제공 • 내용: 간병 · 집수리 · 청소 · 폐자원재활용 · 음식물 재활용사업의 5대 전국표준화사업 및 지역실정에 맞는 특화된 사업을 적극개발 • 사업유형: 근로유지형, 사회적 일자리형, 인턴형, 시장진입형	자활사업대상자
자활 기업	• 주체: 2인 이상의 수급자 또는 저소득층 • 목적: 주체가 상호협력하여 조합 또는 공동사업자의 형태로 탈빈곤을 위한 자활사업을 운영 • 조건: 기초생활보장 수급자가 1/3 이상 2인 이상의 사업자자활근로임금(월 50만 원 기준) 이상의 수익금 배분 자활근로사업단의 공동체 전환 시 사업의 동일성을 유지	자활근로사업단의 참여자로서 공동체로 전환하는 자
사회 적응 프로그램	• 대상: 근로능력은 있으나 근로의욕이 낮은 수급자 • 목적: 사회적응프로그램 운영기관을 통하여 전문적인 상담 및 치료 등 사회적응에 필요한 서비스를 제공 • 내용: 사례관리, 집단 프로그램, 근로의욕고취 및 사회적응교육, 지역연계활동	생계비수급을 조건으로 프로그램을 이용하는 자(자활의지박약, 경미한 정신건강문제), 희망참여자
지역 봉사	• 대상자: 근로능력이 낮은 수급자 • 목적: 지역사회 자원봉사활동을 통해 근로의욕 유지 및 지역사회 참여기회 제공 • 실시기관: 자원봉사센터, 사회복지관 등	조건부수급자 중 노동강도가 낮은 사업만이 가능한 자, 자활사업참여대기자
창업 지원	• 자활을 위한 사업의 창업 · 운영 등에 필요한 자금을 장기저리로 대여하여 자립을 유도하고 생활안정을 도모	

자활기업의 성립요건은 다음과 같다. 첫째, 자활공동체 구성원 중 기초생활보장 수급자가 1/3 이상이어야 하며, 둘째, 조합 또는「부가가치세법」상의 2인 이상의 사업자로 설립되어야 하며, 셋째, 모든 구성원에 대해 자활근로임금(월 50만 원 기준) 이상의 수익금 배분이 가능해야 하며, 넷째, 자활근로사업단의 공동체 전환 시 사업의 동일성을 유지해야 한다.

④ 창업지원사업

창업지원사업은 수급자 등 저소득층 자활을 위한 사업의 창업 · 운영 등에 필요한 자금을 장기저리로 대여하여 자립을 유도하고 생활안정을 도모하기 위한 생업자금 융자사업이 대표적이다. 융자대상자는 자활의지가 있고 사업전망 · 기술 · 경영능력 등 사업계획이 타당성이 인정되어 시 · 군 · 구청장이 융자대상자로 결정을 한 국민기초생활보장 수급자나 차상위계층으로서 자활을 위한 사업의 창업 또는 운영이 목적일 경우에 해당된다(5년 거치 5년 상환조건).

(9) 취업대상자 프로그램(고용노동부)

고용노동부 주관으로 고용지원센터가 추진하는 취업대상자 및 취업을 희망하는 비취업대상자에 대한 취업지원프로그램으로서 직업적응훈련, 자활직업훈련, 취업알선 및 구직활동지원, 자활취업촉진사업 등이 있었으나 2009년에 저소득층 취업성공패키지사업으로 통합되었다.

취업성공패키지사업이란 진단 · 경로 설정 → 의욕 · 능력 증진 → 집중 취업알선 등 사업과정 전체를 통합한 것이다. 이는 취업능력이 있는 즉시 취업 적합자를 대상으로 효율적인 직업훈련 및 직업알선을 수행하기 위한 것으로서 취업성공패키지 참여자는 내일배움카드(직업능력개발계좌제)를 통한 직업훈련 등을 일괄 연계받는 한편 경과적 일자리 및 취업성공수당 등을 제공받는다.

3. 의료급여제도

1) 목적

의료급여제도는 생활유지능력이 없거나 경제능력을 상실한 사람들을 대상으로 생존과 삶의 질 유지에 절대적으로 필요한 의료서비스를 가장 직접적이고 최종적으로 보장해 주는 데 의의가 있다. 1977년부터 의료보호라는 이름으로 시작된 의료급여제도는 대상자 및 급여의 범위를 지속적으로 확대하여 보장성 수준을 높여 왔다.

의료보호대상자들은 진료지역 및 진료일수에 제한이 있었고, 의료 이용도 지정된 의료기관에 한정되는 등 의료 이용에 상당한 제한이 있었을 뿐 아니라 보호수준도 건강보험에 비하여 낮은 수준이었다. 따라서 1995년에는 연간 180일 이내로 되어 있던 보호기간을 연간 210일로 하였고, 특히 65세 이상 노인, 장애인 및 국가유공자 중 상이자 등에 대한 보호기간의 제한을 없애도록 하였다. 1996년에는 240일, 1997년에 270일, 1998년에는 300일, 1999년에는 330일로 연장하다가 2000년에는 기간제한을 폐지하여 의료 이용의 접근을 쉽게 하였다. 그러나 급여기간 폐지에 따른 의료급여대상자의 의료 남용 등의 문제가 발생하여 2002년부터는 급여기간을 365일로 다시 제한하였다. 1998년에는 의료급여진료지구를 폐지하여 전국 어디서나 진료를 받을 수 있도록 하였고, 1999년에는 의료급여기관 지정절차를 폐지하여 의료기관 개설과 동시에 별도의 지정절차 없이 의료급여기관으로 당연지정되도록 하였다. 그 결과, 의료급여대상자의 의료 이용 편의가 증진되었다.

2000년 10월 국민기초생활보장제도의 도입에 따라 의료급여가 국민의 권리로서 보장받게 되면서 의료급여대상자 선정기준을 마련하여 대상자 선정상의 객관성을 유지하였다. 2001년에 「의료보호법」을 「의료급여법」으로 전면개편하면서 종전에 시 · 군 · 구별로 지급하던 의료급여 진료비를 국민건강보험공단에 지급을 위탁하고 신속히 지급하도록 하여 의료기관이 건강보험 환자와 의료급여 환자를 동등하게 대우하도록 여건을 조성하였다.

2) 대상

의료급여대상은 다음과 같다.

①「국민기초생활 보장법」에 따른 의료급여 수급자
②「재해구호법」에 따른 이재민으로서 보건복지부장관이 의료급여가 필요하다고 인정한 사람
③「의사상자 등 예우 및 지원에 관한 법률」에 따라 의료급여를 받는 사람
④「입양특례법」에 따라 국내에 입양된 18세 미만의 아동
⑤「독립유공자예우에 관한 법률」,「국가유공자 등 예우 및 지원에 관한 법률」 및 「보훈보상대상자 지원에 관한 법률」의 적용을 받고 있는 사람과 그 가족으로서 국가보훈부장관이 의료급여가 필요하다고 추천한 사람 중에서 보건복지부장관이 의료급여가 필요하다고 인정한 사람
⑥「무형유산의 보전 및 진흥에 관한 법률」에 따라 지정된 국가무형유산의 보유자(명예보유자를 포함한다)와 그 가족으로서 국가유산청장이 의료급여가 필요하다고 추천한 사람 중에서 보건복지부장관이 의료급여가 필요하다고 인정한 사람
⑦「북한이탈주민의 보호 및 정착지원에 관한 법률」의 적용을 받고 있는 사람과 그 가족으로서 보건복지부장관이 의료급여가 필요하다고 인정한 사람
⑧「5 · 18민주화운동 관련자 보상 등에 관한 법률」 제8조에 따라 보상금등을 받은 사람과 그 가족으로서 보건복지부장관이 의료급여가 필요하다고 인정한 사람
⑨「노숙인 등의 복지 및 자립지원에 관한 법률」에 따른 노숙인 등으로서 보건복지부장관이 의료급여가 필요하다고 인정한 사람
⑩ 그 밖에 생활유지 능력이 없거나 생활이 어려운 사람으로서 대통령령으로 정하는 사람

의료급여수급권자 중「국민기초생활보장법」에 의한 수급자는 1종 및 2종 수급권자로 구분하여 본인부담금에 차등을 두고 있다.

표 5-4 의료급여종별 대상자

<table>
<tr><td>1종</td><td>1. 국민기초생활수급자 중 다음에 해당하는 자
가. 다음에 해당하는 자 또는 근로능력이 없거나 근로가 곤란하다고 인정하여 보건복지부장관이 정하는 자만으로 구성된 세대의 구성원
(1) 18세 미만인 자
(2) 65세 이상인 자
(3)「장애인고용촉진 및 직업재활법」에 따른 중증장애인
(4) 질병, 부상 또는 그 후유증으로 치료나 요양이 필요한 사람 중에서 근로능력평가를 통하여 특별자치시장 · 특별자치도지사 · 시장(특별자치도의 행정시장은 제외한다) · 군수 · 구청장(구청장은 자치구의 구청장을 말하며, 이하 "시장 · 군수 · 구청장"이라 한다)이 근로능력이 없다고 판정한 사람
(5) 세대의 구성원을 양육 · 간병하는 사람 등 근로가 곤란하다고 보건복지부장관이 정하는 사람
(6) 임신 중에 있거나 분만 후 6개월 미만의 여자
(7)「병역법」에 의한 병역의무를 이행 중인 사람
나.「국민기초생활보장법」 제32조의 규정에 의한 보장시설에서 급여를 받고 있는 자
(1) 장애인 거주시설
(2) 노인주거복지시설 및 노인의료복지시설
(3) 아동복지시설 및 통합 시설
(4) 정신요양시설 및 정신재활시설
(5) 노숙인재활시설 및 노숙인요양시설
(6) 가정폭력피해자 보호시설
(7) 성매매피해자 등을 위한 지원시설
(8) 성폭력피해자보호시설
(9) 한부모가족복지시설
(10)「사회복지사업법」 제2조 제4호의 사회복지시설 중 결핵 및 한센병요양시설
(11) 그 밖에 보건복지부령으로 정하는 시설
다. 보건복지부장관이 정하여 고시하는 결핵질환, 희귀난치성질환 또는 중증질환을 가진 사람
2.「재해구호법」에 따른 이재민으로서 보건복지부장관이 의료급여가 필요하다고 인정한 사람,「노숙인 등의 복지 및 자립지원에 관한 법률」에 따른 노숙인 등으로서 보건복지부장관이 의료급여가 필요하다고 인정한 사람
3. 일정한 거소가 없는 사람으로서 경찰관서에서 무연고자로 확인된 사람
4. 보건복지부장관이 1종 급여가 필요하다고 인정하는 자</td></tr>
<tr><td>2종</td><td>1. 국민기초생활수급자 중 1종 수급자 외의 자(근로능력세대)
2. 보건복지부장관이 2종 의료급여가 필요하다고 인정하는 자</td></tr>
</table>

3) 내용

의료급여 1종 및 2종 수급권자에 대한 급여내용은 다음과 같다.

표 5-5 의료급여 1종 수급권자 급여내용

의료급여 기관	의료급여 내용		기금에서 부담하는 급여비용(부담률)		
			1차(의료기관, 보건의료원)	2차	3차
의료기관	외래진료	「약사법」 제23조 제4항에 따라 의사 또는 치과의사가 의약품을 직접 조제하는 경우와 한의사가 한약 및 한약약제를 직접 조제하는 경우	의료급여기관 1회 방문당 1,500원의 본인부담금을 제외한 급여비용의 전부	2,000원	2,500원
		CT, MRI, PET 등 보건복지부장관이 정하여 고시하는 진료	급여비용의 100분의 95	동일	동일
		그 밖의 외래진료	의료급여기관 1회 방문당 1,000원의 본인부담금을 제외한 급여비용의 전부	1,500원	2,000원
	입원진료		급여비용의 전부	동일	동일
보건소, 보건지소, 보건진료소	외래 · 입원진료		급여비용의 전부		
약국 및 한국희귀의약품센터	보건소 · 보건지소 및 보건진료소가 교부한 처방전에 의하여 의약품을 조제하는 경우		급여비용의 전부		
	의료기관 및 보건의료원이 교부한 처방전에 의하여 의약품을 조제하는 경우		처방전 1매당 500원의 본인부담금을 제외한 급여비용의 전부		
	약사가 「약사법」 제23조 제3항 단서에 따라 처방전에 의하지 아니하고 직접 조제하는 경우		약국 1회 방문당 900원의 본인부담금을 제외한 급여비용의 전부		

예외: 1종 수급권자 중 다음에 해당하는 자에 대하여는 급여비용의 전부를 기금에서 부담

① 18세 미만인 자, ② 임산부, ③ 무연고자, ④ 보건복지부장관이 고시한 희귀난치성질환자, ⑤ 기타 보건복지부령으로 정하는 자

표 5-6 의료급여 2종 수급권자 급여내용

의료급여기관	의료급여 내용		기금에서 부담하는 급여비용(부담률)
의료기관, 보건의료원	외래진료	「약사법」 제23조 제4항에 따라 의사 또는 치과의사가 의약품을 직접 조제하는 경우와 처방전을 교부하지 아니하고 진료하는 경우	의료급여기관 1회 방문당 1,500원의 본인부담금을 제외한 급여비용의 전부
		CT, MRI 등 보건복지부장관이 정하여 고시하는 진료	급여비용의 100분의 85
		그 밖의 외래진료	의료급여기관 1회 방문당 1,000원의 본인부담금을 제외한 급여비용의 전부
	입원진료		급여비용의 100분의 90
제2차 의료 급여기관	만성질환자의 외래진료		1차 기관과 동일하게 부담
	그 밖의 외래진료		급여비용의 100분의 85
	입원진료		급여비용의 100분의 90
제3차 의료급여기관	외래진료		급여비용의 100분의 85
	입원진료		급여비용의 100분의 90
보건소 · 보건지소 및 보건진료소	외래 · 입원진료		급여비용의 전부
약국 및 한국희귀 약품센터	보건소 · 보건지소 및 보건진료소가 교부한 처방전에 의하여 의약품을 조제하는 경우		급여비용의 전부
	의료기관 및 보건의료원이 교부한 처방전에 의하여 의약품을 조제하는 경우		처방전 1매당 500원의 본인부담금을 제외한 급여비용의 전부
	약사가 「약사법」 제21조 제3항 단서의 규정에 의하여 처방전에 의하지 아니하고 직접 조제하는 경우		약국 1회 방문당 900원의 본인부담금을 제외한 급여비용의 전부

예외: 자연분만에 대한 의료급여와 6세 미만의 아동에 대한 입원진료로서 보건복지부장관이 정하여 고시하는 의료급여를 받은 경우에는 본인부담금 면제, 암환자 등 보건복지부장관이 정하여 고시하는 중증환자로서 의료급여를 받은 자에 대하여는 급여비용의 100분의 95를 기금에서 부담

4. 긴급복지지원제도

1) 목적과 원칙

긴급복지지원제도는 가구의 생계를 책임지고 있는 주 소득자의 사망, 행방불명, 구금시설 수용 등으로 소득을 상실하였거나, 가족 중 중한 질병 또는 부상, 거주지 화재 등의 갑작스러운 어려움에 처한 저소득층을 적극 발굴하여 생계, 의료, 주거 등의 급여를 우선적으로 지원하고 차후에 지원의 적정여부를 조사하는 응급복지지원제도다. 2005년 12월「긴급복지지원법」을 제정 · 공포하였고, 2006년 3월부터 긴급복지지원제도가 시행되었다.

긴급복지지원의 기본원칙은 다음과 같다.

(1) 선지원 후심사의 원칙

위기상황에 처한 자 등의 지원요청 또는 신고가 있는 경우 긴급지원담당공무원의 현장확인을 통해 긴급지원의 필요성이 인정되면 우선 지원을 실시하고 나중에 소득, 재산 등을 조사하여 지원의 적정성을 심사한다.

(2) 단기지원 원칙

원칙적으로 1회만 지원하고 예외적으로 연장지원을 인정한다.

(3) 타 법률 지원 우선의 원칙

다른 법률에 의하여 긴급지원의 내용과 동일한 내용의 구호 · 보호나 지원을 받고 있는 경우에는 긴급지원을 하지 아니한다. 또한 다른 법률에 의한 지원의 대상이 되는 경우에는 우선적으로 해당지원에 연계한다.

(4) 현물지원 우선의 원칙

의료서비스 제공, 임시거소 제공 등 지원의 본래 목적을 달성하기 위하여 현물지원을 우선하도록 하고, 현물지원이 곤란한 생계지원, 해산비, 장제비의 경우에는 금전지원을 실시한다.

(5) 가구단위 지원의 원칙

가구단위로 산정하여 지원하는 것을 원칙으로 하고, 가정폭력 · 성폭력 또는 학대 등으로 인하여 위기상황에 처한 자에 대하여는 당사자 및 그와 함께 보호를 받아야 하는 자를 하나의 가구로 보고 지원한다.

2) 대상

긴급복지지원 대상은 갑작스러운 위기상황에 처한 자로서 본인 또는 본인과 생계 및 주거를 같이하고 있는 가구구성원으로서 다음과 같은 위기사유로 인해 생계 등이 어렵게 된 것을 말한다.

① 주소득자(主所得者)가 사망, 가출, 행방불명, 구금시설에 수용되는 등의 사유로 소득을 상실한 경우
② 중한 질병 또는 부상을 당한 경우
③ 가구구성원으로부터 방임(放任) 또는 유기(遺棄)되거나 학대 등을 당한 경우
④ 가정폭력을 당하여 가구구성원과 함께 원만한 가정생활을 하기 곤란하거나 가구구성원으로부터 성폭력을 당한 경우
⑤ 화재 또는 자연재해 등으로 인하여 거주하는 주택 또는 건물에서 생활하기 곤란하게 된 경우
⑥ 주소득자 또는 부소득자(副所得者)의 휴업, 폐업 또는 사업장의 화재 등으로 인하여 실질적인 영업이 곤란하게 된 경우

⑦ 주소득자 또는 부소득자의 실직으로 소득을 상실한 경우

⑧ 보건복지부령으로 정하는 기준에 따라 지방자치단체의 조례로 정한 사유가 발생한 경우

⑨ 그 밖에 보건복지부장관이 정하여 고시하는 사유가 발생한 경우

3) 내용

긴급복지지원의 내용은 〈표 5-7〉과 같다.

표 5-7 긴급복지지원사업의 내용

종류	지원내용	지원기간
생계지원	• 식료품비, 의복비 등 생계유지비 지원(현금 지급원칙)	1개월(최대 6개월)
의료지원	• 각종 검사, 치료 등 의료서비스 지원(300만 원 이내)	1회(최대 2회)
주거지원	• 임시 거소 제공 또는 이에 해당하는 비용 지원	1개월(최대 12개월)
사회복지시설 이용지원	• 사회복지시설 입소 또는 이용서비스 제공	1개월(최대 6개월)
교육지원	• 초 · 중 · 고등학생 학비 지원	1회(최대 4회)
그 밖의 지원	• 연료비: 동절기(10~3월) 난방비 지원	1개월(최대 6개월)
	• 해산비: 70만 원 이내(1회 지원)	
	• 장제비: 80만 원 이내(1회 지원)	
	• 전기요금: 50만 원 이내(1회 지원) –단전되어 1개월 이상 경과된 때	
타 제도 연계	• 기초생활보장제도 또는 기초의료보장제도 등과 연계 • 사회복지공동모금회, 대한적십자 등 민간의 지원프로그램으로 연계	횟수 제한 없음

제 6 장

사회보험

1. 사회보험의 정의와 특성
2. 연금보험(국민연금)
3. 건강보험
4. 산업재해보상보험
5. 고용보험
6. 노인장기요양보험

1. 사회보험의 정의와 특성

사회보험은 보험방식을 이용하여 사회복지정책을 실현하려는 경제 · 사회제도라고 할 수 있다. 구체적으로 국민을 대상으로 질병, 노령, 실업, 사망, 기타 장애 등으로 인하여 활동능력의 상실과 소득의 감소 등이 발생하였을 때 보험에 의하여 이를 보장하려는 제도다. 사회보험은 빈곤화를 예방하는 것으로서 사회적으로 정형화된 생활상의 사고에 따른 수입의 중단이나 상실, 감소에 대한 일차적 예방대책으로서의 역할을 한다. 역사적으로 볼 때 사회보험은 노동자, 특히 임금노동자를 우선적인 적용대상으로 하였으나 그 대상을 점차 확대하여 오늘날에는 전 국민을 대상으로 하고 있다.

사회보험의 특성은 다음과 같다.

- 재원조달은 보통 사용자와 피용자가 납입하는 기여금으로 충당된다. 국가가 재원의 일부를 부담하기도 하지만 일반적으로 정부의 일반조세에 의해 재원이 충당되지 않는다.
- 빈곤을 방지하는 소득보장수단이다. 사회보험은 국민의 소득을 확보하여 빈곤화를 방지하는 데 목적이 있으며, 피보험자의 생활안전과 복지향상을 목적으로 한다.
- 법률에 의한 강제가입이다. 생활수준 및 소득의 격차, 지역 간 격차를 해소하기 위해 해당 법에 따라 국가가 대상자에게 강제가입을 시킨다.
- 비영리적 국가사업이다. 사회보험은 사회복지 목적으로 운영되므로 국가의 운영비 부담, 기여금의 일부부담, 적자액의 보조 등 국가책임으로 관리 · 운영되며, 민간보험처럼 영리적 사업이 아닌 비영리적 사업이다.
- 법에 의해서만 규정을 변경시킬 수 있다.
- 소득재분배기능이 있어 경제적 불평등을 완화시킨다.

이 같은 사회보험의 특성은 민간보험(사보험)과 구별되는 특성이기도 하다.

사회보험은 보험기법이 사용된다는 점에서 민간보험과 공통점을 가지지만 보험에 사회적 성격이 첨가된다는 점에서 민간보험과 구별된다. 사회보험은 법률에 의해 보험에 가입할 의무가 부여되고 가입할 보험자가 지정되는 데 반하여 민간보험은 책임보험을 제외하고는 임의로 가입하고, 보험자도 영리나 비영리 민간기관 중에서 본인이 선택할 수 있도록 하고 있다. 이 외에 사회보험은 보험료와 급여의 관계, 재정운영방식 등에서 민간보험과 차이가 있다.

대부분의 국가에서 사회보험의 도입순서는 산재보험이 가장 먼저 도입되는 경우가 많고, 그 후 의료보험이나 연금보험이 도입되고, 고용보험이 가장 마지막으로 도입된다. 우리나라의 경우에도 산재보험, 건강보험, 국민연금, 고용보험, 노인장기요양보험의 순으로 도입되었다. 일반적으로 산재보험이 가장 먼저 도입되는 이유는 사업장 내에서 발생하는 산업재해로 인한 상병이나 장애, 사망 시에 적절한 보상을 받지 못할 경우 노동자의 불만이 고조되고 기존 사회체제의 불안을 가져올 수 있기 때문이다.

우리나라의 경우 노동자만을 대상으로 하는 고용보험과 산재보험은 고용노동부에서 관장하고 있고, 노동자와 자영자 또는 전 국민을 대상으로 하는 국민연금과 노인장기요양보험, 건강보험은 보건복지부에서 관장하고 있다. 보험 운영기관은 고용보험의 경우에만 국가가 직접 운영하며(고용노동부 고용지원센터), 다른 사회보험은 공

표 6-1 사보험과 사회보험의 비교

구분	사보험	사회보험
가입방법	• 임의가입	• 강제가입
보험료	• 위험의 정도, 급여수준에 따른 부과	• 소득수준에 따른 차등부과
보험급여	• 보험료 부담수준에 따른 차등급여	• 보험재정 조달규모를 감안한 필요에 따른 균등급여
보험료 징수	• 사적 계약에 의한 징수	• 법률에 의한 강제징수

법상의 법인이 설치되어 직접 운영을 담당하고 있다.

사회보험의 대상자는 사업장 가입자와 자영자 또는 지역가입자로 구분되는데, 산재보험과 고용보험의 대상자는 근로자이며, 국민연금과 건강보험, 노인장기요양보험은 자영자나 지역가입자도 대상자가 된다. 근로자의 경우 특정사업장과 특정근로자에 대해서는 적용제외, 즉 의무가입이 면제된다. 의무가입이 면제된 사업장은 보통 규모가 작은 사업장, 즉 상시근로자 1인 미만인 사업장과 일시적 사업장(건설업 등) 중 규모가 작은 사업장, 농업이나 임업의 경우 5인 미만 사업장, 가사서비스업 등의 경우다. 이런 사업장이 아닌 의무가입대상이 되는 사업장에 종사하더라도 특정근로자는 가입이 의무화되지 않는데, 한 달 미만의 기간을 정하여 근로하는 자 또는 주당 60시간(또는 80시간 미만) 근로하는 자 등은 가입이 면제된다. 다만, 산재보험의 경우에는 모든 근로자가 보호된다.

납부할 보험료는 근로자의 경우에는 법률로 정해진 보험료율의 범위 안에서 시행령에 정해진 보험료율에 실제소득이나 표준소득을 곱하여 산정된다. 산재보험이나 고용보험 같은 노동보험과 국민연금, 건강보험, 노인장기요양보험 같은 복지보험의 보험료 산정방식은 다르다. 지역가입자의 경우 건강보험은 가구원의 소득 등 경제활동능력과 자동차와 재산세, 주거형태 등 재산을 감안하여 점수를 부여 · 합산함으로써 부과표준소득을 산정하여 보험료를 부과하며, 국민연금은 신고한 소득을 기준으로 보험료가 산정된다. 노동보험(산재보험, 고용보험)의 경우에는 사업주가 임금을 지급한 전체 근로자에 대해 지급된 임금총액 중에서 보험가입대상이 되지 않는 근로자의 임금을 뺀 액수에 보험료율을 곱하여 산정되며, 사업주는 가입의무가 있는 근로자의 임금에서 해당근로자가 납부할 금액을 급여에서 공제한다.

사회보험의 전달체계를 보면 고용보험은 노동청이나 지청 산하의 고용지원센터에서 취업알선, 직업훈련, 고용안정사업, 실업급여지급사업 등의 업무를 담당하고 있으며, 고용보험료는 근로복지공단에서 산재보험료와 공동징수하고 있다. 건강보험과 노인장기요양보험은 국민건강보험공단에서, 국민연금은 국민연금관리공단에서, 산재보험은 근로복지공단에서 담당하고 있다. 이들 운영기관은 고용지원센터를 제외

표 6-2 사회보험체계

제도명		도입 시기	대상위험	보장 형태	가입 대상수	관리운영 기구	관할 부서	재정관계
공적 연금 보험	국민 연금	1988	노령, 장애, 사망에 대한 소득손실	소득 보장	1인 이상 사업장, 농어민, 자영업자	국민연금 관리공단	보건 복지부	현재 적립단계, 향후 적자 및 기금 고갈 예상
	공무원 연금	1960	〃 산재 포함	〃	공무원	공무원 연금 관리공단	행정 안전부	적자 지속 기금 고갈, 국고보조로 유지
	군인 연금	1963	〃	〃	장기하사관 이상	국방부 연금국	국방부	적자 누적 기금 고갈, 국고보조로 유지
	사학 연금	1975	〃	〃	사립학교 교직원	사학연금 관리공단	교육부	적자 예상, 향후 기금 고갈 예상
건강 보험	국민건강 보험(조합 방식에서 통합방식으로 전환)	직장의료 (1977) 지역의료 (1988) 공무원 및 사립학교교원 (1979)으로 각각 도입	질병에 의한 비용손실	의료보장 (소득보장은 없음)	원칙적으로 모든 국민. 일반근로자, 농어민, 자영업자, 공무원, 사립교원, 군인가족, 국회의원 등	건강보험 관리공단	보건 복지부	의보통합 및 의약분업 이후 급격한 재정악화
산재보험		1964	업무상 재해 (사망, 장해, 상해)로 인한 소득손실 및 비용손실	소득보장 및 의료보장	모든 근로자, 일용직 · 임시직 포함, 자영업자 임의 가입 가능	근로복지 공단 (1995년)	고용 노동부	단기적으로 안정적. 단, 연금형태 전환에 따른 재정조정 불가피함
고용보험		1995	실업에 의한 소득손실, 실업예방	소득보장 비용보전	모든 근로자, 임시직 · 계약직 포함	고용 노동부	고용 노동부	수지균형 유지, 육아휴직으로 변화 가능
노인장기 요양보험		2008	장기요양 (수발 등)	사회 서비스	건강보험적용대상과 동일	건강보험 관리공단	보건 복지부	

자료: 김태성, 김진수(2007). **사회보장론**. 청목출판사, pp. 223-224.

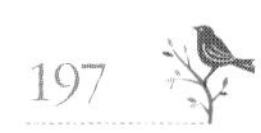

하고는 피보험자 관리 및 보험료의 징수, 기금관리와 관련되는 사항, 현금급여의 지급 등을 담당하지만 현물이나 서비스 등은 직접 서비스를 담당하는 부분은 적고, 제삼자 기관을 이용하여 피보험자에게 서비스를 제공하도록 하고 그 해당비용을 지급하고 있다.

2. 연금보험(국민연금)

1) 정의와 특성

연금은 일반적으로 가계를 책임지는 사람이 노령, 폐질, 퇴직, 사망 등 사회적 사고에 의하여 소득이 중단 또는 상실되는 경우에 자신과 가족을 보호하기 위한 소득보장제도로서 장기간에 걸쳐 정기적으로 현금급여가 행해진다. 연금이란 피보험자 본인의 사고에 의한 소득상실 등의 사유가 발생하였을 때 미리 설정한 기준에 따라 급여를 지급하는 제도다. 연금은 민간보험회사에서 보험상품으로 판매하는 사적 연금(개인연금 등)도 있으나, 이는 이윤을 목적으로 하는 것으로서 공적 연금보험과 성격이 다르다.

국민연금제도는 소득활동을 하는 사람이 보험료를 납부하였다가 나이가 들거나 갑작스러운 사고 또는 질병으로 사망하거나 장애를 입어서 소득활동이 중단된 경우에 본인이나 유족에게 연금을 지급함으로써 안정된 생활을 할 수 있도록 해 주는 소득보장제도다. 국민연금은 민간보험과 달리 강제가입이며, 보험료율과 연금지급에 대한 내용이 법률로 정해진 공적 연금제도로서 국가책임하에 운영되고 있다. 우리나라의 국민연금제도는 사회적 위험이 증대되고 평균수명이 증가한 반면에, 노인부양의식이 약화됨에 따라 스스로 노후를 준비하도록 하기 위해 1988년부터 시행되었다.

우리나라의 연금제도는 모든 국민이 단일한 보험제도에 포함되어 있지 않다. 즉, 네 종류의 연금이 있는데, 공무원연금, 군인연금, 사립학교교직원연금, 국민연금이

표 6-3 4대 연금 보험료율

구분	도입시기	보험료율
국민연금	1988	직장가입자의 경우 월평균소득의 9% (가입자와 사업주가 각각 절반 부담)
공무원연금	1960	기준소득월액의 18% (공무원과 국가가 각각 절반 부담)
사립학교 교직원연금	1975	기준소득월액의 18% (교직원과 학교법인 및 국가가 각각 절반 부담)
군인연금	1963	기준소득월액의 14% (군인과 국가가 각각 절반 부담)

그것이다. 앞의 세 가지 연금은 직업에 따라 나뉘어서 특수직역연금이라고 한다. 이외의 국민은 국민연금의 가입대상이 된다. 국민연금의 가입대상은 특수직역연금 가입자를 제외한 국내에 거주하는 만 18세 이상 60세 미만의 모든 국민이다.

특수직역연금 실태를 보면 공무원연금과 군인연금은 기금이 고갈되어 국고로 충당되고 있고, 사학연금은 2030년 전후에 기금이 고갈될 것으로 예상되고 있다.

국민연금은 1988년 10인 이상 사업장 근로자를 대상으로 시행된 이후 1999년 4월 도시지역주민에게 확대됨으로써 전 국민 연금시대를 맞이하였다. 국민연금 확대과정은 다음과 같다.

- 1973. 12.:「국민복지연금법」제정(시행 연기)
- 1986. 9.: 국민연금관리공단 설립
- 1986. 12.:「국민연금법」제정(구법 폐지)
- 1988. 1.: 국민연금제도 실시(근로자 10인 이상 사업장)
- 1992. 1.: 국민연금 당연적용사업장 확대(근로자 5인 이상)
- 1993. 1.: 특례노령연금 지급 개시
- 1995. 7.: 농어촌지역가입자 확대

- 1999. 4.: 도시지역가입자 확대(전 국민 연금 실시)
- 2001. 7.: 5인 미만 사업장 확대
- 2003. 7.: 1개월 이상 고용되는 임시직, 일용직 근로자 및 월 80시간 이상 근무하는 시간제 근로자도 해당

국민연금 가입대상자는 국내에 거주하는 18세 이상 60세 미만의 국민으로 하되, 특수한 신분으로 별도의 연금(특수직역연금)에 가입하고 있는 공무원, 군인, 사립학교 교직원은 제외한다. 국민연금 가입자의 종류는 사업장가입자, 지역가입자, 임의가입자, 임의계속가입자로 구분된다.

지역가입자는 사업장가입자가 아닌 18세 이상 60세 미만의 당연적용가입자로서 1995년 7월부터 군지역 거주자 및 농어민에게 적용되어 오다가 1999년 4월부터는 도시지역 주민에게까지 확대적용하고 있으며, 임시직, 일용직 및 5인 미만 사업장근로자를 2003년 7월부터 지역가입자에서 사업장가입자로 단체적으로 전환시키고 있다. 이로써 2006년부터 1인 이상 상시근로자를 둔 사업장은 당연사업장가입자로 전환되었다. 임의가입자는 당연적용사업장가입자와 지역가입자가 아닌 전업주부, 공무원연금 수급권자와 같은 다른 공적 연금 수급권자, 「국민기초생활보장법」에 의한 수급자 등이 연금혜택을 받기 위하여 본인의 희망에 따라 가입한 경우다. 임의계속가입자는 제도 시행 당시 이미 나이가 들거나 가입이 늦어 60세까지 가입하더라도 노령연금을 타기 위해 필요한 10년 이상의 가입기간 요건을 충족시킬 수 없는 경우 연금혜택을 받기 위하여 본인의 희망에 따라 연장하여 가입할 수 있도록 한 것이다.

연금의 재원조달방식에는 적립방식과 부과방식이 있다. 적립방식은 징수한 보험료를 적립하여 그 운용수익과 보험료를 합하여 급여지출에 충당하는 방식이고, 부과방식은 한 회계기간 내에 지출될 금액을 예상하여 이를 충당하기 위해 보험료를 징수하는 방식, 즉 일정기간의 급여소요액을 그 기간의 기여금으로 충당하는 방식이다. 우리나라의 국민연금은 수정적립방식을 취하고 있다.

표 6-4 국민연금 가입자 종류

구분		내용
가입자의 종류	사업장가입자	• 당연적용사업장의 18세 이상 60세 미만인 근로자
	지역가입자	• 사업장가입자가 아닌 18세 이상 60세 미만인 자
	임의가입자	• 사업장가입자나 지역가입자가 아닌 18세 이상 60세 미만인 자가 국민연금공단에 가입을 신청한 경우
	임의계속가입자	• 국민연금 가입자 또는 가입자였던 사람이 60세가 되어서 신청한 경우 65세까지 임의계속가입자가 될 수 있음 • 임의계속가입자는 신청하여 탈퇴할 수 있음
가입대상 제외자		• 공무원연금법, 군인연금법, 사립학교교직원연금법 및 별정우체국법의 적용을 받는 공무원, 군인, 사립학교교직원 및 별정우체국 직원 • 노령연금 수급권자 및 퇴직연금 등 수급권자 •「국민기초생활보장법」의 생계급여 · 의료급여 수급자 • 1년 이상 행방불명자 • 납부 이력이 없는 18세 이상 27세 미만으로 학생이거나 군 복무 등의 이유로 소득이 없는 사람 • 연금 가입자의 배우자이면서 소득이 없는 사람

연금은 국민연금기금에서 지급된다. 국민연금기금은 가입자가 부담하는 연금보험료와 기금운용수익금 등으로 조성되며, 연금재정의 장기적인 안전성 유지를 위해 기금의 운용수익을 최대한 증대시키면서 안정성과 공공성 등을 고려하여 운용하고 있다.

국민연금제도는 각 분야에서 정착되어 가고 있으나 지역가입자 중 실직 · 휴직 · 사업 중단 등의 사유로 연금보험료 납부예외자인 경우가 매우 많고, 자영자의 소득파악 곤란 등으로 지역가입자의 신고된 소득월액이 사업장가입자보다 낮은 수준이며, 이들의 연금보험료 미납액도 수조 원에 달하는 등 해결해야 할 과제가 있다.

따라서 내실 있는 연금보험료 납부예외자 및 미납자 관리와 지역가입자 소득수준의 적정조정으로 국민연금 적용 사각지대를 해소하고 가입자의 수급권을 보호하며 적정부담-적정급여체계의 틀을 마련하며 실질적인 전 국민 연금제도가 정착되도록

해야 할 것이다. 국민연금제도는 시행초기에 가입자의 경제적 부담을 줄이기 위하여 보험료를 낮게 책정하였다. 그러나 기금고갈을 막기 위해서는 저부담 · 고급여체계를 적정부담 · 적정급여체계로 수정해야 한다. 그리하여 정부에서는 향후 연금급여수준을 평균소득월액의 60%에서 40%로 낮추도록 법을 개정하였다. 급여수준을 낮추거나 보험료율을 높이지 않으면 머지않은 장래에 기금고갈이 예상되기 때문이다. 국민연금기금이 고갈되는 이유는 노인인구의 급속한 증가, 근로인구의 감소 외에도 정치적으로 결정된 낮은 보험료율과 높은 급여산식 때문이다. 보험료율은 직장가입자의 경우 표준보수월액의 9%로서 피용자와 사용자가 4.5%씩 부담하며, 지역가입자의 경우에는 기여금 전액을 본인이 부담한다.

2) 급여내용

국민연금급여는 지급방법에 따라 매월 정기적으로 지급하는 연금급여와 일시금급여로 분류된다. 연금급여에는 노령연금, 장애연금, 유족연금이 있고, 일시금급여에는 반환일시금, 사망일시금이 있으며, 장애등급 4급에 해당하는 자에게도 연금이 아닌 일시보상금을 지급한다.

노령연금은 20년 이상 가입하고 60세에 달한 때부터 받게 되는 완전노령연금이 주된 것이지만, 이 외에 가입기간, 소득유무 및 수급연령에 따라 감액, 재직자, 조기, 특례노령연금이 있다. 노령연금은 기본연금액과 가급연금액으로 구성되는데, 가급연금액은 연금수급권자가 연금수급권을 취득할 당시 피부양되고 있던 배우자, 18세 미만 자녀, 60세 이상의 부모가 있는 경우에 지급된다.

완전노령연금은 제도 시행 후 20년이 경과되는 2008년부터 연금이 지급되고 있다. 하지만 특례노령연금은 최초 시행(1988. 1. 1.), 농어촌지역 확대(1995. 7. 1.) 및 도시지역 확대(1999. 4. 1.) 당시 나이가 많아 연금수급을 위한 최소한의 가입기간을 채울 수 없는 45세 이상(도시지역 확대 당시는 50세 이상) 60세 미만인 자도 5년 이상 가입하고 60세가 된 경우에는 노령연금을 지급받을 수 있도록 마련된 것으로서 최초 시행 당시 가입자의 경우는 1993년부터 연금이 지급되고 있다. 이 외에 가입기간이 10년 이상 20년 미만인 자가 60세에 달한 때부터 지급받는 감액노령연금, 60세 이상 65세 미만으로서 소득이 있는 업무에 종사하고 있는 자가 연령에 따라 일정률을 감액지급받는 재직자노령연금, 가입기간이 10년 이상이고 55세 이상인 자가 소득이 있는 업무에 종사하지 않는 경우에 지급되는 조기노령연금 등이 있다.

가입 중에 발생한 질병 또는 부상으로 장애를 입은 경우에는 장애등급(1~4급)에 따라 장애연금을 지급하고, 노령연금 수급권자, 10년 이상 가입자였던 자, 가입자(1년 미만 가입자는 가입 중에 발생한 질병이나 부상으로 사망한 경우에 한함) 및 장애등급 2급 이상인 장애연금 수급권자 등이 사망한 때는 최우선순위 유족에게 유족연금이 지급된다. 여기서 유족이란 가입자 또는 가입자였던 자의 사망 당시 그에 의하여 생계를 유지하고 있던 배우자(남편의 경우는 60세 이상), 18세 미만의 자녀, 60세 이상의 부모(배우자의 부모 포함), 18세 미만의 손자녀, 60세 이상의 조부모(배우자의 조부모 포함) 순이며 장애등급 2급 이상인 자는 연령에 제한 없이 유족의 범위에 포함된다.

표 6-5 국민연금 급여종류별 수급요건 및 급여수준

급여종류	수급요건	급여수준
노령연금	• 가입기간 10년 이상으로 60세에 도달한 자(65세 미만이면 소득이 없는 경우에 한함) • 노령연금 수급권자가 65세 이전에 소득이 있는 업무에 종사하는 기간	• 기본연금액×가입기간별 지급률*+부양가족연금액 * 가입기간 10년 기준 50%에 가입기간 10년을 초과하는 1년마다 5%를 가산 • 노령연금액(月)=[(기본연금액×가입기간별 지급률)÷12]−월감액금액** ** A값을 초과하는 소득월액에 따라 감액 지급(최대 50%까지 감액)
조기노령연금	• 가입기간 10년 이상, 연령 55세 이상인 자가 소득이 있는 업무에 종사하지 않고, 60세 도달 전에 청구한 경우(소득이 있는 업무에 종사하면 지급 정지)	• [노령연금액−부양가족연금액]×연령별 지급률*+부양가족연금액 * 55세 70%, 56세 76%, 57세 82%, 58세 88%, 59세 94% 지급(55세 수급 개시 기준)

분할연금	• 배우자의 가입기간 중 혼인기간이 5년 이상인 자가 다음 요건을 모두 갖추어야 함 ① 배우자와 이혼했을 것 ② 배우자였던 사람이 노령연금 수급권자일 것 ③ 분할연금 수급권자 본인이 60세가 되었을 것(지급연령 상향 규정 적용)	• 배우자였던 자의 노령연금액(부양가족연금액 제외) 중 혼인기간에 해당하는 연금액의 1/2
장애연금	• 가입 중에 발생한 질병, 부상으로 완치 후에도 장애가 있는 자(1년 6개월이 경과된 시점의 장애정도에 따라 지급)	• 1급: 기본연금액 100%+가급연금액 • 2급: 기본연금액 80%+가급연금액 • 3급: 기본연금액 60%+가급연금액 • 4급: 기본연금액 25%(일시금)
유족연금	• 가입 중인 자의 사망(1년 미만 가입자는 가입 중에 발생한 질병, 부상으로 사망한 경우에 한함) • 노령연금 수급권자의 사망 • 10년 이상 가입자였던 자의 사망 –10년 미만 가입자였던 자는 가입 중의 질병으로 가입 중 초진일 또는 가입자 자격상실 후 1년 이내의 초진일로부터 2년 이내에 사망 • 장애등급 2급 이상의 장애연금수급권자의 사망	• 순위: 배우자, 자녀, 부모, 손자녀, 조부모 • 사망자의 가입기간이 –10년 미만: 기본연금액 40%+가급연금액 –10년 이상~20년 미만: 기본연금액 50%+가급연금액 –20년 이상: 기본연금액 60%+가급연금액
반환일시금	• 10년 미만 가입자가 60세에 도달했거나 국적 상실 또는 국외이주한 때 • 사망한 때(유족연금이 지급되지 않는 경우에 한함) • 타 공적 연금 가입자가 된 때	• 연금보험료+가입기간 동안의 이자(3년 만기 정기예금이자율 적용)+지급사유발생일까지의 가산금(1년 만기 정기예금이자율 적용)
사망일시금	• 가입자(또는 가입자였던 자)가 사망하였으나 유족연금 또는 반환일시금을 지급받을 수 있는 유족이 없는 경우	• 반환일시금 상당액

단기급여 중 반환일시금은 가입기간이 10년 미만인 자가 60세 도달, 사망(유족연금이 지급되지 않는 경우), 국적상실 또는 국외이주한 때, 타 공적 연금법의 적용을 받는 직원(공무원, 군인, 사립학교 교직원, 별정우체국 직원)이 된 때 납부한 연금보험료에 일정한 이자를 가산하여 본인 또는 유족에게 지급하는 일종의 청산적 성격의 급여라는 점에서 장기적인 소득보장제도인 국민연금제도에서는 예외적으로 인정되는 급여다.

사망일시금은 가입자 또는 가입자이었던 자가 사망하였으나 유족연금 또는 반환일시금을 지급받을 유족이 없는 경우에 그 자에 의해 생계를 유지하고 있던 배우자, 자녀, 부모, 손자녀, 조부모, 형제자매 또는 4촌 이내의 방계혈족에게 지급하는 장제부조금 성격의 급여로서 반환일시금에 상당하는 금액을 지급한다.

국민연금의 주요 문제점은 자영자의 소득이 정확히 파악되지 않아 소득재분배가 되도록 설계된 급여산식에 따라 정직하게 보험료를 납부하는 피보험자가 손해를 볼 수 있으며, 지역가입자의 상당수가 납부예외자로 인정받아 보험료를 납부하지 않고 있어 노후보장을 받지 못할 가능성이 있다는 것이다.

3. 건강보험

1) 정의와 특성

질병에 걸리면 신체적 · 정신적 고통뿐 아니라 그 치료에 소요되는 의료비가 필요하고, 소득이 중단되어 경제적 곤란을 겪게 된다. 건강보험은 이 같은 경우에 대비하기 위한 사회보험으로서 의료비 지출부담을 건강보험가입자 모두에게 분산하여 국민의 생활안정을 도모하기 위한 것이다. 국민건강보험제도는 생활상의 질병, 부상에 대한 예방, 진단, 치료, 재활과 출산, 사망 및 건강증진에 대하여 보험급여를 실시함으로써 국민보건을 향상시키고 사회보장을 증진하기 위한 사회보험제도다.

우리나라의 건강보험은 처음에는 의료보험이라는 이름으로 1977년 500인 이상의 사업장을 대상으로 시작하였다가 적용대상을 점차 확대하여 1988년부터는 농어촌과 도시자영업자가 지역의료보험으로 포함되었다. 과거의 의료보험은 별개의 의료보험 조합에 따라 운영되는 조합주의방식이었으나 이를 통합하여 1999년 1월 「국민건강보험법」이 통과되고 2000년 7월부터 시행되고 있다.

- 1963. 12.: 「의료보험법」 제정(300인 이상 사업장 조합 임의설립)
- 1976. 12.: 「의료보험법」 전문개정
- 1977. 7.: 500인 이상 사업장근로자 의료보험 실시(최초 강제적용)
- 1979. 1.: 공무원 및 사립학교교직원 의료보험 실시
- 1979. 7.: 300인 이상 사업장까지 의료보험 확대
- 1987. 2.: 한방의료보험 전국 실시
- 1988. 1.: 농어촌지역의료보험 실시
- 1988. 7.: 5인 이상 사업장까지 의료보험 당연적용 확대
- 1989. 7.: 도시지역의료보험 실시(제도 도입 후 12년 만에 전 국민 의료보험 실시)
- 1989. 10.: 약국의료보험 실시
- 1998. 10.: 공무원 · 사립학교교직원 의료보험 및 227개 지역의료보험 조합 통합
  ⇒ 국민의료보험관리공단 업무 개시
- 2000. 7.: 의료보험조직 완전통합(국민의료보험관리공단 및 139개 직장조합 통합)
  ⇒ 국민건강보험공단 및 건강보험심사평가원 업무 개시
- 2003. 7.: 직장 · 지역가입자 재정통합 운영

건강보험가입자는 직장가입자 및 지역가입자로 구분된다. 모든 사업장의 근로자 및 사용자와 공무원 및 교직원은 직장가입자가 되며, 직장가입자 및 그 피부양자를 제외한 농어촌주민, 도시자영업자 등은 지역가입자가 된다.

건강보험의 재원조달방식은 가입자 및 사용자로부터 징수한 보험료와 국고 및 건

강증진기금 등 정부지원금을 재원으로 하는 형태다. 보험료는 임금근로자가 대상인 직장가입자의 경우에는 소득비례정률제가 적용되며, 농어민과 도시자영자 등 지역가입자의 경우에는 대상범위가 광범위할 뿐 아니라 소득형태가 다양하고 정확한 소득파악에 어려움이 있어 소득비례정률제 대신 등급별 정액제(소득, 재산, 생활수준 등)를 적용하고 있다. 직장가입자의 경우 근로자가 일정기간 동안 지급받은 보수를 기준으로 등급별로 산정한 표준보수월액에 보험료율을 적용하여 산정한 금액을 가입자와 사용자가 각각 1/2씩 부담하고 있으며, 지역가입자의 경우에는 소득 · 재산, 생활수준 등 부과요소별 점수를 합산하여 등급별 적용점수를 산출한 후 적용점수당 단가를 곱하여 산정하여 세대별로 부과하고 있다.

건강보험가입자는 직장가입자와 지역가입자로 구분된다. 직장가입자는 상시근로자 1인 이상 사업장의 근로자와 사용자, 공무원, 교직원이다. 직장가입자의 피부양자는 직장가입자의 배우자, 직계존속, 직계비속과 그 배우자, 형제자매다. 지역가입자

표 6-6 재원조달체계

구분		직장근로자	농어민, 도시자영자
재원조달	보험료	• 보수월액의 7.09%(2024년) • 사용자, 근로자가 각 50%씩 부담 • 사용자가 원천징수하여 공단에 납부 • 공무원은 본인, 정부가 각 50%씩 부담 • 사립학교 교직원은 본인, 학교경영자, 정부가 각각 50%, 30%, 20%씩 부담	• 소득, 재산(자동차 포함), 성 · 연령 등 등급별 적용점수를 합산한 보험료부과점수에 점수당 단가를 곱한 금액 • 세대의 지역가입자가 연대하여 납부
	국고부담	해당연도 보험료 예상수입액의 14%	
	건강증진기금	해당연도 보험료 예상수입액의 6%(단, 부담금 예상수입액의 65% 이내)	

표 6-7 보험급여체계(외래)

기관종별	소재지	본인부담액
상급종합	모든 지역	• 진찰료 총액+(요양급여비용 총액−진찰료 총액)×60/100
종합병원	동 지역	• 요양급여비용 총액×50/100
	읍 · 면 지역	• 요양급여비용 총액×45/100
병원	동 지역	• 요양급여비용 총액×40/100
	읍 · 면 지역	• 요양급여비용 총액×35/100
의원	모든 지역	• 요양급여비용 총액×30/100 ※ 65세 이상 노인 1,500원(방문당 요양급여비용 총액이 15,000원을 초과하지 않는 경우)
보건소	모든 지역	• 요양급여비용 총액×30/100
기타	−	• 약국 → 요양급여비용 총액의 30% ※ 65세 이상 노인 1,000원(방문당 요양급여비용 총액이 10,000원을 초과하지 않는 경우) • 6세 미만 아동 → 성인 본인부담비율의 70%

주: 입원−요양급여비용 총액의 20%(단, 식대는 50%), 신생아 및 자연분만은 면제, 6세 미만 아동은 10%

는 직장가입자와 그 피부양자 및 의료급여대상자를 제외한 자다.

가입자 또는 피부양자가 요양급여를 받는 경우에는 진료비용의 일부를 본인이 부담하여야 하는데, 입원의 경우에는 총진료비의 20%, 외래의 경우에는 요양기관 종별에 따라 30~50%를 차등적용한다. 건강보험의 재원조달방식으로는 조세에 의한 방식과 기여금에 의한 방식이 있다. 우리나라의 경우는 기여금에 의해 재원을 조달하는데 피보험자와 사용자가 절반씩 부담한다.

2) 급여내용

건강보험급여의 종류에는 의료서비스를 제공하는 현물급여와 의료비 상환제도인 현금급여가 있다. 우리나라는 현물급여를 원칙으로 하되 현금급여를 병행하고 있다.

표 6-8 건강보험급여의 종류

현물급여	요양급여	요양기관으로부터 치료, 예방, 재활, 입원, 간호, 이송 등에 대해 직접 의료서비스를 제공받는 것
	건강검진	2년마다 1회 이상 실시(비사무직 종사 직장가입자는 1년에 1회 실시)
현금급여	요양비	출산비, 요양기관 이외의 의료기관 이용 시 진료비 보상, 만성신부전증환자의 복막관류액 구입 시 요양비 지급
	장애인보장구 급여비	가입자(피부양자)가 장애인보장구 구입 시 1인당 내구연한기간 내에 1회 지급
	본인부담금 보상금	요양급여를 받은 본인일부 부담금이 동법 시행령 제25조 기준을 초과한 경우 공단이 초과금액의 일부를 보상

현물급여에는 가입자 및 피부양자의 질병, 부상, 출산 등에 대한 요양급여, 건강검진이 있고, 현금급여에는 요양비, 장제비, 장애인보장구급여비, 본인부담금보상금이 있다.

건강보험에는 소득대체급여로서 상병수당이라는 원래적 의미의 현금급여가 존재하지 않는다. 다만, 편의상 현금으로 지급되는 것을 현금급여로 구분하고 있다. 현재 국민건강보험의 현금급여는 실제로는 현물로 제공되어야 하는 것에 대해 현금으로 그 비용을 지불하는 것뿐이다. 급여는 아니지만 본인부담상한제가 있는데, 급여부분 중 본인이 부담한 비용의 총액이 6개월간 200만 원을 초과한 경우에 그 초과한 금액을 공단이 부담하는 제도다.

국민건강보험이 제대로 작동하기 위해서는 의료공급 인프라가 갖추어져야 한다. 그런데 우리나라의 경우 1차, 2차 및 3차 진료기관의 특성에 따른 의료서비스 전달이 제대로 작동하지 않고 있으며, 농촌과 도시의 의료공급 격차가 심하고, 핵심 진료과목인 내과나 외과 등은 의사의 공급이 부족한 반면에 비급여항목이 많은 성형외과 등은 우수인력이 몰려서 의료인력의 수급에 문제가 있는 등 의료공급상의 문제점이 발생하고 있다.

4. 산업재해보상보험

1) 정의와 특성

산업재해보상보험은 근로자가 업무수행 또는 업무수행과 관련하여 사고, 질병, 사망한 경우에 근로자 본인의 치료, 본인이나 부양가족의 생계를 보장하기 위한 사회보험제도다. 산재보험은 증가하는 산업재해에 대하여 근로자의 건강과 생활안정을 도모하기 위한 것이지만 사업주에게도 막대한 보상이나 배상에 따른 기업의 불안정을 예방하는 효과를 가지며 국가적으로도 경제발전에 도움이 된다.

「산업재해보상보험법」이 도입되기 전에는 산재를 당하는 경우에 근로자는 「민법」에 의해 손해배상을 받을 수 있었으나 이 경우 사업주의 과실에 대해 근로자가 증명해야 했다. 그러나 근로자의 과실증명이 쉽지 않아 보상을 받지 못하거나, 사업주가 보상하고자 해도 보상능력이 없어 보상받지 못하는 경우가 발생함에 따라 보험방식으로 근로자를 보호하게 된 것이다. 산재보험은 사업장에서 발생하는 재해나 직업병, 근로에 기인하는 사고(업무상 출장 등) 발생 시 소득을 보장해 주기 위한 것이며, 급여종류에는 현물 또는 서비스와 현금급여가 있다. 현물급여는 산업재해나 직업병으로 인하여 요양이 필요할 경우와 재활을 위한 기기나 서비스를 필요로 하는 경우에 제공된다. 현금급여에는 단기급여와 장기급여가 있다. 장기급여에는 장해가 발생할 경우의 장해급여와 사망 시 유족에 대해 지급하는 유족급여, 간병이 필요할 때 적용되는 간병급여(현물로 제공되는 경우도 있음) 등이 포함된다. 보험료는 보통 사업주가 전액부담한다.

산재보험은 1964년 500인 이상 근로자를 가진 광업과 제조업에서부터 시행되어 2000년에 1인 이상 사업장까지 점차적으로 확대되었다.

- 1964: 상시근로자 500인 이상 광업, 제조업

- 1965: 200인 이상 사업장
- 1966: 150인 이상 사업장
- 1967: 100인 이상 사업장
- 1968: 50인 이상 사업장
- 1973: 30인 이상 사업장
- 1983: 10인 이상 사업장
- 1996: 5인 이상 사업장
- 2000: 1인 이상 사업장

산재보험료는 사용자의 무과실책임주의에 입각하여 사용자가 부담한다. 산재보험료는 해당사업장의 당해 연도 임금총액에 동종사업에 적용되는 보험료율을 곱한 금액으로 한다. 업종별 보험료율은 과거 3년간 재해율을 기초로 보험급여에 필요한 금액을 감안하여 산정한다.

우리나라의 산재보험은 사업주 책임보험의 성격을 띠고 있는데, 그 이유는 「산재보험법」의 입법이 「근로기준법」의 산재보상에 대한 규정을 근거로 이루어졌으며, 현 「산재보험법」에서 근로자를 피보험자로 명확히 규정하고 있지 않고, 사업주의 산재사고에 대한 신고의무가 「산재보험법」이 아닌 「산업안전보건법」에 명시되어 있기 때문이다. 즉, 사업주가 산재보험으로 사고를 처리하지 않더라도 근로자가 보상을 받으면 되는 것으로 인정하고 있는 것이다. 이러한 성격은 사업주가 보험료를 전액 부담하며, 업종별 보험료율과 실적요율을 병행한다는 점에서도 일부 나타난다. 또 다른 특징으로는 사업주의 고의나 과실이 있는 경우에 「민법」에 의한 손해배상이 가능하며, 산재보상 이외에 추가적 보상을 위한 소송이 발생할 가능성이 많다는 점이다.

2) 급여내용

산업재해보상보험 급여종류에는 요양급여, 휴업급여, 장해급여, 유족급여, 간병급

여, 상병보상연금, 장의비, 직업재활급여가 있다. 이 중에는 현물급여도 있고 현금급여도 있다. 현금급여는 부상이나 장애로 인하여 요양이 필요하거나 장애에 의해 보장구가 필요한 경우에 지급되며, 사망 시 지급되는 장의비 등이 있다. 긴급을 제외한 요양 시에는 산재보험 지정병원을 이용해야 한다.

현금급여는 요양으로 인하여 근로를 할 수 없을 경우 한시적으로 평균임금의 70%에 해당하는 휴업급여가 지급되는데, 2년 이상 장기 요양자가 폐질자로 판정된 경우 요양급여와 병행하여 1급에서 3급에 해당하는 장해급여의 금액을 상병보상연금으로 지급한다.

장기급여 성격을 띠는 급여로는 장해급여, 유족급여, 간병급여 등이 있다. 장해급여는 14개 등급으로 구분되는 장해등급표에 의거하여 8~14급은 일시금으로 지급되고, 4~7급은 연금과 일시금 중에서 선택할 수 있으며, 1~3급은 연금으로 지급된다. 유족급여는 연금과 일시금으로 나눌 수 있는데, 연금의 경우 평균임금의 47%를 기준으로 연금수급 자격자 1인당 5%씩 증가하며, 상한액은 급여기초연액의 67%다. 유족연금 수급자격이 있는 유족의 범위는 처, 60세 이상 또는 중증장애가 있는 남편·모·조부모, 18세 미만 또는 중증장애가 있는 자녀나 손자녀, 60세 이상 또는 18세 미만의 형제자매 등이다. 유족일시금은 유족연금을 지급하기 곤란한 경우에 지급되며

표 6-9 산재보험 급여종류

급여종류	정의	지급요건	급여형태
요양급여	• 업무상 부상 또는 질병에 걸렸을 때 의료기관에서 상병의 치료에 소용되는 비용을 치유 시까지 지급하는 현물급여(지정의료기관에서의 치료)	•「산업재해보상보험법」이 적용되는 사업장의 근로자일 것 • 업무상 부상 또는 질병일 것 • 부상 또는 질병이 4일 이상의 요양을 요할 것	일시금
휴업급여	• 부상 또는 질병으로 인해 취업하지 못한 기간에 대해 피재근로자와 그 가족의 생활보호를 위해 임금 대신 지급	• 요양으로 인해 4일 이상 취업하지 못한 경우 • 임금을 받지 못하는 경우	일시금

<table>
<tr><td rowspan="2">장해급여</td><td rowspan="2">• 업무상 재해의 치유 후 당해 재해와 인과관계가 있는 장해가 남게 되는 경우 장해정도에 따라 지급하는 급여</td><td>• 업무상 재해가 치유된 후 장해등급 8~14급 장해 잔존 시</td><td>일시금</td></tr>
<tr><td>• 업무상 재해가 치유된 후 장해등급 1~7급 장해 잔존 시
(4~7급은 연금 또는 일시금 중 선택 가능)</td><td>연금</td></tr>
<tr><td>상병보상
연금</td><td>• 2년이 경과하여도 치유되지 아니하고 요양이 장기화됨에 따라 해당 피재근로자와 그 가족의 생활안정을 도모하기 위해 휴업급여 대신에 보상수준을 향상시켜 지급하게 되는 연금으로서의 급여</td><td>• 당해 부상 또는 질병이 2년이 경과되어도 치유되지 않았을 경우
• 부상 또는 질병의 정도가 폐질등급 1~3급에 해당할 것</td><td>연금</td></tr>
<tr><td>직업재활
급여</td><td>• 장해급여 또는 진폐보상연금을 받은 자나 장해급여를 받을 것이 명백한 자로서 취업을 위하여 직업훈련이 필요한 자에 대해 실시하는 직업훈련에 드는 비용 및 직업훈련수당</td><td>• 직업훈련은 공단과 계약을 체결한 직업훈련기관에서 실시할 것
• 직업훈련에 드는 비용은 직업훈련기관에 지급
• 직업훈련비용 지급 훈련기간은 12개월 이내</td><td>일시금</td></tr>
<tr><td>간병급여</td><td>• 요양급여를 받는 자가 의학적으로 상시 또는 수시로 간병이 필요하여 실제로 간병을 받는 자에게 지급하는 보험급여</td><td>• 요양급여를 받은 자가 치유 후에도 장해등급 1급 또는 2급에 해당하는 자 중 동법 시행령 별표 2의2 규정에 해당하는 자</td><td>일시금</td></tr>
<tr><td>유족급여</td><td>• 피재근로자의 사망 시 그 유족의 생활보장을 위해 지급되는 급여</td><td>• 업무상 사망 또는 사망으로 추정되는 경우</td><td>연금지급원칙
(수급권자가 원하면 연금과 일시금 각각 50% 지급)</td></tr>
<tr><td>장례비</td><td>• 근로자가 업무상 사유로 사망한 경우 그 장제에 소요되는 비용에 대하여 지급</td><td>• 사망 후</td><td>일시금</td></tr>
</table>

금액은 평균임금의 1,300일분이다. 간병급여는 장해등급의 1급과 2급에 해당하는 자중 간병을 필요로 하는 사람에게 지급되며 상시간병급여와 수시간병급여가 있다.

산재보험의 문제점으로는 업종별 보험료율 차이가 지나치게 크다는 점, 산재예방과 산재보험의 직접적 관계가 적다는 점, 재활급여가 부족하다는 점, 동일한 상병명의 요양기간이 건강보험보다 많이 길다는 것 등 관리상의 문제가 발생하고 있다는 점이다.

5. 고용보험

1) 정의와 특성

자본주의 경제는 생산력의 발전이라는 최대의 장점을 갖고 있음에도 불구하고 많은 결함 또한 갖고 있다. 그중 대표적인 것의 하나가 실업이다. 특히 자본주의 경제순환, 즉 호황과 불황을 반복하는 특성 때문에 실업문제는 그 정도의 차이에도 불구하고 풀기 어려운 문제다. 실업은 실업자에게 소득의 상실과 이에 따른 빈곤화는 물론, 사회적 역할의 상실 및 그에 따른 심리적 · 가정적 문제를 야기하게 된다. 실업보험은 이에 대한 대책으로 마련된 사회보험이다.

실업은 근로자에게 가장 커다란 위험요인이 될 수 있음에도 불구하고 위험의 상호의존이라는 보험기법으로는 보호하기 힘든 성격을 지니기 때문에 실업보험의 도입이 가장 늦게 이루어졌다. 즉, 산재나 노령, 질병 등의 경우에는 어느 정도 예측이 가능하고 위험이 상호독립적으로 발생하기 때문에 보험재정 측면에서 안정적일 수도 있으나 실업은 예측이 불가능하고 동시적으로 발생하기 때문에 보험재정 측면에서 안정적이지 못하기 때문이다. 또한 실업보험은 자발적 실업 등 도덕적 해이 가능성이 많기 때문에 일정기간 보험료를 납부하고 실업이라는 보험사고가 발생하더라도 다른 요건, 즉 근로능력과 근로의도라는 추가적 요건이 충족되어야 급여가 지급된다.

표 6-10 고용보험 확대과정

보험사업별	적용대상 사업장 규모						
	1995.7.~1996.12.	1997.1.~1997.12.	1998.1.~1998.2.	1998.3.~1998.6.	1998.7.~1998.9.	1998.10.~2003.12.	2004.1.~현재
실업급여, 고용안정사업	30인 이상	30인 이상	10인 이상	5인 이상	5인 이상	1인 이상	1인 이상
직업능력개발사업	70인 이상	70인 이상	50인 이상	50인 이상	5인 이상	1인 이상	1인 이상
건설업(총공사금액)	40억 원	44억 원	34억 원	34억 원	3억 4천만 원	3억 4천만 원	2천만 원

우리나라에서는 실업보험이라는 용어 대신 고용보험이라고 하는데, 이는 우리나라의 고용보험제도가 노동자가 실업을 당했을 때 생계안정을 위해 일정기간 급여를 지급하는 외에 취업알선을 통하여 재취업을 촉진하고 고용을 안정시키며 노동자의 직업능력을 개발하는 목적을 갖고 있기 때문이다. 고용보험제도는 1993년 12월 「고용보험법」이 제정되어 1995년 7월부터 시행되었다.

2) 급여내용

우리나라의 고용보험제도는 실업에 대한 현금보상이자 소극적 노동시장정책인 실업급여사업 이외에도 어려운 경제여건에도 불구하고 사업주가 해고하지 않고 일자리를 유지하는 경우나 취업이 힘든 취약계층을 취업시키는 경우에 이들을 고용한 사업주에게 지원하는 고용안정사업, 근로자에게 직업훈련을 시키는 경우나 근로자 스스로 직업훈련을 받는 경우에 근로자에게 지원하는 직업능력개발사업 등의 적극적 노동시장정책을 포함한다.

실업급여사업은 실업에 따른 임금상실을 보전해 주기 위한 급여이지만 출산으로 인하여 휴직하는 경우에 지급되는 급여도 실업급여사업에 포함된다. 실업급여사업에는 구직급여와 취업촉진수당이 있다. 구직급여는 실업 이전 18개월간 180일 이상

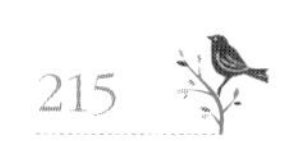

표 6-11 고용보험 보험료율 및 부담주체

사업별		보험료율(%)	보험료 산정	부담주체
실업급여		1.8	임금총액×보험료율 (일용근로자의 임금은 제외)	사업주와 근로자가 반씩 부담
고용안정 사업 및 직업능력 개발사업	150인 미만 기업	0.25	임금총액×보험료율 (일용근로자의 임금 포함)	사업주가 전액부담 (기업규모에 따라 보험료율 차등화)
	150인 이상 (우선지원대상 기업)	0.45		
	150인 이상~ 1,000인 미만 기업	0.65		
	1,000인 이상 기업	0.85		

보험료를 납부하고, 본인의 귀책사유로 해고당하거나 자발적으로 이직하지 않은 근로능력과 근로의사를 가진 실업자에게 지급된다. 1주일의 대기기간이 있으며, 1주에서 4주 범위 내에서 고용지원센터가 지정한 날 재취업을 위한 노력을 하였음을 보이고 실업인정을 받게 되며, 해당 실업기간에 대해 평균임금의 50%가 지급된다. 지급기간은 연령과 보험료 납부기간에 따라 최소 90일부터 최대 240일까지이며, 질병이나 부상으로 인해 실업인정을 받지 못한 경우에는 상병급여가 지급된다.

취업촉진수당은 조기재취업수당, 직업능력개발수당, 광역구직활동비, 이주비 등으로 구분된다. 조기재취업수당은 실업급여 수급자가 실업급여 수급일을 남기고 재취업한 경우에 지급된다. 직업능력개발수당은 실직기간 중 지방노동관서의 소개로 직업능력개발훈련을 받는 경우에 지급되는 교통비와 식대를 말하고, 광역구직활동비는 지방노동관서의 소개로 거주지에서 50km 이상 떨어진 지역에서 구직활동을 할 경우에 지급되는 교통비와 숙박료를 말한다. 그리고 이주비는 취업 또는 직업능력개발훈련을 받기 위해 주거를 이전할 경우에 지급되는 이주비를 말한다.

고용안정사업에는 고용창출지원사업, 고용조정지원사업, 고용촉진사업, 고용촉진시설지원사업, 건설근로자에 대한 고용지원사업 등이 있다. 고용창출지원사업에는 중소기업근로시간 단축지원금, 교대제전환지원금, 중소기업고용환경개선지원금, 중소기업전문인력채용장려금, 중소기업신규업종진출지원금이 있다. 고용조정지원사업에는 고용유지지원금, 전직지원장려금, 재고용장려금이 있다. 고용촉진사업에는 고령자고용촉진장려금, 신규고용촉진장려금, 중장년훈련수료자채용장려금이 있다. 고용촉진시설지원사업에는 직장보육교사 등 임금지원, 직장보육시설 설치비용 융자 및 무상지원이 있다. 건설근로자고용안정지원사업에는 건설근로자퇴직공제부금지원, 건설근로자고용안정지원금이 있다.

직업능력개발훈련에는 사업주지원사업, 근로자지원사업이 있다. 사업주지원사업에는 직업능력개발훈련지원, 유급휴가훈련지원, 해외직업능력개발훈련지원, 건설근로자에 대한 훈련비용지원이 있다. 근로자지원사업에는 근로자수강지원금지원, 근로자학자금비용대부가 있다.

고용보험의 문제점으로는 실업급여사업의 경우 실업자 중 실업급여를 지급받는 사람의 비율이 상대적으로 낮다는 점, 고용안정사업의 경우 실효성이 없는 사업이 많다는 점, 직업능력개발사업의 경우 지원조건이 까다로워서 영세사업장의 경우에는 지원받기 힘들다는 점 등이 있다.

표 6-12 고용보험 급여종류

구분	내용
고용안정사업	고용창출지원사업, 고용조정지원사업, 고용촉진지원사업, 고용촉진시설지원사업, 건설근로자고용안정지원사업
직업능력개발사업	사업주지원사업, 근로자지원사업
실업급여	구직급여, 취업촉진수당, 연장급여, 상병급여
모성보호급여	출산전후휴가급여, 육아휴직급여, 육아기근로시간단축급여

6. 노인장기요양보험

1) 정의와 특성

2008년 7월부터 시행되고 있는 노인장기요양보험제도는 국민연금, 건강보험, 산재보험, 고용보험에 이은 다섯 번째 사회보험으로서, 치매 · 중풍 등 노인성 질환 등으로 타인의 도움 없이는 혼자 살기 어려운 노인에게 간병 · 수발, 목욕, 간호 · 재활 등의 요양서비스를 국가와 사회의 공동책임하에 제공하는 제도다. 노인장기요양보험제도는 치료를 목적으로 하는 것이 아니라 노화 및 노인성 질환, 기타 사유 등에 의한 장애로 인해 일상생활상의 불편이나 의존적 상태에 있는 대상자에게 간병, 수발, 일상생활 지원 등의 수발서비스를 제공함으로써 노인의 자립생활을 지원하고, 노인 부양가구의 부담을 경감하는 것을 목적으로 하는 제도다. 노인장기요양보험제도에서는 노인요양시설과 재가서비스기관에서 서비스와 급여를 제공한다. 만일 노인 중에서 질병 치료를 위한 진료와 투약을 필요로 하는 경우에는 건강보험제도의 급여와 노인장기요양보험제도의 급여를 동시에 받을 수 있다.

노인장기요양보험제도가 도입되면서 지금까지 저소득층 위주의 선별적인 요양보호 체계에서 요양보호가 필요한 모든 노인을 포괄하는 보편적 체계로 전환되고, 국가가 시혜적으로 제공하는 서비스에서 탈피하여 서비스의 권리성과 선택성이 보장되는 이용자 중심의 서비스체계로 전환되며, 국가 · 가족 · 지역사회 · 기업 등 다양한 복지주체가 참여하게 된다. 또한 사회적 연대에 의한 요양보호비용을 확보하고, 재가복지를 우선하고, 예방 및 재활에 중점을 두고, 욕구에 맞는 서비스를 제공하고, 보건의료 및 복지서비스의 효율적 제공을 위한 케어관리체계를 확립하는 등의 변화가 일어난다.

노인장기요양보험제도의 가입자는 국민건강보험에 가입한 전 국민을 대상으로 한다. 노인장기요양보험제도의 서비스를 받을 수 있는 수급권자는 65세 이상 노인으로서 본인, 가족, 대리인 등이 시 · 군 · 구 또는 시 · 군 · 구에 설치된 등급판정위원회에

표 6-13 등급 판정기준

등급	장기요양점수
1등급 (최중증)	심신의 기능상태장애로 일상생활에서 전적으로 다른 사람의 도움이 필요한 자로서 장기요양인정점수가 95점 이상인 자
2등급 (중증)	심신의 기능상태장애로 일상생활에서 상당 부분 다른 사람의 도움이 필요한 자로서 장기요양인정점수가 75점 이상 95점 미만인 자
3등급	심신의 기능상태장애로 일상생활에서 부분적으로 다른 사람의 도움이 필요한 자로서 장기요양인정점수가 60점 이상 75점 미만인 자
4등급	심신의 기능상태장애로 일상생활에서 일정부분 다른 사람의 도움이 필요한 자로서 장기요양인정점수가 51점 이상 60점 미만인 자
5등급	치매환자로서 장기요양인정점수가 45점 이상 51점 미만인 자

요양급여 신청을 해야 한다. 신청에 의거하여 장기요양 등급판정조사를 실시한 후 그 결과를 토대로 수발급여 여부를 결정한다. 장기요양 인정 여부 및 등급은 사회복지사 등의 자격을 가진 요양관리사나 간호사, 사회복지전담공무원에 의한 1차 방문조사 결과를 토대로 의사 및 간호사 등 전문가로 구성된 시 · 군 · 구 단위의 등급판정위원회에서 최종적으로 결정한다. 장기요양등급은 대상자의 심신상태, 서비스 필요 정도 등을 기반으로 요양 필요시간을 산정하여 5등급으로 구분한다.

장기요양보호를 필요로 하는 노인은 요양등급별 월한도액 범위 내에서 서비스 이용이 가능하며, 월한도액을 초과하는 비용은 본인이 부담해야 하는데, 재가급여는 총급여비용의 15%, 시설급여는 20%를 본인이 부담해야 한다.

이 제도를 시행하면 시설입소 대상자가 입소할 수 있는 시설을 추가로 설치해야 하므로 정부에서는 노인요양보장 인프라 종합투자계획을 마련하여 장기요양수요 충족을 위해 장기요양기관을 공급하였다. 그리고 제도 도입 초기에 지역별 수급불균형문제를 해소하기 위하여 기초자치단체별로 최소한 1개소 이상의 장기요양기관 신축을 독려하고 있으며, 도서 · 벽지 등 기관이 부족한 지역은 특별현금급여를 제공한다.

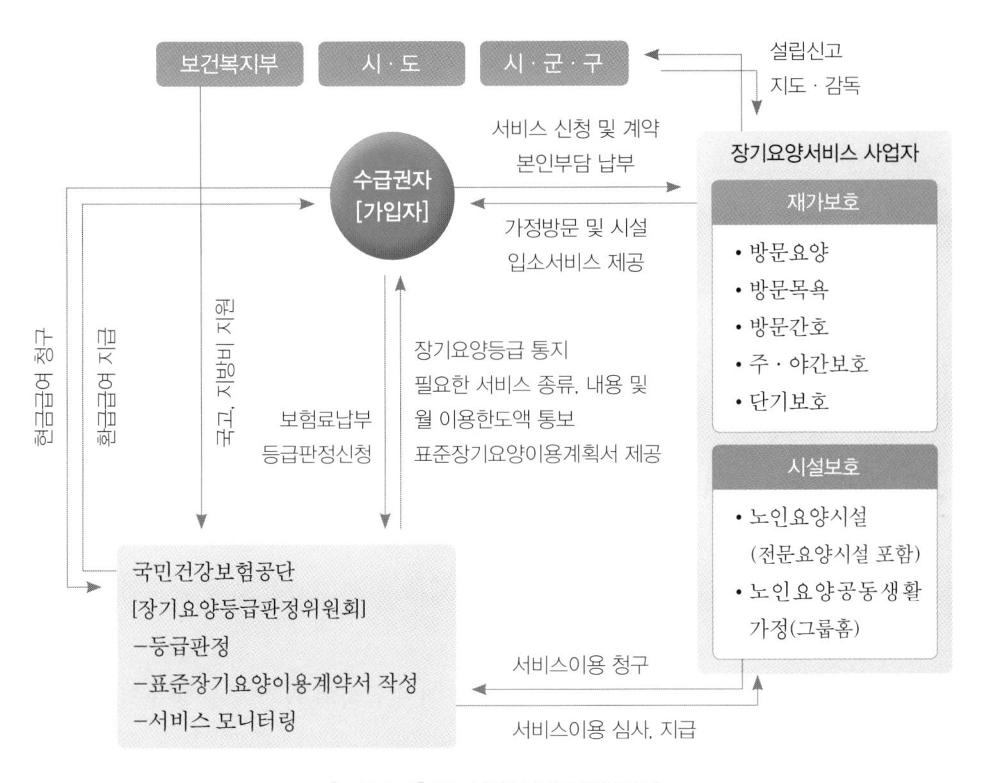

[그림 6-1] 장기요양서비스전달체계

표 6-14 요양보호사 교육과정

구분		총시간	이론	실기	현장실습
신규자		240	80	80	80
국가자격 (면허)소지자 국가자격	사회복지사	50	32	10	8
	간호사	40	26	6	8
	물리치료사, 작업치료사, 간호조무사	50	31	11	8

(국가자격 또는 면허 소지자는 요양보호사 교육과정 수강 전에 해당 자격증 또는 면허증을 발급받은 사람)

노인장기요양보험제도의 수발서비스 제공주체는 시설서비스 및 재가서비스기관에 소속된 장기요양요원이다. 장기요양요원에는 요양관리사(care manager)와 요양보호사(care worker)가 있다. 요양관리사는 서비스를 계획, 조정, 평가하는 업무를 담당하는데 별도의 국가자격제를 두지 않고 간호사, 사회복지사 등을 직원으로 선발하여 교육 후에 활용한다. 요양보호사는 일정시간의 교육과정을 이수하고 필기시험을 통과해야 한다. 요양보호사는 노인요양시설에 소속되거나 가정방문을 통하여 요양보호 대상노인에게 요양서비스 제공계획에 따라 필요한 서비스를 제공하는 자다.

2) 급여내용

노인장기요양보험 급여종류에는 재가급여, 시설급여, 특별현금급여가 있다.

재가급여로는 다음과 같은 것들이 있다.

- 방문요양: 수급자 가정 등을 방문하여 신체활동 및 가사활동 등을 지원하는 요양급여
- 방문목욕: 목욕설비를 갖춘 장비를 이용하여 수급자의 가정 등을 방문하여 목욕을 시켜 주는 급여
- 방문간호: 수급자의 가정 등을 방문하여 요양상의 간호, 진료의 보조 또는 요양상의 상담 등을 제공하는 급여
- 주 · 야간보호: 하루 중 일정시간 동안 장기요양기관에 보호하여 신체활동 지원 및 기능회복훈련 등을 제공하는 급여
- 단기보호: 일정기간 동안 장기요양기관에 보호하여 신체활동 지원 및 기능회복훈련 등을 제공하는 급여

시설급여는 노인요양시설과 노인요양공동생활가정 등에 장기간 동안 입소시켜 신체활동 지원 및 기능회복훈련 등을 제공하는 급여다.

특별현금급여로는 다음과 같은 것들이 있다.

- 가족비: 도서 · 벽지 등 장기요양기관이 현저히 부족한 지역에 거주하는 자, 천

재지변, 그 밖에 이와 유사한 사유로 인하여 가족 등으로부터 장기요양을 받아야 하는 자 등의 수급자가 가족 등으로부터 방문요양에 상당한 급여를 받은 때에 지급

- 특례요양비: 수발기관으로 지정되지 않은 노인요양시설 등의 기관 또는 시설에서 재가급여 또는 시설급여에 상당한 급여를 받은 경우에 급여비용의 일부를 지급
- 요양병원간병비: 노인전문병원 또는 요양병원에 입원한 때에 수발에 소요되는 비용의 일부를 지급

제 7 장

노인복지

1. 노인의 정의와 현황
2. 노인문제와 고령화의 사회적 효과
3. 노인복지의 정의와 원칙
4. 노인복지전달체계
5. 노인복지대책

1. 노인의 정의와 현황

1) 노인의 정의

국제노년학회에서는 노인이란 인간의 노화과정에서 나타나는 생리적 · 심리적 · 환경적 변화 및 행동적 변화가 복합적으로 상호작용하는 과정에 있는 사람이라고 규정하고, 다음과 같은 다섯 가지 특성을 지닌 사람을 의미한다고 하였다. 즉, 환경 변화에 적절히 적응할 수 있는 조직기능이 감퇴되고 있는 사람, 생체의 자체 통합능력이 감퇴되고 있는 사람, 인체의 기관, 조직, 기능에 쇠퇴현상이 일어나는 시기에 있는 사람, 생활상의 적응능력이 결손되어 가고 있는 사람, 조직의 예비능력이 감퇴하여 적응이 제대로 되지 않는 사람이다. 이처럼 노인은 노화과정 또는 그 결과로서 생리적 · 심리적 · 사회적 기능이 약화되어 자립적 생활능력과 환경에 대한 적응능력이 약화되고 있는 사람이라고 규정할 수 있다.

노인에 관한 정의에서 가장 보편적으로 사용되고 있는 정의는 역연령(chronological age)에 따른 정의다. 역연령에 따라 만 나이가 일정연령 이상인 경우 노인으로 규정한다. 이러한 정의는 독일의 노령연금 수급기준을 65세로 규정한 것에서 유래한 것으로서 서구에서는 일반적으로 사회보장급여의 수급자격을 기준으로 노인을 65세 이상인 자로 규정한다. 우리나라의 노인관련 법령을 보면 「국민연금법」에서는 노령연금 수급기준을 60세로 규정하고 있으며, 「노인복지법」에서는 65세를 노인의 기준으로 규정하고 있다.

이와 같은 역연령에 따른 노인의 정의는 다양한 영역에서 나타나는 노화의 특성을 잘 반영하고, 각종 급여 수급권이나 서비스 이용 자격기준을 정하는 데 유용하게 사용되고 있다. 그러나 이러한 정의는 특정연령 이상의 사람들을 일률적으로 노인으로 규정함으로써 노화의 개인차나 개인의 능력수준을 무시하는 단점을 가진다. 또한 노인집단 내에서도 수십 년에 이르는 나이 차이가 있음에도 불구하고 노인을 하나의 집단으로 분류함으로써 나이 차이에 따른 노인의 욕구나 문제의 차이를 간과하게 만드는 오류를 범할 위험이 있다. 이처럼 연령을 기준으로 한 노인의 정의에는 한계가 있다. 그럼에도 65세라는 연령은 노인이 되는 법적·정책적 기준으로서 보편적으로 사용되고 있으며, 학술적으로도 이 시기부터 노인이라고 규정하는 것이 일반적이다.

지나치게 넓은 노인의 연령범위를 고려하여, 학자들은 노인을 보다 더 세부적인 연령집단으로 구분한다. 외국의 노년학계에서는 보통 사회보장 또는 건강보험의 자격기준을 근거로 하여 노인의 범주를 65~74세의 연소노인(young-old), 75~84세의 고령노인(old-old 또는 middle-old), 85세 이상의 초고령노인(oldest old) 등으로 구분하고 있다.

노인이 되면 노화현상이 발생한다. 노화란 시간의 흐름에 따라 유기체의 생물학적·심리적·사회적 측면에서 나타나는 점진적이고 정상적인 발달과정상의 변화로서 주로 퇴행적 발달을 의미한다. 노화에는 생물학적 노화, 사회적 노화, 심리적 노화가 있다. 생물학적 노화란 생물학적 퇴화과정이 생물학적 재생산과정을 능가하여 유기체 내에 퇴행적 변화가 나타나는 것이고, 심리적 노화란 감각기능, 인지 및 지각기능, 정신기능 등의 심리적 기능이 퇴화되는 것이다. 그리고 사회적 노화란 사회적 관계망과 상호작용, 지위와 역할이 변화되는 현상을 말한다.

2) 노인인구 현황

전 세계 인구 변화의 가장 큰 특징은 노인인구의 절대수와 상대적 비율이 증가한다는 점이다. 국제연합의 인구추계 자료에 의하면 2000년을 기점으로 세계의 인구증가율은 둔화되고 있지만, 65세 이상 노인인구가 차지하는 비율은 지속적으로 증가할 것으로 전망된다.

이와 같이 노인인구가 증가하게 된 요인은 사망률과 출산율의 변화와 밀접한 관련이 있다. 사회가 발전함에 따라 보건의료기술이 발전하고 건강에 대한 관심과 건강관련서비스의 발달, 영양, 안전, 위생환경의 개선 등과 같은 전반적인 생활수준의 향

상으로 평균수명이 증가하고 사망률이 저하됨으로써 노인인구의 절대수가 증가하게 된다. 이와 더불어 농경사회에서 산업사회로 전환되면서 소자녀 가치관이 확산됨으로써 노인인구의 상대적 비율이 증가하게 되었다. 우리나라의 경우에도 1960년대 이후 산업화과정을 거치면서 사망률과 출산율이 낮아지면서 노인인구의 절대수와 상대적 비율이 높아지고 있다. 평균수명의 증가는 노인인구의 절대수와 상대적 비율의 급격한 증가로 이어지고 있다.

국제연합에서는 65세 이상 노인인구가 전체 인구의 7% 이상일 때 고령화사회(aging society)라고 분류하는데, 우리나라는 2000년에 7.2%에 도달함으로써 고령화사회가 되었다. 2017년에는 노인인구 비율이 14% 이상이 되어 고령사회(aged society)에 진입하였고, 2025년에는 20% 이상이 되어 초고령사회(super aged society)에 진입할 것이다. 현재 추세가 지속될 경우 2050년에는 노인인구비율이 40%를 초과하여 세계 최고령국가가 될 전망이다. 노령화지수 또한 노인인구의 증가와 출산율의 감소로 인하여 지속적으로 높아지고 있다.

우리나라의 인구고령화는 다른 나라와 비교할 때 매우 빠르게 진행되는 것이 특징이다. 이와 같은 인구고령화는 평균수명의 연장과 출산율 감소로 인해 노인인구의 절대수와 상대적 비율이 증가한 점이 근본적인 원인이 되겠으나 한국전쟁 이후에 출생하여 현재 중년기에 속해 있는 베이비붐세대가 한꺼번에 노인인구로 전환되는 것

표 7-1 각국의 인구고령화 속도

구분	도달연도			증가소요연수	
	고령화사회 (7%)	고령사회 (14%)	초고령사회 (20%)	고령사회 (7 → 14%)	초고령사회 (14 → 20%)
한국	2000	2017	2026	17	9
일본	1970	1994	2006	24	12
미국	1942	2015	2036	73	21
독일	1932	1972	2009	40	37
프랑스	1864	1979	2018	115	39

자료: 통계청(2011). 장래인구추계.

이 가장 결정적인 원인이 되고 있다.

2. 노인문제와 고령화의 사회적 효과

오늘날 고령화에 따라 노인문제가 주요한 사회문제로 대두되고 있다. Cowgill과 Holmes는 현대사회에서 노인문제의 원인을 현대화에서 찾는 현대화이론을 주장하였다(Cowgill & Holmes, 1972). 이들에 의하면 현대화의 특징적인 현상은 보건의료기술의 발달, 생산기술의 발전, 교육의 대중화, 도시화이며 이러한 현상으로 인하여 노인의 지위가 하락하게 되고 그 결과로서 여가시간의 연장과 역할 상실, 수입 감소와 경제적 의존, 건강 약화와 부양과 보호의 어려움, 심리사회적 소외와 고립문제가 발생한다. 흔히 노년기의 4고라고 일컫는 빈곤문제, 질병문제, 고독의 문제, 무위의 문제가 발생하는 것이다.

인구가 고령화됨에 따라 여러 가지 사회적 파급효과가 발생하는데, 여기에는 다음과 같은 것들이 있다(권중돈, 2007).

첫째, 노동력 부족과 노동생산성 저하 같은 노동시장의 변화와 경제성장 둔화가 나타날 수 있다.

둘째, 산업구조의 변화가 나타날 것이다. 연금제도가 본격적으로 시행되고 자신의 노후를 준비한 현재의 중・장년세대가 노인이 되는 경우에는 상품 구매력이 높아지게 될 것이며, 건강식품산업, 의료서비스, 금융서비스, 레저산업, 노인주택산업 등의 실버산업이 크게 성장할 것이다. 그리고 고령화에 적절하게 대응하지 못하는 산업은 쇠퇴할 가능성이 높다.

셋째, 부동산시장에 변화가 나타날 것이다. 자녀와 별거하는 노인의 비율이 급증함에 따라 부동산 가격이 지속적으로 상승할 가능성이 높고, 노인복지시설 같은 집단주거시설이 확대될 것이다. 부동산을 담보로 하여 노후 생활비를 마련하는 역모기지제도가 활성화될 것이다.

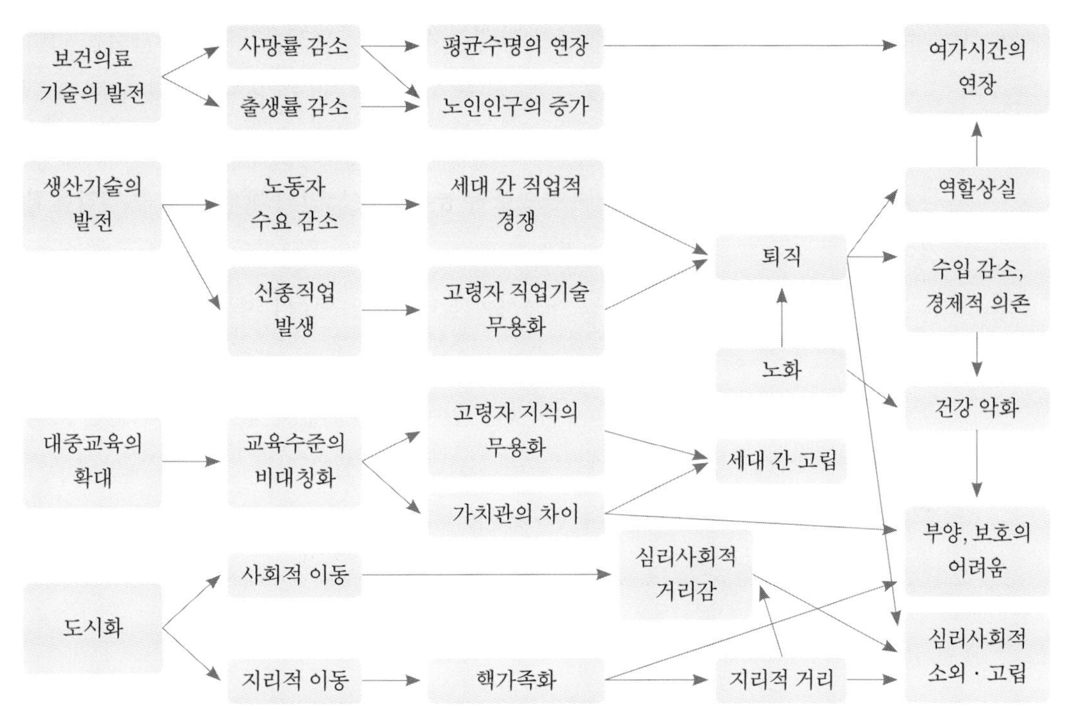

[그림 7-1] 현대화와 노인문제 발생의 인과관계

자료: 최일섭, 최성재(1995). 사회문제와 사회복지. 나남출판, p. 327.

넷째, 금융시장이 변화할 것이다. 노인인구의 증가로 인하여 노동력이 감소하고 노인부양부담이 증가함으로써 저축률이 줄어들게 될 것이며, 이러한 저축의 감소는 가용자금의 축소, 투자 위축, 경상수지 악화, 경제성장 둔화로 이어질 가능성이 높다.

다섯째, 국가의 재정위기와 정책 우선순위 결정에서의 갈등이 초래될 가능성이 높다. 노인인구가 증가함에 따라 의료비, 연금 등 사회보장비용이 급증하게 됨으로써 국가의 재정위기가 초래될 가능성이 높다. 이러한 재정적자 문제를 해결하기 위해서는 조세를 인상하거나 다른 부문의 예산을 삭감해야 한다. 그러나 조세 인상을 통한 해결은 조세저항에 직면할 가능성이 있다. 또 노인관련 분야와 다른 분야에 대한 투자의 우선순위에 문제가 제기될 수 있으며 다른 부문의 예산을 삭감할 경우 사회의 발전 속도가 늦춰질 가능성이 높아지는 딜레마에 처하게 될 것이다.

여섯째, 지역 간 불균형 발전문제가 발생할 수 있다. 우리나라의 농촌사회는 이미 고령사회에 진입하여 지속적으로 농업생산성이 낮아지고 있다. 앞으로 농촌지역 노인을 위한 복지대책과 농업지원대책이 마련되지 않는다면 농촌지역은 급속하게 공동화되고 농업생산성은 더욱 저하됨으로써 농촌지역 노인의 생활은 더욱 열악해질 것이다.

일곱째, 세대 간 갈등이 심화될 가능성이 높다. 노령연금의 지출 증가로 연금재정이 악화되고 이를 해결하기 위해서는 연금급여액은 낮추고 연금보험료는 높이는 연금제도의 개혁이 필요한데, 노인은 더 많은 급여를 요구하는 반면에 젊은이들은 보험료 인상에 반대함으로써 세대 간 갈등이 심화될 가능성이 높다. 그리고 노인인구와 유년인구 비율이 역전됨에 따라 어떤 세대를 위하여 재정투자를 더 많이 할 것인가에 대해 갈등이 표출될 수 있다.

3. 노인복지의 정의와 원칙

노인복지는 노인의 생활안정과 복리를 증진시키기 위한 사회적 노력으로서 노인이 최저수준 이상의 생활을 유지하고 사회적 욕구 충족과 생활상의 문제를 예방·해결하며, 노후생활에 대한 적응과 사회통합을 이루는 데 필요한 급여와 서비스를 제공하는 조직적이고 전문적인 활동이다. 「노인복지법」 제2조에서는 노인복지의 기본이념을 노인의 안정된 생활, 자아실현을 위한 욕구의 충족과 사회통합의 유지라고 규정하고 있다. 노인복지의 목적은 노인이 인간다운 생활을 영위하게 하는 것이며, 이러한 목적을 달성하기 위한 목표는 「노인복지법」의 기본이념인 안정된 생활 유지, 자아실현을 위한 욕구 충족, 사회통합의 유지라고 할 수 있다.

노인복지의 원칙은 국제연합이 1991년 유엔총회에서 채택한 '노인을 위한 유엔원칙(United Nations Principles for Older Persons)'에 잘 반영되어 있다. 이 원칙에 따르면 국가는 노인복지사업을 추진함에 있어 독립, 참여, 보호(care), 자아실현, 존엄

(dignity)이라는 원칙을 반영해야 한다. 이를 구체적으로 살펴보면 다음과 같다.

1) 독립

① 소득, 가족과 지역사회의 지원 및 자조를 통하여 적절한 식량, 물, 주거, 의복 및 건강보호에 접근할 수 있어야 한다.

② 일할 수 있는 기회를 제공받거나, 다른 소득을 얻을 수 있는 기회에 접근할 수 있어야 한다.

③ 직장에서 언제, 어떻게 그만둘 것인지에 대한 결정에 참여할 수 있어야 한다.

④ 적절한 교육과 훈련프로그램에 접근할 수 있어야 한다.

⑤ 개인의 선호와 변화하는 능력에 맞추어 안전하고 적응할 수 있는 환경에서 살 수 있어야 한다.

⑥ 가능한 한 오랫동안 가정에서 살 수 있어야 한다.

2) 참여

① 사회에 통합되어야 하며, 노인의 복지에 직접 영향을 미치는 정책의 형성과 이행에 적극적으로 참여하고, 노인의 지식과 기술을 젊은 세대와 함께 공유하여야 한다.

② 지역사회봉사를 위한 기회를 찾고 개발하여야 하며, 노인의 흥미와 능력에 알맞은 자원봉사자로서 봉사할 수 있어야 한다.

③ 노인을 위한 사회운동과 단체를 조직할 수 있어야 한다.

3) 보호

① 각 사회의 문화적 가치체계에 따라 가족과 지역사회의 보살핌과 보호를 받아야

한다.

② 신체적 · 정신적 · 정서적 안녕의 최적수준을 유지하거나 되찾도록 도와주고, 질병을 예방하거나 그 시작을 지연시키는 건강보호에 접근할 수 있어야 한다.

③ 노인의 자율과 보호를 고양시키는 사회적 · 법률적인 서비스에 접근할 수 있어야 한다.

④ 인간적이고 안전한 환경에서 보호, 재활, 사회적 · 정신적 격려를 제공하는 적정수준의 시설보호를 이용할 수 있어야 한다.

⑤ 노인이 보호시설이나 치료시설에 거주할 때도 그들의 존엄, 신념, 욕구와 사생활을 존중받으며, 자신들의 건강보호와 삶의 질을 결정하는 권리도 존중받는 것을 포함하는 인간의 권리와 기본적인 자유를 향유할 수 있어야 한다.

4) 자아실현

① 노인의 잠재력을 완전히 개발하기 위한 기회를 추구하여야 한다.

② 사회의 교육적 · 문화적 · 정신적 자원, 여가에 관한 자원에 접근할 수 있어야 한다.

5) 존엄

① 존엄과 안전 속에서 살 수 있어야 하며 착취와 육체적 · 정신적 학대로부터 자유로워야 한다.

② 나이, 성, 인종이나 민족적인 배경, 장애나 여타 지위에 상관없이 공정하게 대우받아야 하며, 노인의 경제적인 기여와 관계없이 평가되어야 한다.

4. 노인복지전달체계

노인복지전달체계는 노인복지 급여와 서비스가 전달되는 체계로서 정부와 노인복지기관 및 시설을 포함하는 모든 공공 및 민간조직망이라고 할 수 있다. 노인복지에 대한 국가의 책임이 강조되는 상황에서 공적 노인복지전달체계의 중요성이 높아지고 있다. 공적 노인복지전달체계는 행정조직에 의한 전달체계를 말하는데, 이는 중앙행정체계와 지방행정체계로 구분할 수 있다. 중앙정부의 노인복지전달체계를 살펴보면 노인복지업무의 주무부처는 보건복지부이며, 노인복지업무를 관장하는 부서는 인구정책실 노인정책관이다. 노인정책관 산하에 노인정책과, 노인지원과, 요양보험제도과, 요양보험운영과가 있다.

지방정부의 노인복지전달체계는 보건복지부 해당부처의 지도감독하에 시행되는데, 지방자치단체별로 전달체계가 각기 다르고 업무마다 담당부서가 다르며 광역자치단체와 기초자치단체에 따라 노인복지업무 담당부서의 명칭이 각기 다르다. 광역자치단체의 노인복지업무를 담당하는 조직은 보건, 여성, 환경업무를 담당하는 부서와 같은 국에 설치되어 있으며, 담당부서의 명칭은 사회복지과, 복지정책과, 가정복지과, 노인복지과, 노인장애인복지과 등으로 다양하다. 16개 광역자치단체 중에서 노인복지과를 단독으로 설치 · 운영하는 곳은 극소수다. 기초자치단체의 경우 보건, 환경, 여성업무를 담당하는 주민생활지원국 내에 설치된 사회복지담당과에서 노인복지업무를 담당하거나, 국 없이 사회복지담당과에서 노인복지업무를 담당하고 있다. 그리고 읍 · 면 · 동사무소나 주민센터에서는 사회복지전담공무원이 노인복지업무를 담당하고 있다.

민간 노인복지전달체계에는 모든 노인복지시설과 기관, 관련단체가 포함되는데, 그중 대표적인 전달체계는 노인복지시설과 노인복지(회)관이다. 노인복지(회)관은 유형에 따라 부서와 인적 구성이 다르다. 가형(으뜸형)은 직원 17명 이상에 연면적 2천평방미터 이상, 나형(버금형)은 직원 11~16명에 연면적 1500~2000평방미터 미만,

다형(기본형)은 직원 7~10명에 연면적 1000~1500평방미터 미만, 라형(소규모형)은 직원 5~7명에 연면적 500~1000평방미터 미만이다.

표 7-2 보건복지부 노인복지담당부서의 업무분담

부서	주요 담당업무
노인 정책과	1. 노인보건복지에 관한 종합계획의 수립 · 조정 및 조사 · 연구 2. 노인보건복지 관련 법령에 관한 사항 3. 노인실태조사에 관한 사항 4. 경로우대제에 관한 사항 5. 노인의 안전 및 권익향상에 관한 사항 6. 노인보건복지 관련 국제협력에 관한 사항 7. 독거노인 보호 및 노인 돌봄서비스사업에 관한 사항 8. 노인학대 예방에 관한 사항 9. 고령친화산업과 관련된 종합계획의 수립 · 조정 10. 고령친화산업 관련 규제완화를 위한 관련 법령 정비의 총괄 · 조정 11. 고령친화산업 관련 전문인력 양성의 총괄 · 조정 12. 고령친화산업의 개발 · 지원 13. 고령소비자의 안전 및 보호기준에 관한 사항 14. 노인주거복지시설의 지원 및 육성에 관한 사항 15. 노인주거복지시설 관련 법령의 제 · 개정에 관한 사항 16. 영주귀국 사할린 한인동포 지원에 관한 사항 17. 지역사회 통합돌봄서비스 사업에 관한 사항 18. 지역사회 통합돌봄의 제도적 기반 조성을 위한 사항
노인 지원과	1. 노인 일자리 및 사회활동 지원에 관한 사항 2. 노인 자원봉사 활성화 지원에 관한 사항 3. 매장 · 화장 · 묘지 등 장사에 관한 다음 각 목의 사항 가. 장사정책 관련 종합계획 수립 및 조정 나. 장사 관련 법령에 관한 사항 다. 장사시설 확충 및 지원에 관한 사항 라. 국립망향의동산관리원 및 장사관련 법인 지도 · 감독에 관한 사항 마. 장사정보시스템의 구축 및 운영 바. 묘지실태조사에 관한 사항

	4. 노인일자리 종합계획 수립에 관한 사항 5. 한국노인인력개발원 운영 지원 및 관리에 관한 사항 6. 경로효친사상 고취에 관한 사항 7. 노인 관련 법인·단체의 지원 및 육성 8. 노인 여가·교육 등 사회참여 활성화에 관한 사항 9. 노인주간 및 노인의 날 행사 지원
요양보험 제도과	1. 노인장기요양보험에 관한 종합계획의 수립·조정 및 장기요양사업 관리기관의 관리·감독에 관한 사항 2. 노인장기요양보험 관련 법령에 관한 사항 3. 노인요양보장제도의 외국 동향분석 및 국제협력 4. 장기요양위원회의 운영에 관한 사항 5. 노인장기요양보험 재정의 운영 및 정책에 관한 사항 6. 노인장기요양보험의 가입자 관리 및 지원정책의 수립 및 조정 7. 노인장기요양보험 대상자 선정기준 및 등급판정에 관한 사항 8. 노인장기요양보험과 지역보건복지서비스 연계에 관한 사항 9. 노인장기요양보험에 관한 조사·연구·홍보 및 통계관리에 관한 사항 10. 장기요양급여 관련 이용지원에 관한 사항 11. 장기요양급여 비용의 본인일부부담 기준 수립 12. 노인장기요양보험 관련 전문인력 제도에 관한 사항 13. 장기요양급여의 개발, 급여기준 및 급여비용의 산정에 관한 사항 14. 장기요양급여의 청구, 심사 및 지급체계에 관한 사항 15. 장기요양심판위원회의 운영 및 권리구제에 관한 사항 16. 장기요양기관 현지조사에 관한 계획의 수립·시행 및 행정처분에 관한 사항 17. 장기요양기관의 평가에 관한 사항 18. 장기요양급여의 사후관리에 관한 사항
요양보험 운영과	1. 장기요양기관 확충계획의 수립 및 시행에 관한 사항 2. 장기요양기관의 지정·변경·지정취소 및 운영지원에 관한 사항 3. 노인의료복지시설 및 재가노인복지시설의 지원 및 육성에 관한 사항 4. 노인의료복지시설 및 재가노인복지시설 관련 법령 제정·개정에 관한 사항 5. 노인복지시설, 장기요양기관의 통계 생성 및 관리에 관한 사항 6. 장기요양기관의 관리·감독 및 관련 계획 수립·시행에 관한 사항 7. 노인장기요양보험 관련 전문인력의 양성 8. 요양보호사교육기관의 평가·관리에 관한 사항

노인건강과	1. 치매 종합대책의 수립 · 조정에 관한 사항 2. 치매노인 실태조사에 관한 사항 3. 치매 등 노인건강 관련 법령에 관한 사항 4. 치매환자 및 그 가족 지원에 관한 사항 5. 치매의 예방 및 관리 등 노인건강증진에 관한 사항 6. 치매관리를 위한 전달체계의 구축 및 운영에 관한 사항 7. 공립치매병원의 확충 및 지원에 관한 사항 8. 치매상담전화센터의 운영 및 관리에 관한 사항 9. 치매극복의 날 행사 지원 10. 치매 등 노인건강 관련 연구 · 조사 및 교육 · 홍보에 관한 사항 11. 노인 건강 · 돌봄 연계 기획에 관한 사항

5. 노인복지대책

우리나라의 노인복지제도는 1980년대부터 본격적으로 시행되었다고 할 수 있다. 1980년대는 국가에 의한 노인부양의식이 증가함에 따라 노인복지제도의 기반이 확충된 시기다. 전두환 정권이던 제5공화국은 출범 당시에 복지사회 건설을 국정지표의 하나로 내세웠다. 1981년에 「노인복지법」이 제정되고 보건복지부 내 가정복지과에 노인복지계가 신설되어 노인복지가 제도화되었다. 그러나 이 당시의 「노인복지법」은 국가의 노인복지 책임을 최소화하려는 의도를 담고 있었으며, 의무적 규정이 아니라 선언적인 것으로서 실현가능성이 낮았다. 그 후 1989년 전문개정을 하여 다양한 노인복지시책이 추진될 수 있는 근거를 마련하였으나 여전히 임의조항이 많고 노인복지사업에 대한 구체적인 방안이 제시되지 않았다.

경로효친사상을 유지하기 위한 노력으로서 1980년에 70세 이상 노인을 대상으로 철도, 목욕, 이발 등 8개 업종에 대한 경로우대제를 도입하였으며 1982년에는 경로헌장을 제정하였다. 이러한 민영 경로우대제도는 1989년에 폐지되었다. 노인능력은행(1981), 무료노인건강진단제도(1983), 노인공동작업장(1986) 등이 1980년대에 새로

생겼다.

1990년대는 노인복지제도가 확대·발전한 시기라고 할 수 있다. 1993년에는 민간 기업과 개인의 유료노인복지사업 참여를 허용함으로써 실버산업 발전의 기틀을 마련하였으며 재가노인복지사업의 확대를 위한 기반을 구축하였다. 1997년에는 「노인복지법」을 전면개정하여 노인복지전달체계를 확대개편하고, 소득보장, 의료보장, 주거보장, 사회적 서비스와 같은 노인복지 기본체계를 완비하였다.

1990년대에 새로 생긴 주요 노인복지사업은 노인승차권제도(1990), 노령수당 지급(1991), 경로식당 운영(1991), 주간보호 및 단기보호사업(1991), 노인의 집(1995), 치매요양시설(1995), 가정봉사원 양성사업(1996), 노인의 날 제정(1997), 치매상담신고센터(1998), 경로당 활성화사업(1999) 등이다. 1990년대 후반의 노인복지제도는 노인복지와 보건의료의 통합연계 추진, 재가복지서비스의 강화, 노인복지서비스 공급주체의 다양화, 사전 예방기능의 강화 등을 주요 정책방향으로 설정하였다. 또한 1990년대에는 노인복지 장·단기 발전계획이 수립되기 시작하여 1996년에는 삶의 질 세계화를 위한 노인복지종합대책, 1999년에는 노인복지장기발전계획이 수립되었다.

2000년대는 노인복지제도를 개혁하는 시기라고 할 수 있다. 2000년대에 새로 도입된 노인복지사업으로는 거동이 불편한 저소득 재가노인 식사배달사업(2000), 지역사회시니어클럽(2001), 노인 안 검진 및 개안수술 지원(2003), 사회적 일자리 창출사업(2004), 노인학대예방센터 운영(2004), 한국노인인력개발원 설립(2005), 소규모 요양시설 및 가정형 노인공동시설 지원(2006), 노인돌보미바우처 지원(2007), 독거노인 안전 및 지원서비스(2007), 노인자원봉사 활성화사업(2007) 등이 있다. 2003년에는 보건복지부에 노인복지정책과, 노인요양보장과, 노인지원과를 설치하였으며, 2005년에는 저출산고령사회정책본부에 노인정책관을 신설하고 노인정책팀, 노인지원팀, 노인요양제도팀, 노인요양운영팀을 설치하여 중앙정부의 노인복지전달체계를 본부와 팀제로 확대개편하였다.

2005년에 제정된 「저출산·고령사회기본법」에 국가가 종합적인 저출산·고령사회정책을 수립하여 시행할 것을 명시함에 따라 2006~2010년까지 제1차 저출산·고령사회기본계획을 시작으로 하여 5년마다 기본계획을 수립하여 시행하고 있다.

1) 소득보장대책

현재 우리나라에서 실시되고 있는 대표적인 노후소득보장제도에는 연금제도, 공공부조, 사회수당, 퇴직연금제도, 경로우대제도, 세금감면제도가 있다.

(1) 연금제도

국민연금제도에 의하여 연금보험료를 20년 이상 납부하고 60~65세에 도달한 경우 기본연금액의 100%에 해당하는 노령연금을 받을 수 있으며, 가입 중 장애가 발생한 경우에는 장애연금을, 가입 중이거나 10년 이상 가입한 자가 사망한 경우에는 유족연금을 지급한다. 10년 미만 가입자가 자격을 상실하게 되는 경우에는 반환일시금을 지급받을 수 있다. 2008년부터 보험료를 20년 이상 납부하고 60세에 이르는 노인이 생기게 되어 최초로 완전노령연금 수급자가 발생하였다.

2014년 7월부터 기초연금제도를 실시하여 소득 하위 70%의 노인에게 매달 기초연금을 지급한다.

(2) 공공부조제도

국민기초생활보장제도에 의하여 생계급여 등을 받는 국민기초생활보장 수급자인 노인은 전체 국민기초생활보장 수급자의 약 1/4을 차지한다.

(3) 경로우대제도 및 각종 감면제도

경로우대제도는 노인의 지출을 경감시켜서 소득을 보전해 주는 제도로서 1980년부터 8개 업종에서 70세 이상 노인을 대상으로 실시하였다. 1982년에는 65세 이상 노인으로 대상을 확대하고 우대업종도 13개로 확대하였다. 1989년에 민간부문의 경로우대제도가 폐지되어 현재는 공공부문의 경로우대제도만 실시되고 있다.

공영 경로우대제도로는 통근열차요금의 50%, 무궁화호와 새마을호와 KTX 요금의 30%, 수도권 전철과 도시철도 운임, 고궁, 능원, 국 · 공립박물관, 국 · 공립공원 및 국 · 공립미술관 입장료의 100%, 국 · 공립국악원 입장료의 50% 할인이 있다. 민간부문에서 자발적으로 시행하는 경로우대제도로는 국내 항공기 운임의 10%, 국내 여객선 운임의 20%를 할인해 주며, 목욕이나 이발 등 관련업체에서 자율적으로 경로우대제를 실시하고 있다.

세금감면제도에 대해 살펴보면 60세 이상인 자에 대하여 1인당 3천만 원씩 상속세를 공제해 준다. 직계존속 노인 1인당 부양가족공제, 65세 이상 노인과 생계를 같이 하는 자에 대해 노인 1인당 일정액의 경로우대공제를 해 주는 등 소득세 공제제도를 실시하고 있다.

2) 고용대책

(1) 「고용상 연령차별금지 및 고령자고용촉진에 관한 법률」에 의한 고용보장대책

「고용상 연령차별금지 및 고령자고용촉진에 관한 법률」은 55세 이상의 고령자와 50~55세 미만의 준고령자에 대한 고용촉진, 취업지원, 정년과 관련된 부분으로 구성되어 있다. 고령자 고용촉진을 위하여 근로자 300인 이상 사업장에 대해 고령자 기준고용률을 제시하고 사업주가 일정비율 이상의 55세 이상 고령근로자를 채용하도록 권고하고 있다. 기준고용률은 업종에 따라 다르게 적용하여 고령자 고용이 어려운 제조업은 2%, 부동산 및 임대업, 운수업은 6%, 그 외의 업종은 3%를 적용하고 있다. 고령자를 기준고용률 이상으로 채용하는 경우 조세감면 혜택을 부여하고 있으며, 초과고용하는 고령자 수에 비례하여 예산범위 내에서 일정기간 고용지원금을 지급하도록 규정하고 있다.

또 다른 고령자 고용촉진정책으로는 고령자 우선고용 직종선정이 있다. 고용노동부장관은 고령자 및 준고령자의 고용에 적합한 직종, 즉 우선고용 직종을 선정하여 발표하고, 공공기관과 민간기업에 고령자와 준고령자를 이들 직종에 우선고용하도록 노력하여야 한다. 2003년부터는 사회적 일자리 창출사업을 추진하여 사회복지, 환경, 문화 등과 같은 공공성이 높은 고령자 적합형 사회적 일자리사업을 확대추진하고 있다.

또한 동법에서는 고령자 취업지원사업으로서 직업능력개발훈련, 고령자고용정보센터 운영, 고령자인재은행 운영, 기타 취업지원사업을 규정하고 있다. 고령자 직업능력개발훈련은 단기적응훈련과 직업능력개발훈련으로 구분하여 실시하고 있다. 고령자 취업알선기관으로 고용안정센터, 고령자 취업지원센터, 고급인력정보센터를 설치 · 운영하고 있다.

(2) 「노인복지법」에 의한 고용보장대책

「노인복지법」에 근거하여 노인취업지원센터, 시니어클럽 운영, 노인일자리사업, 노인일자리박람회, 노인일자리전담기관 운영 등의 노인고용촉진사업을 시행하고 있다.

노인취업지원센터는 노인의 취업상담 및 알선, 노인인력 수요처 개발, 사후관리, 직업교육, 경로당 공동작업장 운영, 지역 내 노인인력지원기관, 고령자인재은행, 지방노동사무소 등 노인취업관련기관과의 상시 연계체계 확립 등을 통하여 노인의 고용을 촉진하고 소득기회 확대 및 여가활동 참여를 촉진하는 데 목적이 있다. 이 센터의 운영주체는 대한노인회다.

시니어클럽(senior club)은 지역사회 내에서 지역의 자원을 활용하여 노인의 경험과 지식을 활용할 수 있는 다양한 일자리를 창출하고 제공하는 노인일자리전담기관이다. 이것은 지역사회 노인에게 적합한 일자리를 개발 · 보급하여 노인의 사회활동 기회를 확대하고 노인인력 활용을 통해 국가의 생산성 제고에 기여하는 것을 목적으로 한다. 시니어클럽에서 하는 일은 지역특성에 맞는 시장형 노인일자리사업 수행, 노인인력에 대한 일자리 교육 · 훈련 및 사후관리, 지역사회 유관기관과의 사업 연계 · 조정 등이다.

2004년부터 보건복지부, 한국노인인력개발원, 지방자치단체, 시니어클럽, 노인복지회관, 대한노인회 등을 중심으로 노인일자리사업을 실시하고 있다. 노인일자리사

표 7-3 노인일자리 유형

유형		정의	일자리 예시	추진체계
사회 공헌형	공익형	지역사회 발전 및 개발에 공헌하는 공익성이 강한 일자리	거리 · 자연환경지킴이, 초등학교 급식도우미, 도서관 관리지원 등	지자체 중심
	교육형	전문지식 · 경험 소유자가 복지시설 및 교육기관 등에서 강의	숲생태 · 문화재해설사, 예절 · 서예 · 한자강사 등	노인복지관 중심
	복지형	사회활동이 어려운 소외계층의 생활안정과 행복추구를 지원	노(老)-노(老)케어, 노인학대예방사업, 보육도우미 등	재가노인시설 중심
시장 진입형	시장형	생산품을 제조 및 판매하는 사업을 연간 운영하면서 일정수익이 발생	장류, 김부각, 두부과자, 양파즙, 한과, 천연조미료	시니어클럽 중심
		서비스 제공사업 운영을 통해 시장에서 일정수익 발생	아파트택배, 지하철택배, 세차 및 세탁사업	
	인력 파견형	수요처의 요구에 의해 파견되어 일정임금을 지급받는 일자리	시험감독관, 주례, 가사도우미, 건물관리 등	다양한 수행기관 (노인회 등)
재능나눔활동		재능 · 경험이 있는 노인이 취약 · 학대노인 발굴, 상담, 교육 등 노인을 위한 권익증진 활동 수행	노(老)-노(老)케어 종합상담 사기예방교육, 치매예방봉사, 상담지원 등	기관 위탁 (노인회 등)

업은 사회적 일자리 창출사업과 「노인복지법」에 의거하여 추진되는 사업으로서 노인의 능력과 적성에 맞는 사회적 일자리 창출 등을 통한 사회참여 도모, 노인인력 활용에 대한 사회적 인식 개선 및 민간참여 유도, 노인의 적극적 사회참여기회 제공을 위한 교육 · 훈련강화 등을 목적으로 한다. 노인일자리사업의 유형에는 환경, 교통, 방범지킴이 등과 같이 공공성이 높은 공익형 일자리, 전문지식을 가진 특정분야의 유경

험자가 교육기관 등에서 강의하는 교육형 일자리, 소외계층을 방문하여 보호서비스를 제공하는 복지형 일자리, 소규모 사업을 공동으로 운영하여 수익을 창출하는 시장형 일자리, 수요처의 요구에 의해 일정기간 동안 연속적인 활동대가로 보수를 지급받는 인력파견형 일자리가 있다. 참여대상은 65세 이상 노인 중에서 희망자를 선발하고 상황에 따라 60세 이상인 자도 참여할 수 있다.

노인일자리박람회는 구직 희망자와 구인업체가 직접 연결되어 노인의 취업을 활성화할 목적으로 실시되는 사업으로서 대상은 60세 이상인 자다. 보건복지부, 지방자치단체, 한국노인인력개발원이 공동으로 주최하며, 도 단위 지역에서는 기초자치단체별로 분산 개최한다. 노인인력전담기관으로는 한국노인인력개발원이 있다. 이 기관은 노인일자리사업을 총괄관리하는 중앙노인일자리전담기관으로서 노인일자리 개발 및 보급, 노인일자리사업 종사자 교육훈련, 노인일자리에 관한 조사연구, 노인일자리 종합정보시스템 및 노인인력 데이터베이스 구축 · 운영, 지역노인일자리전담기관에 대한 지원 및 평가 등의 업무를 수행한다. 이 외에 2004년부터 대한노인회연합회와 지회에 취업알선센터를 설치 · 운영하여 취업알선업무를 담당하고 있다.

3) 주거보장대책

주거보장대책은 재가 목적 주거보장대책과 시설보호 목적 주거보장대책으로 구분된다. 재가 목적 주거보장대책으로는 주택수당, 주택임대료 보조 및 할인, 주택수리 및 개조비용 융자, 임대료 및 재산세 변제, 공영주택 입주권 우선부여 등이 있다. 시설보호 목적 주거보장대책으로는 노인주거복지시설과 노인의료복지시설의 설립 및 운영지원이 있다.

현재 노인을 위한 주거보장대책으로는 저소득 무주택 노인을 대상으로 한 영구임대아파트 지원과 노인공동생활가정 운영 등 제한적인 주거보장대책만이 있을 뿐이고, 대부분의 노인주거보장사업은 「노인복지법」상의 노인주거복지시설 조항과 노인복지시설의 설치 · 운영과 관련된 조항에 근거한 노인복지시설 설립과 운영지원으로

이루어지고 있다. 이렇듯 현재의 노인주거보장대책은 매우 미흡한 실정이다.

대한노인회, 노인복지관 등의 노인일자리사업 수행기관에서 노인일자리사업과 연계한 노인주거개선사업단을 활용하여 도배, 장판, 수도, 보일러, 전기, 가스, 가전제품 수리 등의 노인주거개선을 지원하고 있다. 사업단은 노인일자리사업에 참여하는 노인 중에서 목공, 미장, 도배, 전기, 수도, 난방 수리능력을 갖춘 10명 내외로 구성되며 인건비는 노인일자리사업에서 지원하고 있다.

이 외에 노인 본인이나 배우자의 직계존속과 2년 이상 동거하고 있는 세대주의 주택 신축, 매입, 개량자금을 융자해 주는 주택자금할증제도, 무주택 자녀가 50세 이상 직계존속을 부양할 경우에 주택청약자격을 부여하는 주택분양 우선권 부여제도 등이 실시되고 있다.

4) 의료보장대책

(1) 건강보험제도

노인의 건강보험 이용 실태를 보면 노인 1인당 의료비는 64세 이하인 자의 의료비에 비해 3배 정도 높은 편이고, 수진율, 건당 진료일수, 건당 진료비 등도 64세 이하인 자보다 높은 것으로 나타난다.

(2) 노인건강지원사업

「노인복지법」에 의거하여 실시되고 있는 노인건강지원사업으로는 노인건강진단, 노인 안 검진 및 개안수술, 치매상담센터 운영, 결식노인 무료급식사업, 전국노인건강축제가 있으며, 「의료법」에 근거한 노인건강지원사업으로는 공립치매요양병원 설치 · 운영, 국민건강증진기금에 의한 노인건강증진 허브보건소 운영이 있다.

노인건강검진사업은 1983년부터 65세 이상 국민기초생활보장 수급자와 차상위계층 노인 중에서 희망자에 한해 시행하고 있다. 2003년부터는 노인 안검사를 실시하고 있다. 노인 안 검진 및 개안수술사업은 저소득층 노인을 대상으로 2003년부터 시행되고 있다. 1997년부터는 보건소에 치매상담센터를 설치하고 1인 이상의 치매상담전문요원을 배치하여 치매노인의 등록 및 관리, 상담 및 지원, 간병교육 실시, 정보제공, 노인요양시설 등에의 입소안내 등을 하고 있다. 공립치매요양병원은 시 · 도립병원과 군단위 병원이 운영되고 있다.

결식노인 무료급식사업에는 경로식당 무료급식사업과 거동이 불편한 저소득 재가노인 식사배달사업이 있다. 경로식당은 60세 이상 결식노인을 대상으로 하고, 거동불편 저소득 재가노인 식사배달사업은 65세 이상을 대상으로 하고 있다. 국민기초생활보장 수급자와 차상위계층 노인은 무료급식을, 그 이상의 노인은 실비의 급식비를 받을 수 있도록 하고 있다. 전국노인건강축제사업은 2006년에 처음 실시한 사업으로서 대회 종목으로는 건강체조, 에어로빅, 댄스스포츠 등 10개 정식종목과 탁구, 장기로 구성된 시범종목이 있다. 2006년부터 실시한 노인건강증진 허브보건소사업은 시 · 도별로 1개의 노인건강증진 허브보건소를 지정하여 노인건강대학과 거동이 불편한 노인을 대상으로 한 가정방문 노인운동프로그램을 운영하고 있다.

(3) 노인장기요양보험제도

2008년 7월부터 시행하고 있는 제도로서 치매 · 중풍 등의 노인성 질환으로 타인의 도움 없이는 혼자 살기 어려운 노인에게 간병, 수발, 목욕, 간호, 재활 등의 요양서비스를 국가와 사회 책임하에 제공하는 것이다. 일상생활상의 불편이나 의존적 상태에 있는 노인에게 각종 수발서비스를 제공함으로써 자립생활을 지원하고 노인부양가구의 부담 경감을 목적으로 하는 제도다. 노인요양시설과 재가서비스기관에서 서비스와 급여를 제공한다. 대상은 65세 이상 노인 또는 65세 미만으로서 치매 등 노인성 질병을 가진 자다.

장기요양급여의 종류로는 재가급여, 시설급여, 특별현금급여가 있다. 재가수급자는 급여비용의 15%, 시설수급자는 급여비용의 20%를 본인이 부담한다.

5) 재가복지대책

재가노인복지사업은 1980년대부터 시작되었다. 1987년에 한국노인복지회에서 가정봉사원파견 시범사업을 실시하고, 1989년에 「노인복지법」을 개정하여 가정봉사원 파견사업에 대한 법적 근거를 마련하였으며, 1991년부터 가정간호사업, 1992년부터 주간 및 단기보호사업이 시행되었다. 1993년에 「노인복지법」을 개정하여 재가노인 복지사업을 명시함으로써 본격적인 발전이 이루어졌다.

재가노인복지사업은 국민기초생활보장 수급자와 부양의무자의 부양을 받지 못하는 노인은 무료, 도시근로자 월평균소득 미만 가구의 저소득노인은 실비, 무료와 실비 이용 대상자를 제외한 60세 이상의 노인은 유료로 서비스를 제공하고 있다. 2008년부터는 노인장기요양보험제도가 도입됨에 따라 재가노인복지시설을 재가노인지원센터로 통합하고, 서비스 유형을 방문요양서비스, 주 · 야간보호서비스, 단기보호서비스, 방문목욕서비스, 방문간호서비스로 구분하여 재가급여를 한다. 이 외에 노인장기요양보험제도상의 재가급여와는 별도로 노인돌보미 바우처제도와 독거노인 안전 및 지원서비스가 실시되고 있다.

(1) 방문요양서비스

정신적 · 신체적 이유로 혼자서 일상생활을 영위하기 어려운 노인이 있는 가정에 노인의 일상생활에 필요한 각종 서비스를 제공하여 안정된 노후생활을 도모하는 데 목적이 있다. 제공되는 서비스로는 신체적 수발서비스, 가사지원서비스, 개인활동서비스, 우애서비스 등의 일상생활지원서비스, 상담 및 교육서비스 등이 있다.

(2) 주 · 야간보호서비스

부득이한 이유로 가족의 보호를 받을 수 없는 노인을 주간 또는 야간에 시설에 입소시켜서 각종 서비스를 제공하는 것이다. 제공되는 서비스로는 생활지도 및 일상동작훈련 등 심신의 기능회복을 위한 서비스, 급식 및 목욕서비스, 취미, 오락, 운동 등

여가생활서비스, 노인가족에 대한 상담 및 교육서비스 등이 있다.

(3) 단기보호서비스

부득이한 사유로 가족의 보호를 받을 수 없어서 일시적 보호를 필요로 하는 노인을 시설에 단기간 입소시켜 보호하고 각종 서비스를 제공하는 것이다. 제공되는 서비스로는 생활지도 및 일상동작훈련 등 심신의 기능회복을 위한 서비스, 급식 및 목욕서비스, 취미 · 오락 · 운동 등 여가생활서비스, 노인과 가족에 대한 상담 및 교육서비스 등이 있다.

(4) 방문목욕 및 방문간호서비스

방문목욕서비스는 목욕설비를 갖춘 장비를 이용하여 가정을 방문하여 목욕서비스를 제공하는 것이다. 방문간호서비스는 간호사가 가정을 방문하여 간호수발서비스를 제공하는 것이다.

(5) 노인돌보미 바우처사업

노인돌보미 바우처(voucher)사업은 전국가구평균소득 이하의 중증노인에게 가정수발서비스 및 주간보호서비스를 제공하는 것으로 2007년에 처음 도입되었다. 가정봉사원이 제공하는 서비스로는 방문요양서비스, 주간보호서비스가 있다. 노인돌보미 바우처사업은 본인부담금을 일부 지급해야 한다. 노인과 서비스 제공기관은 지역별 시장가격을 바탕으로 서비스 이용계약을 체결해야 한다. 서비스를 이용하기로 한 대상자에 대해 1인당 일정액을 지원하며, 초과금액은 본인이 부담해야 한다. 노인에게 지원되는 금액은 전자식 바우처로 지급된다.

(6) 독거노인 안전 및 지원서비스

2006년에 시 · 군 · 구마다 1개소 이상의 지자체 또는 사회복지기관을 독거노인원스톱지원센터로 지정하였으며 2007년부터 독거노인생활관리사를 파견하여 생활실

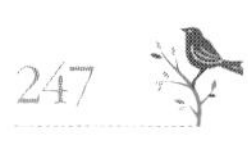

태 및 욕구 파악, 안전 확인, 생활교육 실시 등을 하였다. 노인돌봄기본서비스 대상은 혼자서 생활하고 있는 독거노인으로서 보호가 필요한 노인이다. 제공하는 서비스로는 생활실태조사, 주기적 방문이나 전화 등을 이용한 안전 확인, 건강·영양관리 및 신체기능 유지프로그램을 이용한 생활교육, 필요한 서비스와의 연계, 가사지원서비스 등이 있다.

(7) 여가 및 사회참여 지원서비스

노인여가복지시설에는 경로당, 노인복지회관, 노인교실, 노인휴양소가 있다. 이 중 가장 많은 것은 경로당이다. 그러나 경로당의 여가프로그램은 화투나 바둑 등 단순소일형으로서 그 기능이 제한적이다. 따라서 이를 지역의 노인복지정보센터로 혁신하고 보다 다양한 프로그램을 제공하는 장소로 전환하고 있다. 노인복지(회)관은 무료 또는 실비로 건강증진, 교양, 오락 등의 서비스를 제공하는 시설로서 여기서 시행해야 하는 사업에는 기본사업과 선택사업이 있다. 기본사업은 필수적으로 제공해야 하는 것으로서 사회교육사업, 노인일자리사업, 노인기능회복사업, 상담지도사업, 노인자원봉사활성화사업, 노인건강운동사업 등이 포함된다. 노인교실은 노인학교, 노인대학, 경로대학 등 다양한 명칭으로 운영되고 있다. 보건복지부에 등록된 노인교실은 1천여 개소이지만 미등록 상태로 운영되고 있는 곳도 많다. 노인휴양소는 단기간에 노인의 휴양을 지원하는 여가복지시설이다. 노인휴양소를 이용할 수 있는 자격기준은 60세 이상의 자 및 그와 동행하는 자다.

노인복지시설의 종류는 〈표 7-4〉와 같다. 2008년부터 노인장기요양보험제도가 도입되어 장기요양대상노인의 기능상태에 따라 보험급여를 지급하게 됨에 따라 노인복지시설을 개편하여 노인복지시설의 무료, 실비, 유료시설의 구분을 없애고, 노인에게 가정과 같은 주거여건을 제공하는 노인공동생활가정, 노인요양공동생활가정을 노인복지시설의 종류에 추가하였다.

표 7-4 노인복지시설의 종류

<table>
<tr><th colspan="2">구분</th><th>내용</th></tr>
<tr><td>재가노인
복지시설</td><td colspan="2">다음 각 호의 어느 하나 이상의 서비스를 제공함을 목적으로 하는 시설
1. 방문요양서비스
2. 주 · 야간보호서비스
3. 단기보호서비스
4. 방문목욕서비스
5. 그 밖의 서비스</td></tr>
<tr><td rowspan="3">노인여가
복지시설</td><td>노인복지관</td><td>각종 상담에 응하고 건강의 증진, 교양, 오락, 기타 노인의 복지증진에 필요한 편의 제공을 목적으로 하는 시설</td></tr>
<tr><td>경로당</td><td>지역노인들이 자율적으로 친목도모, 취미활동, 공동작업장 운영, 각종 정보교환과 기타 여가활동을 할 수 있도록 하는 장소를 제공함을 목적으로 하는 시설</td></tr>
<tr><td>노인교실</td><td>노인들에 대하여 사회활동 참여욕구를 충족시키기 위하여 건전한 취미생활, 노후건강유지, 소득보장 기타 일상생활과 관련한 학습프로그램을 제공함을 목적으로 하는 시설</td></tr>
<tr><td rowspan="3">노인주거
복지시설</td><td>노인공동생활가정</td><td>가정과 같은 주거여건과 급식, 그 밖에 일상생활에 필요한 편의를 제공하는 시설</td></tr>
<tr><td>양로시설</td><td>노인을 입소시켜 급식, 기타 일상생활에 필요한 편의를 제공함을 목적으로 하는 시설</td></tr>
<tr><td>노인복지주택</td><td>주거의 편의, 생활지도, 상담, 안전관리 등 일상생활에 필요한 편의를 제공함을 목적으로 하는 시설</td></tr>
<tr><td rowspan="2">노인의료
복지시설</td><td>노인요양시설</td><td>노인성 질환 등으로 심신에 장애가 발생하여 도움을 필요로 하는 노인을 입소시켜 급식, 요양, 기타 일상생활에 필요한 편의를 제공함을 목적으로 하는 시설</td></tr>
<tr><td>노인요양
공동생활가정</td><td>노인성 질환 등으로 심신에 장애가 발생하여 도움을 필요로 하는 노인에게 가정과 같은 주거여건과 급식, 요양, 그 밖에 일상생활에 필요한 편의를 제공함을 목적으로 하는 시설</td></tr>
</table>

제 8 장

장애인복지

1. 장애의 정의와 장애유형
2. 장애인복지의 이념과 특성
3. 재활
4. 장애유형
5. 장애인복지대책

1. 장애의 정의와 장애유형

1) 장애 및 장애인의 정의

장애 및 장애인의 정의는 한 나라의 문화적 · 사회경제적 · 정치적 여건에 따라 다르므로 간단히 정의할 수 있는 것이 아니다. 장애인은 동질적 집단을 형성하지 않는다. 각기 다른 장애유형을 가진 사람들은 서로 다른 문제를 갖고 있으므로 각기 다른 해결책을 필요로 한다. 즉, 다양한 장애유형과 장애가 갖는 제 차원에 따라 이에 대한 해결방안도 변하므로 장애 및 장애인을 어떻게 정의하는가는 장애인복지문제에 있어 가장 기본적이고 중요한 문제라고 할 수 있다.

장애라는 개념에는 협의와 광의가 있다. 신체 또는 정신의 기능저하, 이상, 상실 또는 신체 일부의 훼손 등을 지칭하는 의학적 수준에서의 개념은 협의의 개념이며, 세계보건기구(WHO)에서 규정한 기능장애(impairment), 능력장애(disability), 사회적 불리(handicap)의 분류와 같이 세 측면을 모두 포함하는 개념은 광의의 개념이라고 할 수 있다.

기능장애는 심리적 · 생리적 또는 해부학적 구조나 기능의 손실이나 비정상을 의미한다. 영구적인 손실이나 비정상이 특징이며, 사지, 기관, 피부 또는 정신적 기능체계를 포함한 신체의 다른 구조의 비정상, 결손 또는 손실의 발생이나 존재를 포함한다. 능력장애는 기능장애로부터 야기된 것으로서 인간에게 정상적인 것으로 간주되는 범위 내에서 또는 그러한 방식으로 활동을 수행하는 능력의 제약이나 결여를 의미한다. 일상적으로 기대되는 활동수행 및 행동의 과다 또는 결핍이 특징이며, 이러한 과다나 결핍은 일시적이거나 영구적일 수 있고, 회복이 가능하거나 불가능할 수 있다. 사회적 불리는 기능장애나 능력장애로부터 야기되는 것으로서 연령, 성, 사회문화적 요인에 따른 정상적인 역할의 수행을 제약 또는 방해하는 개인에 대한 불이익을 의미한다. 이는 기능장애나 능력장애가 사회화된 것을 의미하며, 이로 인해 야기된 개인에 대한 사회적 · 문화적 · 경제적 · 환경적 결과들을 반영하는 것이다.

세계보건기구(WHO)에서는 1980년에 국제장애분류(International Classification of Impairments, Disabilities, and Handicap: ICIDH)라고 하는 장애에 관한 개념적 틀을 발표하면서 앞으로 이러한 분류법에 따라 장애를 분류할 것을 권장하였는데, 이에 의하면 장애의 세 차원이라고 할 수 있는 기능장애와 능력장애, 사회적 불리는 인과적 또는 시간적 연속관계에 있다. 즉, 어떤 질병으로 인하여 기능장애가 발생하고, 기능장애가 활동능력에 제약을 가져오는 경우 능력장애가 생기며, 능력장애가 사회적 불이익을 초래할 때 사회적 불리라고 할 수 있다는 것이다. 신체구조의 손실이 있는 기능장애를 가진 사람이라고 할지라도 반드시 활동능력에 제약이 있는 것은 아니며, 활동능력에 제약이 있는 장애인이라 할지라도 반드시 이로 인하여 사회적 불이익상태에 놓이게 되는 것은 아니다.

1997년에는 장애를 손상, 활동, 참여의 세 차원으로 설명하는 ICIDH-2가 발표되었다. ICIDH-2는 능력장애와 사회적 불리를 제외하고, 활동과 참여라는 새로운 범주를 포함한다. 손상, 활동, 참여라는 세 차원은 장애인뿐 아니라 모든 개인에게 적용 가능한 것으로서 장애와 비장애의 경계가 점차 무너지고 있는 추세다. 시대가 변함

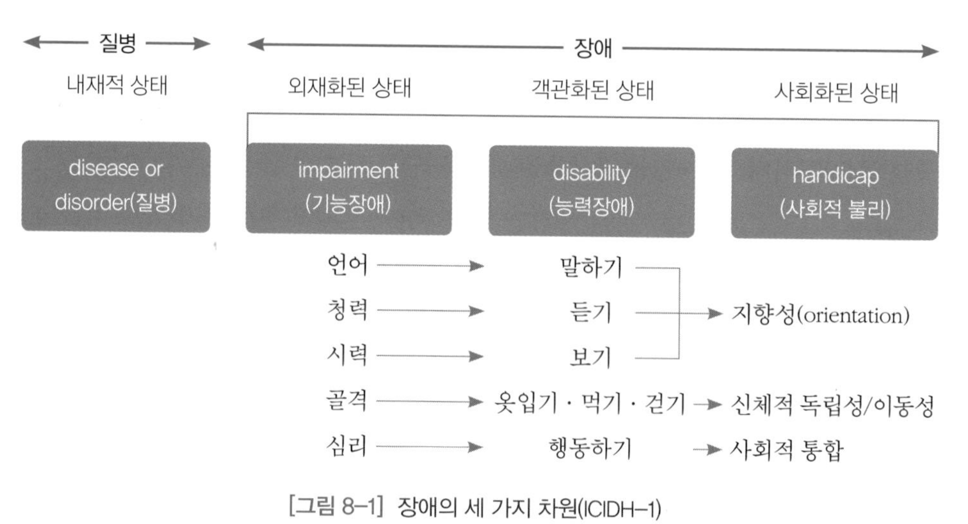

[그림 8-1] 장애의 세 가지 차원(ICIDH-1)

자료: WHO(1980). *International Classification of Impairments, Disabilities, and Handicap*, pp. 30-33.

에 따라 신체적 손상과 상관없이 독립된 개인으로 역할을 수행하지 못하고 생활상 지속적인 문제를 갖고 있는 사람을 장애인으로 간주하는 경향이 증가하고 있다.

손상은 신체구조나 기능상의 상실 또는 비정상, 제한이나 불능을 의미한다. 활동제한(activity limitation)은 일상생활과 관계된 개인 활동에서의 제한을 의미한다. 활동은 일상적인 과업에서 기대되는 개인의 통합된 활동으로서 단순한 것부터 복합적 활동까지 포함한 개념이다. 참여제약(participation restriction)은 손상, 활동, 건강조건, 상황요인과 관련된 생활상황에서 개인의 연관성 정도를 의미한다. 참여는 개인의 사회에 대한 참여정도와 참여를 촉진하거나 방해하는 사회적 반응을 말한다. 이것은 물리적 및 사회적 세계의 환경적 요인을 포함하는 것이다.

그 후 WHO에서는 2001년에 ICF(International Classification of Functioning, Disability and Health)를 확정하였는데, ICF는 ICIDH-2를 근간으로 하여 세계보건위원회(World Health Assembly)에서 세계적으로 통용될 수 있도록 승인한 것이다. ICF는 ICIDH-2에서 제시하고 있는 대부분의 내용을 계승하면서 분류체계와 언어의 사용을 보다 긍정적이고 환경적인 측면을 강조하여 수정한 분류법이다.

ICF는 과거의 분류와 달리 개인적 장애나 질병과 상황적 맥락(환경적 요소와 개별적 요소) 간의 상호작용에 의해 기능과 장애를 설명하는 틀이다. 즉, 특정영역에서 개인의 기능수준은 건강상태와 상황적 맥락 간의 상호작용 결과라고 본다. ICF는 장애를 가지고 있는 사람들에게만 제한되어 적용될 수 있는 것이 아니라 모든 사람의 건강에 관련된 요소들을 설명해 줄 수 있는 보편적인 적용이 가능한 분류체계라고 할 수 있다.

표 8-1 ICIDH-2

구분	손상	활동제한	참여제한
기능수준	신체	(전체로서의) 개인	사회(사회와의 관계)
특성	신체기능과 구조	개인의 일상활동	상황에의 개입
긍정적 측면	기능적 · 구조적 통합	활동	참여
부정적 측면	손상	활동제한	참여제약

2) 법정 장애유형

우리나라의 경우 1981년에 「심신장애자복지법」이 제정되었을 때는 장애범주에 지체장애, 시각장애, 청각장애, 언어장애, 지적장애만 포함되었다. 그러나 2000년부터 장애범주에 정신장애, 심장장애, 신장장애, 자폐성장애가 포함되고 뇌병변장애가 지

표 8-2 현행 법정장애와 확대 예상 장애종류

대분류	중분류	소분류	세분류(또는 기준)	확대 예상 장애
신체적 장애	외부 신체기능의 장애	지체장애	절단장애 관절장애 지체기능장애 변형 및 단축	외부기형, 피부질환
		뇌병변장애	중추신경 손상장애	
		시각장애	시력장애 시야결손장애	
		청각장애	청력장애 평형기능장애	
		언어장애	언어장애 음성장애 구음장애	
		안면장애	안면부 변형장애	
	내부기관의 장애	신장장애	투석 중인 만성신부전증 신장이식자	소화기장애, 비뇨기장애, 만성통증, 암, 기타 신체장애
		심장장애	일상생활이 현저히 제한되는 심장기능 이상자	
		간장애	만성중증 간기능 이상	
		호흡기장애	만성중증 호흡기기능 이상	
		장루 · 요루 장애	장루, 요루	
		뇌전증장애	만성중증 뇌전증	

정신적 장애	발달장애	지적장애	지능지수 70 이하	만성알코올·약물중독, 기질성뇌증후군, 치매, 기타 정신장애, 기타 정신발달장애
		자폐성장애	–	
	정신장애	–	정신분열병, 분열형정동장애, 양극성정동장애, 반복성우울장애	

체장애에서 분리됨으로써 5종이 추가되어 장애범주가 확대되었고, 2003년부터는 호흡기장애, 간장애, 안면장애, 장루·요루장애, 뇌전증장애의 5종이 다시 추가되었다.

정부에서는 장애인의 실태를 알아보기 위하여 「장애인복지법」에 의거하여 3년마다 전국 규모의 장애인실태조사를 실시하도록 규정하고 있다.

2. 장애인복지의 이념과 특성

오늘날 장애인복지의 주요 이념은 정상화와 사회통합, 사회참여, 평등이다. 정상화(normalization)란 용어는 1960년대 말 북유럽지역에서 지적장애인에 대한 서비스 실천의 원칙으로 제기된 것으로서 시설보호에 반대하고 일상적인 생활을 강조하는 개념이다. 정상화이론은 1970년대에서 1980년대 초에 Wolfensberger 등이 정교화하였다. 정상화는 정상적이고 일상적인 생활의 리듬을 존중할 것을 강조한다. 정상화이념은 하루 일과에서의 정상적인 리듬, 일주일의 정상적인 리듬, 1년간의 정상적인 리듬 등을 서비스분야에도 동일하게 적용해야 한다고 주장한다. 아울러 개인의 성장과 발달 면에서의 정상적인 발달경험, 인생주기에서의 선택의 자유, 정상적인 이웃과 같이하는 정상적인 가정에서의 생활, 지역사회에 통합된 생활을 강조하면서 시설화에 반대한다.

사회통합은 한 개인이 가치 있는 방법에 의해 정상적인 지역사회 내에서 인격적인 개인으로서 성공적으로 참여하는 것이다. 여기서 중요한 용어는 개인과 참여다. 개인이란 통합이 이루어지기 위해서는 가치절하된 사람들의 집단이 아닌 개인 그 자체의 관점에서 보아야 한다는 것을 말한다. 참여는 사회적으로 인정받는 방식을 통해 개인적으로 참여하는 것을 말한다. 사회통합은 교육과 훈련이 참여과정과 동시에 일어날 것을 요구한다. 가치절하를 받은 사람들에 대한 가치 있는 사회통합이 성공적으로 이루어지기 위해서는 여러 가지 지원이 필요하다. 이러한 지원은 개인이 능동적으로 사회통합을 유지할 수 있도록 하고, 개인에 대한 긍정적인 이미지가 사회에 통합되도록 할 것이다. 일정한 영역에서 통합이 이루어지지 못한 경우에는 충분하고 다양한 지원서비스가 이루어져야 한다. 이러한 지원을 통해 개인은 태어나면서부터 지역사회에서 살아갈 수 있게 된다. 지역사회 내에서의 지속적인 통합을 위해 포괄적이고 지속적인 지원서비스가 필요하다.

장애인은 장애로 인하여 신체적 · 정신적 · 경제적 · 교육적 · 직업적 차원 등 다양한 측면에서 어려움을 경험하게 된다. 따라서 장애인이 갖고 있는 문제는 복잡하고 다양하며, 장애인복지 또한 다차원적 · 포괄적 · 총체적 · 복합적인 성격을 갖는다. 장애인이 경험하는 다차원적인 문제의 감소 또는 해결을 위해서는 장애인복지서비스도 총체적이고 종합적이어야 한다. 따라서 장애인복지는 다른 사회복지서비스분야에 비해 보다 복잡한 성격을 지닌다.

3. 재활

1) 재활의 정의

재활은 인본주의에 입각하여 장애인이 하나의 완전한 인격체이자 사회인으로서 자립할 수 있게 함을 목적으로 하는 전인적 · 종합적 활동이며, 장애인의 잠재능력을 평가하고 이를 개발할 수 있도록 다방면의 전문가들과 지역사회 자원을 동원하여 사회구성원으로서의 권리와 의무를 다할 수 있도록 돕는 활동이다. 이러한 재활을 위해서는 다양한 분야 전문가들의 협력에 기초한 과학적이고 합리적인 방법의 서비스가 제공되어야 한다. 즉, 재활은 의학, 심리학, 교육학, 기타 여러 전문분야의 협조를 필요로 한다. 의료재활, 교육재활, 직업재활, 심리재활 등이 서로 유기적인 관계하에 상호보완적인 임무를 수행해야 하는 종합적 성격을 가지며, 장애인이 하나의 인격체로서 자립할 수 있도록 전인적 접근방법을 취해야 한다. 따라서 완전한 재활을 위해서는 우선 의학적 재활을 통하여 장애를 입기 이전의 신체상태로 회복시키려고 노력하고, 그다음으로 심리적 · 직업적 · 경제적으로 자립시키도록 해야 한다.

2) IBR과 CBR

재활과 관련된 용어 중에 시설중심재활(Institution Based Rehabilitation: IBR)과 지역사회중심재활(Community Based Rehabilitation: CBR)이라는 용어가 있다. 시설중심재활(IBR)이란 재활서비스가 장애인생활시설에 수용되어 있는 시설장애인을 대상으로 제공되는 것을 말한다. 과거에는 이러한 시설중심재활이 지배적이었다. 그러나 선진국에서는 일찍이 장애인들을 시설에 수용하여 보호하는 것의 문제점과 한계를 인식하여 1960년대부터 탈시설화가 주장되었다. 시설보호는 시설을 아무리 증설하여도 전체 장애인을 모두 수용할 수 없고 비용이 많이 들며 장애인의 사회적 격리를 초래하여 사회통합에 역행하는 것이었다. 따라서 탈시설화와 함께 지역사회중심재활접근법이 논의되기 시작하였다.

지역사회중심재활(CBR)은 지역사회의 기존자원을 효과적으로 활용하여 장애인이 완전자립하고 지역사회 내에 완전히 통합되고 참여할 수 있도록 재활서비스를 제공하는 것으로서 지역사회 차원에서 재활이 가능하게 하는 것이다. 우리나라에서는 2000년부터 보건소를 중심으로 CBR사업을 추진하고 있다. 장애인의 삶은 그가 살고 있는 지역사회에서 실현되어야 한다는 이념하에, 장애인은 더 이상 보호의 대상이 아니며 그들이 지역사회 안에서 자립할 수 있도록 가능한 한 모든 수단을 활용해야 한다는 것을 주장한다. 즉, 장애인이 서비스가 행해지는 대상으로부터 독립적인 주체로서 지역사회에서 삶을 영위하도록 보장해야 한다는 것이다. 이는 지역사회로 하여금 스스로 장애와 재활문제를 해결해 나갈 수 있는 능력을 배양하는 것을 목적으로 한다.

주요 CBR사업 내용은 다음과 같다.

① 지역사회 장애인의 요구와 지역자원 파악을 통한 사업계획 수립
② 재활대상자 선정기준 마련 및 등록, 의뢰, 퇴록의 체계 구축
③ 중증재가장애인 및 이동가능 장애인을 대상으로 하는 보건의료재활서비스 제공: 장애인 재활프로그램(건강증진 및 재활치료), 장애인 사회참여프로그램, 2차 장애발생예방프로그램 등
④ 지역사회기관 및 자원과의 연계체계 구축
⑤ 재활요원, 관련기관, 지역주민을 대상으로 CBR 관련 교육 및 홍보
⑥ 조사 및 연구: 지역자원 파악 및 장애인 요구도・만족도조사, 사업 운영 점검 및 프로그램 개발 등

표 8-3 IBR과 CBR

시설중심재활(IBR)	지역사회중심재활(CBR)
전문가 중심	장애인, 지역사회 중심
중앙집권적 서비스	지역사회중심적 서비스
지역사회의 역할 미비	지역사회의 참여
고도의 이론적 기술에 의존	간단한 기술에 의존
장애인 개인의 변화 목적	지역사회의 변화 목적
정규적이고 체계화된 훈련 제공	비공식적이고 자연발생적인 훈련
제도, 법 중심으로 차별 해소	모든 차원에서 인간의 권리를 보호하는 방식으로 차별 해소
공급자에 의한 일방적 서비스	장애인의 욕구에 의한 참여서비스
의료 또는 단편적 서비스 제공	여러 분야의 통합된 서비스 제공
복지지향적 재활	장애인의 욕구를 기반으로 한 권리지향적 재활
장애인은 수동적 입장	장애인은 적극 참여
제한된 자원 활용	기존의 자원 활용

3) 재활분야

(1) 의료재활

여러 가지 재활분야 중에서 재활과정의 첫 단계에 해당하는 것이 의료재활이다. 의료재활은 재활과정상 맨 처음에 이루어지는 것이므로 가장 기본적인 재활분야다. 재활의 목표가 장애를 최소한으로 줄이고 장애인의 기능을 최대한 증대시켜 사회에 복귀시키는 데 있으므로 의료재활은 재활과정의 첫 단계가 된다. 의료재활은 장애에 대한 의료적 치료뿐 아니라 장애의 발생을 최소화하는 예방의 역할도 한다. 장애인이 적절한 재활치료를 받지 못하면 장애가 심해지거나 여러 가지 합병증이 발생할 수 있다. 의료재활의 대상은 모든 장애상태라고 할 수 있으나 실제로 임상에서 재활의학전문의가 주로 다루는 분야는 뇌졸중, 편마비, 뇌성마비, 척수질환 및 손상에 의한 하지마비 또는 사지마비, 소아마비, 신경손상, 관절염, 골절, 근육 및 결합조직질환, 경부 및 요추부 동통, 사지절단, 화상, 호흡기장애, 순환기장애 등이다.

(2) 직업재활

직업재활은 직업적 능력을 회복시키는 활동이며, 장애인이 적절한 직업을 취득하여 유지할 수 있도록 직업훈련, 직업지도, 취업알선 등을 해 주는 것이다. 이는 장애인의 신체적 · 정신적 · 사회적 · 직업적 · 경제적 능력을 최대한으로 찾고 길러 줌으로써 일할 권리와 의무를 정상인과 똑같이 갖게 하는 것이며, 장애인의 성공적인 사회통합을 위한 최대과제인 자립생활의 영위를 위하여 필수적인 것이다. 직업재활은 장애인의 직업능력을 평가하고, 직종을 개발하고, 직업훈련을 실시하고, 취업을 알선하고, 취업 후 사후지도를 실시하는 일련의 과정으로 이루어진다. 이것은 목표지향적이고 개별화된 일련의 연속적 과정이다. 직업재활을 실시할 때에는 장애인 개개인의 능력과 개성, 한계성 등을 고려하여야 한다.

(3) 사회재활

장애인은 의학적·직업적으로 문제가 해결되었다 하더라도 가정과 사회에 적응하기 위해 사회심리적 재활을 거쳐야 한다. 사회심리적 재활은 사회재활과 심리재활로 구분되기도 한다. 사회심리적 재활은 재활이 총체적이고 통합적인 성격의 것임을 잘 나타내 주는 것으로서 타인과 더불어 사는 공동체생활을 순조로이 영위하기 위해서 반드시 필요한 것이다.

사회재활은 재활의 사회적 측면으로서 장애인이 사회생활이나 가정생활에 적응하기 위하여 적응하는 데 지장을 주는 사회적 문제를 해결해 주는 것이다. 인간은 사회적 동물로서 타인과 지속적인 상호관계를 이루면서 생활하는 존재이므로 사회재활은 중요하다. 사회재활은 장애인으로 하여금 한 사회의 구성원으로서 순조로운 사회생활을 할 수 있게 한다.

(4) 심리재활

심리재활은 재활의 심리적 측면이다. 심리재활에 대한 관심은 재활이 의료재활, 직업재활, 교육재활 등 각 분야별로 발달되어 오다가 전인적 재활에 역점을 두면서 시작되었다. 장애인이 심리적·정신적 결함을 갖고 있다면 전인적 재활이 이루어질 수 없으므로 심리재활 또한 재활의 중요한 측면이다.

장애인은 장애를 갖고 있다는 사실로 인하여 여러 가지 부정적인 심리상태를 경험할 수 있으며 원만한 인격형성이 저해될 수도 있다. 장애인 본인이 자기 자신을 보는 관점과 장애인에 대한 타인의 시각이 부정적일 때 부정적인 심리상태를 야기할 수 있다. 장애인이 경험할 수 있는 부정적 심리상태로는 현실의 부정, 퇴행, 분노, 불안, 우울감, 상실감, 확고한 자아개념과 자아존중감의 결여, 좌절감, 박탈감, 수치심, 죄의식, 소외감 등 여러 가지가 있다.

심리재활은 장애인이 갖고 있는 이러한 심리적 문제들을 찾아내어 제거하고 장애인으로 하여금 새로운 가능성을 찾도록 돕는 것이다. 심리적으로 재활되었다는 것은 장애인이 부정적인 심리상태에서 벗어나 건전한 심리상태로 회복되는 것으로서 이를

위해서는 장애인 본인뿐 아니라 가족과 주위사람들에 대한 심리적 원조가 필요하다.

(5) 교육재활

인간의 지적 · 정신적 능력은 성장단계에 맞는 교육을 통하여 발달된다. 장애아동도 비장애아동과 동등한 교육의 의무와 권리를 갖는다. 교육재활은 장애아동의 능력향상을 위하여 반드시 필요한 재활분야다. 교육재활이란 장애인이 갖고 있는 능력을 최대한 향상시키고 발휘하게 하며 그의 잠재능력을 개발하여 사회생활에 적응해 가도록 도움을 주는 교육제도와 교육방법 및 기술을 통한 교육적 서비스를 말한다. 교육재활의 주요 대상은 장애아동이다. 그러나 성인장애인에 대한 교육도 전인적 발달을 위하여 필요하므로 교육재활은 비단 아동기뿐 아니라 장애인의 전 생애에 걸쳐 이루어질 필요가 있다.

장애인을 대상으로 한 교육은 장애인이 갖고 있는 특성에 맞추어 교육내용이나 교육방법이 특수한 성격을 띠므로 특수교육이라고 한다. 특수교육은 장애로 인해 일반학교과정을 일반학급에서 교육받기 곤란한 아동이나 교육상 특별한 배려가 필요한 아동에게 특성에 맞는 교육환경을 마련하여 아동의 가능성을 최대한 발휘하도록 하기 위한 교육의 한 분야다. 이것은 장애인의 독특한 교육적 요구에 맞도록 설계된 교육으로서 특수교육대상자에게 점자나 구화, 보장구 등을 사용하여 교육, 교정, 요육 및 직업보도를 하는 것이다.

4. 장애유형

1) 지체장애

지체장애란 사지와 몸통의 운동기능장애를 말한다. 사지란 상지의 어깨관절에서 손가락 끝까지, 하지란 골관절에서 발가락 끝까지, 몸통은 척추를 중심으로 한 상반신과 목과 머리부분을 말한다. 단, 이 경우에 흉부와 복부의 내장기관은 포함되지 않는다. 운동기능장애란 운동에 관계하는 기관이 있는 중추신경계, 근육 및 뼈, 관절 등의 부상이나 질병으로 장기간 일상생활이나 학교생활에서 자기 혼자 보행하는 것이 곤란한 상태에 있는 것을 말한다. 지체장애의 종류는 관절장애, 지체기능장애, 절단, 변형 등으로 구분된다.

지체장애를 가진 아동의 경우 운동장애에 의한 직접적인 요인과 환경의 간접적 요인 간의 상호작용에 의해 발달상의 특징이나 문제가 파생된다고 할 수 있다. 운동장애의 요인이 되는 질환, 장애부위, 뇌장애의 유무나 정도, 부수적 장애 등에 의해 지체장애의 상태나 정도가 달라진다. 이러한 것은 신체기능이나 운동의 발달을 지체시킴과 동시에 심리적 발달에도 큰 영향을 미친다. 운동장애는 주로 이동이나 손동작의 곤란을 야기하는데, 이러한 곤란은 유아기에는 탐색활동이나 유희를 제한시키고 학령기에는 경험부족을 유발시켜 학업부진이나 학습장애를 일으키는 경우도 있다. 또 청년기에는 자신의 신체나 운동에 대한 열등감을 야기하기도 한다. 지체장애아의 지각발달상의 문제는 감각을 통한 학습의 제한과 인식부족으로 인하여 지각발달이 정상아에 비해 지체된다는 것이다. 지체장애아동은 사물과 배경의 관계, 공간관계 및 위치 등의 지각장애를 가지고 있는 경우가 많다.

2) 뇌병변장애

1999년에 개정된 「장애인복지법」에서는 뇌병변장애를 기존의 지체장애에서 별도로 분류하였다. 뇌병변장애란 뇌성마비, 외상성 뇌손상, 뇌졸중 등 뇌의 기질적 병변에 기인한 신체적 장애로서 보행이나 일상생활동작에 제한을 받는 상태를 말한다.

뇌에 병변이 있는 경우에는 대부분 반신에 마비가 오는 반신불수(편마비)가 오며, 척수손상 시에는 사지마비나 하지마비가 된다. 또한 마비된 근육은 긴장이 항진되어 관절을 운동시켜 보면 뻣뻣한데, 가장 흔히 보는 것이 근경직이다. 근경직은 상지에서는 굴곡근에 나타나므로 팔이 몸에 붙고 팔꿈치와 손목 등이 구부러져 움츠리는 자

세를 하게 되며, 하지에서는 신전근이 경직되어 다리를 펴게 되고 발목이 밑으로 처져 발뒤축을 들고 걷게 된다. 또한 근경직은 관절운동을 빨리 하려고 하면 경직이 더욱 심해지고 반대로 매우 천천히 움직이면 경직이 현저하게 줄어든다. 뿐만 아니라 뇌성마비와 같은 뇌의 병변에서는 이러한 경직과 달리 본인의 생각하고 관계없이 얼굴이나 손이 계속해서 움직이기도 한다. 뇌병변에서는 감각신경이 그대로 남아 있는 경우가 대부분이다.

3) 시각장애

「장애인복지법」상의 시각장애에는 시력이 나쁜 시력장애와 시야가 좁은 시야장애가 포함된다. 언어는 청각의 매개물로 이루어지므로 시각장애아동의 언어발달은 지장 없이 이루어진다는 연구가 많으며 기능상 정상에 가깝다. 그러나 일부 학자는 시각장애아의 언어가 정상인의 그것과 약간 다르다고 주장하기도 하는데, 그 이유로는 언어주의(verbalism), 혹은 언어적 비현실성을 내세운다. 이들이 지적하고 있는 언어의 비현실성은 맹인들의 부적절한 언어의존이 단어나 구에 대하여 이루어지는데 이것은 그들의 감각적 경험과 일치하지 않는다는 것이다. 즉, 그들의 세계는 주로 청각, 촉각, 후각 등을 통하여 이루어지며 시각을 통한 것이 아니기 때문에 언어도 이러한 사실을 반영하게 된다. 이것은 맹아들이 시각적 경험을 나타내는 말을 사용한다는 것인데, 한 예로서 인디언이라는 단어에 대하여 '붉다', '갈색이다'라는 반응을 한다는 것이다.

시각이 언어발달과 사용에 있어서 역할을 하는 만큼 시각장애아동은 언어적인 측면에 영향을 받는다. 언어습득 이전에 시각장애를 입은 경우 언어습득과정에서 시각적 모방이 불가능하여 언어발달이 늦어진다. 또한 시각적 경험과 관련된 언어발달에 지장을 받게 되어 시각적 경험에 의한 개념 형성이 어려워지게 된다. 학업성취 면에서는 같은 정신연령의 맹아동이나 약시아동은 정상에 비하여 뒤떨어질 가능성이 있다. 시각장애아동이 교육적인 지체를 보이는 이유는 시각장애 때문에 관찰에 의한 정보의 습득이 늦고, 읽는 속도가 느리며, 교수방법의 구체성이 부족하고, 뒤늦게 특수교육을 받기 때문인 것 같다.

4) 청각장애

「장애인복지법」상의 청각장애에는 귀가 잘 안 들리는 청력장애와 평형기능에 이상이 있는 평형기능장애가 포함된다. 소리를 듣는 구조와 들은 소리를 뜻 있는 소리로 인지하고 구별하는 중추의 인지구조에서 어떠한 장애로 인하여 소리를 듣지 못할 때 청각장애라고 하며, 언어의 바탕이 확립된 후에 청각장애를 입었을 때를 난청이라고 한다. 난청인은 청각을 통한 언어적 정보의 성공적 소통과정이 충분히 가능한 잔존청력을 보유하여 일반적으로 보청기를 사용하는 자이고, 농자는 보청기를 사용하든 그렇지 않든 간에 청력을 통한 언어적 정보의 성공적 소통과정이 불가능한 자다.

청각장애아동은 주위 사물의 소리나 사람의 말에 무관심하기 쉽고, 이름을 불러도 반응이 없는 경우가 많으며, 소리가 들리지 않는 듯하면서 큰 소리에만 반응하는 경향이 있다. 또한 말하는 입 모양을 보고서 말을 이해하는 경향이 있고, 주위 사람의 표정이나 동작 등을 잘 파악하며, 몇 번 반복하여 듣고 싶어 하고, 음을 사용한 놀이에 끼어들기를 싫어한다. 표현 면에서 청각장애아동은 불명확한 말을 할 때가 많고, 억양이 없고 단조로운 말을 사용하는 경향이 있으며, 웃음소리가 낮은 경향이 있다. 또한 고함을 치거나 아주 큰 소리로 의사나 감정을 나타내는 경향이 있고, 불필요한 정도로 큰 소리를 내거나 조그마한 소리를 내는 일이 있으며, 괴성을 내거나 신음소리와 같은 낮은 소리를 내고, 몸짓이나 손을 흔들면서 의사소통을 하기도 한다.

5) 언어장애

언어기능은 출생과 더불어 선천적으로 얻어지는 것이 아니고, 생후 1년 내지 수년 사이에 얻어지는 학습의 결과로서 획득된다. 대개 생후 9개월부터 생후 24개월까지

를 언어 형성기라고 하는데, 일반적으로 연령이 2년 6개월에 이르러서도 언어발달이 충분하지 않을 때 언어발달지체라 말하며, 연령이 7세에 이르러서도 완전하지 못할 때 언어장애가 있다고 한다. 어떤 개인의 의사소통이 방해되어 사회생활 면에서 정상적 적응이 불가능할 때 언어장애가 있다고 진단할 수 있다.

언어장애와 청각장애가 동시에 나타나는 언어 · 청각장애는 듣는 기제를 통하여 중추의 인지기제에서 생기는 느낌이나 판단을 소리를 통해 말로 표시하는 표시기제가 제 기능을 발휘하지 못하는 경우를 말한다.

언어장애인에게 나타나는 특징으로는 말을 해도 쉽게 들을 수 없고, 말이 쉽게 이해되지 않으며, 음성이 듣기에 거북하고, 특정 음성(자음, 모음 이중모음)의 변형이 있다. 또한 언어학적으로 불완전하고, 발성이 어렵거나 말의 리듬, 음조 혹은 고저에 이상이 있고, 말이 화자의 연령, 성, 신체적인 발달정도와 일치하지 않는다.

6) 안면장애

안면장애는 2003년부터 새로 추가된 외부 신체기능장애 중 하나로서 안면부의 추상, 함몰, 비후 등 변형으로 인한 장애를 말한다. 안면장애의 판정시기는 원인이 된 질환이나 부상 등의 발생 후 또는 수술 후 6개월 이상 지속적으로 치료한 후에 한다. 장애진단기관은 성형외과 또는 피부과 전문의가 있는 의료기관이다.

7) 심장장애

「장애인복지법」에서는 심장장애를 심장기능의 장애가 지속되며 심부전증 또는 협심증 등으로 일상생활이 현저히 제한되는 심장기능 이상이 있는 것으로 규정하고 있다. 심부전증이란 심장의 펌프기능이 장애를 일으켜 정맥압이 상승하고 충분한 양의 산소를 말초조직에 공급할 수 없는 상태를 말한다. 펌프질된 혈액량이 감소하면 피로, 권태, 쇠약, 빈약한 기억력, 우울증 등이 야기된다. 심부전은 모든 기질적인 심장질환에 기인하여 발생하는데, 가장 흔한 것은 심근경색, 심근변성, 심장판막증, 고혈압증, 심낭염 등이다. 심장질환은 노인인구의 증가와 서구화된 생활양식으로 인하여 계속 증가할 것으로 예상된다. 심장질환은 당뇨, 고혈압, 고콜레스테롤, 갑상선 기능저하, 흡연, 비만, 운동부족 등으로 발생한다.

8) 신장장애

신장장애란 신장이 제 기능을 하지 못하여 만성신부전증에 이르는 것을 말한다. 만성신부전증이란 신장이 여러 가지 원인에 의해 점차적으로 그 기능이 감소되어 혈중 요소와 질소 및 기타 다른 노폐물을 배설시키지 못하고 체내에 축적되는 상태를 말한다. 신장장애는 보통 양측의 신장 모두에서 일어나는데, 질환이 심해져서 화학물질과 수분을 제거하고 조절하는 능력이 상실되면 노폐물이 체내에 쌓이고 수분과다상태가 되어 부종과 함께 요독증세를 보이게 된다. 만성신부전증 환자들의 신장기능 손상은 단기적인 치료가 불가능하며 지속적인 치료를 한다고 하더라도 완전한 회복이 불가능하다. 만성신부전증이라는 진단이 내려지면 신장이식을 하거나 장기적인 투석요법을 사용해야 한다. 만성신부전증 환자는 신장이식수술을 하지 않는 경우 평생 동안 투석치료를 받아야 한다.

9) 간장애

간장애는 만성간질환이다. 간질환은 만성간염에서 간경변증에 이르기까지 그 종류와 정도가 다양하다. 간질환의 진단은 병력, 문진, 진찰소견, 혈액검사, 간초음파검사 등을 종합하여 이루어진다. 대표적인 만성간질환인 간경변증은 간의 염증이 오래 지속된 결과, 간의 표면이 울퉁불퉁해지고 단단하게 굳어지는 병을 말한다. 지속적인 간세포 파괴와 이에 따른 섬유화 현상 및 작은 덩어리가 만들어지는 현상으로 인하여 간이 굳어지고 울퉁불퉁해진 것이다. 우리나라의 경우 40~50대 남성에게서 흔

히 발생한다.

간경변증의 초기 증상은 만성간염과 비슷하다. 피로, 구토, 식욕부진, 헛배부름, 소화불량, 체중감소 등이 나타난다. 소변이 진해지고 황달이 나타나며 잇몸이나 코에서 피가 나고 성욕이 감퇴되고 여성인 경우 생리가 없어지기도 한다. 얼굴이 흑갈색으로 변하거나 목이나 가슴에 거미줄 모양의 혈관종이 생기고 남자인 경우 고환이 수축되기도 한다. 말기 증상은 간세포 기능장애와 합병증이다. 합병증은 간의 구조가 파괴되어 흠이 잡힌 결과 혈액이 눌려서 정상적인 혈액순환이 안 되기 때문에 일어난다. 그 결과, 비장이 커지고 복수가 차서 배가 부르기도 한다. 부종이 올 수도 있으며 토혈을 하거나 혈변을 보기도 한다.

10) 호흡기장애

호흡기장애는 폐나 기관지 등 호흡기관의 만성적 질환을 말한다. 대표적인 것으로 만성 폐쇄성 폐질환이 있다. 이것은 만성적으로 호흡에 장애를 주는 폐질환을 총칭하는 것으로, 원인이 되는 폐질환이나 심장질환 없이 기도폐쇄가 발생하여 기류의 속도가 감소하는 질환군을 말한다. 어떤 원인에 의해서든 기도가 좁아지면 공기의 이동에 지장이 초래되어 호흡곤란이 나타나는데, 이것이 만성적으로 진행되는 것을 말한다. 정상인의 경우에는 안정호흡 시 폐 전체 용적의 약 1/10 정도만 사용하므로 여유가 있으나 만성 폐쇄성 폐질환의 증상은 대개 40대에서 만성적 기침, 호흡기 질환의 재발 등으로 나타나기 시작한다. 종류로는 만성 기관지염, 만성 폐쇄성 기관지염, 천식성 기관지염, 폐기종 등이 있다.

11) 장루 · 요루장애

장루란 직장이나 대장, 소장 등의 질병으로 인하여 대변 배설에 어려움이 있을 때 복벽을 통해 체외로 대변을 배설시키기 위해 만든 구멍을 말한다. 장루는 항상 촉촉

하며 모세혈관이 분포되어 색깔은 붉고 모양은 동그랗거나 타원형이며 소량의 점액이 분비된다. 신경이 없어 만져도 아프지 않으며 그 크기나 모양은 개인마다 다르지만 수술 후 차차 작아지기 시작하여 5~6주 후에는 거의 자기 모양과 크기를 갖게 된다. 장루에는 항문의 괄약근과 같은 조절능력이 없어 대변이 수시로 배출되므로 부착물을 이용하여 관리한다.

장루를 시술하는 것은 대부분 질병 때문이다. 장루의 종류에는 상행 결장루, 횡행 결장루, 하행 결장루, S상 결장루, 회장루, 요루 등이 있다. 결장루는 대장을 이용하여 만든 장루를 말하며, 회장루는 소장의 끝부분인 회장으로 만든 장루를 말한다. 결장루의 원인은 90% 이상이 직장암이나 대장암이며, 요루의 주요 원인은 방광암이다.

12) 뇌전증장애

생물학적으로 인간의 뇌는 수천억 개의 신경세포로 구성되어 있다. 이들 신경세포는 미약한 전류를 발생시켜 정보를 생산하고 상호전달하는 생물학적 활동을 통하여 인지하고 생각하며 말을 한다. 또한 의식을 유지하며 행위를 하는 인간의 고유한 기능을 수행한다. 그러나 이 같은 고유한 기능을 상실하고 갑자기 허공을 응시한 채 멍청해지거나 몸의 일부 또는 전체를 뒤틀고 정신을 잃으면서 온몸을 뒤흔들어 대는 갑작스러운 행동의 변화를 경련발작이라고 한다. 그리고 신경세포 중 일부 또는 전체가 짧은 시간 동안 과도한 흥분상태로 돌입해 발작적으로 과도한 전류를 발생시킴으로써 나타나는 신경계 증상을 뇌전증발작이라고 한다. 뇌전증발작이 하루 이상의 간격을 두고 두 번 이상 나타나면 뇌전증이라고 한다. 따라서 뇌전증장애는 뇌전증발작이 언제든지 재발할 수 있는 만성적 질병상태를 말한다.

연령별로 보면 성인보다는 소아의 발생률이 3~4배 더 높으며, 특히 2세 이하의 영유아에서 가장 잘 발생한다. 따라서 전체 뇌전증환자의 60~70% 정도가 14세 이하의 소아다. 대부분의 뇌전증발작은 3~5분 안에 저절로 멈춘다. 발작이 자주 발생하거나 오래 지속되면 뇌가 탈진상태에 빠진다. 따라서 뇌의 기능이 일시적으로 저하되고 그러한 상태가 반복되면 심한 경우 영구적인 뇌손상을 입는다. 이러한 뇌손상은 또 다른 발작의 원인이 되어 결국 뇌 전체 기능을 저하시키고 학습장애와 사회적응능력의 저하를 유발한다.

13) 지적장애

지적장애는 이전에는 정신지체라고 불렀으나 2007년 「장애인복지법」을 개정하면서 지적장애로 용어를 바꾸었다. 지적장애란 지능의 발달이 정지되거나 불완전한 상태라고 정의할 수 있다. 지적장애는 발달과정에 있어서 생존에 필요한 여러 기술의 기능저하로 표현될 수 있는데, 지능의 여러 측면, 즉 인지기능, 언어, 운동, 사회적 기능의 저하가 특징이다. 지적장애로 확진을 내리기 위해서는 반드시 표준화된 지능검사를 시행하여 지능지수가 70 이하임이 증명되어야 한다.

지적장애의 정의는 여러 기관이나 국가에 따라 약간씩 다를 수 있으나 공통점으로는, 첫째, 발생원인이 다양하고, 둘째, 정신발육이 항구적으로 지진하며, 셋째, 지적능력이 열악하고, 넷째, 사회생활의 적응이 곤란한 증후군이라고 할 수 있다. 지적장애는 의사소통, 자기보호, 가내생활, 사회적 기술, 지역사회의 이용, 자기감독관리, 건강 및 안전, 학업능력, 여가, 일 등의 적응적 기술영역 중 두 가지 이상의 영역에서의 제한과, 이와 동시에 발생하는 현저히 평균 이하인 지적 기능(IQ 70~75 이하)이 특징이며, 18세 이전에 나타난다.

지적장애아동의 가장 현저한 특징은 지적 발달의 장애이며, 언어의 지체가 두드러지게 나타난다. 언어발달과 지적 기능의 관계는 표리관계에 있기 때문에 말을 배우는 시기나 문자를 익히는 발달정도로서 지적장애의 조기진단이 가능한 경우가 많다. 지적장애아동은 이처럼 언어의 발달이 지체되었을 뿐 아니라, 특히 사물이나 개념을 추상화하고 일반화하는 데 쓰이는 표상언어가 발달하지 않는다. 따라서 지적장애아동은 성인이 되어도 추상적 언어의 이해와 사용이 극히 곤란하다.

지적장애아동은 신체 각 부위의 형태나 기능 면에서도 다양한 특성을 나타내는 경우가 많다. 즉, 신생아에게 나타나는 반사운동이 시간이 경과해도 나타나지 않는다든가 나타나더라도 미약한 경우가 있으며, 때로는 반사의 소멸시기가 늦은 경우도 있다. 운동기능이 나타나는 시기는 지각기능장애의 정도에 비례하여 지체된다. 학령기에는 걷기, 달리기, 던지기, 혼자 잠자기, 손가락 사용 등의 기능이 지체되고 민첩성이 결핍된 경우가 많다. 뇌수의 기질적 장애에 의해 지적장애를 갖게 된 아동의 경우에는 시각 인지, 청각 인지, 촉각 인지 등에서 장애가 나타나는 경우가 많다. 또한 통각의 상실, 미각이나 후각의 도착된 감각과 같은 이상이 나타나는 경우도 있다.

지적 기능의 장애는 정서나 사회성에도 영향을 주는 경우가 많다. 융통성이 없기 때문에 하나의 일에만 집착하며 인간관계가 원만하지 못하다. 유연한 사고력 없이 단지 자신이 성공했던 과거의 방법이 유일한 최선의 것처럼 생각하는 경향이 있다. 임기응변으로 상황에 적절히 적응하는 일이 곤란하며 고정적인 방법을 고집하는 경향이 강하다. 그리고 새로운 환경에 적응하는 데 많은 시간이 필요하다. 또한 일반적으로 새로운 경험을 획득하려는 욕구가 결여되어 있고 새로운 경험에 대한 관심과 흥미가 적다. 특히 자발적으로 사물을 처리한다든가 집단에 참가하려는 의욕이 결여되어 있기 때문에 전반적으로 의존하기 쉽다.

14) 자폐성장애

미국의 「발달장애인 원조 및 권리장전법(Developmental Disabilities Assistance and Bill of Rights Act)」에서는 자폐성장애를 5세 이후에 지속되는 심각하고 만성적인 장애로서 신체적 또는 정신적 손상을 동반하고 22세 이전에 발생하며 장기적으로 지속되는 경향이 있으며, 주요 생활활동영역 중 두세 가지 이상에서 기능적 한계를 지니고 특수하고 다학문적인 서비스가 필요한 장애라고 규정하고 있다. 이러한 발달장애 중 대부분을 차지하는 것은 지적장애이며, 자폐성장애도 그중 하나다. 자폐성장애를 가진 아동의 약 60~90%는 지적장애를 가지며 자폐아동의 약 1/3 정도가 발작을 보인다.

Wing과 Gould는 자폐아의 행동상 특징으로 세 가지를 제시하고 있는데, 이는 사회적 대인관계의 손상, 사회적 의사소통의 손상, 사회적 이해와 상상력의 손상이다(박옥희, 2006a). 사회적 대인관계의 손상은 사람들로부터 혼자 떨어져 있거나 무관심하고, 수동적으로 사회적 접촉을 하는 등의 증상으로 나타난다. 사회적 의사소통의 손상은 상대방의 의사소통 요구에 응하지 않고, 단지 자신이 필요한 것에서만 제한적으로 의사소통을 하고, 많은 이야기를 하지만 듣는 사람의 반응에 주의를 기울이지 않고 상호 간에 대화가 지속되지 않는 등의 증상으로 나타난다. 사회적 이해와 상상력의 손상은 모방하거나 하는 척하는 것이 없고, 다른 사람의 행동을 모방하더라도 행동의 의미와 목적에 대한 실질적인 이해가 없으며, 어떤 역할을 해내기는 하지만 변화와 감정이입이 없고, 때로는 타인의 마음이 어디에 있는가를 자각하지만 타인의 감정을 인식하지 못하는 등의 증상으로 나타난다.

미국국립자폐아협회(NSAC)에서는 자폐아의 기본특성으로 30개월 이전에 나타나고, 발달속도나 순서에 장애가 있으며, 감각자극에 장애가 있고, 언어 및 인지상의 장애가 있고, 사람이나 사건, 사물에 반응하는 능력에 장애가 있다는 점을 든다.

15) 정신장애

정신장애는 어떤 조건에 의하여 영구적이거나 반영구적인 정신적 장애를 갖게 되거나 질병으로 인하여 이전의 정신적 기능상태로 되돌아갈 수 없는 것을 말한다. 즉, 정신장애라고 할 때는 우선 시간적으로 영구적 또는 반영구적인 것으로서 장기간 지속되어야 하며, 이로 인하여 일상적 활동에 제약을 받아야 한다. 사회복지적 차원에서 특히 수혜의 대상이 되어야 할 정신장애인은 장기간 지속되는 만성중증 정신장애로 인하여 일상적 역할수행에 장애를 가진 사람이다.

만성정신장애인은 그 임상적 상태와 기능적 장애가 매우 다양하다. 정신장애의 다양성과 변이성으로 인하여 정신장애인구의 크기와 성격을 명확히 규정하기는 매우 어렵다. 정신장애 판정은 일반적으로 진단명과 일상생활 면에서의 장애여부, 지속기간 등을 기준으로 삼는데, 이 중에서도 지속기간의 기준을 무엇으로 할 것인지에 대해서는 의견이 다양하다. 정신장애의 판정은, 첫째, 정신질환의 진단명 및 최초 진단시기에 대한 확인, 둘째, 정신질환 상태(impairment)의 확인, 셋째, 정신질환으로 인한 정신적 능력장애상태의 확인, 넷째, 정신장애 등급의 판정 등을 종합하여 이루어진다.

현재 「장애인복지법」에 포함되어 있는 정신장애의 종류는 조현병, 재발성 우울장애, 양극성 정동장애, 조현정동장애다. 조현병은 정신장애 중에서도 가장 심각한 것이다. 이것의 주된 증상은 망상, 환각, 혼란된 언어, 혼란되고 경직된 행동, 무감동, 무의욕, 사고의 빈곤 등이다. 우울증과 양극성 정동장애(조울증)는 기분장애의 일종이다. 기분장애는 우울한 기분이나 고양된 기분이 주된 증상이다. 우울증은 우울하고 슬픈 기분이 주된 증상이며, 그 밖에도 일상생활에 대한 의욕과 즐거움, 활력이 감소되고, 체중이 현저히 감소되고, 불면증이 나타나고, 안절부절못하거나 느린 행동을 하고, 무가치감과 죄책감에 시달리고, 주의집중력과 판단력이 저하되고, 죽음이나 자살에 대한 생각이 증가하는 증상이 나타난다. 양극성 정동장애는 조울증이라고도 하며, 우울증과 더불어 조증이 주기적으로 교차하면서 나타난다. 조증상태에서는 과대망상적으로 자존심이 팽창하고 수면시간이 감소하며 말이 많아지고 사고가 비약하고 주의가 산만해지며 활동이 증가하고 과도한 쾌락추구적 행동이 나타난다. 조현정동장애는 조현병 증상과 우울증이나 조증 증상이 같이 나타나는 것이다.

5. 장애인복지대책

1) 소득보장대책

(1) 직접적 소득보장대책

주요한 직접적 소득보장대책으로는 만 18세 이상 중증장애인(1, 2급 및 3급 중복장

애)으로서 본인과 배우자의 소득인정액이 선정기준액 이하인 자에게 장애인연금을 지급한다. 그리고 기초생활보장 수급자 및 차상위계층인 만 18세 이상 3~6급 장애인에게 경증장애수당을 지급하고, 기초생활보장 수급자 및 차상위계층인 만 18세 미만 장애아동에게 장애아동수당을 차등지급하고 있다.

자립자금 대여사업은 국민기초생활보장 수급자 및 차상위계층을 제외한 만 20세 이상 저소득 장애인에게 무보증대출은 가구당 1,200만 원 이내, 보증대출은 가구당 2,000만 원 이내, 담보대출은 가구당 5,000만 원 이하로 5년 거치 5년 분할상환조건으로 대여해 준다.

(2) 간접적 소득보장대책

경제적 부담의 경감을 통한 간접적 소득보장대책으로는 소득세 및 상속세 공제, 장애인용 수입물품 관세감면, 보장구에 대한 부가가치세 감면, 승용차에 대한 특별소비세, 자동차세, 교육세 면제, 주차료 할인, 전화료 할인, 철도요금 할인, 지하철도요금 면제, 국내항공료 할인, 고궁, 국・공립박물관, 공원 등의 입장료 면제 등을 실시하고 있다. 경제적 부담 경감시책의 내용은 〈표 8-4〉와 같다.

표 8-4 경제적 부담 경감시책

시책	지원대상	지원내용
유선통신요금 감면	등록장애인, 장애인단체, 장애인복지시설, 특수학교	시내통화료 50% 할인, 시외통화료 월 3만원 한도 내에서 50% 할인
이동통신요금 감면	등록장애인, 장애인복지시설, 장애인단체, 특수학교	가입비 면제, 기본료와 통화료 35% 할인
승용자동차 개별소비세 면제	장애정도가 심한 장애인 본인 명의 또는 배우자, 직계존비속 등과 공동명의로 등록한 승용자동차 1대	개별소비세 500만 원 한도 면제(교육세는 개별소비세의 30% 한도)

장애인용 차량 취득세, 자동차세 면제	장애정도가 심하고 장애인 본인이나, 배우자, 직계존비속, 형제자매 중 공동명의로 등록한 2000cc 이하 차량 1대	취득세, 자동차세 면제
장애인용 수입물품 관세 감면	등록장애인	「관세법」에서 정한 장애인용물품(101종) 관세 감면
증여세 과세가액 불산입	등록장애인(증여재산 전부를 신탁업자에게 신탁한 경우)	증여재산에 대해 최고 5억 원까지 증여세 과세가액이 불산입
상속세 인적공제	등록장애인	공제금액=500만 원×기대여명의 연수
소득세 공제	등록장애인	종합소득금액에서 장애인 1인당 연 200만 원 추가공제
공공시설 입장료 면제	등록장애인 및 장애정도가 심한 장애인의 보호자 1인	고궁, 능원, 국 · 공립박물관 및 미술관, 국 · 공립공원, 국 · 공립공연장, 공공체육시설
철도요금 감면	장애정도가 심한 장애인 및 보호자 1인/장애정도가 심하지 않은 장애인	KTX, 새마을호, 무궁화호, 50% 할인/KTX, 새마을호 30% 할인, 무궁화호 50% 할인
도시철도요금 감면	장애정도가 심한 장애인 및 보호자 1인/등록장애인	무료
국내선 항공료 할인	등록장애인 및 장애정도가 심한 장애인의 보호자 1인	50% 할인(KAL 1~4급, 아시아나 1~6급)/30% 할인(KAL 5~6급)
고속도로 통행료 할인	등록장애인이나 보호자명의의 2000cc 이하 자동차 1대	50% 할인
장애인승용차 LPG 연료 사용 허용	장애인 또는 장애인과 세대를 같이하는 보호자 명의 등록차량 1대	LPG 연료 사용 허용
의료비 공제	등록장애인	의료비 전액의 5% 공제
자동차분 건강보험료 면제(지역 가입자)	장애인 본인 명의 등록자동차	자동차분 건강보험료 전액 감면

보장구 부가가치세 영세율 적용	장애인 및 보장구업체	부가가치세 감면(20여 종)
시각 및 청각장애인 TV 수신료 면제	시각 및 청각장애인 가정, 사회복지시설의 TV 수상기	TV 수신료 전액 면제
전기요금 할인	장애정도가 심한 장애인	전기료 정액 감액
초고속인터넷요금 할인	등록장애인	월 이용료 30% 할인

2) 고용대책

장애인의 고용형태는 보통 일반고용과 보호고용으로 분류된다. 일반고용이란 일반사업장에서 비장애인과 같이 고용되는 것을 말하며, 보호고용은 일반고용이 어려운 중증장애인을 대상으로 이들만 고용되는 형태다.

(1) 일반고용대책

「장애인고용촉진 및 직업재활법」의 주요 내용은 장애인 할당의무고용제와 장애인 고용지원금 및 고용부담금제도의 실시 등 장애인 고용촉진사업 실시, 장애인고용촉진 및 직업재활기금의 설치 · 운용, 한국장애인고용공단의 설립 · 운영, 직업훈련 및 직업알선사업 실시 등이다. 이 법에 의하여 현재 추진되고 있는 주요 장애인고용촉진사업으로는 장애인 고용업체에 대한 재정지원, 장애인고용을 위한 시설, 장비의 설치 및 개선비용 지원, 장애인 통근차량 구입자금 융자지원, 직업알선사업, 직업훈련사업, 한국장애인고용공단 설립 · 운영 등이 있다.

「장애인고용촉진 및 직업재활법」에 의하여 2003년까지는 300인 이상의 상시근로자를 고용하는 사업체가 장애인 의무고용 대상사업체였고, 2004년부터는 장애인 고용의무사업체가 50인 이상의 상시근로자를 고용하는 사업체로 확대되었다. 장애인 의무고용 대상업체에서 지켜야 할 장애인 기준고용률은 3.1%이며, 의무고용 대상업체에서 장애인을 기준고용률 이상으로 고용한 경우에는 초과인원 1인당 중증여성,

중증남성, 경증여성, 경증남성 장애인 여부에 따라 고용장려금을 차등지급한다. 또한 동법에는 국가 및 지방자치단체의 장은 소속공무원 정원의 3.8% 이상을 장애인으로 고용해야 한다고 규정되어 있다.

장애인 의무고용 대상사업체는 기준고용률을 채우지 못하는 경우 장애인 의무고용 미달인원 1인당 일정액의 고용부담금을 납부해야 한다. 2004년부터 고용의무 사업체가 상시근로자 300인 이상에서 50인 이상으로 확대됨에 따라 중소기업의 사정을 감안하여 상시근로자 100인 미만 사업체에는 고용부담금을 부과하지 않는다. 고용부담금과 정부출연금 등을 재원으로 하여 장애인고용촉진 및 직업재활기금을 설치 · 운영하고 있는데, 이 기금은 각종 장애인 고용관련사업에 사용된다.

(2) 보호고용대책

일반고용시장에서 취업이 어려운 장애인에게 취업기회와 직업훈련, 직업적응훈련 등을 제공하기 위하여 장애인직업재활시설 운영을 지원하고 있다. 보호고용은 특히 취업이 곤란한 중증장애인에게 일자리를 제공함으로써 중증장애인의 사회복귀에 기여하고 있다.

장애인직업재활시설에서는 근로능력과 중증장애인의 구성비율에 따라 근로사업장과 보호작업장으로 구분하여 장애인을 보호고용하고 있다.

또한 장애인직업재활시설의 생산품과 중증장애인생산품 인증을 받은 물품의 판매 및 유통의 대행, 판로 개척, 홍보, 정보 제공 등을 위하여 전국에 장애인생산품 판매시설을 설치하여 운영을 지원하고 있다.

3) 의료보장대책

장애인에게 의료서비스를 제공하는 대표적인 기관으로는 국립재활원, 정부 지원 재활병의원, 종합병원 재활의학과, 재활의원, 장애인종합복지관 등이 있다. 장애인은 다른 환자들에 비하여 장기간의 치료와 재활을 요하므로 의료비 부담이 크다. 장

애인을 위한 의료보장제도로는 저소득 장애인에 대한 의료비 지원과 보장구 무료교부사업 등이 있다. 의료급여 2종 수급권자 및 건강보험 차상위 본인부담경감 대상(만성질환, 18세 미만) 중 등록장애인이 의료기관 이용 시 발생하는 본인부담금 중 일부 또는 전액을 장애인 의료비로 지원하고 있다. 즉, 대상자가 1차 의료기관에서 외래진료 시 발생하는 본인부담금 중 일부를 지원하고 있으며, 2, 3차 의료기관에서 외래진료 및 입원 시 발생하는 본인부담금 중 비급여항목을 제외한 의료급여(건강보험) 적용 본인부담 진료비를 전액지원하여 저소득 장애인의 부담을 덜어 주고 있다.

1997년부터 보장구에 대해서도 건강보험(의료급여)급여를 실시하여 건강보험대상자에게는 적용대상 품목(지체장애인용 지팡이, 시각장애인용 저시력 보조안경, 청각장애인용 보청기, 언어장애인용 인공후두 등)의 상한액 범위 내에서 구입 시 구입비의 80%를 지원하고, 의료급여 1종 대상자에게는 구입가 전액을, 의료급여 2종 대상자에게는 구입비의 85%를 지원하고 있다. 또한 기초생활보장 수급자 및 차상위계층 장애인에게 보조기구(욕창방지용 방석 및 커버, 음성유도장치, 음성시계, 문자판독기, 진동시계, 시각신호표시기 등)를 무료교부해 준다. 그리고 출산한 여성장애인에게는 태아 1인 기준 1백만 원을 지원해 주고 있다.

4) 교육대책

대표적인 교육대책으로 특수교육대책이 있다. 「특수교육진흥법」을 대체하는 법으로서 2007년에 「장애인 등에 대한 특수교육법」이 새로 제정되어 2008년부터 시행되고 있다. 동법에서 특수교육대상이 되는 장애유형으로는 시각장애, 청각장애, 지적장애, 지체장애, 정서·행동장애, 자폐성장애, 의사소통장애, 학습장애, 건강장애, 발달지체가 있다. 동법에서는 유치원부터 고등학교까지를 의무교육으로 규정하고, 3세 미만 장애영아와 전공과(특수학교 내)는 무상교육으로 규정하고 있다. 특수교육기관으로는 특수학교와 일반학교 내 특수학급이 있다. 일반학교 내 특수학급은 초등학교에 가장 많이 설치되어 있고, 그다음이 중학교, 고등학교 순이다. 특수학교를 장애유형별로 보면 지적장애인 특수학교가 가장 많다. 이 중 대부분은 사립이고 그다음이 공립이며 국립은 극소수다.

또한 정부에서는 소득인정액이 일정금액 이하인 저소득가구의 장애정도가 심한 장애인인 초·중·고등학생 및 장애정도가 심한 장애인의 초·중·고등학생 자녀에 대해 부교재비와 학용품비를 지원해 준다.

5) 주거대책

현재 실시되고 있는 장애인을 위한 주거보장시책으로는 국민기초생활보장 수급자인 장애인에게 영구임대주택 입주대상자 선정 시 가산점을 부여하는 제도와 공동생활가정(group home)의 운영비 지원, 무주택 세대주 장애인에게 국민주택과 공공기관에서 분양하는 85㎡ 이하의 공동주택 공급 시 전체 물량의 일부를 특별분양해 주는 제도 등이 있다.

정부 지원을 받는 장애인 공동생활가정은 1992년 지적장애인 개개인의 적성에 맞는 자립자활능력을 배양하여 탈시설화, 사회통합 등을 기하기 위하여 한국정신지체인애호협회 주관으로 서울시의 재정지원을 받아서 시범설치·운영되면서 시작되었다. 정부에서는 공동생활가정의 운영비를 지원하고 있다. 그러나 순수하게 민간 차원에서 정부의 지원을 받지 않고 운영되는 공동생활가정은 정부의 지원을 받는 곳보다 그 수가 훨씬 더 많다.

장애인을 위한 주거보장정책은 미흡한 실정이다. 등록장애인가구의 경우 비장애인가구에 비하여 주택보급률이 낮음에도 불구하고 이들에 대한 주택구입자금이나 전세자금의 지원 또는 융자제도가 전무한 실정이다. 그리고 일부 장애인의 경우 활동편의를 위하여 주택구조를 개조할 필요성이 높은데, 이에 대한 주택개량자금의 지원이나 융자제도가 미비하다.

6) 재가복지대책

정부에서는 장애인이 집에서 생활하면서 치료와 교육, 직업훈련서비스 등을 받을 수 있도록 통원 가능한 이용시설을 설치 · 운영하는 것을 지원하고 있다. 장애인이용시설로는 장애인종합복지관과 장애인종합복지관에 부설된 재가복지봉사센터, 장애종별복지관, 주간보호시설, 단기보호시설, 장애인심부름센터, 수화통역센터, 장애인체육관 등이 있다.

장애인종합복지관에서는 재가장애인의 상담, 치료, 교육훈련, 사회교류 촉진 및 여가활동 등의 종합적 복지서비스를 제공하고 있으며, 장애종별복지관에서는 지체, 시각, 청각 및 언어, 지적장애 등 일정유형의 장애인을 대상으로 복지서비스를 제공하고 있다. 장애인종합복지관의 관할지역이 광범위하여 접근성이 떨어지는 문제점을 해결하기 위하여 1993년부터 도 단위의 장애인종합복지관에 1개소씩의 분관을 설치하여 지역실정에 맞는 복지사업을 개발 · 추진할 수 있도록 하였다. 또 1992년부터 장애인종합복지관에 재가장애인순회재활서비스센터를 설치 · 운영하고 있다. 순회재활서비스센터에서는 지역 내 재가장애인을 순회방문하여 의료적 · 사회심리적 재활서비스를 비롯한 종합적 서비스를 제공한다.

장애인복지관 이외에 일반사회복지관에서도 여러 가지 장애인복지사업을 실시하고 있다. 사회복지관에서는 주로 상담, 서비스 알선 및 이송사업 등을 실시한다. 사회복지관 운영규정에 의하면 사회복지관에서 실시해야 할 사업의 하나로서 장애인복지사업이 포함되어 있다.

7) 시설보호대책

장애인거주시설에는 지체장애인생활시설, 시각장애인생활시설, 청각 · 언어장애인생활시설, 지적장애인생활시설, 중증장애인요양시설, 장애영유아시설이 있다. 장애유형별로는 지적장애인생활시설의 수와 수용인원이 가장 많다. 지체장애인, 시각장애인, 청각 · 언어장애인생활시설은 시설수가 거의 변화가 없는 반면, 지적장애인생활시설과 중증장애인요양시설은 꾸준히 증가하였다.

거주시설에 살고 있는 장애인들은 거의 대부분 국민기초생활보장 수급자들이며 실비의 비용을 납부하고서 입소해 있는 장애인은 매우 적다.

표 8-5 장애인복지시설의 종류

구분	시설의 종류 및 기능
장애인 거주시설	① 장애유형별 거주시설: 장애유형이 같거나 유사한 장애를 가진 사람들을 이용하게 하여 그들의 장애유형에 적합한 주거지원 · 일상생활지원 · 지역사회 생활지원 등의 서비스를 제공하는 시설 ② 중증장애인거주시설: 장애의 정도가 심하여 항상 도움이 필요한 장애인에게 주거지원 · 일상생활지원 · 지역사회생활지원 · 요양서비스를 제공하는 시설 ③ 장애영유아거주시설: 6세 미만의 장애영유아를 보호하고 재활에 필요한 주거지원 · 일상생활지원 · 지역사회생활지원 · 요양서비스를 제공하는 시설 ④ 장애인단기거주시설: 보호자의 일시적 부재 등으로 도움이 필요한 장애인에게 단기간 주거서비스, 일상생활지원서비스, 지역사회생활서비스를 제공하는 시설 ⑤ 장애인공동생활가정: 장애인들이 스스로 사회에 적응하기 위하여 전문인력의 지도를 받으며 공동으로 생활하는 지역사회 내의 소규모 주거시설
장애인 지역사회 재활시설	① 장애인복지관: 장애인에 대한 각종 상담 및 사회심리 · 교육 · 직업 · 의료재활 등 장애인의 지역사회생활에 필요한 종합적인 재활서비스를 제공하고 장애에 대한 사회적 인식개선사업을 수행하는 시설 ② 장애인주간보호시설: 장애인을 주간에 일시보호하여 장애인에게 필요한 재활서비스를 제공하는 시설 ③ 장애인체육시설: 장애인의 체력증진 또는 신체기능 회복활동을 지원하고 이와 관련된 편의를 제공하는 시설 ④ 장애인수련시설: 장애인의 문화 · 취미 · 오락활동 등을 통한 심신수련을 조장 · 지원하고 이와 관련된 편의를 제공하는 시설 ⑤ 장애인생활이동지원센터: 이동에 상당한 제약이 있는 장애인에게 차량 운행을 통한 직장 출퇴근 및 외출보조나 그 밖의 이동서비스를 제공하는 시설

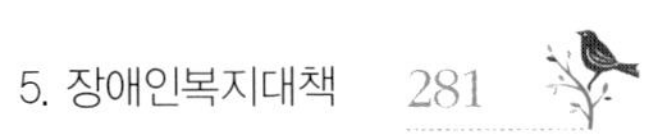

	⑥ 수화통역센터: 의사소통에 지장이 있는 청각 · 언어장애인에게 수화통역 및 상담서비스를 제공하는 시설 ⑦ 점자도서관: 시각장애인에게 점자간행물 및 녹음서를 열람하게 하는 시설 ⑧ 점자도서 및 녹음서출판시설: 시각장애인을 위한 점자간행물 및 녹음서를 출판하는 시설 ⑨ 장애인재활치료시설: 장애아동을 포함한 장애인에게 언어 · 미술 · 음악 등 재활치료에 필요한 치료, 상담, 훈련 등의 서비스를 제공하고 서비스를 이용한 자로부터 비용을 수납하여 운영하는 시설
장애인직업 재활시설	① 장애인보호작업장: 작업능력이 낮은 장애인에게 직업적응능력 및 직무기능 향상훈련 등 직업재활 훈련프로그램을 제공하고, 보호가 가능한 조건에서 근로의 기회를 제공하며, 이에 상응하는 노동의 대가로 임금을 지급하고, 장애인근로사업장이나 그 밖의 경쟁적인 고용시장으로 옮겨 갈 수 있도록 돕는 역할을 하는 시설 ② 장애인근로사업장: 작업능력은 있으나 이동 및 접근성 또는 사회적 제약 등으로 취업이 어려운 장애인에게 근로의 기회를 제공하고, 최저임금 이상의 임금을 지급하며 경쟁적인 고용시장으로 옮겨 갈 수 있도록 돕는 역할을 하는 시설 ③ 장애인직업적응훈련시설: 작업능력이 극히 낮은 장애인에게 작업활동, 일상생활훈련 등을 제공하여 기초작업능력을 습득시키고, 작업평가 및 사회적응훈련 등을 실시하여 장애인보호작업장 또는 장애인근로사업장이나 그 밖의 경쟁적인 고용시장으로 옮겨 갈 수 있도록 돕는 역할을 하는 시설
장애인의료 재활시설	장애인을 입원 또는 통원하게 하여 상담, 진단 · 판정, 치료 등 의료재활서비스를 제공하는 시설
장애인생산품 판매시설	장애인생산품의 판매활동 및 유통을 대행하고, 장애인 생산품이나 서비스 · 용역에 관한 상담, 홍보, 판로 개척 및 정보제공 등 마케팅을 지원하는 시설

제 9 장

아동 · 청소년복지

1. 아동 · 청소년의 정의
2. 아동 · 청소년복지의 정의
3. 아동 · 청소년복지서비스의 대상
4. 아동 · 청소년복지서비스의 분류
5. 아동복지시설 및 아동 · 청소년복지 관련법
6. 아동 · 청소년복지대책

1. 아동 · 청소년의 정의

아동 및 청소년이란 신체적 · 정신적으로 미성숙하여 혼자서 독립적인 생활을 하지 못하기 때문에 성인의 도움을 필요로 하는 발달단계의 사람이라고 규정할 수 있다. 아동과 청소년은 가정과 사회를 통하여 건전한 성장과 발달을 추구할 권리가 있으며, 미래를 책임져야 할 중요한 역할이 기대되는 존재로서 개인이자 가족의 구성원이며, 나아가 사회의 장래를 책임지는 중요한 인적자원이다.

아동에 대해 많은 관심을 기울이게 된 것은 20세기 전후부터라고 할 수 있다. 그전에는 독립된 아동기의 존재를 인식하지 못하였고, 아동은 단지 어른의 작은 형태로만 간주되었다. 19세기 이후 인도주의와 기독교의 등장으로 인하여 아동 생명의 경시는 범죄라는 인식이 생겨났고, 과학적 지식의 발전으로 아동심리학 연구가 진전되어 아동기의 중요성에 대한 인식이 제고되었다. 또한 정치적 · 경제적 발전 등으로 가정과 사회에서 아동의 지위가 향상되었다.

아동과 청소년의 연령 구분은 각종 법률이나 국가, 학자에 따라 차이가 있다. 우리나라 「아동복지법」에서는 18세 미만의 자를 아동으로, 「청소년기본법」에서는 9세 이

표 9-1 아동의 연령 구분

법률명	용어	나이 기준
민법	미성년	19세 미만
형법	미성년	14세 미만
아동복지법	아동	18세 미만
청소년기본법	청소년	9~24세
청소년보호법	청소년	19세 미만
소년법	소년	20세 미만
근로기준법	연소자	18세 미만
한부모가족지원법	아동	18세 미만(취학 시 20세 미만)

상 24세 이하의 자를 청소년으로 규정하고 있다.

2. 아동 · 청소년복지의 정의

아동복지의 개념은 지난 1세기에 걸쳐 환경의 변화와 더불어 아동의 사회적 · 법적 지위 향상 및 복지사회에 대한 관심의 증대로 나타났다. 과거에는 아동을 성인의 소유물이나 축소판으로 인식하였으나 20세기에 이르러 아동을 고유한 욕구와 존엄성을 가진 독립된 인격체로 인식하게 되었다. 그리하여 사회는 아동의 기본적인 욕구를 보장하고 잠재능력을 최대한 발휘할 수 있도록 하며 건전한 성장과 발달을 이룰 수 있도록 노력을 기울이기 시작하였다.

Friedlander는 아동복지란 빈곤, 방치, 유기, 질병, 결손 등을 지닌 아동 또는 환경에 적응하지 못하는 비행아동에게만 관심을 두는 것이 아니라 모든 아동이 신체적 · 지적 · 정서적 발달 면에서 안전하고 행복할 수 있도록 그들을 위험으로부터 보호하기 위하여 공적 및 사적 제반 기관에서 실시하는 사회적 · 경제적 · 보건적인 모든 활동을 포함한다고 정의하였다(공계순, 박현선, 오승환, 이상균, 이현주, 2006에서 재인용). 또한 광의로는 모든 아동의 행복을 위하여 그들의 신체적 · 사회적 · 심리적 발달을 보호하고 촉진하기 위한 모든 대책을 말하며, 협의로는 특수한 욕구를 가진 아동과 가족을 대상으로 사회복지기관을 비롯한 특정기관에서 제공하는 서비스를 말한다고 하였다.

전통적인 아동 · 청소년복지의 개념은 자녀양육의 책임을 수행하는 데 장애가 있는 가족의 기능을 대리하고 보충하는 것이었다. 그러나 최근에는 아동 · 청소년복지의 개념이 보다 광범위한 개념으로 변화하여 특별한 보호를 필요로 하는 아동 · 청소년뿐 아니라 일반아동 · 청소년을 대상으로 하는 것으로 변화되었다. 따라서 아동 · 청소년복지는 모든 아동 및 청소년이 가족과 사회의 일원으로서 육체적 · 정신적으로 건전하게 성장 · 발달할 수 있도록 지역사회나 사회복지서비스분야의 단체와 기

관들이 협력하여 아동 및 청소년복지에 필요한 사업을 계획하여 실천에 옮기는 조직적인 활동이라고 정의할 수 있다.

아동복지에 관한 기본법인 「아동복지법」은 아동의 기본적 권리와 아동이 건강하게 출생하고 행복하고 안전하게 자라나도록 복지를 보장하기 위하여 국가와 지방자치단체는 물론 모든 국민과 보호자가 노력해야 한다고 명시하고 있다. 또한 기본이념으로서 아동은 어떤 종류의 차별도 받지 않아야 하며, 안정된 가정환경에서 자라야 하고, 모든 활동에서 아동의 이익이 최우선적으로 고려되어야 한다고 되어 있다.

우리나라 아동이 누려야 할 기본적인 권리의 내용은 2016년에 제정된 아동권리헌장에 명시되어 있다. 청소년헌장은 1990년에 제정되었으며 1998년에 청소년의 주체적 삶과 자율성을 강조하는 새로운 내용으로 개정되었다. 청소년헌장에 포함된 청소년의 권리로는 생존의 보장과 성장의 권리, 차별받지 않을 권리, 폭력으로부터 보호받을 권리, 사적인 삶의 권리, 생각과 느낌의 권리, 모임활동의 권리, 배움의 권리, 일과 직업의 권리, 문화예술 활동의 권리, 정보접근의 권리, 민주적 참여의 권리 등이 있다.

우리나라의 경우 1981년에 「아동복리법」을 「아동복지법」으로 개정하면서 국가의 미래를 책임질 다음 세대를 육성한다는 차원에서 보호대상의 범위를, 보호를 필요로 하는 아동 · 청소년에서 전체 아동 · 청소년으로 확대하였다. 1987년에는 「청소년육성법」을 제정하였고 1991년에는 청소년정책에 대한 종합적이고 체계적인 육성책으로서 「청소년기본법」을 제정하였다. 또한 1991년에 취업여성의 증가로 인하여 보육에 대한 요구가 증가함에 따라 「영유아보육법」을 제정하여 보육서비스를 일반아동에게 확대함으로써 보편적 아동복지서비스로 확충하였다. 1990년에는 정부에서 모든 아동과 청소년의 인격발달과 복지증진을 위하여 가정, 사회, 국가 모두가 특별한 배려를 해야 함을 명시한 국제연합의 아동권리협약에 서명하였다.

1989년 국제연합에서 채택한 유엔아동권리협약은 아동의 권리문제에 대한 체계적이고 종합적인 권리규범으로서 아동을 권리의 주체로 인정하고 있다. 유엔아동권리협약은 18세 미만의 모든 아동을 보호대상으로 함과 동시에 적극적인 권리의 주체로 인정하는 아동권리에 관한 국제협약으로서 아동의 권리에 대해 총체적으로 접근하고 있다. 유엔아동권리협약은 무차별의 원칙, 아동 최선의 이익 원칙, 아동의 생명존중 및 발달보장의 원칙, 아동 의사존중의 원칙의 네 개 원칙을 중심으로 하고 있다.

아동권리헌장

모든 아동은 독립된 인격체로 존중받고 차별받지 않아야 한다. 또한 생명을 존중받고, 보호받으며, 발달하고 참여할 수 있는 고유한 권리가 있다. 부모와 사회, 국가와 지방자치단체는 아동의 이익을 최우선적으로 고려해야 하며, 다음과 같은 아동의 권리를 확인하고 실현할 책임이 있다.

① 아동은 생명을 존중받아야 하며 부모와 가족의 보살핌을 받을 권리가 있다.
② 아동은 모든 형태의 학대와 방임, 폭력과 착취로부터 보호받을 권리가 있다.
③ 아동은 출신, 성별, 언어, 인종, 종교, 사회 · 경제적 배경, 학력, 연령, 장애 등의 이유로 차별받지 않을 권리가 있다.
④ 아동은 개인적인 생활이 부당하게 공개되지 않고 보호받을 권리가 있다.
⑤ 아동은 신체적 · 정신적 · 사회적으로 건강하게 성장하고 발달하는 데 필요한 기본적인 영양, 주거, 의료 등을 지원받을 권리가 있다.
⑥ 아동은 자신이 살아가는 데 필요한 지식과 정보를 알 권리가 있다.
⑦ 아동은 자유롭게 상상하고 도전하며 창의적으로 활동하고 자신의 능력과 소질에 따라 교육받을 권리가 있다.
⑧ 아동은 휴식과 여가를 누리며 다양한 놀이와 오락, 문화 · 예술 활동에 자유롭고 즐겁게 참여할 권리가 있다.
⑨ 아동은 자신의 생각이나 느낌을 자유롭게 표현할 수 있으며, 자신에게 영향을 주는 결정에 대해 의견을 말하고 이를 존중받을 권리가 있다.

2016년 5월 2일

청소년헌장

청소년은 자기 삶의 주인이다. 청소년은 인격체로서 존중받을 권리와 시민으로서 미래를 열어 갈 권리를 가진다. 청소년은 스스로 생각하고 선택하며 활동하는 삶의 주체로서 자율과 참여의 기회를 누린다. 청소년은 생명의 가치를 존중하며 정의로운 공동체의 성원으로 책임 있는 삶을 살아간다.

가정, 학교, 사회 그리고 국가는 위의 정신에 따라 청소년의 인간다운 삶을 보장하고 청소년 스스로 행복을 가꾸며 살아갈 수 있도록 여건과 환경을 조성한다.

청소년의 권리

1. 청소년은 생존에 필요한 기본적인 영양, 주거, 의료, 교육 등을 보장받아 정신적 · 신체적으로 균형 있게 성장할 권리를 가진다.
2. 청소년은 출신, 성별, 종교, 학력, 연령, 지역 등의 차이와 신체적 · 정신적 장애 등을 이유로 차별받지 않을 권리를 가진다.
3. 청소년은 물리적 폭력뿐 아니라 공포와 억압을 포함하는 정신적인 폭력으로부터 보호받을 권리를 가진다.
4. 청소년은 사적인 삶의 영역을 침해받지 않을 권리를 가진다.
5. 청소년은 자신의 생각과 느낌을 자유롭게 펼칠 권리를 가진다.
6. 청소년은 자유로운 의사에 따라 건전한 모임을 만들고 올바른 신념에 따라 활동할 권리를 가진다.
7. 청소년은 배움을 통해 진리를 추구하고 자아를 실현해 갈 권리를 가진다.
8. 청소년은 일할 권리와 직업을 선택할 권리를 가진다.
9. 청소년은 여가를 누릴 권리를 가진다.
10. 청소년은 건전하고 다양한 문화, 예술활동에 자유롭게 참여할 권리를 가진다.
11. 청소년은 다양한 매체를 통하여 자신의 삶에 필요한 정보에 접근할 권리를 가진다.
12. 청소년은 자신의 삶과 관련된 정책결정 과정에 민주적 절차에 따라 참여할 권리를 가진다.

청소년의 책임

1. 청소년은 자신의 삶을 소중히 여기며 자신이 선택한 삶에 책임을 진다.
2. 청소년은 앞 세대가 물려준 지혜를 시대에 맞게 되살려 다음 세대에 물려줄 책임이 있다.
3. 청소년은 가정 · 학교 · 사회 · 국가 · 인류공동체의 성원으로서 자기와 다른 삶의 방식도 존중할 줄 알아야 한다.
4. 청소년은 삶의 터전인 자연을 소중히 여기고 모든 생명들과 더불어 살아간다.
5. 청소년은 통일시대의 주역으로서 평화롭게 공존하는 방법을 익힌다.
6. 청소년은 남녀평등의 가치를 배우고 이를 모든 생활에서 실천한다.
7. 청소년은 가정에서 책임을 다하며 조화롭고 평등한 가족문화를 만들어 간다.
8. 청소년은 서로에게 정신적 · 신체적 폭력을 행사하지 않는다.
9. 청소년은 장애인을 비롯한 소외받기 쉬운 사람들과 더불어 살아간다.

3. 아동 · 청소년복지서비스의 대상

아동복지의 대상은 아동과 그 부모 및 가정이다. 아동복지의 대상에 아동의 부모와 가정이 포함되는 이유는 발달단계 특성상 아동의 건강한 발육과 성장을 위해서는 보호와 양육역할을 담당하는 보호자가 필요하며 이러한 보호와 양육의 일차적 책임은 아동이 속해 있는 가정과 부모에게 있기 때문이다.

아동복지의 대상은 보편주의에 의거하면 모든 아동과 그 부모 및 가정이라고 할 수 있는 반면, 선별주의에 의거하면 요보호아동과 그 가족이 된다. 과거의 아동복지는 선별주의적 입장에서 보호를 필요로 하는 아동을 주 대상으로 삼았으나 1981년 「아동복지법」의 개정으로 그 대상이 모든 아동으로 확대되었다. 그동안 정부의 아동정책은 시설보호아동, 소년소녀가정아동, 입양아동 등과 같은 요보호아동 위주였다.

우리나라의 아동인구는 지속적으로 감소하고 있음에도 불구하고 전통적인 가족기능이 약화됨에 따라 아동을 둘러싼 양육여건이 악화되고, 이혼 등으로 인한 가족해체가 심화됨에 따라 보호를 필요로 하는 아동수는 감소하지 않고 있다.

1) 요보호아동

「아동복지법」에서는 요보호아동이란 보호자가 없거나 보호자로부터 이탈된 아동 또는 보호자가 아동을 학대하는 경우 등 보호자가 아동을 양육하기에 부적당하거나 양육할 능력이 없는 경우의 아동이라고 규정하고 있다. 여기서 보호자란 친부모만을 의미하지는 않고, 친권자, 후견인, 아동을 보호 · 양육 · 교육하거나 그 의무가 있는 자 또는 업무 · 고용 등의 관계로 사실상 아동을 보호하고 감독하는 자를 의미한다. 요보호아동에는 구체적으로는 가족의 구조나 기능상의 결손으로 건강한 양육환경에서 성장하기 힘든 빈곤가정아동, 결손가정아동, 학대가정아동, 신체적 · 정신적으로 문제나 장애를 가진 아동, 가출아동이나 비행아동처럼 사회적 · 법적 보호가 필요한 아동, 미혼모의 아동, 유기된 아동처럼 특별보호를 필요로 하는 아동 등이 포함된다.

요보호아동을 유형별로 살펴보면 빈곤, 실직, 학대 등의 이유로 인한 요보호아동이 가장 많고, 그다음이 미혼모아동이다. 요보호아동에 대한 보호내용을 보면 아동시설에서 보호를 제공하는 것이 가장 많고, 그다음이 소년소녀가장 책정이었다. 전체적으로 한 해 동안 발생한 요보호아동들은 시설보호와 가정보호가 각각 절반 정도를 차지한다.

1997년 IMF 외환위기로 인해 요보호아동이 일시적으로 증가하였으나 최근에는 감소하고 있다. 또 아동복지정책이 가정위탁이나 입양 등 가정보호정책 중심으로 변화함에 따라 아동복지시설에서 생활하는 요보호아동수가 감소되고 있다. 정부에서는 아동보호시설을 종래의 대규모 형태에서 소숙사제도나 집단가정 등 소규모 가정단위의 보호방식으로 전환하고 있다.

2) 일반아동

일반아동이란 아동이 속한 가정에서 제공되는 보호 이외에 외부로부터 다른 특별한 보호나 도움을 받지 않고 생활할 수 있는 아동을 의미한다. 아동의 건강한 발달과 성장을 위해 모든 가족에게 제공되어야 할 아동복지서비스의 대상은 일반아동이다. 우리나라에서 일반아동을 위한 복지에 관심을 갖게 된 것은 1981년에 개정된「아동복지법」에서 그전의「아동복리법」에서의 대상이었던 도움이 필요한 요보호아동의 규정을 모든 아동으로 확대하면서부터다. 우리나라의 경우 요보호아동을 대상으로 한 아동복지서비스는 발전하여 왔지만 일반아동을 대상으로 한 복지서비스는 상대적으로 발전하지 못하였다.

현재 우리나라에서 모든 아동을 대상으로 하는 서비스 및 정책으로는 의무교육제도, 12세 이하 아동의 고용 절대금지, 보육서비스, 어린이회관 · 청소년수련관 등의 아동전용시설 운영 등이 있다. 일반아동을 위한 복지서비스를 제공하는 데는 막대한 재정이 필요하다. 국가의 재정상태에 따라 요보호아동과 그 가정의 복지를 우선적인 복지사업으로 하고 있지만, 궁극적으로는 모든 아동의 복지증진을 위한 보편적인 아동복지사업을 지향하고 있다.

4. 아동 · 청소년복지서비스의 분류

Kadushin은 아동복지서비스의 종류를 아동이 속해 있는 가정에 대해 서비스가 수행하는 기능을 기준으로 하여 부모의 역할을 지지하는 서비스인지, 보완하는 서비스인지, 대리하는 서비스인지에 따라 지지적 서비스, 보충적 서비스, 대리적 서비스로 구분하였다. 이들 서비스는 상호배타적인 것이 아니라 상호보완적일 수 있다.

1) 지지적 서비스

지지적 서비스(supportive service)는 아동이 속해 있는 원가정의 구조를 침해하지 않으면서 그 가정의 기능이 원활하게 수행될 수 있도록 지원해 주는 서비스를 의미한다. 이는 도움이 필요한 가족에 대해 사회가 적절한 서비스를 제공할 의무가 있다는 점을 전제로 한다. 지지적 서비스는 부모의 역할을 대신해 주는 것이 아니라 부모와 자녀 각자가 역할과 기능을 효율적으로 수행할 수 있도록 그들의 능력을 지원하고 강화시켜 주는 서비스를 말한다.

어떤 가족은 아동의 건강과 복지에 필요한 자원을 충분히 갖고 있지 못할 수도 있다. 그러나 그런 가족의 아동이 문제를 보이면 사회는 해당가족에 대해 비난하고 원인을 추궁한다. 즉, 상당한 사회적 지원 없이는 가족이 수행하기 힘든 과업에 대해서도 사회는 해당가족이 일차적으로 문제를 해결해야 할 책임이 있다고 기대한다. 그러나 특별한 욕구와 문제를 가지고 있는 아동의 경우에는 가족이 모든 것을 책임지기에는 어려움이 있다. 지지적 서비스인 가정기반서비스는 가족이 필요한 다양한 지지를 제공하는 데 목적이 있다. 즉, 아동복지대상자의 다양한 욕구를 충족시키기 위해 포괄적이고 집중적인 서비스를 제공하는 것이다. 가정기반서비스는 부모가 자신의 역할을 이행할 수 있도록 그들을 강화하고 지지하는 서비스이지 부모의 책임을 떠맡는 것은 아니다. 따라서 지지적 서비스는 가족체계 외부에서 제공되는 것이다.

가족관계에 문제가 있는 가정을 대상으로 상담이나 가족치료를 제공하여 부모나 자녀가 역할을 제대로 수행하도록 원조하거나, 부모역할을 이해하고 잘 실행할 수 있도록 부모교육프로그램을 실시하거나, 미혼남녀에게 미리 부모준비교육을 실시함으로써 아동복지를 위협하는 문제를 예방하려는 활동 등이 포함된다.

2) 보충적 서비스

보충적 서비스(supplementary service)는 부모의 보호, 양육의 질이 부적절하거나 제약되어 있을 때 이를 보충할 수 있도록 제공되는 서비스다. 이는 부모의 사망, 유기, 이혼, 별거 등으로 부모의 역할이 영구적으로 수행되기 어려울 때나 교도소 수감, 질병, 직업상의 이유 등으로 일시적으로 부모의 역할수행이 힘들 때 제공된다. 보충적 서비스는 가족 안으로 들어와서 제공된다는 점에서 지지적 서비스와 구별된다. 즉, 이는 부모역할 중 일부를 대신 수행하는 서비스다.

보충적 서비스는 부모나 가족의 힘만으로 적절한 아동양육 수행이 어려운 경우, 부모역할의 일부를 보조하는 서비스다. 즉, 부모의 취업이나 실직, 질병이나 장애, 또는 가족의 재정적 곤란 등으로 부모의 역할이 일시적으로 결손될 때 부모역할을 보완하기 위하여 이 서비스가 필요할 수 있다.

부모의 역할 중 하나는 아동이 건강하게 발달할 수 있는 환경을 제공하는 것이다. 이러한 역할을 수행하기 위해서는 가족이 일정한 소득을 가지고 있어야 하고 부모가 소득원으로서의 역할을 수행해야 한다. 그러나 부모의 실직, 장애, 사망 등으로 가족의 소득원이 상실되는 경우에는 가족 내 아동의 건강한 발달을 위한 토대가 흔들리는 위험에 처하게 된다. 따라서 사회보험과 공공부조 같은 소득보장제도는 부모의 소득창출을 보충한다는 의미에서 보충적 서비스라고 할 수 있다. 가정봉사원서비스는 아동보호와 가사유지와 관련된 전통적인 어머니의 역할 부재에 대응하는 서비스다. 이 외에 보육서비스, 학대 및 방임아동을 위한 보호서비스 등이 있다.

보육서비스는 자녀양육이라는 가족기능의 일부를 전문적 사회제도가 맡아 주는 것으로 여성의 사회진출로 인해 보육서비스에 대한 욕구는 점점 증가하고 있다. 학대아동을 위한 보호서비스란 아동 및 청소년이 유기, 학대, 착취당하는 경우 전문기관이 제공하는 개별서비스를 말하며, 가정봉사원서비스는 부모의 부재나 질병 등으로 가정이 위기에 직면했을 때 가사 전반을 돌보도록 훈련받은 종사원이 제공하는 서비스를 말한다. 아동 · 청소년의 문제가 빈곤과 밀접하게 연관되어 있기 때문에 사회보험과 공공부조를 통한 소득보완사업을 통해 소득의 산출이라는 부모의 역할을 대신해 줌으로써 아동 · 청소년이 빈곤에서 벗어나 정상적인 성장과 발달을 할 수 있도록 도와주는 것도 보충적 서비스에 속한다.

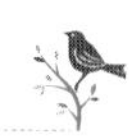

3) 대리적 서비스

대리적 서비스(substitute service)는 부모의 역할 전부가 상실되었을 경우 아동에게 부모를 대신하여 제공되는 서비스를 의미한다. 즉, 아동이 속한 원가정이 완전히 해체되어 일시적 또는 영구적으로 부모 중 누구도 아동에게 보호, 양육의 기능을 수행할 수 없을 경우에 제3의 가정이나 시설이 이 기능을 대신하는 서비스를 제공하는 것이다. 즉, 부모의 사망, 이혼, 장애 또는 자녀를 유기하는 등의 사유로 인하여 부모자녀 관계가 일시적 또는 영원히 해체되어 부모의 역할 전부를 제삼자가 떠맡는 것으로서 아동이 자신의 가정을 완전히 떠나서 다른 가정이나 시설에서 보호를 받는 서비스를 말한다. 대표적인 대리적 서비스로는 입양, 가정위탁보호, 시설보호 등이 있다.

5. 아동복지시설 및 아동 · 청소년복지 관련법

1) 아동복지시설

아동복지시설에는 요보호아동을 대상으로 한 아동양육시설, 아동일시보호시설, 아동보호치료시설, 아동직업훈련시설, 아동자립지원시설, 아동단기보호시설, 지역아동센터가 있고, 전체 아동을 대상으로 한 아동상담소, 아동전용시설, 아동복지관 등이 있다. 지역아동센터는 지역사회의 빈곤, 결손아동에 대해 보호, 학습 지원, 급식, 상담 등 종합적인 서비스를 제공해 주는 시설로서 운영주체가 개인, 사회복지법인, 민간단체 등으로 다양하다.

표 9-2 아동복지시설 유형

유형		목적
생활시설	아동양육시설	보호를 필요로 하는 아동을 입소시켜 보호 · 양육함
	아동일시보호시설	보호를 필요로 하는 아동을 일시보호하고 아동에 대한 향후의 양육대책수립 및 보호조치를 행함
	아동보호치료시설	① 불량행위를 하거나 불량행위를 할 우려가 있는 아동으로서 보호자가 없거나 친권자나 후견인이 입소를 신청한 아동 ② 가정법원, 지방법원소년부지원에서 보호위탁된 아동을 입소시켜 그들을 선도하여 건전한 사회인으로 육성함
	아동직업훈련시설	아동복지시설에 입소되어 있는 만 15세 이상의 아동과 생활이 어려운 가정의 아동에 대하여 자활에 필요한 지식과 기능을 습득시킴
	아동자립지원시설	아동복지시설에서 퇴소한 자에게 취업준비기간 또는 취업 후 일정기간 보호함으로써 자립을 지원함
	아동단기보호시설	일반가정에서 아동을 보호하기 곤란한 일시적 사정이 있는 경우 아동을 단기간 보호하며, 가정의 복지에 필요한 지원조치를 제공
	공동생활가정	보호를 필요로 하는 아동에게 가정과 같은 주거여건과 보호를 제공
이용시설	아동상담소	아동과 그 가족의 문제에 관한 상담, 치료, 예방 및 연구
	아동전용시설	어린이공원, 어린이놀이터, 아동회관, 체육, 연극, 영화, 과학실험 전시시설, 아동휴게숙박시설, 야영장 등 아동에게 건전한 놀이, 오락, 기타 각종 편의를 제공하여 심신의 건강유지와 복지증진에 필요한 서비스를 제공하는 것을 목적으로 하는 시설
	아동복지관	지역사회 아동의 건전육성을 위하여 심신의 건강유지와 복지증진에 필요한 서비스를 제공
	지역아동센터	지역사회 아동의 보호, 교육, 건전한 놀이와 오락의 제공, 보호자와 지역사회의 연계 등 아동의 건전육성을 위하여 종합적인 아동복지서비스를 제공

2) 아동 · 청소년복지 관련법

아동 및 청소년을 대상으로 한 주요 아동 · 청소년복지 관련법으로는「영유아보육법」,「한부모가족지원법」,「입양특례법」,「청소년기본법」,「청소년보호법」,「소년원법」 등이 있다.

「영유아보육법」은 7세 이하의 취학 전 아동을 대상으로 하는 법으로서 보호자가 근로 또는 질병, 기타 사정으로 인하여 보호하기 어려운 영아 및 유아를 심신의 보호와 건전한 교육을 통하여 건강한 사회성원으로 육성함과 아울러 보호자의 경제적 · 사회적 활동을 원만하게 하여 가정복지 증진에 기여함을 목적으로 하고 있다. 취업모의 증가에 따른 가정 내 아동양육의 취약성을 보완하여 아동의 건전한 양육을 지원하는 법으로서 보육위원회, 보육정보센터, 보육시설 등에 관한 규정을 담고 있다.

「한부모가족지원법」은 모 · 부자가정에 대한 지원을 통하여 그러한 가정의 아동들을 지원하는 법이다. 한부모가정의 생활안정과 복지증진을 목적으로 하는 법으로서 한부모가족상담실, 상담원, 단체 관련규정, 생계비, 아동교육지원비, 직업훈련비, 아동양육비, 한부모가족복지시설 등에 관한 규정을 담고 있다. 과거에는「모부자복지법」이었으나「한부모가족지원법」으로 개정하였다.

「입양특례법」은 요보호아동의 입양을 촉진하고 양자로 되는 자의 보호와 복지증진을 도모하기 위하여 필요한 사항을 규정함을 목적으로 하고 있는 법으로서 입양조건, 입양절차, 입양기관, 양육보조금 지급과 같은 입양아동에 대한 복지대책 등을 담고 있다.

9세 이상 24세 이하를 대상으로 하는 청소년 관련법은 아동과 청소년의 정의가 연령상 중복되므로 아동복지와 밀접한 관련을 갖는다.「청소년기본법」은 청소년육성정책에 관한 기본법으로서 청소년육성위원회, 청소년기본계획 수립, 청소년수련활동 지원, 청소년수련시설, 청소년유해요인금지, 청소년비행예방, 청소년육성기금과 관련된 내용을 규정하고 있다.

「청소년보호법」은 청소년에게 유해한 매체물과 약물 등이 청소년에게 유통되는 것과 청소년이 유해한 업소에 출입하는 것 등을 규제하고, 청소년을 청소년폭력, 학대 등 청소년 유해행위를 포함한 각종 유해환경으로부터 보호 · 구제함으로써 청소년이 건전한 인격체로 성장할 수 있도록 함을 목적으로 하고 있다. 청소년 유해매체물, 청소년유해업소, 약물, 청소년 유해행위 규제, 청소년보호위원회 등과 관련된 내용을 규정하고 있다.

「소년원법」은 청소년은 범죄에 대한 처벌에서도 청소년의 특성과 장래 등을 고려하여 성인과 별도의 조치를 받을 필요가 있다는 전제에서 출발한 법으로서 소년원과 소년분류심사원의 조직과 기능, 교정교육, 출원 등과 관련된 규정을 담고 있다.

6. 아동 · 청소년복지대책

1) 보육대책

오늘날 여성의 사회진출에 따른 맞벌이부부의 증가 등으로 인하여 아동의 양육책임이 더 이상 가정과 부모에게만 주어져서는 안 되고 가정과 사회 공동의 책임으로 변화하고 있으며 이에 따라 보육사업은 매우 중요한 아동복지사업이 되었다.

우리나라에서는 1961년 「아동복리법」이 제정되면서 육아시설 등이 사업목적을 보육사업으로 바꾸며 보육시설이 증가함으로써 본격적인 보육사업이 실시되었다. 1982년에는 「유아교육진흥법」을 제정하여 기존의 보육관련시설인 어린이집, 새마을협동유아원 및 농번기탁아소를 새마을유아원으로 흡수 통합하였다. 그러나 새마을유아원만으로는 급증하는 보육수요를 충족시키지 못하였다. 이에 1987년에는 「남녀고용평등법」에 의하여 직장탁아제도를 도입하였다. 그러나 보육사업이 여러 부처에서 각기 독자적으로 관리 · 운영됨으로써 체계적이고 효율적인 보육사업을 실시하는 데 어려움이 있자 1991년 「영유아보육법」을 제정하여 보육사업 주관부처를 보건복지가족부로 일원화하였다. 보육서비스의 다양화와 질적 수준 향상, 보육에 대한 공

적 책임을 강화하기 위한 방법으로 2004년에는「영유아보육법」을 전면개정하였고 보육사업의 주관부처가 보건복지가족부에서 여성가족부로 이관되었다. 그러다 다시 2008년에 보건복지부로 이관되었다.

1995년 이후부터는 영아 또는 장애아 전담보육시설이 운영되었고, 1997년부터는 저소득층의 초등학교 저학년을 중심으로 방과 후 아동보육이 시작되었다. 도시근로자 평균소득 이하 가구에 지원하던 보육료를 2009년 7월부터 소득하위 50%(소득수준에 따라 지원액 차등)로 늘리고, 2011년 3월부터는 소득하위 70%에게 보육료 전액을 지원하는 것으로 확대하였다. 2012년 3월부터 만 0~2세아 및 만 5세아(5세 누리과정)는 소득수준과 관계없이 전 계층으로 지원을 확대하였다. 또한 2009년부터 나이가 어려 집에서 돌보는 영아에 대한 양육수당을 도입하여 아동대상 양육수당을 차상위계층 이하에서 전 계층으로 확대하였다.

2012년 3월 5세 누리과정이 도입되고 2013년 3월 누리과정이 도입됨에 따라 만 3~5세 유아들은 유치원에 다니든 어린이집에 다니든 같은 내용을 배우고, 거주하는 지역이나 부모의 소득수준과 관계없이 유아학비와 보육료를 동일하게 지원받게 되었다.

「영유아보육법」상의 보육시설의 종류에는 국 · 공립보육시설, 법인보육시설, 민간보육시설, 직장보육시설, 가정보육시설, 부모협동보육시설이 있다.

(1) 국 · 공립보육시설

국가와 지방자치단체가 설치 · 운영하는 시설로서 지역주민 자녀를 50% 이상 보육하는 시설을 말한다. 11명 이상을 보육하여야 하고, 저소득층 밀집지역 및 농어촌지역 등 취약지역과 보육시설이 부족한 지역에 우선적으로 설치하는 등 지역별로 균형 있게 배치하여야 한다.

(2) 법인보육시설 및 민간보육시설

법인보육시설은「사회복지사업법」에 의한 사회복지법인이 설치 · 운영하는 시설을 말한다. 민간보육시설은 사회복지법인이 아닌 비영리법인, 비영리단체 또는 개인이 설치 · 운영하는 시설로서 직장보육시설, 가정보육시설, 부모협동보육시설이 아닌 시설을 말한다. 법인보육시설 및 민간보육시설은 21명 이상을 보육하여야 하고, 지역의 보육수요와 보육시설의 공급현황을 감안하여 지역별로 균형 있게 배치하여야 한다.

(3) 직장보육시설

사업주가 사업장의 근로자를 위하여 단독 또는 공동으로 사업장 내 또는 그에 준하는 인근지역과 사원주택 등 사업장 근로자 밀집지역에 설치 · 운영하는 시설로서 5인 이상을 보육해야 하며, 보육아동 정원의 1/3 이상이 동 사업장 근로자의 자녀이어야 한다. 또한 상시 여성근로자 300인 이상 또는 근로자 500인 이상을 고용하고 있는 사업장에는 반드시 설치하여야 한다.

(4) 가정보육시설

개인이 가정 또는 그에 준하는 시설에 설치 · 운영하는 시설로서 5인 이상 20인 이하를 보육한다. 명칭은 어린이집으로 하며 기존에 놀이방이라는 명칭을 사용하였다면 계속 사용할 수 있다.

(5) 부모협동보육시설

보호자 15인 이상이 조합을 결성하여 설치 · 운영하는 시설로서 11인 이상을 보육하여야 한다. 조합원이 최대한 보육과정 및 의사결정에 참여하여 소기의 설립목적을 달성하도록 노력하여야 하며, 주요 사항은 조합원의 과반수 이상 찬성으로 결정한다.

이 중 가장 숫자가 많은 것은 가정보육시설이며 그다음이 민간보육시설, 국 · 공립보육시설, 법인보육시설, 직장보육시설, 부모협동보육시설 순이다. 국 · 공립보육시설에 비하여 민간과 가정보육시설이 급격히 증가하였고, 보육아동수 면에서도 현재

표 9-3 보육교사 자격기준

등급	자격기준
보육교사 1급	가. 보육교사 2급 자격을 취득한 후 3년 이상의 보육업무 경력이 있는 사람으로서 보건복지부장관이 정하는 승급교육을 받은 사람 나. 보육교사 2급 자격을 취득한 후 보육 관련 대학원에서 석사학위 이상을 취득하고 1년 이상의 보육업무 경력이 있는 사람으로서 보건복지부장관이 정하는 승급교육을 받은 사람
보육교사 2급	가. 전문대학 또는 이와 같은 수준 이상의 학교에서 보건복지부령으로 정하는 보육 관련 교과목 및 학점을 이수하고 졸업한 사람 나. 보육교사 3급 자격을 취득한 후 2년 이상의 보육업무 경력이 있는 사람으로서 보건복지부장관이 정하는 승급교육을 받은 사람
보육교사 3급	고등학교 또는 이와 같은 수준 이상의 학교를 졸업한 사람으로서 보건복지부령으로 정하는 교육훈련시설에서 정해진 교육과정을 수료한 사람

우리나라의 보육서비스는 민간보육시설에 지나치게 편중되어 있다.

보육시설에는 시설장과 보육교사를 비롯하여 보건복지부령에 따라 해당기준에 부합하는 시설에는 간호사, 영양사, 취사부 등을 두어야 한다. 보육교사는 3년마다 일반직무교육과정의 보수교육을 일정시간 이수하여야 하고, 승급요건을 갖춘 보육교사는 일정시간의 승급교육을 이수해야 한다.

정부에서는 보육서비스에 대한 효과적인 질 관리체계를 마련하고 부모가 합리적으로 보육시설을 선택할 수 있도록 정보를 제공하기 위하여 모든 보육시설을 대상으로 평가인증제도를 실시하고 있으며 평가주기는 3년이다.

국가 또는 지방자치단체는 보육에 필요한 비용을 전부 또는 일부 부담하고 있다. 또한 일부 교사의 인건비, 교재교구비, 차량운영비, 보육시설의 개 · 보수비 및 장비비 등 보육사업에 필요한 비용을 국가가 지원할 수 있도록 하고 있다.

2) 시설보호대책

「아동복지법」에 규정된 아동복지시설로는 아동양육시설, 아동일시보호시설, 아동보호치료시설, 아동직업훈련시설, 자립지원시설, 아동단기보호시설, 아동상담소, 아동전용시설, 아동복지관, 공동생활가정, 지역아동센터가 있다. 이 중 아동양육시설은 보호를 필요로 하는 아동을 입소시켜서 양육하는 시설인데 이처럼 아동양육시설에서 아동을 보호하는 것을 시설보호라고 한다. 출생한 가정에서의 아동보호가 불가능한 경우 가정과 유사한 환경을 제공해 주는 가정위탁이나 입양이 우선적으로 고려되어야 하지만 우리나라의 경우 시설보호가 요보호아동을 보호하는 대표적인 서비스다.

시설보호사업은 아동의 부모가 자녀를 양육할 능력이나 의사가 없는 경우 대리양육이나 가정위탁 등의 가정보호 대신 일정한 시설에 아동을 입소시켜 일시적 또는 장기적으로 집단보호하는 서비스다. 과거에는 부모가 없는 고아를 집단으로 수용 · 보호하였으나 현재는 단순한 수용 · 보호 차원을 넘어서 아동이 갖고 있는 사회심리적 문제를 해결하고 건전하게 성장 · 발달할 수 있도록 치료 및 재활 등의 서비스를 제공하는 장소로 전환하고 있다.

한국전쟁 이후 전쟁고아를 수용하기 위하여 설치된 아동양육시설은 1960년대까지만 해도 전체 사회복지시설의 80%를 차지하였다. 그러나 1970년대 이후부터 아동인구 감소, 해외입양 증가, 소년소녀가정 지원 등으로 아동양육시설에서 보호받고 있는 아동수가 감소하기 시작하였고, 시설수도 감소하였다. 과거에는 시설에서 보호되는 아동의 대부분이 고아였으나 현재는 부모가 있어도 양육할 능력이 없는 요보호아동이나 빈곤가정, 결손가정의 아동이 대부분을 차지하고 있다.

아동생활시설에 있는 아동은 만 18세가 되면 퇴소해야 하며, 대학 이하에 재학 중이거나 직업훈련시설 등에서 훈련 중 또는 학원에서 교육 중이며 20세 미만인 자 및 장애나 질병 등의 이유로 퇴소 연장을 요청한 자 등은 연장보호를 받을 수 있다. 퇴소연장아동 중 취업준비나 취업 후 일정기간 보호를 위하여 자립지원시설(자립생활관)

을 운영하여 주거를 제공하고 있다. 자립지원시설에서는 취업지도, 직업교육 등의 서비스를 제공하고 있다. 이 시설은 25세까지, 최대 5년까지 이용할 수 있으나 이용률이 낮다. 퇴소아동에 대하여 2006년부터 영구임대아파트 입주자격을 부여하고, 공동생활가정 및 전세주택을 지원하고 있으며, 대학 진학, 기숙사 배정 우대, 학자금 지원 확대 등의 자립지원방안을 추진하고 있다. 또한 시설 퇴소 시 일정액의 자립정착금을 지원하고 있다. 1997년부터는 시설아동의 사회적응 강화를 위하여 군부대 입소나 자연탐방 등 자립지원프로그램을 실시하고 있다.

최근 들어 요보호아동의 발생이 감소하고 있고, 요보호아동의 경우 가정위탁, 입양 등 가정보호정책 중심으로 아동복지정책이 변화함에 따라 아동복지시설에서 보호하는 아동수가 감소하고 있어 시설의 기능을 재정비할 필요성이 대두되고 있다. 아동시설의 보호방법을 대규모 보호형태에서 소숙사제도나 그룹홈 등 소규모 가정단위의 보호방식으로 전환하고, 종사자 처우도 개선하여 보육사를 가정단위로 구성함으로써 시설아동도 일반가정아동과 마찬가지로 가정적인 분위기에서 양육되도록 노력하고 있다. 앞으로 보호양육에 그치는 시설의 기능을 확대하여 상담, 일시보호, 급식, 방과 후 교육, 각종 프로그램 운영 등 지역사회 아동을 위한 기능도 추가하여 운영하도록 할 계획이다.

3) 소년소녀가정 지원대책

소년소녀가정 지원사업은 가족의 생계와 가족원의 보호를 책임지는 부모나 양육자가 없는 경우 시설입소 대신 소년소녀가정으로 지정, 정부에서 경제적 보조를 제공하여 원래의 가정에서 그대로 생활하게 하며, 각종 지원을 통해 아동의 자립능력을 배양하고 건전한 사회인으로 성장하도록 육성 · 도모하는 사업을 말한다. 1985년부터 「생활보호법」에 근거하여 소년소녀가정에 대한 정부의 지원이 이루어졌고, 2000년 10월부터는 「국민기초생활보장법」에 근거하여 소년소녀가정을 국민기초생활보장 수급자로 책정하여 생계지원이 실시되었으며, 이 외에 피복비, 영양급식비, 학용품비, 교통비 등이 추가로 지원되고 있다. 또한 소년소녀가장세대를 불우아동사업에 포함시켜 결연사업을 추진하고, 결연후원사업의 활성화를 위하여 사회복지법인 한국복지재단에 결연사업을 위탁하여 추진하고 있다. 그런데 소년소녀가정에게 제공되고 있는 지원은 주로 경제적인 차원에 머무르고 있고, 경제적 지원도 불충분하여 소년소녀가정의 상당수가 경제적 어려움을 겪고 있다. 생계 해결을 위한 최소한의 경제적 지원만 주어지고 정서 및 생활과 관련된 도움이 부족한 실정이다.

현재 정부는 15세 미만의 아동단독세대를 소년소녀가정으로 지정하는 것을 제한하고, 「국민기초생활보장법」상의 부양의무자가 아닌 친인척과 실질적으로 동거하는 가정위탁보호제도를 추진하거나 시설입소를 유도하고 있어 소년소녀가정 수가 감소하고 있다.

4) 입양대책

입양이란 친부모가 없거나 친부모가 자녀를 양육 · 보호할 능력이 없는 경우 아동에게 가정과 부모를 제공해 주는 것으로서 출산이 아닌 법적 과정을 통하여 친권관계를 맺는 것을 의미한다. 입양을 통해 아동의 친부모가 지닌 현재와 미래의 권리나 의무는 종식되며 아동과 혈연관계를 갖지 않은 부부에게 이러한 권리와 의무가 이전된다.

우리나라에서 입양이 이루어진 것은 한국전쟁으로 인한 전쟁고아와 혼혈아동을 국외로 입양시키기 시작한 1950년 이후다. 이 시기에는 입양에 대한 법규가 없었다. 1961년에 국외입양의 법적 근거를 마련하기 위해 「고아입양특례법」이 제정되었고, 1966년 동법을 개정하여 입양이 국가의 허가를 받은 입양알선기관에 의해서만 가능하도록 규정하였다. 국외입양에 대한 비판이 높아지자 정부는 국내입양을 활성화하기 위하여 1976년에 「입양특례법」을 제정하였고, 1985년까지 국외입양을 전면중단할 계획을 수립하기도 하였다. 이 시기에는 국외입양에 대한 쿼터제를 적용하여 국내입양의 실적에 따라 국외입양을 할당해 주었는데, 이로 인해 입양의 질적 저하와 아동복지의 저하가 야기되자 1980년대에 다시 국외입양을 허용하였다. 그러나 1988년 서울

올림픽을 계기로 국외입양에 대한 비판이 일자 국내입양을 활성화하고 장애아동과 혼혈아동을 제외한 아동의 국외입양을 전면 중단하는 계획을 수립하였다. 하지만 국내입양이 활성화되지 못하자 1994년에 국외입양 중단정책을 취소하였고, 국내입양을 활성화하기 위하여 「입양특례법」을 「입양촉진 및 절차에 관한 특례법」으로 전면개정하였다. 2012년에 다시 「입양특례법」으로 개정하여 법원허가제 및 입양숙려제를 도입하여 입양절차에 있어 국가책임을 강화하고, 양부모 자격 및 파양조건을 엄격히 하였다. 정부에서는 우리나라에서 발생하는 요보호아동을 전부 국내가정에 입양할 수 없는 상황에서 국외입양을 무조건 중단할 수 없다는 것을 인식하여 점차적으로 국외입양을 줄이면서 국내입양을 확대하는 방향으로 추진하고 있다.

정부에서는 국내입양을 촉진하기 위하여 입양부모의 자격기준을 완화하는 등 여러 가지 대책을 마련하였다. 즉, 부모의 연령기준을 25세 이상, 입양자녀와의 나이 차를 60세 미만으로 완화하였다. 또한 입양가정에 주택자금 융자 시 할증지원, 고등학교 입학금 및 수업료 면제 등의 혜택을 제공하고 있다. 그리고 5월 11일을 입양의 날로 제정하였는데, 이는 가정의 달 5월에 한 가정이 한 명의 아동을 입양한다는 의미다.

해외입양보다 국내입양이 바람직하지만 장애아동의 경우에는 특히 국내입양이 저조하다. 입양가정에 대한 지원이 부족하여 양육비가 많이 드는 장애아동은 입양하기

[그림 9-1] 「입양특례법」 개정(2012년)으로 변경된 입양절차 흐름도

를 기피한다. 따라서 정부에서는 장애아동의 국내입양을 촉진하기 위하여 장애아를 입양하는 경우에 양육보조금과 의료비를 추가지원하고 있다.

국내입양을 촉진하기 위한 정부의 지원대책에는 다음과 같은 것들이 있다.

(1) 양육수당 및 입양수수료 지원

입양가정에 대해 양육수당(14세 미만 시)을 지급하고, 장애아인 경우 양육보조금(만 18세까지)을 지급하고 있다. 「장애인복지법」에 규정된 장애아동, 분만 시 조산 · 체중 미달 · 분만장애 · 유전 등으로 질환을 앓고 있는 아동, 생활이 어려운 입양가정인 경우에는 양육수당액이 더 많고 일반아동인 경우에는 더 적은데, 액수는 지방자치단체에 따라 차이가 있다. 또한 2007년부터는 정부에서 입양수수료를 지급하고, 2022년부터는 입양축하금을 지급한다. 의료비는 일정액 한도 내에서 본인이 부담한 의료비 전액(급여 및 비급여부분 포함)을 지원하였다.

(2) 입양아동 의료급여 혜택

만 18세 미만 입양아동에 대하여 의료급여 1종 수급자로 지정하여 혜택을 주고 있고, 장애아인 경우 의료비를 일정한도 내에서 추가 지원하고 있다.

(3) 연말정산 소득공제

입양아동을 양육하고 있는 양부모에 대하여 연말정산 시 소득공제를 실시하고 있는데, 입양아동에 대한 기본공제 및 교육비공제를 제공한다.

5) 가정위탁대책

가정위탁사업은 아동의 부모가 일시적으로 또는 장기적으로 아동을 양육할 수 없거나 양육하기에 적절하지 못할 때 아동의 보호를 희망하는 건전한 가정을 선정하여 단기간 또는 장기간 대리양육하도록 하는 사업이다. 가정위탁은 친부모의 아동에 대

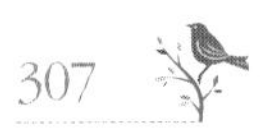

한 권리나 의무 등 법적인 권한이 양부모에게 이전되는 입양과는 다르다. 가정위탁의 궁극적인 목적은 부모로부터 일탈된 아동이 부모에게 다시 돌아갈 때까지 가정적인 분위기에서 건강하게 성장하도록 보호하며, 빠른 시일 내에 보호자에게 돌아가거나 다른 좋은 가정에 입양되도록 돕는 데 있다. 가정위탁사업은 요보호아동에게는 시설보호보다는 가정환경이 더 바람직하다는 점에서 권장되는 사업이다.

가정이 아동양육에 적합하지 못하거나, 그의 부모가 아동을 보살필 능력이 없거나, 부모들의 이혼, 유기, 사망 등으로 가정이 파괴되어 있거나, 가정환경에서 잘 지낼 수 없는 행동문제 등을 갖고 있는 경우에는 부득이 대리가정을 마련해 줄 수밖에 없다. 이렇게 원가정에서 일시적으로나 또는 장기적으로 돌볼 수 없는 아동에게 일정기간 동안 보호를 제공하는 서비스가 가정위탁서비스다.

서구국가의 경우에는 보호를 필요로 하는 아동의 60% 이상이 가정위탁보호를 받고 있는 등 보편화되어 있는 제도이나 우리나라에서는 아직 활성화되지 못하였다. 가정위탁보호에 대한 국민의 인식이 낮고, 대부분의 사람이 입양 전 위탁사업을 가정위탁으로 인식하고 있다. 1960년대 초 해외입양이 활발해지면서 입양기관을 중심으로 입양 보낼 아동에 대한 가정위탁보호가 시작되었는데, 현재의 가정위탁보호는 입양 전 아동을 대상으로 하는 유료위탁이 주를 이루고 있고 순수한 의미의 가정위탁보호는 매우 제한되어 있다. 입양 전 위탁보호와 소년소녀가정 지원사업을 대신한 친인척 위탁가정을 제외하면 엄격한 의미에서의 위탁가정 수는 매우 적다.

가정위탁보호가 필요한 상황은 아동의 부모가 가정에서 아동을 보호할 수 없거나 보호하지 않으려고 하는 경우다. 가정위탁보호가 필요하게 되는 상황은, 첫째, 아동과 관련된 여러 가지 어려움이 발생하는 경우인데, 예를 들어 아동의 신체적 및 지적장애, 사회적 일탈행위, 정서적 혼란 등으로 인한 문제로 아동을 가정에서 일시적으로 보호할 수 없게 되는 상황이다. 둘째, 부모와 관련된 여러 가지 어려움이 발생하는 경우인데, 예를 들어 부모의 사망 · 이혼 · 별거 등의 가족해체, 신체적 혹은 정신적 질병, 아동에 대한 부모의 학대, 적절한 재정적 자원의 결핍 등으로 아동에게 적절한 보호를 제공할 수 없는 경우 등이다.

가정위탁서비스 유형은 다음과 같다.

- 무료위탁: 위탁가정이 보수를 받지 않고 아동을 보호하는 것이다.
- 유료위탁: 위탁받은 가정이 아동을 보호하고 그 대가로 원가정이나 사회복지기관으로부터 보수를 받는 것으로서 오늘날 가장 많이 활용되고 있다.
- 고용위탁: 위탁기간 중 아동이 노동을 하여 숙식비나 추가적인 비용을 벌기 위해 어느 정도의 일을 하는 위탁형태다.
- 입양위탁: 입양수속 중인 아동을 일시적으로 보호하는 위탁형태다. 우리나라에서는 국외입양아동을 대상으로 입양위탁을 실시하고 있다.
- 집단위탁: 집단위탁가정은 새로운 형태의 위탁가정보호형태로 시설에서 운영하는 5~12명 이하의 공동으로 생활하는 소집단가정이다.

「아동복지법」에서는 가정위탁의 유형을, 첫째, 부모를 제외한 부양의무자인 친인척에 의한 대리양육가정, 둘째, 부양의무자가 아닌 친인척에 의한 위탁가정, 셋째, 일반인에 의한 위탁가정의 세 가지로 구분하고 있다.

1990년대 후반에 들어 소년소녀가정사업과 시설보호사업에 대한 비판이 일어나면서 정부에서는 요보호아동 보호방법을 시설보호나 소년소녀가정 지원에서 집단가정형태나 가정위탁보호형태의 방식으로 전환하는 방향으로 추진하였고, 1999년에는 가정위탁보호에 대한 법적 근거를 마련하였다. 2000년부터는 15세 미만의 소년소녀가장세대를 친척위탁하거나 가정위탁하는 것을 우선으로 하고 있고, 2003년부터 위탁가정을 지원하기 위해 시 · 도에 1개소씩 가정위탁지원센터를 설치 · 운영하고 있다. 최근에는 민간기관에서 가정위탁을 확대하려고 노력 중이다.

「아동복지법」에서는 가정위탁보호 대상아동으로서 15세 미만 아동 또는 부모의 질병, 가출, 학대 등으로 단기보호가 필요한 아동을 우선적으로 선정하도록 규정되어 있다.

위탁가정의 선정기준은 다음과 같다.

(1) 기본요건

① 위탁받고자 하는 자 및 그 가족에게 범죄, 가정폭력, 아동학대, 알코올 · 약물중독 등의 전력이 없어야 한다.

② 가정조사 시 이웃 등을 통해 위탁가정으로 적합한지 여부를 확인하여야 한다.

③ 민간기관에서 이루어지는 가정위탁에 필요한 교육을 이수하여야 한다. 다만, 친인척에 의한 대리양육가정 및 위탁가정의 경우에는 사후에 교육을 이수할 수 있다.

(2) 일반인의 위탁보호가정 선정기준

① 위탁아동을 부양하기에 적합한 수준의 소득이 있을 것

② 위탁아동에 대하여 종교의 자유를 인정하고 사회의 일원으로서 그에 상응한 양육과 교육을 할 수 있을 것

③ 가정이 화목하고 정신적 · 신체적으로 위탁아동을 양육함에 현저한 장애가 없을 것

④ 공립아동상담소 또는 이웃주민 2인 이상의 추천을 받을 것

⑤ 위탁받는 자의 나이가 25세 이상일 것(부모인 경우 부모 모두 해당)

⑥ 위탁가정의 아동수는 자신의 자녀를 포함하여 4인을 넘지 않을 것(18세 이상 친자녀는 자녀수에서 제외)

⑦ 결혼하여 아이를 키워 본 경험이 있는 가정을 원칙으로 한다.

가정위탁서비스를 책임지고 있는 기관은 각 시 · 도의 가정위탁업무를 위임받은 가정위탁지원센터다. 가정위탁지원센터는 가정위탁사업의 홍보, 위탁가정의 발굴, 가정위탁을 하고자 하는 가정 및 가정위탁 대상아동의 조사, 가정위탁 부모의 교육, 가정위탁을 하는 가정의 사후관리, 위탁보호가정의 발굴 및 위탁보호 신청 가정의 조사 등의 업무를 수행한다. 가정위탁지원센터에서는 위탁가정으로 선정된 가정에 아동을 인계하기 전에 가정위탁보호사업의 취지 및 아동양육상 필요한 지식 등을 얻도

록 교육을 실시하여야 한다.

시장 · 군수 · 구청장은 아동복지지도원으로 하여금 위탁 희망가정을 직접 방문하여 가족사항, 주변환경 등을 조사하도록 하고, 대리양육 또는 입양위탁 여부를 결정하고 그 사실을 가정위탁지원센터에 알려 주어야 한다. 시 · 군 · 구의 아동복지지도원 및 가정위탁지원센터 등은 매월(1년 미만의 위탁일 경우) 또는 분기별(위탁기간이 1년 이상인 경우)로 위탁가정을 방문하여 아동의 적응상태 및 양육실태를 파악해야 하며, 양육상 애로사항이 있는 경우에는 필요한 지원을 하거나 위탁가정을 변경 · 조치해야 한다.

가정위탁 아동수는 최근 급증하였는데, 그 원인은 소년소녀가장의 가정위탁으로의 전환 때문이다. 위탁보호아동을 보호유형별로 살펴보면 대리양육가정위탁이 가장 많고, 그다음은 친인척위탁가정, 일반인위탁가정 순이다.

위탁보호아동에 대해서는 「국민기초생활보장법」에 의한 수급자 선정기준에 따라 생계급여, 의료급여, 교육급여 등 각종 급여를 개인 또는 세대단위로 실시하고 있다. 대리양육가정 및 위탁가정에는 양육보조금을 지원하는데, 지원대상 가정의 국민기초생활보장 수급여부에 관계없이 지급한다. 그리고 위탁아동의 후유장애, 입원 및 통원 의료비 등을 지원하기 위하여 일정액의 상해보험료를 지원한다. 주거안정을 위하여 가구당 월평균소득이 전년도 도시근로자 가구당 월평균소득 이하로서 무주택인 위탁가정에게 일반주택 전세자금 및 공공임대주택 임대보증금을 지원해 준다.

6) 학대아동 보호대책

「아동복지법」에서는 아동학대를 보호자를 포함한 성인에 의하여 아동의 건강, 복지를 해치거나 정상적인 발달을 저해할 수 있는 신체적 · 정신적 · 성적 폭력 또는 가혹행위 및 아동의 보호자에 의하여 이루어지는 유기와 방임이라고 규정하고 있다.

아동학대는 신체적 학대, 정서적 · 심리적 학대, 성적 학대, 방임으로 구분할 수 있다. 신체적 학대는 아동에게 신체적 손상을 입히는 경우를 말하며, 정서적 · 심리적 학대는 아동의 정서와 심리상태에 손상을 주는 행위를 말한다. 성적 학대는 성인의

성적 만족을 위하여 아동을 이용하는 성적 착취와 아동을 성적 도구로 이용하는 성적 폭행, 성적 노출 등이 포함된다. 방임은 고의적으로 아동양육 및 보호를 소홀히 함으로써 아동의 건강과 복지를 해치거나 정상적인 발달을 저해할 수 있는 행위를 포함한다. 아동학대의 영향은 평생 지속된다는 점에 문제의 심각성이 있다.

아동보호전문기관에 신고된 아동학대건수는 방임이 가장 많고, 그다음은 중복학대, 정서적 · 심리적 학대, 신체적 학대, 성적 학대 순이다. 학대자의 대부분은 부모다. 아동학대가 증가하는 원인으로는 이혼 등의 가정해체, 빈곤 등 가족문제를 들 수 있다. 가정의 경제사정이 어려워지면 방임, 아동유기, 학대 등이 발생할 소지가 높아진다.

1998년에 시행된 「가정폭력범죄의 처벌 등에 관한 법률」에서 아동폭력에 대한 법적 개입을 명시하였고, 2000년에 「아동복지법」을 개정하여 아동보호전문기관의 설치를 위한 법적 근거를 마련하였다. 그리고 아동학대 관련조항을 11개 조항으로 세분화하여 예방과 치료에 대한 항목을 명시하고, 아동학대 보호를 위한 긴급전화(1391) 설치, 아동학대 신고 의무자 지정, 응급조치 의무화, 보조인 선임 등 아동학대를 예방하고 학대받는 아동을 보호하기 위한 서비스를 제도화하였다. 2000년에는 거점아동보호전문기관을 설치 · 운영하였고, 2001년에는 중앙아동보호전문기관을 설치하여 아동학대예방사업체계를 갖추었다. 아동보호전문기관에서는 학대받은 아동을 발견하여 보호하거나 치료를 의뢰하며, 아동학대의 예방 및 방지를 위한 홍보업무와 아동학대 행위자에 대한 상담 및 교육, 아동학대 행위자와 가정에 대한 조사 등을 담당한다. 2004년에는 아동학대 예방부터 치료, 보호, 가정복귀까지 종합적 서비스를 제공하는 아동보호종합센터를 시 · 도별로 1개소씩 설치하였다. 현재 보건복지콜센터(129)와 함께 아동보호전문기관에서는 아동학대 신고전화(1391)를 설치하여 24시간 운영하고 있다. 학대받은 아동은 대부분이 원가정으로 복귀되는데, 따라서 학대 행위자인 부모에 대한 지속적인 관리와 교육, 상담이 이루어져야 학대가 재발되는 것을 예방할 수 있다.

제 10 장

가족복지

1. 가족의 정의와 기능 및 변화
2. 가족복지의 정의
3. 가족복지의 접근방법
4. 가족유형에 따른 가족복지대책

1. 가족의 정의와 기능 및 변화

1) 가족의 정의와 기능

가족은 대부분의 사회에서 보편적으로 존재하는 가장 기본적인 단위로서 개인과 사회의 중간에 위치하면서 사회에 대해서는 기본적인 사회집단이며 개인에 대해서는 개인의 발달과 성장에 필수적인 환경이다. 가족은 사회변화의 영향을 받으면서 꾸준히 지속되어 온, 인간이 만든 제도 중에서 가장 오래되고 기본적인 사회제도다.

가족은 부부와 그 자녀로 구성되는 기본적인 사회집단으로서 이해관계를 초월한 애정적인 혈연집단이 기본이 된다. 또한 같은 장소에서 기거하는 집단이고, 그 가족만의 고유한 가풍을 가지는 문화집단이며, 양육과 사회화를 통하여 인격형성이 이루어지는 원초적 집단이다. 과거의 가족은 혈연관계를 기반으로 하였으나 오늘날의 가족은 반드시 혈연관계가 아니더라도 2인 이상의 구성원이 친밀한 관계를 갖고서 다양한 집단을 구성하여 살아가는 대안적 형태를 지닌다. 이처럼 가족의 모습도 사회변화에 따라 변화하고 있다.

가족에 대한 정의는 시대나 문화, 학자에 따라 다르고 가족의 형태나 기능도 시대에 따라 다양하므로 한마디로 정의하기가 쉽지 않다. 학자들의 정의는 일반적으로 가족이 어떤 관계의 사람들로 구성된 것인가 하는 형태적 의미와 가족이 개인이나 사회에서 수행하는 역할이 무엇인가 하는 기능적 의미라는 두 가지 측면에서 접근한다. 가족을 영속적인 결합에 의한 부부와 거기에서 태어난 자녀로 형성된 생활공동체로서, 또는 혼인, 혈연, 입양 이외에도 구성원의 필요에 따라 기타 관계된 사람들이 연대의식으로 생활을 함께 영위하는 집단으로 정의하는 것은 주로 형태적 측면에서 정의하는 것이다. 그리고 가족을 부부와 그 자녀로 구성되는 기본적인 사회집단으로서 이익관계를 떠난 애정적인 혈연집단이며, 그 가족만의 고유한 가풍을 갖는 문화집단이고, 인간의 기본적 인성이 형성되는 인간발달의 근원집단이라고 정의하는 것은 기능적 측면에서 정의하는 것이다.

전통적으로 가족은 성이 다른 두 사람의 성인과 그들이 출산한 자녀가 물리적 거주지를 공유하고 상호 간에 동의한 목표를 지니는 사회체계다. 가족의 기초는 두 사람의 성인 간 헌신적 관계로 시작된다. 만약 두 사람이 동성이거나, 자녀가 없거나, 성인 중 어느 한편이 부재하는 경우에는 전통적 의미에서의 가족으로 인정할 수 없다.

그러나 최근의 사회변화는 가족에 대한 전통적인 개념을 더 이상 적용할 수 없게 하고 있다. 이러한 전통적인 정의는 매우 다양한 형태로 존재하고 있는 오늘날의 가족의 다양성을 포괄하지 못한다. 높은 이혼율은 한부모가족과 복합가족을 양산하고, 입양은 부부가 출산하지 않은 아동도 가족의 일원으로 포함시킨다. 무자녀가족, 동성애가족도 정상적인 하나의 가족으로 수용하는 추세다. 따라서 오늘날 거의 모든 가족학자는 더 이상 보편적이고 전형적인 가족형태를 규정하려고 하지 않는다. 이처럼 현대사회에서는 한부모가족, 동거가족, 미혼모가족, 노인단독가족, 동성애가족, 무자녀가족, 공동체가족 등 다양한 가족유형이 증가하고 있다. 따라서 이러한 가족의 다양성에 주목하여 보다 더 포괄적으로 정의하자면 현대의 가족은 친밀과 헌신의 관계에 있는 사람들이 하나의 집단에 속해 있다는 정체성을 의식하고 그 집단의 고유한 정체성을 수립하면서 공동생활을 영위하는 집단이라고 할 수 있다.

가족의 기능은 사회변화에 따라 바뀌지만 일반적인 가족의 기능으로는 다음과 같은 것들이 있다.

(1) 정서적 기능

가족은 구성원들에게 사랑과 이해, 안전을 보장해 주며, 수용적이고 친밀하며, 남편과 아내, 부모와 자녀 간에 애정을 가꾸어 가는 집단이다. 가족구성원 간의 애정은 부부간의 친밀한 관계가 기초가 되므로 이 기능에 결함이 생길 때 가족은 해체위기에 놓이게 되며, 여러 가지 가족문제가 유발될 가능성이 커진다. 가족은 친밀한 관계의 근원을 제공한다. 사회가 복잡해질수록 사람들은 가족 내에서 심리적 위안을 얻으려고 한다. 직업세계에서는 다른 사람들과 개인적 차원에서 친밀성을 공유하는 것이

쉽지 않다. 따라서 사람들은 가족 안에서 심리적 · 정서적 위안과 만족감을 얻는다.

(2) 경제적 기능

가족은 경제적 협력단위로서의 기능을 가진다. 가족의 경제적 기능은 생산기능과 소비기능으로 구분된다. 가족은 경제적 기본단위로서 재산을 공동으로 소유하고 물자의 소비와 문화적 욕구를 가족단위로 해결하면서 구성원들의 신체적 안정을 유지해 준다. 현대산업사회에서는 가족의 생산적 기능이 약화되고 소비적 기능이 강화되었다. 그러나 오늘날의 가족도 생산적 기능을 수행한다. 부인의 자녀양육과 가사노동은 물론 남편이나 자녀의 집안일 등은 모두 생산적인 활동이다. 결혼은 부부간에 경제적 협력을 요구하며, 부부는 자원을 공유하고 노동을 분담할 것이 기대된다.

(3) 자녀양육과 사회화 기능

부모는 자녀를 출산하고 양육할 뿐 아니라 자녀들의 가치관, 사고방식 등을 학습시키고, 문화를 습득하게 하고, 그 사회에서 성숙한 성인으로 적응하여 살아갈 수 있도록 만들어 주는 사회화기능을 담당한다. 전통적으로 자녀의 출산은 가족의 주된 기능이었다. 가족은 노인세대가 사망 시 이들을 대체할 아동을 출산하고 양육하여 사회가 지속적으로 유지될 수 있도록 하는 기능을 수행한다.

(4) 보호기능

가족은 구성원들의 생명과 재산을 보호하고, 노인과 아동을 보호한다. 전통적인 가족에서는 이러한 기능이 강하였으나 오늘날에는 사회복지기관, 의료기관 등이 이러한 기능을 분담하여 수행하고 있다.

(5) 지위와 사회적 역할을 할당하는 기능

결혼을 통해 새로운 가족이 구성되면 남편과 아내라는 새로운 역할이 부여되고, 이는 그 사회에서 진정한 성인의 지위를 획득하도록 돕는다. 자녀의 출산은 아버지와 어머니라는 새로운 역할을 부여한다. 또한 가족은 구성원들의 사회경제적 지위, 종교 등에 영향을 미치므로 그 사회에서 특정한 지위와 역할을 획득하는 데 영향을 준다. 가족구성원으로서의 다양한 역할수행을 통하여 개인적 · 사회적 정체감이 형성된다.

2) 가족의 변화

거시적인 사회변화에 따라 가족도 변화를 겪는다. 산업화를 거치면서 한국가족은 가족구조, 가족형태, 가족기능, 가족가치관 등에서 많은 변화를 겪었다. 가족이 소규모화 · 핵가족화되고, 비전통적인 가족형태가 증가하고, 가족에 대한 가치관이 변화하였다. 가족규모의 감소, 가족세대의 단순화, 단독가구의 증가, 가족형태의 다양화 등 가족구조가 변화하였으며, 이러한 변화는 가족이 노인, 아동, 장애인 등을 보호함에 있어 어려움을 초래할 수 있다.

오늘날 가족의 보편적인 변화에는 다음과 같은 것들이 있다.

첫째, 전통적인 가족관이 희석되고 있다. 전통적인 가부장적 가족을 지배와 복종의 원리에 따르는 비인격적인 바람직하지 않은 가족이라고 간주하고, 평등과 자율의 원리에 따르는 가족관이 확산되고 있다.

둘째, 아버지의 가장으로서의 권위, 남자로서의 권위가 저하되고 부부관계, 부자관계가 동등화되고 있다. 전통적인 가족에서는 가부장인 아버지와 남편에게 권위가 부여되고 여타 가족원에게는 권위에 대한 복종이 강제되었으나 오늘날에는 가장이라는 권위에 의한 강제가 어렵게 되었다.

셋째, 가족의 보호 및 부양기능이 감소되고 있다. 전통적인 가족에서는 가장이 보호자이고 가정이 물질적 · 정신적 피난처였으나 오늘날에는 정부, 사회단체 등이 가족을 대신하여 보호와 부양기능을 수행하는 등 보완적 역할을 하고 있다.

넷째, 부부가족이 일반화되고 있다. 연애결혼이 늘어나고 부부간 애정을 중시하는 경향이 증가하며 핵가족화되면서 확대가족이 아닌 부부가족이 보편화되고 있다.

다섯째, 다양한 가족생활양식을 바탕으로 한 다양한 가족유형이 증가하고 있다. 개인의 자유와 다양성을 존중하는 사회환경으로 인하여 다양한 가족생활양식을 추구하게 되었고, 이에 따라 법적으로 혼인신고를 하지 않은 동거부부, 계약결혼, 무자녀가족, 재혼가족, 독신자가족, 동성애가족, 주말가족 같은 비동거가족, 공동체가족 등 다양한 가족유형이 증가하고 있다.

여섯째, 가족규모가 감소하고 있다. 핵가족화와 인위적인 출산조절로 인한 자녀수의 감소, 단독가구의 증가 등으로 가족구성원수가 감소 중이다.

일곱째, 기혼여성의 사회활동 참여가 증가하고 있다. 주부의 가사노동이 경감되고 여가시간이 증가하였으며 교육수준이 제고됨에 따라 기혼여성의 사회활동 참여가 늘어났다.

여덟째, 이혼이 증가하고 있다. 여성의 교육수준 향상, 자아실현의식의 증가, 사회참여 증가 등으로 인해 이혼은 더 이상 금기가 아닌 선택사항이 되었다.

아홉째, 가족주기상의 변화가 발생하고 있다. 결혼연령이 높아짐에 따라 가족주기에 진입하기 전까지의 기간이 길어지고, 초혼연령의 상승과 출산율 저하로 인해 결혼하여 첫 자녀출산까지의 시기와 출산완료까지의 시기가 단축되고 있다. 또 자녀출산 완료 후 자녀결혼이 시작될 때까지의 시기가 길어지고, 자녀결혼 시작에서 자녀결혼 완료까지의 시기가 자녀수의 감소로 짧아지고 있다. 그리고 자녀결혼 완료 후 부부만 생활하게 되는 빈 둥지(empty nest) 시기가 길어지고, 남편 사망에서 부인 사망에 이르기까지의 시기가 평균수명의 연장으로 인해 길어지고 있다. 이러한 가족주기상의 변화는 가족관계에도 영향을 미쳐서 부자 중심에서 부부 중심으로 변화되었다. 또한 노후생활에 대한 인식과 관심이 증대하였다.

우리나라는 전통적으로 유교의 영향으로 가족주의가 강하며, 서구사회의 가족과는 다른 특수성이 있다. 그러나 개인의 자유와 권리를 중시하는 개인주의의 확산으로 인하여 개인에 우선하여 가족을 중시하던 가족주의적 가치관이 개인주의적 가치관으로 변화되고, 가족관계에서도 개인주의적 성향이 증가하여 가족 간 갈등이 증대된다. 또한 과거에는 금기시되었던 이혼이 급증하여 한부모가족, 조손가족 등이 증

표 10-1 Duvall의 가족생활주기에 따른 가족발달과업

가족생활주기단계	가족 내 지위	가족발달단계에 따른 과업
① 결혼전기	아내 남편	• 상호만족적 결혼 • 임신에의 적응과 부모가 되는 것에 대한 희망
② 신혼기	아내-母 남편-父 유아(딸, 아들)	• 아이를 낳고 아이에 적응하고 아이의 발달을 고무 • 부모와 아이 모두에게 만족스러운 가족을 꾸미는 것
③ 자녀아동기	아내-母 남편-父 딸-자매 아들-형제	• 학령 전 아동의 욕구와 관심을 성장지향적으로 적응하도록 하는 것 • 부모역할로 인한 에너지 소모와 프라이버시가 없어짐에 대해 대처
④ 자녀학동기	아내-母 남편-父 딸-자매 아들-형제	• 건설적 방법으로 학령기 아동을 가진 가족집단에 적응 • 아동의 교육적 성취를 고무
⑤ 자녀청소년기	아내-母 남편-父 딸-자매 아들-형제	• 10대 성숙을 위해 책임과 자유의 균형을 이루도록 하고 스스로를 해방 • 나이 들어 가는 부모로서의 관심과 경력을 설정
⑥ 자녀독립기	아내-母-어머니 남편-父-祖父 딸-자매-이모 아들-형제-삼촌	• 성인이 된 자녀들을 직장, 군대, 대학, 결혼 등으로 내보내되 적절한 격식과 도움을 줌 • 지지적 가정을 유지
⑦ 중년기	아내-母-祖母 남편-父-祖父	• 결혼관계를 재정립 • 젊은 세대와의 유대를 유지
⑧ 노년기	과부/홀아비 아내-母-祖母 남편-父-祖父	• 유족 및 홀로되는 것에 대한 대처 • 가정을 마감하고 노화에 적응 • 은퇴에 대한 적응

자료: 조홍식, 김인숙, 김혜란, 김혜련, 신은주(2006). 가족복지학. 학지사, p. 120.

가하고 있다. 거시적인 사회변화로 인하여 가족이 본연의 역할을 적절히 수행하지 못함으로써 가족의 경제적 부양문제, 가족의 보호기능 약화로 인한 문제, 가족의 통제기능과 정서적 지지기능이 약화되는 문제, 결손가정의 증가에 따른 문제 등 다양한 가족문제가 발생하고 있다.

2. 가족복지의 정의

가족복지란 가족의 욕구와 문제에 대응하는 것으로서 가족의 안녕과 행복을 보장하는 사회적 노력, 즉 정책적 및 기술적 서비스활동을 의미한다. 가족복지는 구체적으로 가족해체, 가족구성원의 사회적 역기능 수행 등의 문제에 의도적으로 개입하는 것을 말하며, 가족의 전 생애에 걸쳐서 행복하고 안정된 바람직한 삶을 추구하는 사회구성원 전체의 집단적 노력을 말한다.

가족복지가 다른 사회복지분야와 다른 점은 장애인복지, 아동복지, 노인복지, 여성복지 등은 그 대상이 특정인인 데 비하여 가족복지는 가족을 전체로서 취급한다는 점이다. 즉, 가족복지는 가족구성원 개개인의 욕구와 문제에 초점을 두기보다는 하나의 단위로서 가족의 전체성에 초점을 두고서 가족구성원들이 경험하는 문제를 예방하고 해결하여 가족 전체가 건강하고 행복한 상태로 유지될 수 있도록 하는 사회적 서비스다.

Feldman과 Scherz는 가족복지란 전체로서의 가족은 물론이고 그 구성원들의 사회적 기능수행을 효과적으로 증진시킴으로써 가족구성원 모두에게 행복을 도모하도록 하기 위한 사회복지의 한 분야라고 규정하였다(Feldman & Scherz, 1967). 가족복지는 목적 면에서는 국민 생활권의 기본이념에 입각하여 가족의 행복을 유지시키고자 하는 것이며, 주체 면에서는 가족을 포함한 사회구성원 전체가 된다. 대상 면에서는 한 단위로서의 가족 전체가 되며, 수단 면에서는 정책적 · 제도적 · 기술적 서비스 등의 제반 활동이 된다. 가족복지는 가족문제의 예방, 해결, 개인의 사회적 기능수행의 활성화, 생활의 질적 향상 등에 직접적으로 관심을 갖는 사회복지서비스를 포함한다. 이는 가족구성원 개인이나 전체 가족에 대한 서비스뿐 아니라 가족제도의 강화나 수정에 대한 노력도 포괄한다.

가족복지의 대상은 광의와 협의로 나누어 볼 수 있다. 광의로는 모든 유형의 가족으로서 이들이 앞으로 당면할 가능성이 있거나 현재 당면하고 있는 모든 가족문제이며, 협의로는 가족생활상의 문제에 직면하고 있는 위기의 가족으로서 결손가족, 해체가족, 가족생활주기에 따라 발생하는 발달적 및 상황적 스트레스를 겪고 있는 가족 등이다. 가족복지의 대상을 협의로 보는 경우에는 가족문제의 예방적 측면이 간과되고 일반가족이 흔히 경험하는 가족문제가 간과된다. 따라서 광의로 보아 문제가족을 포함한 모든 가족을 가족복지의 대상으로 해야 할 것이다.

산업화되기 이전의 가족은 많은 기능을 수행하여 대부분의 인간욕구와 문제가 가족을 통해 해결될 수 있었다. 그러나 산업화 이후의 가족은 사회환경의 변화로 인해 가족이 수행하던 기능이 축소되고 변화됨으로써 전통적으로 수행하던 기능에 어려움을 겪게 되었고, 이를 보완하는 측면에서 가족복지서비스가 등장하여 가족의 기능을 보완하고 대체하게 되었다. 따라서 근자에 올수록 가족복지의 필요성이 더욱 증가하고 있다.

오늘날 가족복지가 필요한 주된 이유로는 다음과 같은 것들이 있다.

첫째, 가족형태 및 개인적 욕구가 다양화되어 이러한 다양한 가족구성원의 욕구를 충족시켜 주는 가족복지서비스가 필요하게 되었다. 한부모가족, 맞벌이가족, 재혼가족, 독신가족, 소년소녀가장가족, 노인단독가족, 동성부부가족, 집단가족 등 과거에는 없던 다양한 형태의 가족이 보편화되면서 이러한 가족을 문제가족으로 간주하여 접근하던 기존의 가족복지정책으로는 가족의 욕구를 충족시키기 어렵게 되었다.

둘째, 오늘날의 가족은 과거의 가족이 수행하던 주요 기능이 약화되어 가족의 힘으로는 해결할 수 없는 다양한 문제를 갖고 있으며, 사회복지의 확충을 제약하는 복지비 감축정책으로 인하여 가족구성원들의 복지를 위한 가족의 책임이 과거보다 강조되고 있다. 이처럼 가족기능은 약화되는 반면 그 책임은 증가되고 있는데, 이러한 가

족의 책임을 잘 수행할 수 있도록 가족복지서비스가 제공될 필요가 있다.

셋째, 가족에 대한 국가의 개입에 대한 시각이 변화하였다. 1980년대 이전까지는 가족의 보호를 가족의 책임으로 간주하여 국가가 개입하는 것을 부정적으로 보았으나 점차 신자유주의이념하에 사회복지제도의 개혁을 추진하면서 사회복지의 축소를 위해 가족의 역할을 강화하는 가족복지서비스를 적극 지원하고 있다.

넷째, 개인과 사회문제를 해결하는 데 있어 개인을 대상으로 개별적으로 접근하는 것보다 전체 가족을 대상으로 접근하는 것이 문제해결에 보다 효과적 · 효율적이라는 인식이 증가하였다.

3. 가족복지의 접근방법

가족복지의 접근방법에는 직접적(미시적 · 서비스적) 접근방법과 간접적(거시적 · 정책적) 접근방법이 있다. 직접적 접근방법은 문제가 있는 가족에게 직접 접근하는 방법으로서 서비스 차원에서 논의될 수 있는 것이다. 그리고 간접적 접근방법은 가족문제를 전체 사회의 문제로서, 즉 가족이 전체 사회제도와의 관계 속에서 보다 더 잘 존속할 수 있는 환경을 조성해 가는 접근방법으로서 직접 가족과의 만남 속에서 이루어지기보다는 간접적인 정책 차원에서 논의될 수 있는 것이다. 두 접근방법은 가족의 사회적 기능수행의 향상을 도모한다는 점에서 상호보완적인 관계에 있다. 하나의 접근방법만으로는 문제의 발생을 예방하고 해결하는 것이 어려우므로 통합적 접근이 필요하다.

1) 정책적(거시적) 접근방법

가족복지정책은 가족복지를 실천하는 거시적 접근방법으로서 정부가 가족을 위해 실시하는 모든 제도 및 활동을 의미한다. 이는 사회경제적 여건의 변화로 인해 가족문제가 야기되었다고 보고, 가족이 처해 있는 사회환경을 개선하려는 정부 차원에서의 노력이다. 가족복지정책은 문제가족을 대상으로 하여 사후치료적 측면보다는 예방적 측면에서 사회구조적인 문제에 대하여 거시적 · 제도적 · 환경적으로 접근하는 것이다. 이는 전체 사회가 추구하는 사회적 목표를 토대로 하여 결정된다.

가족복지정책은 시대의 변화에 따라 그 범위가 확대되고 있다. 유럽에서는 가족복지정책을 가족수당, 보편적 가족급여, 소득세제 등과 같은 소득재분배의 의미로 사용하였다. 최근의 가족복지정책은 아동의 인권옹호, 취업여성에 대한 지원 등을 중심으로 확대되었다.

가족복지의 정책적 접근방법에서 고려해야 할 사항은 다음과 같다.

- 정책의 목표가 가족구성원 개개인의 보호에 초점을 둔 개인중심적인 것인지 아니면 전체 가족의 유지에 초점을 둔 가족중심적인 것인지를 고려해야 한다.
- 정책의 대상을 정함에 있어 보편주의와 선별주의, 즉 모든 사람에게 서비스를 제공할 것인지 아니면 특정문제를 가진 사람만을 대상으로 할 것인지에 대해 고려해야 한다.
- 예방적 대책 대 치료적 대책을 고려해야 한다.
- 정책의 주관기관을 정부나 민간기관 중 어느 것으로 할 것인지 고려해야 한다.
- 재가가족중심프로그램을 위주로 할 것인지 아니면 가족 외부의 가족대체프로그램을 위주로 할 것인지 고려해야 한다.
- 전문주의적 개입과 일반주의적 개입 간의 균형을 고려해야 한다.
- 가족에 대한 투자는 그 효과가 즉시 나타나기보다는 대부분 일정시간이 지난 후에 나타나므로 단기간의 투입비용과 장기적 수익을 비교 · 검토해야 한다.

우리나라의 가족복지정책은 가족이 우선적으로 책임을 지고 국가가 최소한의 책임을 지는 잔여적 · 가족책임주의적인 정책을 지향하며, 특정가족의 기능을 보완하는 정책을 중심으로 한다. 또한 요보호자를 위한 정책에 집중되어 있고, 예방보다는

치료를 강조하는 정책이라고 할 수 있다. 앞으로 가족구조와 기능이 변화함에 따라 가족친화적 정책을 지향하는 것이 바람직할 것이다. 가족친화적 가족복지정책은 전체 가족과 가족구성원 개개인의 욕구가 모두 고려되고, 양성평등적이고, 가족유형과 상관없이 모든 가족이 최소한의 생활을 보장받고 위험으로부터 보호되며, 건강한 가족생활을 할 수 있는 동등한 기회가 제공되도록 지향하는 정책을 의미한다.

2) 가족복지서비스적(미시적) 접근방법

가족복지서비스는 문제가족에 대한 개별적 · 미시적 · 심리적 접근을 통하여 가족구성원들이 가족 내에서 원만한 인간관계를 형성하도록 하는 서비스를 말한다. 이는 특수한 욕구를 가진 가족구성원들의 문제를 취급하는 복지기관의 구체적인 서비스 활동으로서 잔여적 복지의 성격을 띤다.

가족복지서비스의 유형은 Kadushin의 3S모델에 입각하여 가족지원서비스, 가족보완서비스, 가족대리서비스로 분류할 수 있다.

첫째, 가족지원서비스는 가족이 속해 있는 사회가 요구하는 가족의 기능을 가족 스스로가 보다 잘 수행할 수 있도록 지원해 주는 서비스다. 가족지원서비스의 예로는 가족상담, 가족치료, 가족생활교육, 가족옹호 등을 들 수 있다.

둘째, 가족보완서비스는 가족 스스로가 가족기능을 원활하게 수행하지 못할 때 발생하는 가족문제를 해결하도록 사회가 가족기능을 일부 보충해 주는 서비스다. 가족보완서비스의 예로는 가족보존과 가정기반서비스, 가족보호서비스, 가정폭력 예방 및 치료서비스, 가정조성사업 등을 들 수 있다.

셋째, 가족대리서비스는 가족 스스로가 문제를 해결할 수 없을 때 가족기능을 전적으로 대신해 주는 서비스다. 가족대리서비스의 예로는 집단가정, 쉼터 제공, 가정위탁보호사업 등을 들 수 있다.

가족복지서비스적 접근방법은 예방적 접근과 치료적 접근으로 구분할 수도 있다. 예방적 접근방법의 예로는 가족문제의 발생을 사전에 방지할 수 있도록 가족기능을 강화하는 가족생활교육이 있고, 치료적 접근방법의 대표적인 예로는 가족치료가 있다.

대표적인 가족복지서비스에는 다음과 같은 것들이 있다.

(1) 가족에 대한 직접적 개입

대표적인 것이 가족사회사업(family social work)이다. 가족사회사업은 가족복지기관이 주로 부부 불화, 부모자녀관계의 문제, 세대 간 갈등 같은 문제와 관련하여 전문가가 개입하는 방법이다.

(2) 가족보호

가족보호(family caregiving)는 가정 내에서 발생하는 장애문제에 대해 보호를 제공해 줌으로써 가족의 역할수행과 능력을 향상시키는 기능을 하는 서비스를 말한다. 그 예로는 발달장애아동가족, 치매노인가족, 만성질환자가족 등에 대한 서비스가 있다.

(3) 가정생활교육

가족구성원들 간의 관계와 애정, 협동심 등을 강화시키기 위한 서비스로서 교육적 성격을 강조한다. 이는 집단역학의 학습과정을 통해 가족과 구성원 개개인의 사회적 기능을 향상시키기 위한 서비스다. 이 서비스의 목적은 가족구성원들이 집단 및 지역사회생활의 정상적 상태와 긴장요인을 이해하도록 하여 대인관계를 향상시키고, 상황적 위기를 예방 또는 완화시키도록 하는 데 있다. 그 예로는 부모역할훈련프로그램이 있다.

(4) 가족계획사업

건강보호서비스의 일종으로서 임신중절, 성병에 대한 보호, 영양, 출산계획, 임신을 위한 서비스 등을 제공함으로써 건강한 가족생활을 하도록 하는 것이다. 그 예로는 결혼 전후의 상담서비스가 있는데, 이는 전문가가 결혼 전후에 파생되는 여러 가지 문제를 해결하는 과정에 참여하여 행복한 결혼생활에 대비하고 만족한 부부관계

를 유지하도록 하기 위한 치료적 상담서비스다.

(5) 가족보존과 가정기반서비스

다양한 가족의 욕구충족과 가족보존을 위하여 여러 가지 가족보존 및 가정기반서비스를 개발하고 있다. 이러한 서비스로는 가정부서비스, 형제자매결연서비스, 가정법률상담, 가정우애방문, 여행자 보조, 학령 전 아동과 노인 및 정신장애인을 위한 주간보호서비스, 집단가정, 재정상담, 캠핑, 빈민을 위한 치과진료 및 보건유지프로그램, 개별학습, 직업안내, 학령 전 아동의 인지 및 정서적 발달을 도모하기 위한 프로그램, 공공부조 대상이 아닌 빈곤 가족을 위한 경제적 원조, 가정위탁보호 등이 있다.

(6) 가족치료

가족치료는 가족복지서비스의 치료적 접근법으로서 정신과 의사가 중심이 되어 발전시켰으나 오늘날에는 전반적인 가족문제해결을 위한 접근법으로 널리 활용되고 있다. 가족치료는 가족을 하나의 체계로 보고, 가족이라는 체계 속에서의 상호교류 향상에 개입함으로써 가족의 역기능적 상호작용유형과 관계를 변화시켜서 문제를 해결하고자 하는 치료방법이다. 즉, 문제의 원인을 개인적 원인에서 찾는 것이 아니라 가족구성원들 간 관계의 문제로 보고서 상호작용 맥락에서 이해하고 해결하고자 하는 것이다. 가족치료의 대상은 다양하다. 사회복지기관에서의 가족치료는 주로 저소득층의 가족문제를 다루고, 병원이나 민간가족치료센터에서의 가족치료는 주로 유료로 중상류층의 부적응적 대인관계문제를 다룬다.

(7) 가족옹호

가족옹호(family advocacy)는 지역사회에 필요한 변화를 일으키기 위하여 사람들이 기술을 적용하고 사회행동의 사명을 가지고서 가족욕구에 대한 직접적 · 전문적 지식을 이용하게 함으로써 가족의 생활조건을 향상시키도록 계획된 서비스다. 이것의 목표는 현존하는 공적 및 민간서비스와 전달체계의 향상뿐 아니라 새롭고 변화된 형태의 서비스를 개발하는 데 있다. 또한 지역사회 내의 많은 가족에게 영향을 미치는 약물 및 알코올중독, 인권의 남용 같은 공통의 문제해결을 위해 협동적 사회행동을 하도록 하는 데 목표를 둔다. 가족옹호서비스의 우선순위는 인간차별, 빈곤, 기회 불평등 면에서 악영향을 받고 있는 가장 위험한 상태의 가족에게 주어져야 한다. 이는 여러 가족서비스기관이 협력하여 필요한 사회경제적 서비스의 수혜를 받지 못하는 가족을 대신하여 직접적인 개입을 통해 서비스를 확보하거나 그러한 서비스를 개발하도록 유도하는 데 의의가 있다.

우리나라 정부에서는 급격한 사회변화로 인하여 이혼이 급증하는 등 가족문제가 심각해짐에 따라 2004년에 「건강가정기본법」을 제정하여 2005년부터 시행하고 있다. 동법에는 건강가정사제도를 시행하고 시 · 군 · 구에 건강가정지원센터를 설치하는 규정 등을 담고 있다.

건강가정지원센터에서 근무하는 건강가정사는 대학 이상에서 사회복지학, 가정

표 10-2 건강가정사 이수과목

<table>
<tr><td colspan="2">핵심과목(5)</td><td>건강가정론, (건강)가정(족)정책론, 가족상담(및 치료), 가정(족)생활교육, 가족복지론, 가족과 젠더, 가족(정)과 문화, 건강가정현장실습, 여성과 (현대)사회, 비영리기관 운영관리 중 5과목 이상</td></tr>
<tr><td rowspan="2">관련
과목
(7)</td><td>기초
이론
(4)</td><td>가족학, 가족관계(학), 가족법, 아동학, 보육학, 아동(청소년)복지론, 노년학, 노인복지론, 인간발달, 인간행동과 사회환경, 가족(정)(자원)관리, 가계경제, 가사노동론, 여가관리론, 주거학, 생애주기 영양학, 여성복지(론), 여성주의이론, 정신건강(정신보건사회복지)론, 장애인복지론, 가정생활복지론, 상담이론, 자원봉사론, 성과 사랑, 법여성학, 여성과 문화, 일과 가족(정), 사회복지(개)론 중 4과목 이상</td></tr>
<tr><td>상담 · 교육
등 실제
(3)</td><td>생활설계상담, 아동상담, 영양상담 및 교육, 소비자상담, 주거상담, 부모교육, 부부교육, 소비자 교육, 가정생활과 정보, 가계재무관리, 주택관리, 의생활관리, 지역사회 영양학, 프로그램 개발과 평가, 사회복지실천기술론, 지역사회복지론, 연구(조사)방법론, 부부상담, 집단상담, 가족(정)과 지역사회, 여성과 교육, 여성과 리더십, 여성주의 상담, 사회복지실천론, 위기개입론, 사례관리론 중 3과목 이상</td></tr>
</table>

학, 여성학 등을 전공한 자로서 전공과목 5개 이상, 관련과목 7개 이상(기초이론 4개, 상담, 교육 등 실제 3개)을 이수해야 한다.

4. 가족유형에 따른 가족복지대책

1) 한부모가족

한부모가족이란 부모 중 한쪽과 그 자녀로 구성된 가족을 말한다. 가족유형 중에서도 한부모가족은 부모 중 한쪽이 부재하기 때문에 그로 인하여 여러 가지 문제에 직면할 가능성이 높다. 한부모가구 수는 꾸준히 증가하는 추세다. 한부모가족이 되는 주된 이유로는 배우자의 사망, 배우자와의 이혼, 별거, 사망, 입양, 사생아 출산(미혼모) 등이 있다.

한부모가족은 부나 모의 부재로 인한 가족기능의 부분적 혹은 전체적인 수행불능과 이에 따른 가족구성원들의 욕구불만 등으로 인하여 여러 가지 문제가 발생한다. 한부모가족에는 모자가족과 부자가족이 있다.

모자가족의 문제로는 부의 상실로 인한 소득감소에 따른 경제적 문제, 사회적 편견과 차별문제, 심리사회적 문제 등이 있다. 심리사회적 측면에서 가장 문제가 되는 것은 부의 부재로 인하여 가족 내 역할과 지위의 변화에 적응해야 하는 것이다. 모자가족의 모와 자녀는 부의 역할을 분담해야 하는 과정에서 스트레스와 갈등을 경험한다. 또한 모자가족의 자녀는 부의 결손으로 인하여 통제가 사라짐으로써 자신에 대한 통제력을 상실할 수 있다. 부의 부재는 남아에게는 동일시 대상의 상실을 가져옴으로써, 여아에게는 부를 통해 이성을 배울 기회를 감소시킴으로써 문제를 발생시킬 수 있다. 또 하나의 심리사회적 문제는 모의 상실감과 소외감이다. 모자가족의 모는 자녀의 양육을 지지하고 의논할 대상이 없어지고, 가사와 육아 외에 생계를 직접 담당하게 됨으로써 어려움에 처하게 된다.

부자가족의 문제로는 경제적 문제, 가사문제, 자녀양육문제, 심리적 문제 등이 있다. 부자가족의 부의 자녀양육에 대한 부담과 부적절한 대처는 자녀의 정서불안과 학교생활에서의 부적응, 방임과 학대 등 다양한 문제를 야기할 수 있다. 부자가족의 자녀는 모의 부재로 인해 감정이나 애정을 표현하는 등의 표현적 경험을 가질 기회가 박탈되어 가족구성원을 비롯한 타인과의 관계를 형성하는 데 어려움을 가질 수 있다. 부자가족의 부는 정서적 위축과 배우자 상실로 인한 역할 재정립문제에 직면하고, 자녀양육에 대한 부담, 생계부양에 대한 부담, 주변의 부정적 시선 등으로 인하여 스트레스에 처하기 쉽다.

한부모가족을 대상으로 한 복지정책은 1989년에 제정된 「모자복지법」에 의거하여 이루어지기 시작하였다. 동법은 2003년에 「모부자복지법」으로 개정되었다가 2007년에 「한부모가족지원법」으로 다시 개정되었다. 「한부모가족지원법」은 18세 미만(취학 시에는 20세 미만)의 자녀를 혼자 데리고 살고 있거나 배우자가 있더라도 신체적·정신적 이유로 장기간 근로능력을 상실한 한부모가족을 지원대상으로 정하고 있다. 「국민기초생활보장법」 등 다른 법령에 의해 보호받을 때는 이 법에 의한 급여를 중복지원하지 않는다.

「한부모가족지원법」에 의하여 한부모가족에게 제공되는 지원은 다음과 같다.

- 복지급여로서 생계비, 아동교육지원비, 직업훈련 및 훈련기간 중 생계비, 아동양육비 등이 있다.
- 사업에 필요한 자금이나 주택자금, 의료비에 대해 복지자금을 대여해 준다. 근로능력 및 자활의지가 뚜렷한 저소득 한부모가족에게 복지기금을 대여해 주고 있다.
- 직업훈련을 받도록 하고 취업알선을 제공하고 한부모가족을 우선고용하도록 하는 것이다.
- 공공시설 내 각종 매점이나 시설의 설치 시 한부모가족 혹은 관련단체에 우선적으로 허가해 준다.
- 한부모가족의 아동이 공공의 아동편의시설과 그 밖의 공공시설을 우선적으로

이용할 수 있도록 한다.

- 한부모가족의 모나 부 혹은 아동을 대상으로 사회복지전문서비스를 지원하는 것이다.
- 국민주택을 분양하거나 임대하는 경우에 한부모가족에게 일정비율을 우선분양함으로써 주거안정을 도모하는 것이다.

그러나 「한부모가족지원법」은 수혜대상이 한부모 저소득가구에 편중되어 있어 그 대상이 매우 제한적이다. 한부모가족의 경우 경제적인 문제 외에도 가족 간 관계형성, 역할분담 등 많은 재적응문제를 가지고 있음에도 불구하고 이에 대한 지원방안이 미흡한 실정이다.

한부모가족을 위한 사회복지시설은 〈표 10-3〉과 같다.

표 10-3 한부모가족시설의 종류

시설별	대상	보호기간 (연장가능기간)
모자보호시설	만 18세 미만의 자녀를 양육하는 무주택 저소득 모자가족	3년(2년)
부자보호시설	만 18세 미만의 자녀를 양육하는 무주택 저소득 부자가족	3년(2년)
모자자립시설	만 18세 미만의 자녀를 양육하는 무주택 저소득 모자가족, 모자보호시설에서 퇴소한 모자세대로서 자립준비가 미흡한 모자가족	3년(2년)
모자일시 보호시설	배우자의 학대로 인하여 아동의 건전 양육과 모의 건강에 지장을 초래할 우려가 있는 모와 아동	6월(3월)
미혼모자시설	미혼의 임신여성 및 출산 후(6월 미만) 보호를 요하는 여성	1년(6월)
미혼모자 공동생활가정	2세 미만의 영유아를 양육하는 미혼모로서 보호를 요하는 여성	1년(1년)
미혼모 공동생활가정	출산 후 해당아동을 양육하지 아니하는 미혼모로서 보호를 요하는 여성	2년(6월)
모 · 부자 공동생활가정	–	2년(1년)

민간 차원에서도 한부모가족에게 다양한 서비스가 제공되고 있다. 한부모가족에게 사회복지서비스를 제공하는 대표적인 기관으로는 사회복지관, 한국여성민우회, 한국가정법률상담소, 여성의 전화 등이 있다. 사회복지관에서 한부모가족을 위해 제공하는 프로그램에는 경제적 지원프로그램과 심리사회적 지원프로그램이 있다.

한부모가족에 대한 미시적 서비스로는 부모교육 및 훈련, 가족상담 및 치료, 지지적 관계망 형성, 동년배 지지집단 개입, 가족결속을 위한 사회교육프로그램 등이 있다. 대부분의 한부모가족은 한쪽 부모의 부재로 인하여 부모역할 수행상 문제를 가지고 있다. 그러므로 바람직한 부모역할이 무엇이며, 이를 위해서 어떻게 하는 것이 바람직한지에 대한 교육을 하는 부모교육 및 훈련프로그램을 제공하여 부모역할 수행능력을 길러 주어야 한다. 가족상담 및 치료프로그램은 한부모와 자녀 간의 의사소통이 원활히 되도록 한다. 지지적 관계망 형성은 한부모가족을 지원해 줄 수 있는 공식적 및 비공식적 지지망을 확인하여 이를 한부모가족에게 연결해 주는 것이다. 동년배 지지집단은 동년배의 편모(편부)로 구성된 집단으로서 매주 정기모임을 통하여 편모(편부)에게 문제를 해결할 수 있는 지지를 제공해 준다. 가족결속을 위한 사회교육프로그램은 한부모가족의 가족결속력 강화를 위하여 정기적으로 실시한다.

정부 차원에서는 한부모가족을 위한 가족정책이 독립적인 영역으로 정립되어야 한다. 한부모가족의 자녀양육을 위한 아동수당제도를 마련하고, 특히 자녀가 학교 다니기 전인 경우에는 편부(편모)가 자녀를 맡기고 직업에 종사할 수 있도록 탁아수당제도를 마련해야 한다. 그리고 아동양육비의 지원을 현실화하고 대학학비 지원이 가능하도록 해야 한다. 한부모가족의 주택문제 해결을 위해 공영주택의 임대나 우선 분양, 주택구입을 위한 융자금의 저리 제공, 주택수당 지급 등의 대책이 마련되어야 한다. 한부모가족의 자활수급권을 확대하여 근로능력이 있는 한부모가족이 원하는 경우 자활사업에 참여할 수 있도록 자활지원의 범위를 확대해야 한다.

2) 가정폭력가족

대부분의 가정폭력의 경우 배우자에 의한 학대를 중심으로 다루고 있으나 가정폭력이라는 개념은 남편의 아내에 대한 폭력, 부모의 자녀에 대한 폭력, 자녀의 노부모에 대한 폭력 등 가정에서 발생하는 모든 폭력을 포괄하는 개념이다. 이제까지는 신체적 학대를 위주로 가정폭력을 연구하였으나 신체적 폭력과 더불어 심리적 학대(정서적 · 경제적 · 언어적 폭력), 성적 폭력, 방임 등도 포함시켜야 한다.

가정폭력은 그것이 피해여성과 자녀를 포함한 가족 전체와 나아가서는 사회 전체에 심각한 영향을 미친다는 점에서 더욱 문제가 된다. 가정폭력은 피해여성의 신체적 · 심리적 · 정서적 · 사회적인 모든 부분에 심각한 손상을 초래하며, 피해자의 자녀에게도 심각한 영향을 끼친다. 가정폭력이 있는 가정의 아동은 정서적 · 행동적 장애를 일으키기도 하며, 성인이 된 이후에 폭력을 행사할 가능성이 높다는 폭력의 세대 간 전수현상도 발생한다. 가정폭력은 가정파탄의 원인이 되기도 한다.

「가정폭력방지법」의 제정은 그동안 아무런 제재 없이 가정에서 자행되었던 가정폭력이 법적으로 제재받게 되었다는 데 의의가 있다. 「가정폭력방지법」의 시행은 사회의 기초조직인 가정을 폭력으로부터 보호하고, 가정이 해체되지 않는 범위에서 해결방안을 찾기 위한 사회적 노력이다. 「가정폭력범죄의 처벌 등에 관한 특례법」은 가정폭력범죄의 형사처벌 절차에 관한 특례를 정하고 가정폭력범죄를 범한 자에 대하여 환경의 조정과 성행의 교정을 위한 보호처분을 행함으로써 가정폭력범죄에 의해 파괴된 가정의 평화와 안정을 회복하고 건강한 가정을 육성하는 것을 목적으로 한다. 동법의 주요 내용으로는 가정폭력범죄의 신고 및 고소를 피해자 본인은 물론 누구든지 할 수 있도록 하고 있으며, 가정폭력 행위자를 처벌할 것을 요청하는 고소에 있어 가정폭력범죄의 피해자는 폭력 행위자가 자신 또는 배우자의 직계존속인 경우에도 고소할 수 있도록 하였다.

「가정폭력방지 및 피해자보호 등에 관한 법률」은 가정폭력을 예방하고 가정폭력의 피해자를 보호함으로써 건전한 가정을 육성함을 목적으로 하고 있다. 동법은 국가와 지방자치단체의 가정폭력 예방과 방지를 위한 책무를 명시하고 있다. 상담소의 설치 및 운영, 상담소의 업무, 보호시설의 설치, 보호시설의 업무, 상담소의 통합 설치 및 운영, 치료보호에 대한 규정 등이 명시되어 있다.

아내학대피해자를 위한 서비스로는 여성긴급전화 1366, 가정폭력상담소, 피해자 보호시설 운영 등이 있다. 여성긴급전화 1366은 원스톱서비스 제공의 중심기관으로 하루 24시간, 1년 365일 즉각적이고 효율적인 서비스를 제공한다는 목적을 가지고 전국의 광역시 · 도에 1개소씩 설치되어 있다. 여성긴급전화 1366은 가정폭력, 성폭력, 성매매 등으로 인해 보호가 필요한 여성들이 언제라도 전화를 통해 도움을 받을 수 있도록 안내와 상담, 서비스 연계(의료기관, 상담기관, 법률구조기관, 보호시설), 종합 정보안내 및 위기개입서비스를 제공하고 있다.

가정폭력상담소는 「가정폭력방지법」에 의거하여 가정폭력을 예방하고 피해자를 보호함으로써 건전한 가정을 육성하는 데 목적이 있다. 주요 업무로는 가정폭력에 대한 신고를 받고 상담하는 일, 가정폭력피해자보호시설로의 인계, 법률구조 연계, 경찰관서 등에서 인도받은 피해자의 임시보호, 가정폭력의 예방 및 방지에 관한 홍보, 가정폭력 및 피해에 관한 조사연구 등이 있다.

피해자보호시설인 쉼터는 상습적으로 남편에게서 폭력을 당하는 여성들이 위기에 처할 경우 긴급히 피할 수 있는 장소를 제공하여 보호하는 역할을 하며, 신체적 · 정신적 안정과 치료를 돕고 피해여성이 앞으로의 진로를 스스로 설계하도록 돕는다.

모자일시보호시설은 배우자의 물리적 · 정신적 학대로 아동의 건전한 양육과 모의 건강에 지장을 초래할 우려가 있는 모와 아동이 입소할 수 있는 시설이다. 모자보호시설은 배우자와 사별, 이혼하거나 배우자로부터 유기된 여성, 정신 또는 신체장애로 인하여 장기간 노동능력을 상실한 배우자를 가진 여성, 미혼여성 등의 여성이 세대주이며 18세 미만의 아동을 양육하는 무주택 저소득 모자가정이 입소할 수 있는 시설이다.

가정폭력 중 대표적인 것이 아내학대다. 아내학대는 사적인 부부관계 문제가 아니라 사회적 차원에서 다루어야 할 문제로서 그 해결을 위해서는 사회 전체의 의식전환과 더불어 공적 차원에서의 대책이 필요하다. 아내학대에 대한 사회적 태도를 변화

시키고, 아내학대를 범죄로 규정하는 쪽으로 지향되어야 한다. 우리나라의 가정폭력 서비스는 주로 피해여성에게만 치우치는 경향이 있어 왔으나 최근 들어 그 자녀와 가해자를 포함한 가족 전체를 대상으로 한 서비스 마련에 대한 관심이 증가하고 있다.

가정폭력 피해가족 중에는 가족구성원들이 분리되는 것이 최선인 경우도 있지만 적절한 서비스의 제공만 있으면 어려움을 극복하고 가족단위로 함께 살아갈 수 있는 경우도 많다. 가족을 함께 보지 않으면 정확한 문제를 사정하고 적절한 개입전략을 수립하는 데 한계가 있다. 많은 가정폭력 피해여성이 가해자와 더불어 집에 머물고 있다는 점에서 가정폭력에 대한 가족단위의 개입이 필요하다. 따라서 피해여성과 가족구성원 각각에 대한 지원과 더불어 가족 전체의 힘과 기능을 향상시킬 수 있는 지원이 필요하다.

현재 가정폭력서비스 전달체계는 서비스기관 간에 연계체계가 정립되지 못함으로써 접근하기 어렵고 단편적이고 지속적이지 못하며 포괄적이지 않다. 따라서 가정폭력 관련기관 간의 연계가 필요하다.

가정폭력가족을 위한 서비스로는 다음과 같은 것들이 있다.

(1) 상담프로그램 활성화

의식훈련 및 적극성 강화훈련, 집단상담, 위기개입, 사후지도로 구성되는 피해자 상담프로그램을 활성화하고 전문인력을 양성하며 가능한 한 빠른 시일 내에 피해자들이 후유증에서 벗어나 정상적인 생활을 할 수 있도록 해야 한다.

(2) 생계보호 제공

피해여성이 집을 나와 생계수단이 끊겼거나 재산분할이나 위자료 등이 지급되기 전인 경우 피해 여성과 아동을 대상으로 생계보호를 제공해야 한다.

(3) 주거서비스 제공

집을 나온 피해여성과 자녀의 주거문제를 해결하기 위하여 영구임대주택사업의 혜택을 입을 수 있도록 하거나 모자보호시설을 개방하여 실질적으로 도움을 주어야 한다.

(4) 재가서비스 제공

아내학대가족에게 가정봉사서비스와 가정간호사업 등을 제공해야 한다.

(5) 가해자 대상 교화프로그램 강화

우발적 폭력행위자를 대상으로 여성의 가치와 권리에 대한 의식을 전환하도록 하고, 분노의 조절 등을 훈련시킨다.

3) 치매노인가족

우리나라의 경우 치매노인수가 급증함에도 불구하고 아직까지 치매노인의 부양을 가족에게 의존하고 있는 실정이다. 치매는 기억력, 사고력, 지남력, 이해력, 계산능력, 학습능력을 포함하는 여러 고위피질기능의 장애가 있는 만성 또는 진행성 뇌질환에 의한 증후군이다. 노년기 질환 중에서도 가족에게 가장 큰 부담을 초래하는 것이 노인성 치매다. 특히 후기 고령노인의 경우에 치매유병률이 급상승하며, 여성노인이 남성노인보다 두 배 이상의 치매유병률을 보인다. 앞으로 평균수명의 연장에 따라 치매노인수는 더욱 증가할 것으로 예상된다.

개인보다 가족을 우선시하는 한국의 문화적 특성 때문에 치매노인가족의 경우 다른 노인가족에 비하여 동거부양을 받는 비율이 높다. 치매노인을 부양하는 가족은 노인과의 관계 악화, 사회적 활동 제한, 가족관계의 부정적 변화, 심리적 · 경제적 건강상의 부담 등과 같은 부양부담을 갖고 있다. 가족 내에서 치매노인의 부양자를 결정함에 있어서는 여성에게 부양책임이 집중되는 경향이 있다. 치매노인의 수발을 담당함으로써 경험하는 개인적 애로사항으로는 피로, 개인시간 부족, 수면부족, 건강에 대한 불안, 심리적 불안정, 외출제한 등이 있다. 치매노인의 수발자는 경제적 부담,

육체적 피로, 정신적 부담 등으로 많은 문제를 안고 있다.

치매노인가족의 문제로는 사회활동의 제한, 노인과 주 부양자 관계의 부정적 변화, 가족관계의 부정적 변화, 심리적 부담, 재정 및 경제활동상의 부담, 건강 악화 등이 있다. 치매노인가족은 치매노인의 위생관리를 위한 수발이 늘어나고, 노인의 문제행동을 방지하기 위하여 지속적인 관찰과 사후처리에 많은 시간을 투자해야 한다. 따라서 치매노인의 주 부양자는 친구 접촉기회의 제한, 가족 외출의 제한, 이웃관계의 제한, 개인적 외출의 제한 등 사회적 관계에 있어서 많은 제한을 받게 된다. 또한 무력감, 좌절감, 구속감, 소외감 등 부정적인 심리적 상태를 경험하기 쉽다. 부양자는 신체적 질병이나 피로, 장애를 경험할 가능성이 높고, 수면장애, 건강유지활동을 위한 시간부족, 건강에 대한 불안과 염려 등을 경험하게 된다.

치매노인의 부양으로 인하여 노인과 주 부양자의 관계는 부정적으로 변화할 가능성이 많다. 부양자는 가사, 자녀양육 및 교육, 직업활동, 배우자로서의 역할 등 다양한 역할을 동시에 수행해야 하므로 역할과중을 경험하게 된다. 따라서 분노감, 우울, 노인에 대한 원망, 불쾌감 등의 부정적 감정을 경험하며, 노인과 부양자 관계의 질이 부정적으로 변화한다. 그리고 치매노인을 부양함으로써 가족관계가 부정적으로 변화하게 된다. 치매노인을 대하는 태도나 부양방법에 대한 가족구성원들의 의견 차이로 인해 가족은 서로 간에 갈등을 경험하며, 부부관계에서는 부양자가 부양역할과 배우자로서의 역할을 동시에 수행하는 데 따른 부부갈등이 발생하기도 하며, 자녀양육에 신경을 많이 쓸 수 없어 부모자녀관계도 변화할 수 있다. 또한 치매부모의 부양문제와 관련하여 형제 간에 갈등이 발생할 수도 있다.

치매노인가족은 재정적 부담과 경제활동의 제약을 받게 된다. 치매노인의 치료와 간호에 대한 비용부담이 증가함으로써 가계에 압박을 받게 되며 이로 인해 수입보전에 대한 요구가 증가하고, 소득수준이 낮은 가족이 높은 수준의 재정적 부담을 경험하게 된다. 경제활동에 참여하는 치매노인의 부양자는 부양과 경제활동에 따르는 요구를 동시에 충족시켜야 하기 때문에 역할긴장을 경험하며, 부양으로 인하여 경제활동시간의 단축, 재교육 및 훈련기회의 상실, 잦은 결근과 외출, 부양에 대한 염려로 인한 업무방해, 경제활동의 중단 등의 문제를 경험하게 된다.

치매노인가족을 위한 서비스로는 다음과 같은 것들이 있다.

(1) 시설보호서비스

장기요양보호를 필요로 하는 노인은 급증하는 데 비해 장기요양시설수는 부족하다.

(2) 보건의료서비스

정부에서는 치매환자의 치료를 위해 치매전문요양병원을 운영 중이다. 민간 차원에서도 많은 종합병원이 치매환자에 대한 의료서비스를 담당하고 있다. 그러나 치매노인의 치료형태의 변화를 추적한 연구에 따르면 치매노인이 전체 인구에서 차지하는 비율은 낮은 상태에서 변화가 없는 것으로 나타났다. 총 진료비의 비율도 변화가 없으며 급여비의 비율도 변화가 보이지 않는다. 이러한 결과에 따르면 많은 수의 치매노인이 의료서비스를 받지 못하는 것으로 추정된다. 치매에 대한 의료서비스의 요구도가 높아짐에 따라 가족의 의료비 부담이 점차 증가할 것으로 예상된다. 따라서 치매환자가족에 대한 부양수당의 지급이나 치매환자 치료에 대한 건강보험수가제도의 마련이 요구된다.

(3) 재가복지서비스

많은 치매노인이 가정에서 생활하고 있기 때문에 가족의 노인수발기능을 지원하기 위한 재가복지서비스가 매우 중요하다. 그러나 현재의 재가노인복지서비스는 전문인력 및 시설부족으로 치매노인과 가족의 수요를 제대로 충족시키지 못하고 있는 실정이다. 또한 도시와 농촌지역에 따라 차이가 크다. 앞으로 치매노인보호에서 재가복지서비스의 중요성을 인정하고 시설의 확대와 인력 및 서비스의 전문성 향상을 통해 노인이 집에서 필요한 서비스를 받을 수 있게 하고 가족의 수발부담을 감소시켜 나가야 한다.

장기적인 사회적 보호체계를 구축하기 위해서는 시설보호와 재가보호의 역할분

담을 어떻게 하는 것이 바람직한가에 대한 합의가 있어야 한다. 재가보호와 시설보호 간의 균형에 대한 논의는 가족의 역할에 대한 관점과 연계되어 있으며, 노인복지시설의 공급계획을 수립하는 데도 영향을 미친다. 노인부양을 가족의 책임으로 보고서 동거자녀가 부양하는 것을 전제로 한다면 최소수준의 시설보호대상 노인의 규모가 파악될 것이며, 노인부양을 사회적 책임으로 간주한다면 최대수준의 시설보호대상 노인의 규모가 파악될 것이다.

(4) 치매노인 부양방법에 대한 교육 및 정보제공서비스

부양가족이 치매환자의 증상과 욕구에 효과적으로 대처하기 위해서는 치매에 대한 명확한 이해를 가져야만 하므로 치매가족모임, 교육프로그램, 정보통신 등의 매체를 통하여 치매의 임상적 특성에 대한 교육훈련이 이루어져야 한다. 치매노인을 부양함에 있어 지켜야 할 원칙과 주된 간호법 및 부양과업 등에 대한 교육을 실시하는 것이 바람직하다.

(5) 부양자의 자기관리방법에 대한 교육훈련서비스

치매환자가족의 주 부양자는 사회활동 제한, 심리적 부담, 건강문제 등을 호소하는 경우가 많은 점을 근거로 하여 볼 때 치매환자가족에게 건강관리법에 관한 교육과 스트레스 관리방법에 대한 교육 및 훈련이 필요하다. 치매노인 부양자의 부양부담을 경감하기 위해서는 가정봉사원파견서비스, 주간보호 및 단기보호서비스, 상담 또는 가족치료, 자조집단프로그램 등을 활용할 수 있다.

(6) 치매가족모임 또는 자조집단프로그램

치매가족으로 구성된 자조집단을 통하여 정서적 지지와 정보를 교환할 수 있다. 노인복지재정이 미흡한 상황에서 치매노인가족의 부양기능을 강화하고 가족의 부양부담을 경감하기 위해서는 자조집단을 활성화시켜야 한다.

4) 장애인가족

가족구성원 중에 장애인이 생길 경우 그러한 현실을 사실로 받아들이기까지는 여러 단계를 거치게 된다. 대개 가족구성원들은 처음에는 손상을 받은 식구가 죽거나 그렇지 않으면 완전히 회복될 것이라고 생각하며, 적응단계에 가서야 가족들은 영구적인 장애의 가능성을 심각하게 고려하게 된다.

표 10-4 장애자녀의 발달단계별 과업

발달단계	과업	발달단계	과업
초기진단 단계	• 적극적인 의료보호 여부 결정 • 가족보호 혹은 대안적 보호 여부 결정 • 장애상태의 현실 수용 • 장애에 대한 자신의 반응 타협 • 장애의 본질 이해 • 자존감 유지 혹은 강화 • 긍정적인 부모관계 • 가족 및 친구에 대한 반응 타협 • 부부관계 유지 혹은 강화	유아기 및 걸음마기	• 유사한 장애를 가진 동료부모와 접촉 • 적절한 지지서비스 접근 • 전문가와 일하는 관계 확립 • 더 넓은 지역사회 반응에의 대처 • 장애아동 권리옹호 • 조화로운 가족 및 사생활 확립 • 아동발달을 활성화시키는 기술개발 • 아동을 돌보는 일상적인 과업에 대처
아동기 및 초기 청소년기	• 특수학교에 관한 결정에 참여 • 전문가와 일하는 관계 유지 • 아동의 장기적인 의존 수용 • 지역사회에의 적응 활성화 • 아동의 장애에 대한 이해를 토대로 한 원조	후기 청소년기 및 성인기	• 장애인의 독립성에 대한 권리 수용 • 장애인의 성욕에 대한 수용 • 장애인의 가정 외부의 삶에 대한 수용 • 직업과 훈련에 대한 결정에 참여 • 장애인의 법적 권리에 익숙해지기 • 장애인을 위한 미래준비 확보

자료: 장애우권익문제연구소 편(2001). **장애우복지개론**. 나눔의 집, p. 290.

장애에 대한 가족의 반응은 단계모델로 설명되기도 한다. 단계모델에 의하면 장애자녀에 대한 가족의 반응은 5단계로 나눌 수 있다. 1단계에서는 충격과 불신을 나타낸다. 장애진단의 수용을 거부하고 수치심과 죄의식, 무가치함, 고립감 등의 심리적 문제를 경험하게 된다. 2단계에서는 분노를 나타낸다. 불공평함과 자기증오감 등의 심리적 문제를 경험한다. 3단계에서는 타협을 시도한다. 자신과의 타협을 시도하고, 자기희생적 태도나 자기방어적 태도를 보인다. 4단계에서는 침체된 상태를 보인다. 장애자녀에 대한 사랑과 증오의 이중감정으로 갈등을 경험하고 만성적인 슬픔과 무력감을 경험한다. 5단계에서는 수용을 한다. 즉, 자녀의 장애를 수용하고 이에 대한 해결책을 모색한다.

발달과업모델은 장애자녀의 발달단계에 따른 과업을 제시하고 이러한 과업을 어느 정도 완수하면 그 가족은 부분적으로 성공적인 적응을 한 것으로 본다. Mitchell은 발달단계를 4단계로 나누고 각 단계별 과업을 제시하였다.

장애아동을 가진 부모는 가족생활주기에 따라 다양한 스트레스를 경험한다. 가족생활주기에 따른 장애아가족의 스트레스는 〈표 10-5〉와 같다.

표 10-5 가족생활주기에 따른 장애아가족의 스트레스

단계	스트레스 영역
부부기	자녀에 대한 일상적 기대, 부부생활에 대한 일상적 적응
출산/취학전기	자녀가 비정상인 데 대한 공포, 진단, 치료의 발견, 형제와 확대가족에게 장애에 관해 이야기하기
학령기	장애아동에 대한 다른 아동과 가족의 반응, 학교교육
청소년기	또래아동의 거부, 직업준비, 성문제
진출기	생활환경, 재정적 문제, 사회화 기회
부모후기	자녀에 대한 장기적인 안정, 서비스 제공자와의 상호작용, 자녀의 연애 · 결혼 · 출산에 대처하기
노년기	부모 사망 후 장애아동의 보호와 감독, 가족의 다른 하위체계나 서비스 제공자에게 부모 책임을 이동시키기

자료: 장애우권익문제연구소 편(2001). **장애우복지개론**. 나눔의 집, p. 293.

장애인가족의 주요 문제로는 경제적 문제, 심리적 문제, 사회적 문제, 대인관계상의 문제, 가족관계상의 문제 등이 있다. 장애인가족은 의료비, 교육비, 교통비 등 장애로 인한 추가비용과 장애인을 돌보기 위해 일을 중단함으로써 오는 수입의 감소가 발생하여 경제적 문제가 발생할 수 있다. 장애자녀를 양육하는 어머니의 경우 스트레스와 우울증 등 부정적인 심리상태에 처할 가능성이 높아지는 등 가족구성원들에게 심리적 문제가 발생할 수 있다. 또한 장애인을 돌봐야 하므로 여가활동, 가족활동, 지역사회활동 등 사회생활에 제약을 받을 수 있다. 그리고 심리적 위축감, 열등감 등으로 인해 대인관계상의 문제가 있을 수 있다. 부부관계, 부모자녀관계, 형제자매관계 등 가족관계에 문제가 발생할 수도 있다. 장애아동의 형제자매 또한 장애에 따른 영향을 받을 수 있다. 장애아동의 형제자매는 장애아동에 대한 부모의 과도한 관심과 편중으로 인하여 그들에게는 상대적으로 무관심함으로써 오는 불만이나 장애를 가진 형제자매에 대한 부담과 과도한 책임감을 느낄 수 있다.

장애인가족이 성공적으로 적응하기 위해서는 가족구성원들 간에 적절한 경계를 유지하고, 의사소통능력을 개발하고, 자신이 처한 상황에 긍정적인 의미를 부여하고, 상황에 따라 가족구성원들의 역할을 유연하게 하고, 가족모임을 활성화하고, 적극적으로 문제해결에 참여하고, 대외활동과 대인관계에 참여하고, 도움을 줄 수 있는 전문가와 상호협력관계를 개발해야 한다.

장애인가족을 대상으로 한 서비스로는 다음과 같은 것들이 있다.

- 장애영유아프로그램: 3세 미만의 장애영유아를 대상으로 신변처리, 인지, 사회성, 언어발달 등에 대한 교육을 실시한다. 사회복지사, 특수교사, 물리치료사, 작업치료사, 언어치료사 등이 팀을 이루어 시행한다.
- 부모교육프로그램: 소집단 또는 대규모 강의형식으로 장애아부모를 대상으로 장애에 대한 이해 증진을 도모한다.
- 가족사정 및 상담: 가족사정에 의해 가족문제가 발견되는 경우 가족상담을 한다.
- 가족캠프: 가족 전체가 참여하여 가족유대감을 도모한다.

- 부모 집단상담: 장애아부모를 대상으로 집단상담을 실시한다.
- 부모 여가활용프로그램: 장애부모를 대상으로 여가활용서비스를 실시한다.
- 장애아 아버지 대상 프로그램: 아버지가 장애아동의 상태를 직접 체험해 보고 어려움을 경험하게 한다. 장애자녀에 대한 이해를 증진하고 친밀한 관계를 형성하는 기회를 제공한다.
- 가정지원서비스: 가사서비스 등을 제공한다.
- 일시위탁서비스(respite care): 가족이 외식을 한다든지 휴가를 계획할 때 장애아를 일시적으로 돌봐주는 서비스를 제공한다.
- 심리교육적 서비스: 심리교육적 서비스는 장애인가족에게 장애에 관한 정보를 제공하고 그에 따른 기술을 개발시키는 데 역점을 둔다. 심리교육적 가족치료자는 장애인가족이 나타내는 감정표출정도가 질병의 재발에 영향을 미치는 것으로 보아 환경에 따른 스트레스 개념을 강조하며, 궁극적으로는 스트레스 원천을 감소시킴으로써 장애인이 스트레스에 압도되지 않도록 한다.
- 지지집단(support group): 지지집단은 가족에 대한 지지, 교육, 역량강화 같은 가족의 기본적 욕구를 충족시킬 수 있다. 지지집단은 가족이 자원을 동원하고 환경에서 오는 정서적 부담을 숙달할 수 있도록 지지하며, 정서적 혼란과 실질적인 문제해결능력과 대응전략에 대한 교육을 제공한다. 지지집단의 가장 중요한 측면은 가족에게 통제할 수 있다는 자신감, 즉 역량강화를 제공하는 것이다. 장애인가족은 지지집단을 통하여 자신이 느끼는 분노, 좌절, 죄의식 등을 표현할 수 있다.

현재 장애인가족에 대한 서비스는 장애아동이나 어머니 중심으로 편중되어 있다. 앞으로는 비장애인 형제자매, 아버지, 가족 전체를 대상으로 한 프로그램이 확대되어야 한다.

5) 비행청소년가족

비행청소년은 약물복용, 폭력, 가출, 범죄 등의 문제행동을 보이는 청소년이며, 비행청소년가족은 가족구성원 중 이러한 비행청소년이 있는 가족을 말한다. 「소년법」에 의하면 비행청소년은 죄를 범한 14세 이상 20세 미만 소년(범죄소년), 형벌법규에 저촉되는 행위를 하였으나 형사책임을 묻지 않는 12세 이상 14세 미만 소년(촉법소년), 성격과 환경에 비추어 형벌법령에 저촉되는 행위를 할 우려가 있는 12세 이상의 소년(우범소년)을 포함한다.

비행청소년가족의 특징은 가족구성원 간의 의사소통이 원만하지 못하다는 점이다. 비행청소년가족의 구성원들은 상대방의 의견을 경청하지 않고 애매모호한 메시지를 주고받는 경향이 있다. 상대방의 의견에 대해 부정적인 반응을 보이거나 비난한다. 그리고 부모는 자녀의 의견을 무시하는 의사소통을 하는 경우가 흔하다. 또한 가족구성원들 간의 경계가 유리되어 결속력이 약하다. 부부간에 갈등이 있거나 한쪽 부모가 배우자나 부모 역할을 제대로 하지 않는 경우가 많다.

자녀의 비행은 자녀에 대한 부모의 무관심이나 적대적인 양육태도 등 부모의 잘못된 양육방식과 관련이 있다. 자녀에 대한 부모의 거부는 자녀의 대인관계에 부정적인 영향을 미친다. 또 부모가 자녀의 정상적인 행동을 반항적인 행동으로 받아들이고 처벌하는 경우에 그 자녀는 공격적인 행동을 보이며 폭력을 쉽게 행사하게 된다. 부모의 과잉보호도 자녀의 문제행동과 관련이 있는 것으로 나타난다.

비행청소년이 비행을 저지르는 데는 환경의 영향이 크다. 대부분의 비행청소년은 판단력과 자제력이 부족하며 이들의 비행은 충동적이고 우발성이 강하다. 청소년비행 원인의 대부분은 청소년 개인보다 개인과 가족, 학교, 사회가 복합적으로 관련되어 있다. 따라서 비행청소년을 둘러싼 환경에 대한 개입이 필요하다. 비행 가능성을 가진 청소년을 대상으로 비행을 유발하는 환경에 개입함으로써 비행을 예방하고, 비행을 저지른 후에는 처벌보다 교육적 차원에서 다루어야 한다. 이러한 이유로 소년범죄자에 대해서는 형사처벌을 지양하고 소년분류심사원, 소년원, 보호관찰소 등을

통한 교육과 보호를 제공하고 있다.

비행청소년가족을 위한 구체적인 서비스로는 부모훈련프로그램, 가족상담 및 가족치료, 가족지원서비스 등이 있다. 부모훈련프로그램은 부모-자녀 간의 의사소통 기술을 향상시키는 데 초점을 두고 부모와 자녀 간에 충분한 대화를 통해 서로를 이해하도록 도우며, 부모역할 모델링, 집단토의, 청소년 심리와 성교육에 관한 교육 등을 제공한다. 가족상담 및 치료프로그램을 통해 가족 내에 규칙을 확립하도록 돕고 부모로 하여금 자녀양육에 관한 지식과 기술을 습득하도록 교육시키며 가족의 결속력을 증진시키고, 부부갈등이 있는 경우에는 부부상담을 통해 부부간 의사소통기술의 향상, 인정과 지지의 상호교환이 이루어지도록 지도한다.

비행청소년가족에 개입하는 사회복지사는 비행청소년 개인에게 초점을 둔 활동뿐 아니라 가족 전체를 변화시키는 개입의 중요성을 인식하고 모든 가족구성원의 욕구와 의사소통, 인간관계에 개입해야 한다. 비행청소년가족에 개입하는 프로그램은 특히 부모훈련, 비행자녀의 사회기술훈련, 가족관계 향상이나 가족기술훈련, 가족지원서비스(가정방문, 필요한 물자나 서비스의 제공, 위기개입 등) 등을 강조해야 한다. 사회복지사는 비행청소년가족의 의사소통을 증진시키기 위하여 가족구성원들이 자신과 다른 구성원들의 의사소통유형을 인식하고 긍정적이고 개방적이며 명확한 의사소통을 할 수 있도록 도와준다.

가정의 경제사정 등과 같은 환경적 변수는 자녀의 비행과 관련이 있으므로 사회복지사는 가정환경의 영향을 파악하기 위해 가정방문을 할 필요가 있다. 가정방문을 통해 비행청소년가족에 대한 이해를 증진시키고 가족에 대한 지원에 적극적으로 개입해야 한다. 또한 비행청소년의 대부분이 학생이므로 가정과 학교, 지역사회 간에 유기적인 협조체계를 구축할 필요가 있다. 사회복지사는 교사와 긴밀한 관계를 유지해야 하며, 가족이 지역사회의 활용 가능한 자원을 이용할 수 있도록 도와준다. 경우에 따라서는 가족을 다른 기관에 연결시키는 중개자 역할을 수행한다. 또한 비행청소년과 관련된 교육기관, 사회단체, 언론기관, 종교단체, 기업 등의 역량을 결집시키고 이들이 상호협력할 수 있는 체계를 구축하도록 노력한다.

비행청소년에 대한 제도로 보호관찰제도가 있다. 보호관찰은 시설 내 처우의 문제점과 교화개선의 한계에 대한 대안으로 시도되고 있는 사회 내에서의 처우다. 이는 선행을 조건으로 형의 선고나 집행을 유예하거나 형의 집행을 중단하여 부분적으로 비행청소년에게 자유로운 생활을 허용하고, 보호관찰관과 보호위원의 지도감독과 보도, 원호를 받아 교화, 개선, 갱생하도록 하여 기능적인 사회인으로 복귀시킴으로써 재범을 방지하고 사회를 보호하기 위한 것이다. 보호관찰소에서는 보호관찰대상 청소년에게 교육프로그램을 제공하거나 이들을 사회복지기관이나 교육기관에 위탁하여 프로그램을 제공한다. 교육내용은 준법교육, 윤리교육, 가치관교육, 예절교육, 성교육, 약물교육, 심성치료, 감수성훈련 등을 포함한다. 사회봉사명령을 받은 보호관찰대상 청소년에 대해서는 사회복지시설에서의 봉사활동, 공공장소에서의 쓰레기 수거 등의 자연보호활동, 국립묘지 정화봉사활동 등 사회봉사활동을 실시하고 있다. 또한 보호자교실을 운영하여 보호자를 대상으로 부모역할, 자녀양육법, 보호관찰지도의 협조방법 등의 교육을 실시하고 있다.

6) 다문화가족

우리 사회는 세계화에 따른 국가 간 인구이동의 증가, 외국인에 대한 거부감 감소, 혼인 수급의 불균형과 출산율 저하, 농촌지역 여성인구의 감소 등으로 인하여 국제결혼이 빠르게 증가하고 있다. 특히 한국남성의 아시아계 여성과의 국제결혼이 급증하면서 다문화가족이 꾸준히 증가하였다. 한국남성과 결혼한 여성 결혼이민자 수는 1990년대 중반부터 증가하기 시작하였고, 2000년대 이후 급격히 증가하였다.

정부에서는 다문화가족을 위한 법률로서 「결혼중개업의 관리에 관한 법률」, 「재한외국인처우기본법」, 「국적법」, 「출입국관리법」을 제정하였고 2008년에 「다문화가족지원법」을 제정하여 다문화가족 지원의 법적 근거를 마련하였다. 「다문화가족지원법」에 명시된 다문화가족이란 「재한외국인처우기본법」 제2조 제3호에 따른 결혼이민자와 「국적법」 제2조에 따라 출생 시부터 대한민국 국적을 취득한 자로 이루어진 가

족 또는 「국적법」 제4조에 따라 귀화허가를 받은 자와 동법 제2조에 따라 출생 시부터 대한민국 국적을 취득한 자로 이루어진 가족을 말한다.

다문화가족의 출신국을 보면 1990년대 초반에는 미국이나 일본남성과 한국여성의 국제결혼이 대다수를 차지하였으나 1995년 이후에는 한국남성과 중국, 베트남, 필리핀 등 아시아 저개발국 출신 외국여성의 결혼이 주류를 이루고 있다.

현재 각 정부부처별로 시행하고 있는 다문화가족 지원정책은 〈표 10-6〉과 같다.

표 10-6 정부부처별 다문화가족 지원정책

부처	지원정책
보건복지부	국제결혼 탈법 방지 및 이민자 인권보호, 결혼이민자 한국생활 정보제공・상담, 배우자 사전교육, 결혼이민자 의사소통 지원, 다양한 생활정보 제공, 다문화가족 생활보장, 가족관계증진 및 가족위기 예방, 부모의 양육능력 배양, 영유아 보육 및 교육 강화, 생활보장 지원, 임신 및 출산 지원, 부모의 자녀양육능력 배양, 부모 및 자녀 건강관리, 아동언어 및 학습발달 지원, 청소년 역량개발 지원, 빈곤 및 위기 아동・청소년 지원, 부모 및 교사의 자녀교육 역량강화, 결혼이민자 경제적 자립역량강화, 결혼이민자 사회연계 강화, 자녀양육 지원, 아동보호, 한부모가족 지원, 가족해체 시 결혼이민자 인권보호
문화체육관광부	문화에 대한 사회적 인식 개선 및 업무책임자 교육, 지자체의 결혼이민자 가정 지원 및 우수사례 발굴 확산, 다문화가족을 위한 문화예술교육 지원 프로그램 개발 및 시범사업, 사회문화예술교육 지원사업을 통한 문화예술 교육 지원, 이주민 다문화체험 지원, 특수소외계층 문화권 신장 및 사회취약계층 문화예술교육 지원, 한국어교육, 다문화체험 지원, 이주노동자 축제, 문화가이드북 제작, 문화예술교육 지원
법무부	비자 인터뷰제도 강화, 탈법적 결혼중개 방지, 국제결혼 당사자 보호, 가정폭력 피해자에 대한 안정적인 체류 지원 강화, 인신매매 성격의 국제결혼 방지, 체류자격불안정 해소(외국인정책 기본방향 및 추진체계, 결혼이민자, 외국인여성, 외국인 자녀 정착 지원, 차별해소 지원), 다문화가정의 안정적 체류 및 인권보장, 법률, 생활 및 인권정보 제공, 결혼이민자 영주자격 신청요건 완화, 결혼이민자의 이혼 및 별거 시 자녀 접견 위해 국내 체류 허가, 결혼이민자네트워크 구축

교육부	지역 인적자원개발사업, 대학생 멘토링 실시, 교사 연구센터 실시, 소외계층 평생교육프로그램 지원사업, 현행교과서를 검토·분석해 결혼이민자, 외국인근로자 등 사회적 소수자를 포용, 교사 역량강화, 다문화교육센터 설치, 다문화교육센터 지정 및 다문화교육 공모사업, 다문화교육교사연수센터 지원, 시·도 다문화가정자녀교육 활성화 지원
고용노동부	여성결혼이민자 고용촉진대책 추진, 직업상담 및 고용서비스 지원, 공공서비스부문으로 여성결혼이민자 진출 지원, 일자리 알선 및 훈련 지원
산업통상자원부	여성결혼이민자의 정보화교육, 전문교재 개발
행정안전부	자체 통계 및 실태조사를 통한 정책기초자료 확보, 지자체의 여성결혼이민자 관련 조직, 인력, 예산 확보방안 마련
농림축산식품부	농촌여성결혼이민자 지원
여성가족부	전국상담시스템 구축, 이주여성 쉼터 확대설치 및 보호·주거지원 강화, 외국인 여성과 결혼하고자 하는 남성교육(부처협력시스템)

현행 다문화가족정책의 특징은 사업추진체계로 사업지원단, 거점센터, 지역센터를 두고 있다는 점과 생애주기별 맞춤형 서비스를 하고 있다는 점이다. 생애주기별 접근은 입국 전 결혼준비기, 입국 초 가족관계 형성기, 자녀양육 및 교육기, 가족역량강화기 등 단계별로 맞춤형 서비스를 제공하는 방식으로 그 내용은 〈표 10-7〉과 같다.

표 10-7 다문화가족 생애주기별 맞춤형 지원서비스 내용

주기별	정책과제	세부추진과제
결혼준비시기	결혼 중개 탈법 방지 및 결혼예정자 사전준비 지원	• 국제결혼 탈법 방지 및 결혼 • 결혼이민 예정자 사전정보 제공 • 한국인 예비 배우자 사전교육
가족형성기	결혼이민자 조기적응 및 다문화가족의 안정적 생활 지원	• 결혼이민자 의사소통 지원 • 다양한 생활정보 제공 • 다문화가족 생활보장 • 가족관계 증진 및 가족위기 예방

자녀양육기	다문화가족 자녀 임신 · 출산 · 양육 지원	• 임신 · 출산 지원 • 부모의 자녀양육 능력 배양 • 영유아 보육 · 교육 강화 • 부모 · 자녀 건강관리
자녀교육기	다문화 아동 · 청소년 학습 발달 및 역량개발 강화	• 아동 언어 · 학습 · 정서발달 지원 • 아동 · 청소년 역량개발 지원 • 빈곤 · 위기 아동 · 청소년 지원 • 부모의 자녀교육 역량강화
가족역량강화기	결혼이민자 경제 · 사회적 자립 역량강화	• 결혼이민자 경제적 자립역량강화 • 결혼이민자 사회연계 강화
가족해체 시	해체 다문화가족 자녀 및 한부모가족 보호 · 지원	• 한부모가족 지원 • 요보호아동 지원
전(全) 단계	다문화사회 이행을 위한 기반 구축	• 사업추진체계 정비 • 대국민 다문화 인식 제고

자료: 보건복지부(2008). 다문화가족 생애주기별 맞춤형 지원강화대책.

현재「다문화가족지원법」에 의거하여 시 · 군 · 구에 다문화가족지원센터를 설치 · 운영하고 있다. 다문화가족지원센터에서 시행하고 있는 사업으로는 기본사업으로 한국어교육, 다문화사회 이해교육, 가족교육, 가족 및 개별상담, 취업 및 창업지원이 있고, 기타 사업으로 통번역서비스 자조모임, 멘토링과 자원봉사단 등 지역사회 및 민간자원 활용프로그램, 다문화 인식개선사업, 지역사회 협력네트워크 강화 등이 있다.

정부에서 다문화가족 생애주기별 맞춤형 지원대책을 마련하여 시행하고 있으나 실제로는 주로 한국어 교육서비스에 편중된 경향이 있으므로 앞으로 특정분야에 편중된 서비스가 아니라 다방면의 서비스가 제공되도록 노력해야 한다. 그리고 우리 문화중심적인 관점에서 벗어나 결혼이민자들의 고유문화를 존중하고 다문화가족이 지닌 다양성을 강점화하는 대책이 필요하다. 종합사회복지관 등 지역사회 복지기관과의 연계를 강화하고, 시 · 군 · 구 단위의 가족정책 전달체계를 구축하고, 취약 및 위기가족의 데이터베이스를 구축하여 지속적인 사례관리가 이루어져야 한다.

다문화가족은 문화 차이문제, 언어문제, 경제적 문제, 자녀양육문제, 가정폭력문제, 가족 간 갈등문제, 사회적 차별문제 등 각종 어려움에 직면한다. 대부분의 다문화가족은 경제적으로 저소득층이며 가족해체의 위험성이 높아 중대한 사회문제로 대두되고 있다. 다문화가족정책은 다문화가족의 기능을 강화하고, 가족관계와 가족안정성, 사회적응력을 제고하고, 자녀의 양육환경과 차별적인 법제도를 개선하고, 기본인프라를 강화하는 방향으로 나아가야 한다. 이러한 정책의 바탕에는 사회적 인식개선을 통한 다문화사회에 대한 국민의 수용이 기본이 되어야 한다. 매스컴 등을 활용하여 다문화사회를 허용하는 사회적 분위기를 조성하고, 학교 및 사회교육프로그램의 내용에 다문화사회에 대한 내용을 강화하여 내국인을 대상으로 한 의식교육을 강화해야 한다.

결혼이민자의 가장 큰 어려움은 배우자와의 의사소통이다. 의사소통문제는 생활 전반에 걸쳐 부정적인 영향을 미칠 가능성이 크므로 매우 중요한 문제다. 결혼이민자가 보다 쉽고 편리하게 언어교육을 받을 수 있도록 하기 위해 온라인교육, 방문교육, 방송교육 등 다양한 매체를 활용하여야 하며, 언어교육 대상자의 국적이나 수준 등 특성별로 세분화된 맞춤형 언어교육프로그램을 개발하여 지원해야 한다. 언어교육이 필요한 대상자가 언어교육서비스를 받을 수 있도록 하기 위해 다문화가족을 대상으로 지역사회 내 기관이나 매스컴 등을 통하여 적극적인 홍보를 해야 한다. 특히 체류기간이 단기간인 결혼이민자를 중심으로 하여 한국어교육을 강화해야 한다.

대부분의 다문화가족은 경제적 취약계층이므로 기본생활을 보장해 주기 위하여 국민기초생활보장사업과 자활사업의 적용대상을 확대하여 국민기초생활보장 대상에 무자녀 국적 미취득 결혼이민자를 포함하는 방안을 검토하고, 자활사업대상에도 포함시켜 자활능력을 제고한다. 또한 결혼이민자들의 특성에 적합한 다양한 직종을 적극적으로 개발하여 이들에게 맞춤형 직업훈련서비스를 적극적으로 제공하고, 지역사회를 중심으로 한 취업인프라 협력체계를 구축한다.

실업가정, 급성질환 발생가정, 생계곤란가정 등 기초생활보장 비수급자인 저소득

다문화가정을 대상으로 국민건강보험료를 대납하고 의료비를 지원해 주는 제도를 단계별로 도입하는 방안을 검토해야 한다. 또한 농어촌지역 등 의료취약지역에 거주하는 다문화가족을 대상으로 방문관리서비스 대상자를 적극적으로 발굴하여 맞춤형 방문관리서비스를 확대해야 한다. 무료건강검진서비스 대상자를 확대하여 다문화가족을 포함시켜 건강증진을 도모해야 한다.

현재 다문화가족지원센터에 다문화언어지도사를 배치하여 자녀들의 언어발달 교육을 실시하고 있는데, 앞으로 부모와 함께하는 한국어교육프로그램을 강화하고 단계별로 한국어 학습교재를 개발하여 제공해야 한다. 다문화가족의 역량강화를 위한 이중 언어교육프로그램을 개발 · 보급해야 한다. 또한 관련기관에서 다문화가족 아동을 위한 사회적응프로그램을 적극적으로 제공해야 한다. 그리고 다문화가정의 보육료 부담 완화를 위하여 저소득 다문화가정의 영유아를 대상으로 무상보육 지원대상을 단계별로 확대해야 한다. 다국어로 된 보육 · 양육 관련자료를 개발하여 다문화가정 부모에게 제공해 주고, 부모들의 자조모임을 활성화하여 자녀양육에 관한 정보를 상호교환한다.

다문화가족은 언어소통문제, 문화적 차이 등으로 인해 가족관계에 어려움을 경험하는 경우가 많고 이것이 심화될 경우 가족해체에 이를 수 있으므로 가족구성원 간에 원만한 가족관계가 형성되도록 지원해 주는 프로그램이 필요하다. 평등하고 우애적인 올바른 부부관계와 올바른 부모자녀관계를 정립하기 위한 교육프로그램 제공 등의 지원을 강화하고, 가족갈등이 발생한 경우 가족구성원을 대상으로 한 전문적인 가족치료 및 가족상담프로그램을 적극적으로 제공해야 한다.

가정폭력문제가 있는 다문화가족이 많으므로 결혼이민자를 대상으로 가정폭력에 관한 법제도나 제공되는 서비스에 대한 정보를 제공해 주어야 한다. 폭력 피해 결혼이민자들에게 전문적인 상담과 보호를 제공해 주는 이주여성쉼터와 상담소를 확대 설치하고, 동시통역시스템과 결혼이민자 전문상담원제도를 마련한다. 또한 폭력피해 결혼이민자들로 구성된 자조집단을 활성화하여 정보를 공유하고 폭력에 공동대응하도록 한다. 다문화가정의 아동을 대상으로 멘토서비스와 상담서비스를 실시하고, 교사와 일반아동을 대상으로 다문화사회에 대한 교육프로그램을 확대 실시해야 한다. 그리고 일정 수 이상의 다문화가정 아동이 재학하고 있는 학교를 우선대상으로 하여 학교사회복지사를 확대 배치해야 한다. 아울러 국제결혼준비학교 등을 확대 운영하여 외국여성과 결혼할 남성을 대상으로 타 문화에 대한 이해증진을 위한 교육을 적극적으로 실시해야 한다. 또 예비 결혼이민자의 출신국가별 특성을 파악하여 이들을 대상으로 사전교육, 상담, 정보제공 등의 프로그램을 적극적으로 실시해야 한다.

제 11 장

지역사회복지

1. 지역사회복지의 정의와 원칙
2. 지역사회복지실천
3. 지역사회복지사의 역할
4. 지역사회복지실천기술
5. 지역사회복지기관

1. 지역사회복지의 정의와 원칙

1) 지역사회복지의 정의

지역사회복지(community welfare)는 지역사회 주민의 복지를 증진하기 위하여 개인, 가족, 지역사회 등에 바람직한 변화를 일으키고자 하는 전문적인 사회복지의 한 방법이다. 이는 지역사회의 복지향상을 위하여 전문인력이 지역사회수준에 개입하여 지역사회에 존재하는 각종 제도에 영향을 주고, 지역사회의 문제를 예방하고 해결하고자 하는 사회적 노력을 말한다. 지역사회에 대하여 개선을 목적으로 주민 주체의 원칙에 입각하여 정부, 주민조직, 민간단체 등이 협력하여 소득보장, 주거, 보건의료, 교육, 문화, 노동정책 등 공공정책과 함께 종합적이고 조직적으로 원조해 주는 지역활동을 의미한다. 지역사회복지는 공공 및 민간부문이 지역사회 차원에서 지역사회가 갖고 있는 문제를 해결하기 위하여 지역사회자원을 동원하는 노력이라고 정의할 수 있다. 이와 유사한 개념인 지역사회조직(community organization)은 사회사업의 한 가지 실천방법으로서 지역사회를 구성하는 개인, 집단, 이웃 등이 지역복지를 향상시키기 위해 지역사회수준에서 전개하는 일련의 활동이다. 이 개념은 사회사업의 전통적 분류방법인 개별지도, 집단지도, 지역사회조직이라는 3대 방법에서 나온 것이다.

사회복지에서 지역사회에 대한 관심을 가져야 하는 이유는 환경 속의 개인이라는 관점이 사회복지실천에서 중요하기 때문이다. 지역사회에는 다양한 문제가 존재하며, 지역사회는 이러한 문제를 해결할 수 있는 근원이기도 하다. 지역사회의 문제를 해결하기 위해서는 바람직한 변화가 필요하며, 이를 위해서는 지역사회의 역사, 구조, 주민의식 등을 이해해야 한다.

지역사회복지가 대두하게 된 배경은 가족 및 지역사회의 변화에 따라 가족과 지역사회가 갖고 있던 복지기능이 약화되고 이를 보완하는 서비스가 필요하게 되었고, 복지욕구가 경제적인 것에서 비경제적인 것으로 변화되고 있고, 시설수용 위주의 복지에서 탈피하여 재가복지서비스가 강조되고, 지방자치시대를 맞이하여 중앙정부 중심의 복지정책이 지역중심의 복지정책으로 전환되어 지역사회의 중요성을 인식하게 되었기 때문이다. 지방자치제의 강화와 더불어 지역사회복지는 더욱 중요한 사회복지실천방법으로 부상하게 된다.

지역사회복지의 특성은 일정한 지역사회 내에서 이루어진다는 점, 지역사회 주민들의 삶의 질 향상을 목표로 한다는 점, 지역사회의 문제를 해결하고 주민의 복지욕구를 충족시키는 기능을 한다는 점, 정부와 민간이 공동주체가 되어 상호협력하에 추진된다는 점, 조직적 활동을 강조하는 전문적인 서비스와 방법을 사용한다는 점 등이다.

지역사회복지가 추구하는 목표는 이상적인 또는 능력 있는 지역사회를 만드는 것이다. 이러한 목표를 성취하기 위한 세부목표는 지역사회 주민의 주요한 사회적 욕구를 파악하고 우선순위를 결정하는 것, 이러한 욕구충족을 위한 세밀한 계획을 수립하는 것, 목표달성을 위해 지역사회자원을 효율적으로 조정하고 동원하는 것, 지역사회 주민의 적극적인 참여를 유도하는 것 등이다.

2) 지역사회복지의 원칙과 역사

지역사회 주민의 복지증진을 목표로 하는 지역사회복지는 지역사회가 당면한 욕구나 문제를 평가하고 이에 개입하는 과정 속에서 이루어지므로 지역사회복지실천의 원칙이 되는 지침이 필요하다. 지역사회복지의 원칙이란 지역사회복지사업을 수행함에 있어 무엇이 건전하고 바람직한 지역사회복지인지에 대한 기준을 의미한다.

지역사회복지의 주요 원칙은 다음과 같다.

- 지역사회복지는 지역사회 주민의 욕구를 충족시키고자 하는 사회복지실천의 한 과정이다. 욕구는 주민 스스로의 욕구이어야 하며, 사회복지기관이나 지역사회기관의 이익을 위해 조작되거나 강요되어서는 안 된다.

- 지역사회의 문제해결에는 주민의 광범위하고 자발적인 참여가 있어야 하며, 참여는 지역사회 주민 전체의 참여가 아니라 각계각층의 대표를 통해 이루어져야 한다.
- 지역사회복지는 지역사회를 있는 그대로 이해하고 수용하며 그 특성을 개별화해야 한다.
- 지역사회복지를 증진시키기 위한 공적 및 사적 복지 관련기관들의 협의체는 서비스의 조정을 통하여 제한된 복지자원을 효율적으로 활용하여 효과성을 도모해야 한다.

지역사회복지는 서구에서 1800년대 후반에 전개되었던 자선조직협회(COS)와 인보관운동이 출발점이 되었다. 자선조직협회와 인보관운동은 자유주의적인 경제사상하에서 민간 자선단체들이 활동한 것이다. 자선조직협회는 우애방문원의 방문조사를 통하여 빈곤가정에 서비스를 제공하였고, 인보관은 빈곤지역을 대상으로 직접적으로 서비스를 제공하는 활동을 전개하여 지역사회복지관의 효시가 되었다. 20세기 초반에는 미국을 중심으로 지역공동모금과 사회복지협의회가 설립되어 지역사회복지 실천기관으로 발전하였다. 1950년대 이후에는 지역사회조직이 사회사업실천방법으로 확립되었다.

우리나라의 경우는 1960년대에 외국 원조단체 중심의 지역사회복지가 발전하였다. 한국전쟁을 겪으면서 불우아동, 노인, 장애인 등을 위한 수용시설사업이 주류를 형성하여 왔다. 이러한 시대적 특성으로 인하여 지역사회복지사업은 외국의 민간원조기관에 의한 사회복지사업이 1970년대 초반까지 주를 이루었다. 특히 외원기관은 교육과 보건, 지역사회개발 등의 영역에서도 기여하였으며, 미국식 전문사회사업의 실천방법과 이론을 국내에 전파하는 데 큰 역할을 하였다. 그러나 사회복지시설의 운영재원에서 차지하던 외원기관의 지원 비중이 점차 줄어들고 정부의 지원이 대신하게 되었다.

이 시기에 외원기관의 복지활동과 더불어 대학부설 사회복지관과 민간사회복지관이 출현하였다. 사회복지관은 지역사회를 근거로 하는 복지실천주체로서 의미를 지닌다. 또 1970년대에는 새마을운동이 지역사회개발사업의 중추로서 전개되었다. 새마을운동은 지역사회복지의 실천을 위한 기반을 마련하였다는 점에 의의가 있으나 관 주도의 운동이라는 한계를 지니고 있었다.

1980년대에는 사회복지관을 중심으로 지역 중심의 복지서비스기관이 증설되는 등 지역사회복지분야가 확충되었다. 이 시기의 지역사회복지는 사회복지관의 설립, 재가복지서비스의 도입, 지역사회행동모델의 확대 등 발전을 보였다. 1983년에는 「사회복지사업법」을 개정하여 사회복지관이 국가의 지원을 받게 되었다. 사회복지관사업이 정부의 지원사업이 된 배경은 도시의 빈곤문제가 심각한 사회문제로 등장하면서 이를 해결하기 위한 방안으로서 민간전달체계인 사회복지관을 확대설치하는 방안이 채택되었기 때문이다. 또 이 시기에는 지역사회 중심의 사회복지서비스로서 재가복지가 도입되었다. 재가복지는 노인복지와 장애인복지의 민간분야에서 처음으로 도입되었다. 1987년에는 사회복지전담요원제도를 도입하여 사회복지전담요원을 읍·면·동사무소에 배치하여 국민기초생활보장 수급자를 대상으로 한 공공부조업무에 종사하도록 함으로써 지역사회 중심의 공공복지전달체계를 구축하였다.

1990년대 이후 지역사회복지는 재가복지서비스의 확대, 지역사회복지실천주체의 전문화와 다양화, 지역사회 중심의 자활사업 전개, 전문성 강화, 지방자치제의 실시 및 지역분권운동의 전개에 따른 지역사회복지의 내실화 요구 등 질적 변화가 이루어졌다. 대표적인 지역사회복지기관인 사회복지관은 1990년대 이후에 급증하였다. 가정에서 보호를 요하는 장애인, 노인, 소년소녀가정, 모자가정 등 취약계층을 대상으로 지역사회 내에서 재가복지서비스를 제공하기 위하여 1992년부터는 재가복지봉사센터를 설치·운영하고 있다. 재가복지봉사센터는 기존의 사회복지관, 장애인복지관, 노인복지관 등에 전담인력과 장비 등 사업비를 추가로 지원하여 복지관의 부설형태로 설치·운영되고 있다.

2. 지역사회복지실천

1) 지역사회복지실천의 정의

지역사회복지실천(community practice)은 전통적인 지역사회복지의 실천모델로 언급되는 Rothman의 세 가지 모델인 지역사회개발, 사회행동, 사회계획과 밀접히 관련되어 있다(오정수, 류진석, 2006). 또한 이는 클라이언트의 의뢰, 지역사회자원의 사정, 클라이언트 지원체계의 개발, 클라이언트의 욕구충족을 위한 정책결정자에 대한 옹호활동 등 거시적인 사회복지실천활동 및 직접적인 서비스 제공과 관련된다.

지역사회복지실천이란 지역사회집단, 조직과 제도, 지역사회 주민 간의 관계와 상호작용유형을 변화시키는 실천기술의 적용이라고 할 수 있으며, 지역사회의 변화를 위한 전문적이고 직접적인 개입을 의미하는 거시적인 사회복지실천활동의 일부라고 할 수 있다. 그러나 거시적인 실천활동은 지역사회 주민의 상담, 치료 등과 같은 미시적 실천활동과 연관될 수밖에 없으므로 지역사회복지실천이 거시적 실천에만 제한되는 것은 아니다. 사회복지사가 지역사회 주민의 생활향상을 위해 사회환경을 활용하도록 도움을 제공하는 것처럼 미시적 사회복지실천활동과 유기적 관계를 맺고 있다. 따라서 지역사회조직가, 계획가, 사회행동가 등과 같은 거시적 사회복지사뿐 아니라 직접적인 서비스 제공자나 임상사회복지사도 지역사회복지실천과 관련된 지식과 기술을 필요로 한다.

Weil은 지역사회조직(community organizing)의 개념으로는 지역사회복지의 실체와 활동영역을 포괄할 수 없기 때문에 지역사회복지실천이라는 용어를 사용하는 것이 바람직하다고 주장하였다(오정수, 류진석, 2006에서 재인용). 지역사회복지실천은 지식, 기술, 방법의 측면에서 다양한 실천모델을 포괄할 수 있는 용어이며, 지역사회문제해결과정에서 나타나는 조직 간 협력, 지역사회의 참여 등을 이론적 틀로 제시할 수 있기 때문이다. 특히 지역사회복지실천은 조직화, 계획, 개발과 변화에 관한 과정, 방법, 실천기술을 포함하고 있다. 그리고 지역사회 주민의 참여, 서비스의 계획에 따른 과정 및 기술적 방법, 삶의 조건을 개선하기 위한 지속가능한 개발, 사회행동 및 사회변화전략 등에 관한 실천기술과 밀접하게 관련되어 있다.

2) 지역사회복지실천모델

지역사회복지실천모델은 사회복지사에게 지역사회 개입방법을 안내하는 역할을 수행하는 것으로서 각각의 실천모델은 지역사회복지실천영역에서 지역사회 개입방법들을 비교하고 특정상황에서 필요로 하는 적정모델을 선택하는 데 도움을 줄 수 있다. 지역사회복지활동을 체계적으로 분류하여 지역사회복지실천모델로 제시한 대표적인 학자로는 Rothman이 있다. Rothman은 지역사회복지실천모델을 지역사회개발모델, 사회계획모델, 사회행동모델의 세 가지 모델로 구분하였다(Rothman & Tropman, 2001). 그는 이러한 세 가지 모델은 이념형적 분류이며, 실제로는 세 모델 간에 다양한 조합이 가능하여 혼합된 형태가 활용될 수 있다는 점을 강조하였다. 또한 실천과정에서 시간의 변화에 따라 모델의 전환이 일어날 수 있다고 보았다.

Rothman의 세 가지 지역사회복지실천모델을 살펴보면 다음과 같다.

(1) 지역사회개발모델

지역사회개발모델(community development model)은 지역사회의 변화를 효과적으로 이루기 위하여 목표설정과 실천행동 등에 주민의 참여를 강조하는 방법으로서 인구구성이 동질적이고 목표에 대한 합의에 쉽게 도달할 수 있는 지역사회에서 적절하다. 이것은 자조와 지역사회 내 집단 간의 전체적인 조화를 목표로 한다. UN은 지역사회개발을 지역사회 주민이 적극적으로 참여하고 가능한 한 최대의 주도권을 갖고서 전 지역사회의 경제적 · 사회적 조건을 향상시키기 위한 과정이라고 정의하였다. 지역사회개발모델은 지역사회를 중심으로 민주적 절차, 자발적 협동, 토착적인 지도자 개발 등을 중요시한다.

지역사회개발모델은 자조기반에 근거하여 지역사회의 문제해결을 위한 지역사회 능력과 사회통합이라는 과정목표를 통해 지역사회를 새롭게 만드는 데 초점을 두고 있으며, 지역사회의 문제나 욕구를 다룰 때 주민의 자조정신을 강조한다. 주민이 문제를 스스로 해결할 수 있는 능력을 강화시켜 주는 데 역점을 두고, 문제의 파악과 해결과정에서의 주민의 광범위한 참여를 장려한다. 주로 교육적인 방법을 통해 주민 중에서 지도자를 양성하고 지도력을 개발하여 지역사회문제에 주민이 협력적으로 일할 수 있는 분위기를 조성하는 것을 강조한다. 이 모델에서 전문가는 조력자, 조정자, 문제해결기술 훈련자 역할을 담당하게 된다. Ross는 이 모델에서의 지역사회복지사의 역할을 안내자, 가능자(enabler), 전문가, 치료자로 보았다.

지역사회개발모델의 한계점으로는 지역사회의 변화 노력을 위해 지역사회의 관련 집단 간 합의와 협력을 이끌어 내기가 쉽지 않다는 점, 지역사회의 관련집단이 성, 계급, 인종 등과 관련된 경계를 초월하는 공통의 이해관계를 가지고 있다는 가정의 현실성 문제, 실질적인 정책결정자가 사회변화를 지지할 수 없는 경우 지역사회개발을 위한 협상을 거부할 수 있는 권력구조의 문제 등이 있다.

(2) 사회계획모델

사회계획모델(social planning model)은 지역사회문제를 해결함에 있어 합리적인 측면을 강조한다. 이는 범죄문제, 주택문제, 정신건강문제와 같은 구체적인 지역사회문제를 해결하는 기술적인 과정을 강조한다. 이 모델에서는 공식적인 계획과 정책 준거틀에 대한 설계가 핵심이며, 계획이나 정책집행의 효과성과 효율성을 강조하기 때문에 과업목적에 초점을 둔다. 사회계획이란 문제해결을 위한 합리적인 계획수립과 통제된 변화다. 이 모델은 지역사회의 문제해결능력을 배양하는 것이나 사회의 근본적인 변혁에 초점을 두고 있지 않다. 계획된 변화를 추진하기 위해서는 관료조직을 움직일 수 있는 능력과 전문가가 필요하다고 본다. 사회계획은 정부나 지방자치단체 등을 중심으로 이루어진다. Sanders는 이 모델에서의 지역사회복지사의 역할을 분석가, 계획가, 조직가, 행정가 등으로 보았다.

사회계획의 과정은 문제의 확인, 사정, 목표 개발, 실행, 평가로 이루어진다. 사회복지사는 전문가로서 지역사회실천과정을 주도해 나가고, 자료를 수집·분석하여 전망하고 이에 입각하여 프로그램의 계획과 평가를 담당한다.

사회계획모델의 한계점은 계획가가 무제한의 시간과 자원을 가지고 있지 않다는 점, 계획과정의 합리성을 전제하고 있으므로 문제해결과정에 미치는 정치적 영향력을 고려하지 못하는 점 등이다.

(3) 사회행동모델

사회행동모델(social action model)은 지역사회의 억압받고 소외된 주민이 사회정의와 정치적 공평성의 입장에서 정치·경제·사회적으로 보다 나은 처우를 받을 수 있도록 해 주는 것을 목표로 하는 것으로서 지역사회에서의 권력과 자원의 재분배, 사회적 약자에 대한 의사결정의 접근성을 강화함으로써 지역사회의 변화에 초점을 둔다. 이는 지역사회의 기존제도나 상태에 대한 근본적인 변화를 추구한다. 사회행동이라는 용어는 조직적 대항, 입법을 위한 로비활동, 정치적 캠페인 등을 포함하여 지역사회의 소외계층(빈곤층, 장애인 등)에 속하는 주민이 사회정의에 입각하여 보다 많은 자원의 배분과 향상된 처우를 권리로서 요구하는 행동을 의미한다. 사회행동모델에서 참여자들은 가진 자와 그렇지 못한 자라는 두 집단으로 구성되어 있으며, 지역사회문제는 권력을 가진 소수의 사람들이 권력을 갖지 못한 다수 사람들의 권익을 침해하는 사회적 착취의 직접적인 결과라고 본다.

사회복지사는 직접 행동을 취할 수 있도록 조직화하는 조직가로서의 역할과 사회적 약자를 지지하고 옹호하는 역할을 수행한다. 사회복지사는 우선, 문제를 구체화하고 목표집단을 결정하고 목표에 대한 계획된 행동을 취하는 절차를 수행한다. Grosser는 이 모델에서 지역사회복지사의 역할을 가능자, 중재자, 옹호자, 행동가 등이라고 지적하였다.

사회행동모델의 한계점은 일부 실천가가 실천활동을 대항활동으로 제한시키고 있다는 점으로서 이러한 경향은 지역사회 관련집단을 양극화시키거나 바람직한 결과

표 11-1 Rothman의 지역사회복지실천모델

구분 \ 모델	지역사회개발모델	사회계획모델	사회행동모델
지역사회활동 목표	지역사회의 활동능력과 통합, 자조 (과정목표)	지역사회문제의 해결 (과업목표)	권력관계와 자원의 변화, 기본적인 제도 변화 (과업 및 과정목표)
지역사회구조와 문제 상황에 관한 전제	지역사회의 상실, 아노미, 관계 및 민주적 문제해결 능력의 결여, 정태적 · 전통적 지역사회	실질적인 사회문제, 정신 및 신체적 건강문제, 주택, 여가 등	사회적 고통을 당하고 있는 사람, 사회부정의, 박탈, 불평등
변화전략	문제 결정 및 해결에 다수의 사람 참여	문제에 관한 자료수집과 최적의 합리적 행동 조치 결정	이슈의 구체화와 표적대상에 대해 조치를 취할 수 있도록 주민 동원
변화전술과 기법	합의, 지역사회집단 간, 이해관계 간 상호의사소통, 집단토의	합의 또는 갈등	갈등 대결, 직접행동, 협상
사회복지사의 역할	조력자-촉매자, 조정자, 문제해결 기술과 윤리적 가치에 대한 교사	사실수집자와 분석자, 프로그램실행자, 촉진자	행동주의적 옹호자, 선동자, 중개자, 협상자, 파당
변화의 매개체	과업지향적인 소집단 활동	공식 조직과 객관적인 자료 활용	대중조직과 정치과정 활용
권력구조에 대한 지향성	협력자로서 권력구조의 구성원	고용주와 후원자로서 권력구조	활동의 외부표적으로서 권력구조, 타도되거나 강요된 압제자
수급자체계(지역)의 범위 정의	지리적 측면에서 전체 지역사회	지역사회 전체 또는 지역사회 일부	지역사회 일부
지역사회 하위부분의 이해관계에 대한 전제	공통의 이해관계 및 조정 가능한 차이	이해관계의 조정 가능 또는 갈등	쉽게 조정할 수 없는 갈등적 이해관계, 자원의 희소성
수급자 개념	시민	소비자	희생자
수급자 역할의 개념	상호작용적 문제해결과정에의 참여	소비자 혹은 수령자	고용주, 지역사회 구성원, 회원

임파워먼트의 활용	협동적이고 의사결정을 할 수 있는 지역사회능력 구축, 주민의 개인적 주인 의식 고취	소비자들의 서비스 욕구 규명, 소비자의 서비스 선택의 정보 제공	수급자체계(지역사회)를 위한 객관적 권력-지역사회 의사결정에 영향을 미치는 권리와 수단-의 획득, 참여자의 주인의식 고취

자료: 오정수, 류진석(2006). **지역사회복지론**. 학지사, p. 92.

를 달성하는 데 어려움으로 작용한다. 또한 일부 조직가와 지역사회 구성원들이 대항전략에 대해 주저할 수 있고, 대항형태의 불법성이 있을 수 있으며, 긴급상황에서 사용될 수 있어 조직가와 조직구성원이 위험에 처할 수도 있다.

3. 지역사회복지사의 역할

1) 지역사회복지의 문제해결과정

지역사회복지는 지역사회가 당면하고 있는 문제와 충족되지 않은 욕구를 발견하여 효과적인 대응책을 수립하고 이를 실천에 옮기는 과정이다. 지역사회복지는 지역사회에 존재하는 문제를 발견하여 분석하고, 문제해결을 위해 정책과 프로그램을 개발하고, 정책과 프로그램을 실시하고 평가하는 과정으로 이루어진다.

(1) 문제 발견 및 분석

지역사회 문제해결과정의 첫 단계는 지역사회의 문제를 찾아내는 일이다. 문제는 이를 해결하기 위한 방안을 수립하고 실천에 옮길 수 있도록 명확하게 규정되어야 한다. 문제를 규정하고 분석하는 데 있어 문제와 관련된 가치관에 대해 면밀히 배려해야 한다.

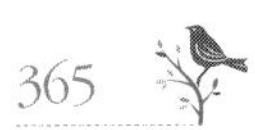

문제를 파악하는 방법으로는 답사에 의한 관찰, 주민 대상 설문조사, 주민간담회 등이 있으며, 이를 통해 지역사회의 문제와 이에 대한 주민의 인식과 문제의 심각성 등을 파악한다.

문제를 발견한 후에는 문제와 관련된 자료를 수집하고 분석해야 한다. 자료를 수집하기 위해서는 문제와 관련된 지역이나 집단의 특성을 기술한 통계자료, 실태보고서 등을 조사하고 분석해야 하며, 특정 사회문제와 관련된 사회과학이론을 활용해야 한다. 문제 발견 및 분석 과정은 사회문제에 대한 이론을 분석하고, 가치관을 검토하고, 객관적인 자료를 수집 · 분석하고, 다양한 모델과 이론을 활용하는 것으로 이루어진다.

(2) 정책 및 프로그램 개발

문제를 파악하고 분석한 후에는 이를 해결하기 위한 정책을 수립하고 정책을 실현하기 위한 프로그램을 개발해야 한다. 정책의 수립은 문제해결을 위해 취하는 조치와 프로그램의 방향을 결정하는 것이라고 할 수 있다. 정책이 수립된 후에는 정책을 실현하기 위한 구체적인 프로그램을 개발해야 한다. 프로그램의 개발은 목표를 실천하기 위한 사업들을 구체화하는 것이며, 프로그램은 의도적인 개입을 통해 개인, 집단, 사회에 대한 변화를 시도하는 것이다.

프로그램을 개발하는 데는 어떤 종류의 활동 및 서비스를 어떤 순서로, 얼마나, 어떤 전달체계를 통하여 전달할 것인지를 고려해야 한다. 또 자본, 인력, 설비, 자원의 통제권은 누구에게 있으며 어떻게 동원할 수 있는지, 자원의 활용가능성 정도, 정책목표를 달성하기 위해 필요한 변화, 자원의 분배, 새로운 자원의 개발은 어떻게 할 것인지에 대해서도 고려해야 한다.

(3) 프로그램 실시

프로그램의 실시란 정책목표를 달성하기 위해 행하는 일련의 활동을 말한다. 이러한 활동은 과정중심적 활동과 과업중심적 활동으로 나눌 수 있다.

(4) 평가

평가는 중간단계와 최종단계에서 이루어진다. 중간단계에서의 평가는 프로그램 실천과정에서 수집된 정보를 실천에 반영하여 실천방향을 수정하는 것이며, 최종단계에서의 평가는 문제해결과정이 성취한 결과를 평가하는 것이다. 이처럼 평가는 문제해결과정의 마지막 단계에서만 이루어지는 것이 아니라 문제 설정, 목표 수립, 프로그램의 개발과 실천이라는 전 과정에서 이루어지는 지속적인 활동이다. 평가는 프로그램을 통해 성취하고자 하는 목표가 어느 정도 달성되었는지, 프로그램의 효과성과 영향 등을 측정하는 것이다.

2) 지역사회복지사의 자질과 역할

지역사회복지사는 기본적으로 지역사회복지 전반에 관한 전문적인 지식, 가치, 기술과 사회적 책임감을 갖추어야 하며, 인간에 대한 가치를 인정해야 한다. 또한 3H, 즉 정열(heart), 분석력과 통찰력(head), 건강(health), 그리고 문제발견 및 분석능력, 문제해결능력 등이 요구된다.

지역사회복지사가 갖추어야 할 자질은 다음과 같다.

- 상이한 사회경제적 환경에서 주민들과 함께 일하고 이해할 수 있는 능력이 있어야 한다.
- 사회복지분야, 사회복지자원, 지방 및 국가적 수준의 사회정책에 관한 지식이 있어야 한다.
- 개별사회사업, 집단사회사업, 사회조사방법, 사회복지행정 같은 실천방법에 대한 이해가 있어야 한다.
- 지역사회조직을 실천하는 기술이 있어야 한다.
- 사회적 상호작용의 과정과 사회사업의 방법으로서 지역사회조직의 기술적인 이해가 필요하다. 즉, 목적, 기본개념, 문제의 형태, 프로그램 형태와 기능, 방법과

원리에 대한 이해가 있어야 한다.

- 지역사회복지사는 성실성, 용기, 감정적인 균형과 조정, 객관성, 자기훈련, 건전한 판단, 재치, 민감도, 융통성, 상상력, 주민에 대한 애정이 있어야 하고 타인의 인격을 존중하는 성품이 필요하다.
- 지역사회조직의 철학, 즉 개인의 가치와 존엄성을 인정해야 한다.
- 이 외에도 지역사회복지사는 사회문제와 관련된 사실을 발견하고, 욕구의 우선순위를 정하고, 사회행동을 위한 방법을 연구하는 것을 도와야 한다.

지역사회복지사의 역할은 5C로 설명되기도 한다. 5C는 상담가(counselor), 분류가(clarifier), 조정자(coordinator), 개별사회사업가(caseworker), 협력자(copartner)를 말한다. 상담가 역할은 면접을 통하여 지역주민의 문제를 파악하는 것이다. 분류가 역할은 지역사회 주민의 불평을 수용하여 문제가 어디에 있으며 어떤 과제를 해결해야 하는지를 정리하여 주민에게 문제제기를 하는 것을 말한다. 조정자 역할은 문제와 문제 간의 연결, 인간과 인간 간의 연결망을 만드는 것을 말한다. 개별사회사업가 역할은 클라이언트의 문제를 사정하고 클라이언트를 원조하는 것이다. 협력자 역할은 클라이언트와 수평적인 관계에서 문제해결에 협조하고 관여하는 것을 말한다.

4. 지역사회복지실천기술

지역사회복지실천을 위하여 사회복지사가 활용하는 기술은 지역사회복지실천모델에 따라 매우 다양하다. 실천기술은 실천모델의 목표를 달성하고 전략을 수행하기 위한 수단으로 활용된다. 대표적인 기술로는 다음과 같은 것들이 있다(오정수, 류진석, 2006).

1) 조직화기술

조직화(organizing)기술은 가장 기본적인 기술로서 지역사회 전체 또는 일부 집단을 역동적인 실체로 만들어 나가는 과정에서 활용된다. 지역사회 내에는 무력감이 있거나 구성원들 간에 갈등과 긴장이 존재하기도 한다. 조직화를 위해 가장 어려운 과제 중의 하나는 구성원과 지도자 간에 갈등이 있을 때 이들의 관계를 조율하는 일이다. 조직화를 위해서는 대인관계기술이 중요하며, 다른 사람이 말하는 것을 이해하고 중요한 쟁점을 파악하는 능력이 있어야 한다. 조직가로서의 지역사회복지사는 지역사회 구성원들의 생각을 이해하기 위해 이들을 방문하고 불평과 제안을 듣기도 하고 모임을 주선하여 생각과 관심을 나누기도 한다. 또한 사람들이 정직하고 개방적인 태도로 이야기할 수 있도록 격려하고, 대화의 내용을 이해하고 그 의미를 파악할 수 있어야 한다.

조직가로서의 지역사회복지사는 사람들이 어떤 문제에 대하여 행동을 취하도록 촉매자로서의 역할을 수행하고, 지역사회 구성원들이 그들의 문제를 해결할 수 있는 능력을 개발하도록 도움을 제공하는 교사의 역할을 수행한다. 또한 촉진자로서 정보를 제공하고 조직의 중요한 과업을 다루며, 연결자로서 지역사회와 외부사회를 연결하여 외부의 지지자들로부터 정보와 지식을 얻어 낸다.

2) 연계기술

연계(network linkages)기술은 지역사회 내 사람들 간의 관계를 강화함으로써 사회적 연계망을 형성하는 기술이다. 사회적 연계망은 개인들 간의 접촉통로로서 이웃, 교회, 친목단체, 동료 등 다양한 조직과 관련되어 있다. 사회복지사의 지역사회복지 활동을 지원하는 연계망은 조직화기술의 결과로서 나타난다. 조직화의 중요한 과제는 기존에 존재하는 사회적 연계망을 발견하고 이에 추가하여 사회적 지지를 위한 공동체를 만들어 가는 것이다. 그렇게 함으로써 사람들은 서로를 원조할 수 있는 이웃

이 함께하고 있음을 발견하게 되며, 이것이 지역사회와 사회적 변화활동에 대한 참여를 촉진하게 된다.

3) 옹호/대변기술

옹호/대변(advocacy)기술은 지역사회의 클라이언트가 정당한 처우나 서비스를 받지 못하는 경우에 활용되며, 표적집단에 대하여 강력한 영향력을 행사하는 것을 포함한다. 옹호자로서의 지역사회복지사는 클라이언트의 이익을 위하여 대변인으로서 활동한다. 옹호기술은 기대하는 변화를 달성하기 위하여 표적집단과의 갈등이나 대결을 결의하기도 한다. 갈등이나 대결을 결의하는 옹호기술의 활용과정에서는 지역사회복지사의 훈련된 자아를 사용할 것이 요구된다. 옹호기술을 사용하는 과정은 옹호활동의 계획, 문제의 정의, 목표 설정, 표적 설정, 옹호를 위한 재가 획득, 개입수준 결정, 개입전략의 실행, 결과에 대한 평가 등으로 이루어진다.

4) 자원개발/동원기술

자원개발/동원기술은 지역사회 내의 문제를 해결함에 있어 기존의 자원으로는 불충분한 경우에 사용된다. 자원동원기술로는 기존의 집단이나 조직을 활용하는 방법, 다수의 개인의 직접적인 참여를 촉진하는 방법, 개인으로 구성된 사회적 연계망을 활용하는 방법 등이 있다.

기존의 집단이나 조직을 활용하는 방법은 자원동원을 위한 가장 신속한 방법으로서 지역사회 내 조직체를 대상으로 그 조직체의 지도자로 하여금 구성원들이 특정한 사회적 쟁점을 위한 활동에 참여하도록 요청함으로써 이루어진다. 개인의 직접적인 참여를 통한 자원동원기술은 개인과의 직접적인 접촉을 통하여 이루어진다. 이러한 기술의 핵심은 개인으로 하여금 필요한 활동에 참여하도록 설득하는 것이다. 사회적 연계망을 활용하는 방법은 직장이나 혈연관계, 사회적 활동 등을 통하여 이미 알고 있는 사람들의 연대를 활용하는 것이다. 사람들은 자신이 속해 있는 연계망의 구성원들이 관여하는 문제에 대해 행동을 취할 가능성이 높다. 조직가로서의 지역사회복지사는 사회적 연계망의 지도자를 통하여 지역사회활동에 대한 참여를 촉진하는 메시지를 전달하고 구성원들 간의 상호 영향력을 통하여 자원동원이 이루어지도록 한다.

5) 역량강화기술

역량강화(empowerment)기술은 현상을 타파할 수 있는 개인의 능력에 관한 개인의 신념을 향상시키는 개인적 역량강화와 지역사회의 공동목표를 달성하기 위하여 지역사회의 능력을 향상시키는 집합적 역량강화에 활용된다.

개인적 역량강화과정에서 해야 할 일은 우선 개인의 의식을 향상시키는 것이다. 의식의 향상은 지역사회문제의 희생자라는 공통된 인식에서 출발하여 억압적 경험을 나누는 것을 통해 이루어지며, 개인이 경험하는 문제가 개인적 차원이 아닌 사회적 차원의 것으로서 자신이 문제의 원인이 아니라는 것을 인식하면서 이루어진다. 이러한 의식의 향상은 개인적 무력감을 제거하고 집합적 행동으로 나가는 출발점이 된다. 그다음 단계는 자기주장으로서 공적인 형태로 자기주장을 하며, 조직가로서의 지역사회복지사는 개인의 자기주장을 격려하고 그들의 목소리를 발견하도록 도와준다. 그다음 단계는 개인의 쟁점이 공공의 의제가 되게 하고, 데모나 캠페인을 통하여 쟁점을 사람들에게 알리는 것이다. 이러한 자기주장과 의제 형성을 통해 사람들은 보다 강화된 권한을 행사할 수 있게 된다.

집합적 역량강화는 지역사회 구성원 간에 대한 책임을 인식하고, 그렇게 함으로써 미래의 행동을 위한 자원으로서 사회적 자산을 만들어 나가는 과정을 중요시한다. 다수의 참여를 통한 집합적 행동과 과업의 수행을 통해 지역사회 전체와 구성원 간에 책임을 가진 존재라는 것을 이해하게 되고, 구성원들이 능력에 대한 자신감을 갖게 되며, 새로운 기술을 발전시키고 지역사회의 능력에 대한 확신을 얻게 된다. 지역사회의 공동활동은 지역사회의 사회적 자산을 확대시키고, 미래의 지역사회의 과제수

행과 향상을 가능하게 한다.

6) 계획과 프로그램기술

계획과 프로그램기술은 사회적 서비스를 생산하는 지역사회복지조직이 지역사회가 필요로 하는 재화와 서비스를 제공하는 활동과 관련되어 있다. 지역사회복지기관이 제공하는 사회적 서비스에는 아동, 노인, 장애인 등을 위한 사회복지서비스, 지역사회 주민을 위한 보건, 교육, 주택서비스 등이 포함된다. 지역사회계획과 프로그램기술은 지역사회문제와 주민의 욕구에 대한 분석기술, 문제해결과 욕구충족을 위한 다양한 대안의 모색, 선택된 대안으로서 프로젝트와 프로그램의 단계별 실행기술, 프로젝트와 프로그램의 관리와 평가를 위한 기술로 구성된다. 또 프로젝트와 프로그램의 재정조달을 위한 준비로서 제안서 작성기술이 요구된다.

5. 지역사회복지기관

1) 사회복지관

사회복지관은 지역사회 내에서 시설과 전문인력을 갖추고 지역사회자원을 동원하여 지역사회문제를 예방·해결하고 주민의 복지욕구를 충족시키기 위한 종합적인 사회복지사업을 수행하고, 지역사회 주민의 연대감을 조성하는 매체로서 주민의 복지증진을 위한 종합복지센터의 역할을 수행하는 사회복지기관이다. 우리나라에서는 1983년부터 저소득층 밀집지역을 중심으로 포괄적인 지역사회복지서비스를 제공함으로써 노인, 장애인, 아동, 저소득층 등 취약계층의 복지문제를 예방하고 해결하기 위하여 사회복지관을 설치·운영하기 시작하였다. 사회복지관을 운영주체별로 구분하면 사회복지법인이 가장 많고, 그다음은 비영리법인, 지자체, 기타(학교법인, 의료법인) 순이다.

사회복지관 운영규정에 의하면 사회복지관은 사회복지서비스 욕구를 가지고 있는 모든 지역사회 주민을 대상으로 보호서비스의 제공, 자립능력 배양을 위한 교육훈련의 기회 제공 등 그들이 필요로 하는 복지서비스를 제공하고, 가정기능 강화 및 주민 상호 간의 연대감 조성을 통하여 각종 지역사회복지센터의 역할을 수행하는 것을 목표로 한다.

사회복지관의 주요 기능은 지역사회 실태와 지역사회 주민의 복지욕구 파악 및 평가, 주민의 성장과 발전, 자립을 돕기 위한 종합적인 사회복지서비스 제공, 지역사회 주민 및 유관기관과 단체 상호 간의 지역공동체의식을 고취하여 지역사회 통합 도모, 자원봉사자와 후원자를 적극적으로 개발·활용하는 등 지역사회 내 민간자원의 발굴과 활용, 저소득층 주민들의 생활향상을 위한 정보 보급, 지식과 교양 증대, 자립의욕 고취를 위한 동기 조성 등을 위한 사회교육 실시 등이다.

우리나라 사회복지관의 역사를 보면 미국의 선교사인 Knowles가 1906년에 최초로 원산에 반열방이라는 인보관을 설치하여 여성을 위한 계몽사업을 시작하였으며, 그 후 미국감리교 선교부가 서울에 태화여자관을 설립하였다. 조선총독부는 1930년대에 서울 각지에 인보관을 설치하여 직업보도, 구호사업 등을 실시하였다. 해방 이후에는 1950년대에 이화여자대학교가 외원기관의 원조로 사회관을 설치하여 지역주민을 위한 복지서비스 제공과 학생 실습장소로 활용하였다. 1970년대까지 초기의 사회복지관사업은 외원단체와 민간기관이 중심이 되어 빈곤층과 소외계층을 위한 치료적 사업을 중심으로 이루어졌다. 1980년대에는 사회복지관사업이 양적·질적으로 확대기를 맞이하였다. 1988년부터 「주택건설촉진법」에 따라 저소득층을 위한 영구임대주택을 건설하면서 의무적으로 사회복지관을 건립하도록 하였고, 사회복지관 건립·운영국고보조지침이 마련되었다. 1990년대 이후에는 사회복지관에 대한 평가를 실시하여 정부의 차등지원이 이루어지고 있다.

사회복지관은 지역사회의 특성과 지역주민들의 복지욕구에 대한 조사결과를 바탕으로 사업내용을 자율적으로 결정할 수 있으며, 단위사업 중에서 해당 사회복지관의

표 11-2 사회복지관의 사업

기능	사업분야	사업내용
사례 관리 기능	사례발굴	지역 내 보호가 필요한 대상자 및 위기개입 대상자를 발굴하여 개입계획 수립
	사례개입	지역 내 보호가 필요한 대상자 및 위기개입 대상자의 문제와 욕구에 대한 맞춤형 서비스가 제공될 수 있도록 사례개입
	서비스 연계	사례개입에 필요한 지역 내 민간 및 공공의 가용자원과 서비스에 대한 정보 제공 및 연계, 의뢰
서비스 제공 기능	가족기능 강화	1. 가족관계증진사업: 가족원 간의 의사소통을 원활히 하고 각자의 역할을 수행함으로써 이상적인 가족관계를 유지함과 동시에 가족의 능력을 개발·강화하는 사업 2. 가족기능보완사업: 사회구조 변화로 부족한 가족기능, 특히 부모의 역할을 보완하기 위하여 주로 아동·청소년을 대상으로 실시되는 사업 3. 가정문제해결·치료사업: 문제가 발생한 가족에 대한 진단·치료·사회복귀지원사업 4. 부양가족지원사업: 보호대상 가족을 돌보는 가족원의 부양부담을 줄여 주고 관련정보를 공유하는 등 부양가족 대상 지원사업 5. 다문화가족, 북한이탈주민 등 지역 내 이용자 특성을 반영한 사업
	지역사회 보호	1. 급식서비스: 지역사회에 거주하는 요보호노인이나 결식아동 등을 위한 식사제공서비스 2. 보건의료서비스: 노인, 장애인, 저소득층 등 재가복지 사업대상자들을 위한 보건·의료관련서비스 3. 경제적 지원: 경제적으로 어려운 지역사회 주민들을 대상으로 생활에 필요한 현금 및 물품 등을 지원하는 사업 4. 일상생활 지원: 독립적인 생활능력이 떨어지는 요보호대상자들이 시설이 아닌 지역사회에 거주하기 위해서 필요한 기초적인 일상생활지원서비스 5. 정서서비스: 지역사회에 거주하는 독거노인이나 소년소녀가장 등 부양가족이 없는 요보호대상자들을 위한 비물질적인 지원서비스 6. 일시보호서비스: 독립적인 생활이 불가능한 노인이나 장애인 또는 일시적인 보호가 필요한 실직자·노숙자 등을 위한 보호서비스

서비스 제공 기능		7. 재가복지봉사서비스: 가정에서 보호를 요하는 장애인, 노인, 소년소녀가정, 한부모가족 등 가족기능이 취약한 저소득 소외계층과 국가유공자, 지역사회 내에서 재가복지봉사서비스를 원하는 사람에게 다양한 서비스 제공
	교육문화	1. 아동·청소년 사회교육: 주거환경이 열악하여 가정에서 학습하기 곤란하거나 경제적 이유 등으로 학원 등 다른 기관의 활용이 어려운 아동·청소년에게 필요한 경우 학습내용 등에 대하여 지도하거나 각종 기능교육 2. 성인기능교실: 기능습득을 목적으로 하는 성인사회교육사업 3. 노인 여가·문화: 노인을 대상으로 제공되는 각종 사회교육 및 취미교실 운영사업 4. 문화복지사업: 일반주민을 위한 여가·오락프로그램, 문화 소외집단을 위한 문화프로그램, 그 밖에 각종 지역 문화행사사업
	자활 지원 등 기타	1. 직업기능훈련: 저소득층의 자립능력 배양과 가계소득에 기여할 수 있는 기능훈련을 실시하여 창업 또는 취업을 지원하는 사업 2. 취업알선: 직업훈련 이수자, 기타 취업희망자들을 대상으로 취업에 관한 정보제공 및 알선사업 3. 직업능력개발: 근로의욕 및 동기나 낮은 주민의 취업욕구 증대와 재취업을 위한 심리·사회적인 지원프로그램 실시사업 4. 그 밖의 특화사업
지역 조직화 기능	복지 네트워크 구축	지역 내 복지기관·시설들과 네트워크를 구축함으로써 복지서비스 공급의 효율성을 제고하고, 사회복지관이 지역복지의 중심으로서의 역할을 강화하는 사업 -지역사회연계사업, 지역욕구조사, 실습지도
	주민 조직화	주민이 지역사회문제에 스스로 참여하고 공동체의식을 갖도록 주민 조직의 육성을 지원하고, 이러한 주민협력강화에 필요한 주민의식을 높이기 위한 교육을 실시하는 사업 -주민복지증진사업, 주민조직화사업, 주민교육
	자원 개발 및 관리	지역주민의 다양한 욕구 충족 및 문제해결을 위해 필요한 인력, 재원 등을 발굴하여 연계 및 지원하는 사업 -자원봉사자 개발·관리, 후원자 개발·관리

실정에 적합한 프로그램을 선정하여 수행한다. 국민기초생활보장 수급자 등 우선사업대상자들을 위해 우선사업으로 지정된 프로그램 중에서 분야별로 1개 이상을 포함한 8개 이상을 선정하여 수행해야 한다. 관할 시장 · 군수 · 구청장이 지역적 특성을 감안하여 특히 필요하다고 인정한 때는 사업분야 및 단위사업을 조정하거나 별도의 사업을 개발 · 추진할 수 있다.

2) 재가복지봉사센터

재가복지봉사센터는 사회복지관과 함께 지역사회 내의 대표적인 직접적 서비스 실천기관이다. 시대적 변화에 따라 생활시설에 대한 수요가 감소하고 상대적으로 재가복지에 대한 수요는 증가하고 있다. 특히 고령화사회가 됨에 따라 재가노인을 위한 다양한 서비스 제공이 필요하며, 장애인의 증가에 따라 재가장애인을 위한 서비스 수요가 증대되고 있다.

우리나라에서 재가복지는 노인복지와 장애인복지의 민간분야에서 처음으로 시행되었다. 노인복지분야에서는 1980년대 초에 한국노인복지회에서 노인결연사업, 상담사업 등을 추진해 오다가 가정봉사원파견사업으로 확대 실시해 왔다. 장애인복지분야에서는 1980년대에 장애인재활협회, 서울장애인종합복지관 등을 중심으로 지역사회중심재활사업이 실시되었고 재가복지서비스 형태로 장애인 가정방문을 통한 상담, 진단, 치료, 교육 등이 시행되었다. 재가복지는 1990년대에 들어서 정부의 지원을 받아서 종합적인 프로그램으로 발전하게 되었다.

재가복지봉사센터는 가족부양기능이 취약한 계층을 대상으로 재가복지서비스를 제공하고 장애인, 노인, 소년소녀가정, 모자가정 등 요보호대상자들에게 가사 원조, 간병, 정서적 지원, 결연 등 각종 사회복지서비스를 제공하기 위해 1992년부터 설치 · 운영되고 있다. 재가복지봉사센터는 기존의 사회복지관, 장애인복지관, 노인복지관 등에 전담인력과 장비 등 사업비를 추가로 지원하여 복지관 부설형태로 설치 · 운영되고 있다.

재가복지봉사센터의 운영과 관련된 보건복지부 지침에 의하면, 재가복지봉사센터라 함은 지역사회에서 시설과 전문인력과 자원봉사자를 갖추고 필요한 재가복지서비스를 제공하는 사회복지시설을 말한다. 또 이 지침에서는 가정에서 보호를 요하는 장애인, 노인, 소년소녀가장, 한부모가정 등 가족기능이 취약한 저소득 소외계층과 국가유공자, 지역사회 안에서 재가복지서비스를 원하는 사람에게 가사, 간병, 정서, 의료, 결연 등의 서비스를 제공한다고 규정하고 있다. 재가복지봉사센터의 주요 사업은 자원봉사자를 모집, 교육하여 가정에서 보호를 필요로 하는 장애인, 노인, 아동, 저소득층 가정을 직접 방문하여 간병, 진료, 급식, 정서적 지원, 가사보조 등 일상생활에 필요한 각종 서비스를 제공하거나, 지역사회 내의 후원자를 개발하여 결연, 경제적 지원 등을 하는 것이다.

시설별 사업내용을 살펴보면 사회복지관에서는 저소득층 가정에 대한 종합적인 재가복지서비스를 제공하고, 장애인복지관에서는 장애인에 대한 순회재활서비스를 제공하고 있다. 노인복지관에서는 독거노인, 거동불편 노인 등에 대해 재가복지서비스를 제공하며, 한국사회복지관협회와 시 · 도 사회복지협의회에서는 재가복지를 위한 자원봉사자 양성과 공급을 하고 있다.

재가복지봉사센터는 공공행정기관, 민간복지기관, 자원봉사자, 보호대상자와 밀접한 연계체계를 맺고 있다.

- 행정기관과의 관계: 재가복지봉사센터는 일선 서비스기관으로서 상급기관인 시 · 군 · 구의 지도 · 감독을 받고, 인접한 읍 · 면 · 동 보건소(보건지소) 등으로부터 지원을 받는다.
- 타 복지기관과의 관계: 의료기관, 사회복지시설, 사회복지관, 학교, 기업체, 종교단체, 각종 민간단체와 협조체계를 유지한다.
- 자원봉사자와의 관계: 지역사회 주민을 대상으로 자원봉사자를 모집하고 교육, 훈련, 배치하며, 이들로부터 재정적인 지원을 받기도 한다.
- 보호대상자와의 관계: 지역사회 내에 가족기능이 취약하여 재가복지서비스를

필요로 하는 노인, 장애인, 저소득가정, 소년소녀가정을 방문하여 상담, 가사, 간병, 정서적 서비스 등을 제공한다.
- 한국사회복지관협회와의 관계: 한국사회복지관협회는 재가복지봉사센터가 부설된 사회복지관의 중앙협의기구로서 재가복지사업의 효율적 수행을 위한 자원봉사자 교육과 재가복지전담요원 교육, 자원봉사와 재가복지실천교재 발간, 홍보와 사업 평가 등을 실시한다.

재가복지봉사센터는 다음과 같은 역할을 수행한다.

- 조사 · 진단 역할: 재가복지서비스 대상자 가정의 욕구조사와 문제의 진단 등을 통해 필요한 서비스의 종류를 선정한다.
- 서비스 제공 역할: 재가복지서비스 대상별 측정된 욕구와 문제의 진단내용에 따라 직접 및 간접적 서비스를 제공한다.
- 지역사회자원 동원 및 활용 역할: 재가복지서비스의 내실화 및 대상자가정의 욕구와 문제해결을 위해 지역사회의 인적 · 물적 자원을 동원하고 활용한다.
- 사업평가 역할: 재가복지서비스사업을 평가하기 위하여 서비스기능, 분야별 효과, 자원 동원과 활용효과 등에 관해 자체 평가하고 그 결과가 사업에 활용되도록 한다.
- 교육기관 역할: 자원봉사자와 지역사회 주민에게 재가복지서비스사업, 사회복지사업과 취미, 교양 등에 관한 교육을 제공한다.
- 지역사회 연대의식 고취 역할: 지역사회 안의 인적 · 물적 자원의 연계를 통한 계층 간 연대감을 고취시킨다.

구체적인 재가복지서비스의 내용은 다음과 같다.

- 가사서비스: 청소, 식사 준비, 세탁 등

- 간병서비스: 안마, 병간호, 병원 안내 및 동행, 통원 시 차량 지원, 병원수속 대행, 보건소 안내, 약품 구입, 체온 측정, 신체운동, 집안 소독 등
- 정서적 서비스: 말벗, 상담, 학업지도, 책 읽어 주기, 여가지도, 취미활동 제공, 행정업무 등
- 결연서비스: 생활용품 및 용돈 등 재정적 지원 알선, 의부모 · 의형제 맺어 주기 등
- 의료서비스: 지역 의료기관, 보건기관과의 연계 및 결연을 통한 방문진료
- 자립지원서비스: 탁아, 직업보도, 기능훈련, 취업알선 등 자립능력을 배양할 수 있는 내용의 서비스
- 주민교육서비스: 보호대상자의 가족, 이웃, 친지 등을 포함한 지역주민을 위한 재가보호서비스 요령 및 방법 교육
- 기타 사회복지관 내 시설을 활용한 서비스 등

3) 지역사회복지협의회

지역사회복지협의회에는 중앙에 한국사회복지협의회와 시 · 도 단위에 지방사회복지협의회가 있다. 한국사회복지협의회는 1952년에 한국사회사업연합회라는 명칭으로 최초로 설립되었다. 그 후 1961년에 사단법인 한국사회복지사업연합회로 명칭을 변경하였고, 1970년에 사회복지법인 한국사회복지협의회로 변경하였으며, 1983년에 「사회복지사업법」 개정과 함께 법정단체로 규정되었다. 광역단체사회복지협의회는 1984년부터 설립되어 현재는 16개 시 · 도에 조직이 있다. 광역단체사회복지협의회는 그동안 한국사회복지협의회의 정관에 의거하여 조직되어 활동하다가 1998년 「사회복지사업법」 개정과 함께 사회복지법인으로 인정됨에 따라 한국사회복지협의회의 지원 없이 지방사회복지협의회로 독립하여 운영하는 체제로 바뀌었다.

시 · 군 · 구사회복지협의회(이하 지역사회복지협의회)는 1995년에 원주시 사회복지협의회가 가장 먼저 조직되었다. 그 후 지역사회복지협의회의 조직이 증가하여 현재는 전국의 대부분의 지역에서 조직되었다. 2003년 7월에 개정된 「사회복지사업법」에

따라 시 · 군 · 구사회복지협의회는 사회복지법인으로서 법적 근거를 마련하여 사회복지기관 간의 교류협력뿐 아니라 푸드뱅크(food bank) 등 주민밀착형 사업을 수행하고 있다.

사회복지협의회는 지역사회의 사회복지서비스기관들의 효과적인 서비스 제공을 위하여 상호연락, 협의, 조정하고, 지역사회복지에 관한 계획을 수립하며, 주민의 참여를 유도하고 자원을 동원하는 중간조직의 성격을 가진다. 지역사회복지협의회는 지역사회복지의 대표적인 협의조정기관이며, 지역주민에 대한 복지서비스 제공뿐 아니라 지역사회 내의 다양한 사회복지기관의 욕구를 달성하고 기능을 강화하기 위하여 정보를 제공하고 서비스를 조정하는 역할을 수행하는 민간의 자주적인 조직이다. 지역사회복지협의회는 주민의 조직화와 지역사회복지의 활성화를 위해 지역사회복지기관과의 상호연락 및 조정, 협의기능을 수행하고 있다.

지역사회복지협의회의 주요 원칙은 다음과 같다.

- 주민욕구 중심의 원칙: 지역사회복지협의회는 지역주민의 생활실태와 복지욕구를 파악하도록 노력하고, 그 욕구를 충족하기 위한 활동을 수행해야 한다. 현재의 욕구수준뿐만 아니라 앞으로 발생하게 될 잠재적 욕구에 대해서도 관심을 가져야 한다.
- 주민참여의 원칙: 지역사회복지협의회는 지역주민이 사회복지활동에 주체적으로 참여할 수 있도록 사회복지에 대한 관심을 높이고, 개방된 조직구조와 민주적 과정을 통하여 합의를 형성해 나가야 한다. 또한 실제적인 주민참여를 활성화하기 위해 적극적인 자원봉사활동을 유도해야 한다.
- 전문성의 원칙: 지역사회복지협의회는 지역사회복지의 추진조직으로서 지역사회복지계획의 수립, 평가, 조직화, 조사 및 교육, 홍보 등과 관련하여 전문성을 발휘하는 활동을 수행해야 한다.
- 민간 비영리성의 원칙: 지역사회복지협의회는 공공적 성격을 지닌 민간단체로서의 특성을 살려서 지역사회문제의 해결, 클라이언트의 옹호활동, 주민의 복지

욕구, 지역사회의 복지과제에 적극적으로 대응해야 한다.

- 민 · 관 협력의 원칙: 지역사회복지협의회는 민 · 관의 사회복지관련 조직, 지역사회 주민 등과의 협력과 역할분담을 통해 지역사회복지를 계획적이고 종합적으로 수행해야 한다. 민간복지의 협의조정기관으로서 공공부문과의 협력, 감시, 견제와 건설적 비판을 통하여 지역사회복지 증진을 추구해야 한다.
- 지역특성 존중의 원칙: 지역사회복지협의회의 조직과 구조는 지역사정에 따라 결정되어야 하며, 지역특성에 적절한 사업내용과 방법을 구사해야 한다.

지역사회복지협의회의 기능은 다음과 같다.

- 조사연구기능으로서 사회복지관련 기초자료를 수집하고 사실을 발견한다.
- 사회복지기관들의 회의를 통해 활동에 대한 계획, 프로그램을 개발, 교환하고 협력할 수 있도록 조정한다.
- 지역사회복지를 위한 중추적인 센터의 역할을 수행한다.
- 사회복지에 관한 공동계획을 수립하고 홍보활동을 한다.
- 공통의 복지업무를 수행함으로써 조정적인 역할을 한다. 사회복지에 관한 필요한 정보나 위탁서비스, 자원봉사자의 관리, 사회서비스의 교환 등이 그 예다.
- 사회복지기관이 수행하는 업무의 질적 수준을 높이도록 집단적 · 개별적으로 원조해 주는 역할을 한다.
- 공청회 개최, 기관 명부 발간 등 정보 제공, 교육 및 홍보활동을 한다.
- 사회복지분야의 재정상태를 개선하기 위한 활동을 수행한다. 효율적인 예산편성을 하도록 자문하거나 소득사업, 보조금, 차관 등을 알선해 준다.
- 공공의 이슈에 대한 입장을 제시하거나 특수계층의 복지에 관한 입법대안을 제시한다.

4) 사회복지공동모금회

사회복지공동모금회는 사회복지사업 및 기타 사회복지활동을 지원하기 위하여 국민의 자발적 성금으로 모금된 재원을 효율적으로 관리·운용함으로써 사회복지 증진에 이바지하기 위해 「사회복지공동모금회법」에 의하여 설립된 민간 비영리조직이다. 우리나라의 공동모금은 1970년 제정된 「사회복지사업법」에 근거하여 1970년대 초에 수년간 운영되었으나 사회경제적 여건의 미비로 중단되었다. 1980년대부터는 「사회복지사업기금법」에 의하여 정부 주도로 모금과 배분을 시행해 왔다. 민간에 의한 자율적 모금의 필요성이 증대하여 1997년 「사회복지공동모금법」이 제정되고 1998년부터 시행되면서 정부에서 주관하던 이웃돕기모금사업이 민간단체로 이관되고 전국공동모금회와 16개 지역공동모금회가 설립되어 활동을 시작하였다. 「사회복지공동모금법」은 1999년에 「사회복지공동모금회법」으로 개정되어 지원대상사업의 적용범위가 사회복지사업 및 기타 사회복지활동으로 확대되고, 개별 독립법인이던 지역공동모금회가 공동모금회 지회로 전환되었다.

사회복지공동모금회의 출범은 오랜 기간 동안 비정상적으로 운영되어 온 민간사회복지 자원동원을 정상적인 상태로 올려놓았다는 의의를 가진다. 이는 공공 사회복지부문의 제한된 서비스 공급기능을 보완하고, 민간부문의 자원개발과 서비스 공급확대에 기여한다는 데 의미가 있다. 사회복지공동모금회의 기능은 민간자원의 동원을 통하여 사회복지의 향상에 기여하는 것이다. 사회복지에 대한 일반국민의 참여와 공동체의식이 약한 우리나라의 경우에는 공동모금회의 역할이 매우 중요하다.

사회복지공동모금의 특성은 봉사활동으로서의 민간운동, 지역사회중심, 효율성과 일원화, 공표, 전국적 협조 등이다.

첫째, 민간복지부문의 역할이 증대하고 있는 실정에서 재정적 어려움을 겪고 있는 민간복지조직을 유지·발전시키기 위해서는 사회연대, 상부상조정신을 바탕으로 하는 지역주민의 자발적인 봉사활동으로 전개되는 적극적인 민간활동이 필요하며, 사회복지공동모금은 이러한 민간봉사활동이다.

둘째, 지역사회복지사업은 민간의 자발적인 노력과 상부상조정신에 의해 지역사회를 기반으로 하여 자율적으로 이루어져야 하며, 공동모금 또한 지역사회중심적이다. 지역특성에 맞는 복지증진을 모색하기 위해서는 지역주민을 동원하여 지역사회문제에 대하여 적극적으로 해결할 수 있도록 해야 한다.

셋째, 각각의 사회복지기관이 개별적으로 모금하는 경우에는 여러 가지 낭비와 불편함이 있다. 공동모금을 통하여 일원화함으로써 모금활동에 소요되는 시간, 노력, 비용 등을 절약하고 효율성을 제고할 수 있다.

넷째, 공동모금의 목표액과 배분계획 등을 수립하여 공표함으로써 공동모금에 대한 이해와 관심을 제고시킬 수 있다.

다섯째, 전국적으로 동시에 공동모금을 전개하여 모금이 전국적 활동이라는 것을 부각시키고 상부상조의식을 갖게 함으로써 사회적 연대감을 고취시킬 수 있다.

사회복지공동모금회의 주요 사업은 다음과 같다.

(1) 모금사업

모금사업은 연말연시 집중모금과 연중모금으로 구분된다. 희망 이웃돕기캠페인을 통한 연말연시 집중모금(매년 12월 1일~다음 해 1월 31일)은 방송, 신문, ARS, 지로, 사랑의 계좌모금 등을 통해 실시되고 있다. 연중모금은 기업모금, 직장모금, 인터넷모금, 사랑의 계좌모금 등 다양한 방법을 통하여 이루어진다.

사회복지공동모금회의 모금액은 매년 지속적으로 증가하고 있으며, 전체 민간모금총액에서 차지하는 비중도 크게 증가하여 민간모금기관 총액의 절반을 넘는다.

선진국에서는 개인모금이 많은 비중을 차지하는 데 비하여 우리나라에서는 대기업의 기부액이 큰 비중을 차지하고 있고 개인기부금이 차지하는 비중은 낮은 수준이다. 이는 자발적인 기부문화가 발달하지 못하였기 때문이다. 따라서 지속적인 홍보와 교육을 통하여 기부문화를 확산하고 국민의 자발적인 참여를 유도하는 것이 필요하다. 모금사업이 모든 민간사회복지활동을 위해 수행되는 활동이라는 인식을 제고시키고, 새로운 모금방법과 모금시장을 개발해 나가야 한다.

(2) 배분사업

배분사업의 핵심은 배분원칙의 공정성과 배분기준의 합리성, 배분의 효과성을 달성할 수 있는 제도를 발전시키는 것이다. 배분사업은 신청사업, 기획사업, 지정기탁사업, 긴급지원사업으로 구분된다.

신청사업은 지역사회의 개별 사회복지기관이나 시설에서 공동모금회의 공고에 따라 자유주체 공모형태로 신청하여 사업계획서를 심사한 후 지원하는 사업이며 지회를 중심으로 사업이 이루어진다. 기획사업에는 제안기획사업과 테마기획사업이 있다. 제안기획사업은 사회복지프로그램의 제도화 또는 모델화를 목적으로 사회복지현장의 제안에 의하여 수시로 신청하는 사업이며, 테마기획사업은 공동모금회의 기획주제에 따라 지원사업 주체, 사업규모 및 대상, 신청 및 지원절차 등을 사업의 성격에 따라 별도로 지정하는 사업이다. 지정기탁사업은 기부자의 기부의도에 따라 사업영역이나 사업의 기관, 시설을 지정하는 사업이다. 긴급지원사업은 재난 등의 위급상황에 처하여 긴급구호 등 시급하게 지원이 이루어져야 할 이웃들에게 배분하는 사업으로서 재난재해구호사업과 개인긴급지원사업이 있다. 긴급지원의 경우 개인신청은 받지 않고 사회복지기관이나 사회복지전담공무원 등 공공기관을 통하여 신청하도록 되어 있다. 사업비는 지역복지사업, 아동・청소년복지사업, 노인복지사업, 장애인복지사업, 북한・해외 및 기타사업, 여성・가족복지사업에 배분한다.

배분사업의 분야는 프로그램과 기능보강 및 운영으로 구분된다. 따라서 각각의 신청사업, 기획사업, 지정기탁사업, 긴급지원사업은 프로그램분야와 기능보강 및 운영분야로 나뉜다. 배분과정은 배분 공고, 배분신청서 접수와 심사, 배분 통보, 사업 실행, 사업결과보고서 제출, 평가의 순으로 이루어진다.

제 12 장

정신건강사회복지와 의료사회복지

1. 정신건강사회복지

1) 정신건강사회복지의 정의와 기능

정신건강사회복지는 정신적 · 정서적 질환으로 전문적인 도움을 필요로 하는 자의 심리사회적 문제를 집중적으로 다루는 치료 및 예방사업의 일부로서 사회복지방법의 이론과 기술로 환자의 목적인 건강회복, 사회적응, 인간관계문제 등을 잘 처리할 수 있도록 정신보건기관에서 실시하는 사회복지서비스다. 이는 정신장애를 가진 사람들이 환경에 잘 적응할 수 있도록 인간과 환경의 관계에 개입하는 활동이다. 한국정신의료사회사업학회에서는 정신건강사회복지를 정서적 · 정신적 어려움을 가진 클라이언트와 그 가족을 대상으로 정신과 병의원, 정신건강 상담 및 재활기관 등에서 전문 사회사업적 지식과 기술을 활용하여 정신보건 및 건강의 타 전문직과 협력적 관계에서 손상된 심리사회적 기능의 회복과 정신건강 회복 및 정신건강 향상을 돕는 치료, 재활 및 예방을 목적으로 하는 실천활동이라고 정의하였다.

정신건강분야에서 다루는 질환은 대체로 만성질환이 많기 때문에 병원에서 환자의 증상을 완화시키는 것뿐 아니라 환자가 성공적으로 사회에 적응할 수 있도록 지속적으로 원조하는 것이 필요하다. 따라서 만성정신질환자들의 욕구를 충족시키고 사회복귀를 성공적으로 이루기 위해서는 이론적 지식을 갖고서 가정과 지역사회를 배경으로 중요한 역할을 수행할 수 있는 정신보건사회복지의 중요성이 더욱 증가하고 있다. 정신건강사회복지는 치료기관에서의 정신질환에 관한 지식을 사회복지과정에 적용시킬 수 있는 치료능력을 보유한 사람이 실시하는 것으로서 정신의학적 치료에 관련된 전문적인 사람들, 즉 정신과 의사와 간호사, 심리학자, 작업치료사 등의 치료팀 활동의 일부분으로 병원이나 진료소, 기타 정신과 관련기관에서 실시되는 것이다.

정신건강사회복지의 목적은 정신적 · 정서적 장애로 고통받는 사람들의 건강회복과 동시에 문제발생을 예방하여 국민정신건강을 증진시키는 것이며, 그 대상은 정신적 · 정서적 장애가 있는 환자와 그 가족들이다. 실시장소는 병원이나 진료소, 정신의료기관, 나아가서는 지역사회다. 주요 기능은 환자의 질병에 영향을 준 가정 및 사회환경 등에 대한 평가 및 진단, 치료계획 수립에의 참여, 개별상담, 집단상담, 가족상담을 통한 치료, 퇴원 후 추후치료, 재활 및 지역사회와의 관계성 유지 등이다.

오늘날 의료기관의 상황 속에서 정신과 의사가 환자를 전인적으로 진료할 수 없는 경우가 많아지고 있다. 의료수요가 급증하고 의사 1인당 환자를 진료할 수 있는 시간이 부족하여 환자를 전인적으로 이해할 수 없는 경우가 많아지고 있다. 정신건강사회복지사는 다른 전문직들과 함께 정신과 의사가 담당하고 있는 역할과 책임을 분담하여 수행하므로 그 중요성이 증가하고 있다.

정신건강사회복지의 기능으로는 다음과 같은 것들이 있다.

- 환자로 하여금 건설적인 방법으로 자신의 사회환경을 이용하도록 개별적인 상담을 통하여 돕는다.
- 가족들로 하여금 환자에게 고용, 주택, 재정적 지원 및 보호를 제공할 수 있는지에 대해 알 수 있도록 개별적인 상담을 통하여 돕는다.
- 환자 자신과 그의 가족구성원들에 대한 의도적인 감정을 다루어 가도록 개별적으로 원조한다.
- 이용 가능한 의료자원과 지역사회센터에 대한 이용방법과 목적 등을 환자와 가족에게 알려 준다.
- 환자와 가족이 거주하고 있는 지역사회 내의 사회기관을 안내한다.
- 환자가 입원 중인 기간에는 그의 가족 및 집단, 지역사회와의 관계를 유지하도록 돕는다.
- 환자에 대한 전반적인 프로그램에 중요한 기여를 하기 위하여 환자의 사회력, 가족력, 직업력 등에 대한 정보를 수집한다.
- 정신과 팀의 다른 요원과의 활동에 적극적으로 참여하여 조사, 진단, 계획, 치료 및 사후보호서비스에 있어 수평적 입장에서 상호협동적으로 참여한다.

• 환자의 치료목표에 충실하기 위하여 지역사회 내의 유력인사와 적극적인 친화 관계를 형성한다.

정신건강분야에서의 사회복지실천은 환자의 질병보다는 질병으로 인한 문제해결 능력의 향상, 사회적 기능회복과 재활에 일차적인 목적이 있다. 정신건강사회복지사는 정신과 의사, 심리학자, 정신과 간호사, 작업치료사 등으로 구성된 치료팀의 일원으로서 활동한다. 환자 개인과 환자집단 및 가족을 위한 전문적인 기술훈련이 요구되고, 재활을 위한 일상생활훈련과 지역사회 주민들의 정신질환자에 대한 편견을 없애기 위한 교육, 지역사회자원을 활용하여 재가복지서비스를 개발하는 일이 요구된다. 또한 정신보건교육과 자문, 위기개입, 정신질환의 조기발견과 조기치료를 돕고, 정신건강에 대한 올바른 인식 등을 돕는다.

2) 정신건강사회복지의 발달과정

최초의 정신건강사회복지는 1890년 영국의 민간사회복지단체가 주축이 되어 정신장애인들에 대한 사후지도와 봉사활동을 한 데서 시작되었다. 1929년 런던경제대학에 정신보건사회사업훈련센터가 설치되었고, 1959년「정신보건법」이 제정되었으며 1960년대부터는 정신보건정책에서 지역사회정신건강보호가 강조되었다.

미국에서는 1904년 Mayer가 맨해튼 주립병원에서 환자의 생활에 영향을 미치는 사회적 환경에 대한 이해를 넓히고 정신질환의 환경적 원인을 이해하기 위하여 그의 부인으로 하여금 환자의 가족을 방문하게 하면서 정신보건사회복지가 시작되었다. 1906년에는 새로 입원한 환자의 사회력을 조사하기 위해 정신의료사회복지사를 채용하였다. 1913년에는 보스턴 정신병원의 Jarrett에 의해 정신의료사회복지라는 용어가 사용되었다. 1918년에는 스미스 대학교에 최초로 정신보건사회복지사 양성 교과과정이 제정되었고, 1926년 미국정신보건사회복지사협회가 발족되었다. 1940년에서 1950년에는 전쟁으로 인하여 정신장애인이 급증하여 사회복지사들이 군병원에

채용되어 사병, 장교의 직위가 인정되었다. 1946년에 「정신보건법」의 제정으로 국립 정신보건연구소가 설립되었고, 1960년에는 「지역사회정신건강센터법」이 제정되었다. 이 법에 의해 지역사회치료나 재활시설이 많이 설립되어 정신보건사회복지는 정통적 활동 외에 예방적이고 교육적인 프로그램이나 재활프로그램 등 지역사회자원을 활용하여 정신장애인의 사회복귀를 위한 다양한 서비스를 제공하게 되었다.

우리나라에서는 1945년에 대한신경정신의학회가 조직되어 심리학자와 사회사업가가 함께 청소년문제를 연구하면서 정신보건사회복지가 시작되었다고 할 수 있다. 정신보건사회복지의 발달은 한국전쟁 당시 미8군 병원에서 우리나라의 정신과 의사들이 미국의 정신보건사회복지사에게 실습하고 견학할 기회를 준 것이 계기가 되었다.

1958년 서울시립아동상담소가 개설되면서 정신의학자, 정신보건사회복지사, 심리학자, 병리학자가 함께 팀 접근을 하였고, 1963년 가톨릭대학교 부속 성모병원에서 정신장애인의 진단과 치료 및 사후지도를 위하여 사회복지사가 신경정신과와 자살예방센터에서 활동하게 되었다. 1973년에 개정된 「의료법 시행령」에서 환자의 갱생, 재활과 사회복귀를 상담지도하기 위하여 종합병원에 「사회복지사업법」이 규정하는 유자격의 사회복지사 1명 이상을 두도록 규정함으로써 정신보건사회복지가 본격적으로 발달하게 되었다. 1993년에 한국정신의료사회사업학회가 설립되었고, 1995년에는 「정신보건법」이 제정됨으로써 정신보건전문요원의 자격제도가 마련되었다. 1999년에는 모델형 정신보건센터를 운영하기 시작하였다. 2000년에는 알코올상담센터에 대한 시범사업이 시작되었고 2002년에는 아동청소년 정신보건사업이 시작되었다. 2006년에는 정신질환실태에 대한 역학조사를 하였으며 지방정신보건사업지원단을 구성하여 운영하였다.

오늘날 정신장애인에 대한 관리와 서비스는 병원에서만 이루어질 수 없기 때문에 지역사회 역할의 중요성이 증가하고 있다. 1970년대에 우리나라 최초로 가톨릭대학교병원 정신과에 낮병원이 개설되었고, 광주의 성요한병원에서 정신장애재활프로그램이 시작되었으며, 1986년에 '태화 샘솟는 집'이 문을 열면서 최초로 병원 거점이 아

닌 지역사회 거점 재활프로그램이 시작되었다. 미국의 경우도 1963년에 「지역사회정신건강법」을 제정하여 지역사회 차원에서 정신보건사회복지를 실천하고 있는데, 이처럼 폐쇄적인 정신의료기관 내에서 정신질환을 치료하던 의료행위가 참여적인 지역사회정신보건사업으로 전환되고 있다.

3) 정신건강사회복지의 대상

「정신건강증진 및 정신질환자 복지서비스 지원에 관한 법률」은 그 목적을 전 국민의 정신건강 증진으로 하고 있으나 일차적인 대상은 정신병, 성격장애, 기타 정신병적 정신장애를 가진 자인 정신장애인이다. 주요 정신질환으로는 조현병, 기분장애 등이 있고, 기타 정신질환으로는 불안장애, 아동기 정신장애, 알코올중독, 노년기 정신장애 등이 있다. 불안장애에는 공포장애, 공황장애, 범불안장애, 강박장애, 외상후 스트레스 장애 등이 있으며, 아동기 정신장애로는 주의력결핍 과잉행동장애(ADHD), 품행장애, 학습장애, 자폐증, 섭식장애, 지적장애 등이 있다. 노년기 정신장애에는 섬망, 치매, 우울증, 조현병, 편집증, 불안, 건강염려증, 수면장애, 알코올관련장애 등이 있다.

표 12-1 정신건강관련기관 종류

구분	주요 기능
정신건강증진센터	정신질환 예방, 발견 · 상담 · 진료 · 사회복귀훈련 및 사례관리, 정신보건 시설 간 연계체계 구축 등 지역사회정신보건사업 기획 · 조정 및 수행
정신의료기관	급성정신질환자 대상 의료서비스 제공
정신요양시설	만성정신질환자 요양 · 보호
사회복귀시설	치료 · 요양하여 증상이 호전된 정신질환자 일상생활 · 작업훈련, 주거
알코올상담센터	알코올중독 예방, 중독자 상담 · 재활훈련

정신보건기관과 시설 및 그 이용자는 꾸준히 증가하였고, 특히 정신건강증진센터와 사회복귀시설이 크게 증가하였다.

4) 정신건강사회복지의 접근방법

(1) 개별적 접근

① 약물치료

약물치료는 정신장애를 치료하기 위해 우선시되는 치료방법으로서 항정신병 약물을 이용한다. 이러한 약물은 정신장애인의 뇌에 작용하여 정신기능과 행동에 영향을 미치는데, 특히 망상, 환각, 공격성, 긴장, 흥분 등 양성 증상에 효과가 있다.

② 개별면담

일대일의 개별적인 면담은 정신장애인의 욕구와 사고, 감정 등을 이해하고 갈등의 해소를 도와준다.

③ 심리사회적 사정

심리사회적 사정은 정신장애인에 관련된 자료를 수집, 분석하고 해석하여 개입계획을 세우는 것이다. 정신장애인의 일상생활 및 문제해결기술, 장점과 개인적 자원, 가족이나 지역사회자원 등을 평가한다.

④ 일상생활기술훈련

만성정신장애인은 장기적인 질병과 입원, 반복되는 재입원 등으로 기본적인 일상생활기술과 자기관리기술 등이 저하되어 질병으로부터 회복되어도 부적절한 행동으로 인해 사회생활에 어려움을 겪기 쉽다. 일상생활기술훈련은 일상생활에 필요한 기술을 습득할 수 있도록 하고 긍정적인 행동을 강화시킨다.

(2) 집단적 접근

① 집단활동

집단활동은 공통의 활동을 통하여 정신장애인의 창조성, 적극성, 자발성 등을 길러 주고 사회적으로 고립되어 있는 정신장애인이 타인과 어울릴 수 있도록 도와주는 방법이다.

② 사회기술훈련

정신장애가 만성화될수록 대화기술, 자기표현 및 자기주장기술 등 사회적 기술을 상실하게 된다. 이러한 기술의 부족은 사회재활을 어렵게 하므로 사회적 기술의 훈련이 필요하다. 사회기술훈련은 주로 소집단 형태로 이루어지며 정신장애인의 사회적 기술수준을 사정하여 유사한 사람들끼리 소집단을 구성한다. 치료자가 집단구성원들에게 사회기술훈련을 소개하고 상황을 설정하여 역할극, 모델 제시, 구성원들 간의 피드백 등을 통해 사회기술을 훈련시킨다.

③ 자조모임

자조모임은 유사한 문제를 가진 사람들끼리 서로를 이해하고 문제대처방식을 배우고 변화에 대한 동기를 부여하기 위해 구성된 집단이다.

④ 가족교육 및 치료

정신장애인가족에게 정신장애를 이해시키고 문제상황에 대처하고 정신장애인과 대화할 수 있도록 교육 또는 치료시킴으로써 정신장애인의 사회재활을 도와준다.

(3) 지역사회접근

① 부분입원과 주간보호

정신장애인이 장기간의 입원에서 벗어나서 지역사회로 돌아가고자 할 때 이들의 사회적 기능을 향상시켜 지역사회에의 적응을 준비시키는 중간단계로서 낮병원, 밤병원과 같은 병원 중심의 부분입원과 정신건강센터나 기타 사회복귀시설에서 제공하는 주간보호서비스가 있다.

② 직업재활

직업재활은 정신장애인이 직업을 가질 수 있도록 도와주는 재활서비스다. 직업을 갖는 것은 정신장애인에게 자아존중감과 자아개념을 높여 주고 정신과적 증상을 경감시켜 주므로 중요하다.

③ 사례관리

사례관리는 정신장애인에게 종합적 · 장기적으로 서비스를 제공하는 것이다. 그 목적은 정신장애인의 욕구를 만족시킬 수 있도록 지역사회의 다양한 서비스를 연계 · 통합시키고 개인적 욕구에 맞게 연계성을 가지고 개별서비스를 제공하여서 개입의 효과성을 높이는 것이다.

5) 정신건강사회복지사의 역할

「정신건강증진 및 정신질환자 복지서비스 지원에 관한 법률」에 의하면 보건복지부장관은 정신건강분야에 관한 전문지식과 기술을 가진 자에게 정신건강전문요원의 자격증을 교부할 수 있는데, 정신건강전문요원은 정신건강임상심리사, 정신건강간호사 및 정신보건사회복지사로 한다.

정신건강전문요원의 업무는 다음과 같다.

- 사회복귀시설의 운영
- 정신장애인의 사회복귀촉진을 위한 생활훈련 및 작업훈련
- 정신장애인과 그 가족에 대한 교육지도 및 상담
- 「정신건강증진 및 정신질환자 복지서비스 지원에 관한 법률」 제25조 제1항의 규정에 의한 진단 및 보호의 신청
- 정신질환 예방활동 및 정신보건에 관한 조사연구
- 기타 정신장애인의 사회적응 및 직업재활을 위하여 보건복지부장관이 정하는 활동

정신건강사회복지사는 정신장애인에 대한 개인력조사 및 사회조사, 정신장애인과 그 가족에 대한 사회사업지도 및 방문지도를 담당한다. 정신건강임상심리사는 정신장애인에 대한 심리평가, 정신장애인과 가족에 대한 심리상담을 담당한다. 정신건강간호사는 정신장애인의 병력에 대한 자료수집, 병세에 대한 판단분류 및 그에 따른 환자관리활동, 정신장애인에 대한 간호를 제공한다.

정신건강사회복지사 수련제도는 「정신보건법」에 근거하여 1997년부터 한국정신건강사회복지학회에서 보건복지부의 위탁을 받아서 실시하고 있다.

정신건강사회복지사에는 1급과 2급이 있다. 1급을 취득하기 위해서는 「교육법」에 의한 대학원에서 사회복지학 또는 사회사업학을 전공한 석사학위 이상 소지자로서 보건복지부장관이 지정한 전문요원 수련기관에서 3년 이상 수련을 마치거나, 또는 2급 정신보건사회복지사 자격취득 후 정신건강증진시설 또는 보건소에서 5년 이상 정신건강분야의 임상실무경험이 있어야 한다. 2급이 되기 위해서는 「사회복지사업법」에 의한 사회복지사 1급 자격소지자로서 보건복지부장관이 지정한 전문요원 수련기관에서 1년 이상 수련해야 한다. 수련생은 한국정신건강사회복지학회에서 인준한 슈퍼바이저의 지도감독하에 이론교육과 임상수련을 이수해야 한다. 정신건강사회복지학회에서는 규정된 수련과정을 마치고 임상수련에 대한 서류심사를 통과하고 자격시험에 합격한 자에 한해 보건복지부에 자격증 발급을 신청한다.

정신건강사회복지사는 환자의 치료목표가 단지 질병의 완화에 있는 것이 아니라 원만한 사회적응에 있음을 알고, 이를 위하여 환자의 질병에 영향을 주는 개인적 · 사회적 환경에 관한 정보를 수집 · 조사하고 문제의 발견과 규명을 통해 진단과 치료에 필요한 자료로 사용함으로써 질병을 단일한 원인으로 규정짓지 않고 전인간적으로 이해한다. 환자의 치료에 전인적인 접근을 시도함으로써 환자가 발병하기 이전부터 발병, 입원, 퇴원, 재활의 전 과정에 관심을 갖고 도와주며, 특히 환자가 회복 후에도 사회에 복귀할 수 있는 좋은 환경을 준비하게 하고, 보다 나은 조건에서 건전하게 재활할 수 있도록 도움을 준다.

정신건강사회복지사는 조사, 예방, 진단, 치료, 재활 등의 모든 분야에서 정신과 치료팀과 긴밀한 협조하에 임무를 수행한다. 또한 제한된 범위 내에서 독자적으로 또는 보조치료자로서 집단치료나 가족치료를 실시한다. 그리고 사회복지기관 및 시설에 대한 정보를 갖고서 환자를 타 기관에 의뢰할 필요가 있는 경우에 도움을 제공해준다. 정신건강사회복지사는 정신질환자의 치료와 회복, 사후지도에 이르기까지 직접적인 역할을 수행한다.

정신건강사회복지사의 주요 기능은 다음과 같다.

(1) 진단적 기능

환자가 병원에 의뢰되었을 때 개인력검사, 사회환경조사를 통해 진단하고 치료계획을 수립하는 과정에 참여한다. 사회환경조사는 환자의 가족배경과 성장과정을 발병과 관련지어 작성하며, 환자가 갖고 있는 문제의 확인과 그와 관련된 사회적 · 심리적 요인을 파악하고, 정신질환의 발전과정에 관련된 환자의 개별적 배경, 과거이력 등의 자료수집과 가정환경, 가족의 태도, 지역사회의 특수여건 등에 대한 평가를 한다. 이를 위해 환자와 그 가족에 대한 면접은 물론 필요한 경우에는 가정을 방문하거나 환자가 다니던 학교나 직장을 직접 방문하여 면접할 수 있다. 경우에 따라서는 환자를 다른 기관에 의뢰한다.

(2) 치료적 기능

환자가 병원에 와서 정신건강사회복지사와 관계를 맺는 것부터를 치료라고 할 수 있다. 정신과 내에서 정신건강사회복지사가 실시하는 치료에는 다음과 같은 것들이 있다.

① 개별치료

전통적으로 정신건강사회복지는 환자의 가족을 주 대상으로 하였으나 오늘날에는 점차 환자에게도 직접적인 치료를 하고 있다. 정신과 의사처럼 환자의 의학적 상태에 깊이 관여하지는 않으나 치료과정에서 발생하는 환자의 불안, 공포, 거부, 기타 심리적 측면에서 도움이 필요한 경우에 이를 처리할 수 있도록 도와주며, 병원시설이나 프로그램 등 구체적인 치료내용, 병원서비스의 한계 등에 관해 설명해 준다.

② 집단치료

동일한 문제를 가지고 입원한 환자를 대상으로 소집단을 구성하여 특정주제하에 이들의 생각을 토론하게 하고 피드백을 통해 원조해 주어 해결방법을 모색하도록 해준다. 행동치료는 의도적으로 계획한 프로그램을 통해 환자로 하여금 적개심, 공격성 등의 감정을 발산하도록 하고 창작활동을 통한 잠재적 개발의 기회를 마련해 준다. 집단치료는 작업치료, 오락치료, 미술치료, 독서치료, 음악치료, 무용치료, 심리극(psychodrama), 사회극, 교육치료, 원예치료, 조각치료, 운동치료 등이 실시된다. 정신보건사회복지사는 의도적 목적을 갖고서 환자의 사회적 재활의 목적을 달성하기 위하여 동기, 능력, 기회와 환자의 잠재능력을 발휘할 수 있는 기회를 부여해준다.

정신건강사회복지에서 활용하는 특수치료는 대부분 집단활동으로 이루어지기 때문에 새로운 대인관계가 형성됨으로써 사회성을 발달시키고, 억압된 감정을 발산하여 기능을 개발시키며, 잠재능력을 인식하는 과정에서 자아의 강화를 이룬다. 또한 성취동기의 개발로 사회적 재활능력을 고취시키고, 지역사회가 요구하는 사회적응의 치료목표를 실현해 주는 효과가 있다.

(3) 퇴원 및 사후보호 기능

퇴원환자를 대상으로 하는 경우에는 환자가 과거의 어려움을 극복할 수 있는 능력이 있다는 것을 최대한 제시해 주어야 한다. 정신건강사회복지사는 퇴원 후 사회복귀를 위한 구체적인 준비를 위하여 환자에게 사회복귀에 따른 불안감, 갈등을 처리하고 자립하기 위한 도움을 주며, 환자가족에게도 개별 및 집단상담을 통하여 환자의 사회복귀활동에 대한 이해와 수용태도를 가져서 사후보호활동에 보다 효과적으로 협력할 수 있도록 한다. 그리고 사회복귀한 환자와 가족에 대한 조력과 추후치료를 제공한다.

대부분의 환자는 퇴원 이후 치료받기 이전에 영향을 준 사회환경으로 돌아가지만 퇴원 후 곧바로 사회생활을 하기 어려워 대부분의 시간을 가정에서 보내야 한다. 이러한 퇴원환자를 위하여 정신건강사회복지사는 정기적인 모임을 통하여 소속감을 갖게 하고 미래 계획에 대해 토론하고 새로운 아이디어를 주고받게 함으로써 앞날을 개척해 나갈 수 있도록 돕는다. 이를 위해 정신건강사회복지사는 외래를 통한 개별 또는 집단상담을 할 수 있고, 낮병원제도를 통하여 입원기간 동안 받을 수 있는 치료와 같은 서비스를 받게 할 수도 있으며, 다른 사회복지기관과 연계하여 지역사회에서 얻을 수 있는 자원을 소개해 줄 수도 있다.

정신건강사회복지는 환자의 질병에 대한 직접적인 치료보다는 질병으로 인한 문제해결능력의 향상, 사회적 기능회복과 재활에 일차적인 목적이 있다. 각 시설에서의 정신건강사회복지사의 역할은 다음과 같다.

- 치료시설(종합병원 정신과, 정신과 전문병원, 낮병원): 정신장애인의 일차적인 치료기능을 담당하는 곳으로서 전문적인 팀 접근을 하기 때문에 팀원들 간의 원활한 의사소통이 중요하다. 치료시설에서는 입원 시 심리사회적 사정(개인력, 가족력, 사회력 등), 환자의 개별상담, 가족치료, 가족의 정신보건교육 및 상담, 집단

치료, 정신과적 재활서비스, 사회기술훈련, 진료팀과의 협의진단 및 협조, 지역사회 유관기관과의 유대 및 자문, 지역사회자원과의 정보교환 및 제공, 자원봉사자 교육 및 지역사회자원 동원, 퇴원계획 및 재활계획 상담지도, 퇴원 시 환자의 요구와 사회적응상태 평가, 사회복귀 및 재활치료를 위한 지역사회기관과의 연결, 낮병원서비스의 개발, 퇴원환자의 사후지도를 위한 가정방문 등을 담당한다. 낮병원에서는 약물관리, 심리사회적 지도, 재활계획 상담, 집단치료, 사회기술 및 인간관계훈련, 추수모임, 환자가족의 정신건강교육, 가족지지모임 등을 수행한다.

- 정신요양시설: 정신요양시설에서는 심리사회적 상담지도, 집단프로그램의 실시, 일상생활훈련 실시, 가족상담, 가정방문, 무연고자를 위한 후원자 개발, 지역사회자원 동원 및 후원조직 육성, 대인관계기술 훈련 및 작업능력 강화 지원, 가족상담 및 가정방문지도, 직업훈련 및 취업보도, 지역주민의 참여기회 확대, 국민기초생활보장 수급자를 위한 행정업무 등의 역할을 담당한다.
- 사회복귀시설: 사회복귀시설에서는 재활상담, 사회복귀를 위한 집단치료, 사회기술 및 적응훈련, 대인관계훈련, 가족의 정신교육 및 상담, 가정방문, 지역사회자원 동원과 후원회 조직, 지역사회 주민의 정신건강교육, 의료기관과 지역사회기관과의 연결업무 등을 수행한다.
- 정신건강복지센터: 정신건강복지센터에서는 상습적인 반복입원의 예방, 사회적 소외를 극복하기 위한 지역사회재활서비스, 사회복귀 촉진, 가족들의 심리적 안정 및 참여 유도, 응급상황 시 인도적 개입, 사회적 편견 극복을 위한 교육·홍보, 프로그램 개발 및 연구 등을 수행한다.
- 보건소: 보건소에서는 정신질환의 예방 및 발견, 정신질환자 및 그 가족에 대한 상담, 사회복귀훈련, 알코올·약물중독자 및 치매환자의 관리 등을 수행한다.

2. 의료사회복지

1) 의료사회복지의 정의와 기능

의료사회복지는 환자에게 의료서비스가 효과적이 되도록 개입하는 사회복지의 한 분야다. Friedlander는 의료사회복지란 전문화된 사회복지의 한 분야로서 환자가 가능한 한 보건서비스를 가장 효과적으로 활용할 수 있도록 하기 위하여 병원이나 진료소, 기타 의료기관에서 실시되는 개별사회사업, 집단사회사업, 지역사회조직을 실천하는 것이라고 정의하였다(한국사회복지실천학회 편, 2005에서 재인용). 의료사회복지는 질병에 대한 다각적인 접근을 바탕으로 질병을 가진 개인과 환경 간의 상호관계에 초점을 두고 환자와 가족의 사회기능 향상을 위해 전문적 실천방법을 활용하여 질병의 예방, 치료, 재활에 이르기까지 다양한 활동을 수행하는 사회복지의 전문분야다.

최근의 의료서비스는 질병의 치료에서 예방, 재활을 포함하는 종합적 서비스로의 전환이 이루어지고 있고, 이에 따라 의료사회복지의 개입영역이 다양해지고 있다. 환자와 그 가족의 권리옹호와 다양한 욕구충족을 포함하는 의료서비스의 질적 향상을 위해 의료사회복지가 요구된다. 의료서비스에 대한 욕구가 다양해지고 있으나 현재의 의료서비스는 예방에 대한 접근을 기대하기 어렵고 치료도 주로 질병의 생리적 측면만 다루므로 환자의 다양한 서비스 욕구를 충족시켜 주지 못하고 있으며, 치료가 회복과 재활까지 연결되지 못하고 있다. 특히 만성중증 환자가 증가하고 있는데, 이들은 신체적 증상 외에 심각한 심리사회적 문제를 겪고 있다. 따라서 만성질환에 대한 의학적 치료만으로는 환자를 위한 충분한 서비스가 제공되지 못하며, 의료사회복지는 이러한 실정에서 그 필요성이 대두되고 있다.

의료사회복지의 목적은 전인적인 의료서비스를 제공하고 환자와 가족이 보건의료서비스를 가장 효과적으로 활용할 수 있도록 원조함으로써 의료복지를 실현하는 것이다. 의료사회복지는 질병이나 장애로 인해 환자가 경험하는 심리사회적 문제를 해

결하고, 사회적 기능을 회복시키며, 환자와 의료환경 간에 원활한 상호작용이 이루어지도록 하는 데 초점을 둔다. 이는 진단, 치료, 재활, 관리와 예방 등의 다양한 서비스를 포함한다.

의료사회복지의 구체적인 목표는 다음과 같다.

① 의료팀이 사회적 · 경제적 · 심리적 요소들을 이해하도록 돕는다.
② 환자와 가족이 의료서비스를 적극적으로 이용할 수 있도록 관련요소들에 대한 이해를 돕는다.
③ 환자의 복지와 윤리를 증진시키도록 돕는다.
④ 환자에게 더 좋은 치료를 제공하도록 병원을 돕는다.
⑤ 환자가족들의 대처행동을 유지시키거나 강화시킨다.

미국사회복지사협회의 의료사회복지 기준에서는 의료사회복지가 통합적인 의료서비스의 제공을 위해 중요한 부분이 되어야 함을 강조하고, 의료사회복지실천의 목표를 다음과 같이 제시하였다.

① 신체적이고 심리사회적인 안녕감을 유지하고 증진하는 것
② 단기 및 장기보호서비스로부터 최대한의 이익을 보장하기 위해 필요한 여건을 증진하는 것
③ 신체적 또는 정신적 질병을 예방하는 것
④ 질병이나 장애의 사회적 측면과 정서적 영향에 관심을 갖고 신체적 · 심리사회적 기능을 강화하고 증진시키는 것
⑤ 의료환경의 관련자들 간에 빈번하게 갈등을 겪는 가치, 입장 차이에 대해 윤리적 반응을 증진하는 것

Carlton은 의료사회복지의 주요 기능으로서 개인치료의 실천, 의료제도 내에서의

프로그램 계획과 정책형성과정에의 참여, 지역사회 내에서의 사회 및 보건프로그램 개발에의 참여, 전문인력에 대한 교육적 프로그램에의 참여, 사회조사를 통해 환자 및 지역주민의 치료와 건강증진을 꾀하는 것 등을 들고 있다(한인영, 최현미, 장수미, 2006에서 재인용).

의료사회복지의 기능을 구체적으로 살펴보면 다음과 같다.

① 질병, 외상관련 위기, 장애에 직면하게 하여 환자의 삶과 주요한 사회관계에 미치는 심리사회적 영향을 이해하고 대처하도록 돕고 미래를 계획하도록 돕는다.
② 만성질병과 장애에 대처하는 기술을 촉진시키고 새로운 환경에 재통합하고 적응하도록 돕는다.
③ 다학문적 팀에 참여하고, 병에 대한 인식을 제공하고, 특정환자와 가족에게 영향을 주는 의료환경에 대한 이해를 돕는다.
④ 퇴원을 촉진시킬 수 있는 지역사회자원과 연결하고 사회복귀를 위한 보호기관에 의뢰한다.
⑤ 예측 가능한 슬픔을 돕고, 죽음에 직면한 사람들을 상담하고 다른 사별 관련서비스를 가족구성원에게 제공한다.
⑥ 환자를 사정하고 적절한 프로그램을 계획 · 실시하며, 지역사회기관과 연결하고 이러한 욕구를 만족시킬 수 있는 서비스를 개발한다.
⑦ 취약 인구집단에서의 잠재적인 방임을 입증하고 권위 있는 기관에 연결시킨다.
⑧ 기관의 목적과 목표를 지지하고 환자의 욕구에 대한 기관의 민감성을 고취시킨다.

표 12-2 의료사회복지의 기능

기능	설명
사례의 발견과 위험의 선별	사회복지서비스 욕구를 가진 환자를 확인, 서비스 제공에 대한 조정
승인 이전의 계획	병원의 승인을 위한 조정과 계획과 관련된 문제의 파악과 이에 대한 원조

심리사회적 평가	사회, 심리, 문화, 금전적 상황에 대한 정보 수집, 사정과 치료계획, 보고서에서 자료 활용
경제적인 차원	병원이 제공 가능한 금전 또는 기타 서비스(교통수단, 보철장치, 의료보호)에 대한 욕구 확인
병원 직원에 대한 사례 자문	환자와 가족의 심리사회적 상황과 절차에서의 곤란, 서비스 이용의 문제 등에 대한 특정지식을 다른 사람들에게 알림
병원 서비스 사용을 용이하게 하기	환자와 가족의 입장에서 병원 내 관련부서나 관련자에 대한 옹호자의 역할
건강교육	가족계획과 출산계획, 적혈구 빈혈증, 알코올중독 등 각종 질병과 예방에 대한 실질적인 지식 제공
퇴원계획	입원기간 중 퇴원 이후 문제 탐색, 계획과 조정
정보제공과 의뢰	활용 가능한 지역사회 정보 제공, 관련자원 연결
지역사회 의뢰를 용이하게 하기	접근 가능한 자원에 대한 정보제공을 넘어 지역사회기관에 의뢰하고 방문, 대변 및 대동
지역사회기관에 대한 사례 자문	외부기관에 환자와 가족의 상황과 문제를 알림
review의 활용	전문직 기준에 관련된 병원의 공식적 점검과정에 참여
조사	자신의 실천에 대한 재검토, 서비스 질 평가, 동료의 검토 등을 활용하여 보호와 욕구에 대한 심리사회적 요소에 대한 연구
병원 직원에 대한 프로그램 자문	미충족 욕구 사정, 욕구충족에 적절한 부서에 대한 정보수집과 조사, 환자의 권리와 관계된 병원의 정책변화를 확인하고 건의
병원 프로그램의 계획	아웃리치 지역사회서비스, 장·단기계획이나 프로그램 개발과 관련된 병원의 메커니즘이나 활동에 관여
지역사회기관에 프로그램 자문	지역사회기관에 특정지식을 제공
지역사회서비스	지역사회에 병원을 대표하고 적절한 프로그램을 수행하는 지역사회 집단에 참여
지역사회 건강계획	지역사회 내에서 환자와 가족의 욕구를 충족시키기 위한 자원을 확인하고 프로그램을 개발

자료: 한인영 외(2006). **의료사회복지실천론**. 학지사, p. 28.

2) 의료사회복지의 발달과정

의료사회복지는 1875년 런던의 자선조직협회의 Lock경이 지도한 부녀봉사원 활동을 효시로 1895년 런던왕립무료병원에서 Almoner(부녀봉사자)를 채용하면서 시작되었다. Almoner의 의료서비스는 주로 빈곤한 환자의 경제적 원조를 취급하였고, 병원과 자선조직협회와의 협조로 의료비를 면제해 주는 업무를 담당하였으며, 그 밖에 환자 가족의 생활원조를 해 주는 과정에서 상담활동을 하였다. 또 퇴원 후 갈 곳이 없는 불우한 환자를 위탁가정이나 요양원에 의뢰하였고, 퇴원 후 집으로 돌아간 환자에게는 지역사회에 적응할 수 있도록 직장을 알선해 주고 가정을 방문하여 필요한 보호를 제공하고 환자가족을 지도하였다.

미국에서는 1902년에 존스홉킨스 대학교의 Emerson 교수가 중심이 되어 의과 대학생의 봉사활동이 실시되었다. 그는 의과 대학생들에게 정서적 · 사회적 문제에 관한 이해를 강조하였고, 환자의 질병에 대한 사회경제적, 생활의 제 조건적 영향을 이해시키기 위해 지역사회의 자선기관에서 봉사활동을 하였다. 특히 의과 대학생의 봉사활동을 통하여 환자에 대한 전인적 이해, 즉 다양한 질환에 따른 환자의 심리적 · 사회적 · 경제적 조건의 이해와 그 영향력을 인식함으로써 의료에서의 전문적 사회복지서비스의 발달을 가져오게 하였다.

3) 의료사회복지사의 역할

의료사회복지사의 업무는 환자와 환자의 사회환경을 조사하여 의료팀이 질병에 영향을 미치거나 질병으로 인해 영향받기 쉬운 환자의 사회적 · 심리적 문제를 알고 이해하도록 하며, 환자가 질병에 대처하여 의료 및 사회사업의 혜택을 받을 수 있도록 하는 것이다. 이러한 업무를 수행하기 위하여 환자 및 그 가족과 밀접한 인간관계를 형성하여 환자가 자신의 욕구를 인식하고, 자신의 능력을 발휘할 수 있도록 자원을 활용하여 스스로의 문제를 해결할 수 있도록 돕는다.

의료사회복지사는 개인치료의 실천, 의료제도 내에서의 프로그램 계획과 정책형성과정에 참여하고, 지역사회 내에서 사회 및 보건프로그램 개발에 참여하며, 전문인력에 대한 교육프로그램에 참여한다. 또한 질병, 장애, 사회적 욕구와 문제를 다루고, 다양한 전문분야서비스의 통합부분으로서 다른 전문인력들과 협력하며, 지역사회의 의료와 사회서비스를 조정함에 있어 연결기능을 담당한다.

또한 건강을 의료분야에만 한정하여 정의하지 않고 환자와 가족의 생리적 · 심리적 · 사회적 욕구를 포괄하는 종합적인 욕구에 초점을 맞추며, 의료팀의 일원으로서 의사의 진단을 도와준다. 또한 질병의 치료, 예방, 재활을 위하여 환자 자신과 그 가족의 경제적 · 심리적 · 사회적 제반 문제를 해결하고 조정해 나가는 원조과정을 담당한다.

의료사회복지사의 주요 역할은 다음과 같다.

(1) 치료자 역할

환자는 질환으로 인해 발생하는 심리적 문제 때문에 바람직한 의료서비스를 받는데 지장이 있는 경우가 많다. 의료사회복지사는 환자가 안정감, 자신감, 용기 등을 갖도록 하며, 지지적인 치료방법으로 환자가 힘을 얻도록 치료적 역할을 수행해야 한다. 재활환자의 경우에는 자신에 대한 과소평가로 인한 문제가 있는 경우 집단활동을 통하여 성취감과 자신감을 갖도록 하는 역할을 해야 한다. 특히 의료사회복지사는 환자에게 참여의욕을 증진시킴으로써 당면문제를 해결하거나 완화하도록 돕는 역할을 수행해야 한다.

(2) 조정자 역할

의료사회복지사는 치료에 참여하는 다른 전문인력들과 함께 각기 다른 전문적 진단과 치료 및 의료서비스 계획을 수립해야 한다. 환자에 관한 심리적 · 사회적 · 경제적 정보를 의료팀에게 제공하여 환자에 대한 전인적 이해를 증진시키고, 의료팀의 종합적인 서비스를 위한 협력 및 조정역할을 수행해야 한다.

(3) 자원활용자 역할

의료사회복지사는 치료 및 재활과정에서 필요한 인적 · 물적 자원을 동원하는 역할을 수행해야 한다. 병원 내 의료적 자원의 활용을 극대화하기 위하여 의료적 자원을 조직화하고 환자의 치료와 재활 및 사회복귀를 위하여 유용한 지역사회자원을 조직화하고 동원하는 역할을 수행해야 한다.

(4) 교정자 역할

의료사회복지사는 의료팀에서 심리사회적 측면의 조사연구와 평가, 치료, 훈련, 지도 및 서비스계획 수립에 협력해야 한다. 심리적 · 사회적 · 직업적 재활과정에 참여하는 교정자 역할이 요구된다. 장애로 인해 발생되거나 재활과정에서 발생될 수 있는 심리사회적 제 문제로 일어나는 부정적인 반응, 즉 자기중심적, 비사회적, 퇴행적, 자폐적, 정서적 불안 등을 치료하거나 교정하여 사회적 기능을 회복하고 잠재기능을 개발하도록 돕는 역할을 수행해야 한다.

표 12-3 의료사회복지사의 직무

직무 차원	직무 하위차원	직무내용
사회사업임상	심리 · 사회 · 정신적 문제해결 직무 차원	심리사회적 문제의 원인 조사 및 사정
		치료계획에 의한 환자의 개별치료
		내원객의 욕구에 의한 환자의 개별상담
		치료계획에 의한 환자의 개별상담
		치료계획에 의한 환자의 가족치료
		내원객의 요구에 의한 환자의 가족상담
		집단치료
		집단활동지도
		환자와 환자가족의 교육
		환자와 환자가족에게 질병에 관한 정보 제공

<table>
<tr><td rowspan="16">사회사업임상</td><td rowspan="3">경제적 문제해결
직무 차원</td><td>사회보장 및 법적 제도에 대한 정보 제공과 지원</td></tr>
<tr><td>병원의 자원을 이용한 진료비 지원</td></tr>
<tr><td>후원자, 후원단체 연결을 통한 병원 외적 자원과의 연결</td></tr>
<tr><td rowspan="3">지역사회자원
연결 직무 차원</td><td>지역사회의 새로운 자원 개발 및 정보망 조성</td></tr>
<tr><td>수집된 기존 지역사회의 자원체계에 대한 정보 제공</td></tr>
<tr><td>지역사회자원과 연결</td></tr>
<tr><td rowspan="5">사회복귀 및 재활
문제해결 직무 차원</td><td>퇴원계획 상담</td></tr>
<tr><td>추가치료 및 자가치료 지원(가정방문, 외래상담 등)</td></tr>
<tr><td>직업재활 상담지도</td></tr>
<tr><td>회복상태 및 사회적응도 평가</td></tr>
<tr><td>사회생활훈련지도</td></tr>
<tr><td rowspan="5">팀접근 직무 차원</td><td>회진 참여</td></tr>
<tr><td>타 부서와의 사례회의</td></tr>
<tr><td>병원경영에 어려움을 줄 수 있는 고위험환자의 조기발견</td></tr>
<tr><td>질병에 의한 고위험환자의 조기발견</td></tr>
<tr><td>사례분석 평가</td></tr>
<tr><td rowspan="4">행정</td><td rowspan="4">사회사업부서의
순수행정 직무 차원</td><td>보고서 및 업무일지의 기록</td></tr>
<tr><td>사회사업부서의 운영에 관한 회의</td></tr>
<tr><td>부서직원의 지휘 및 감독</td></tr>
<tr><td>병원(기관)의 행정 및 경영에 관계된 회의</td></tr>
<tr><td rowspan="4">교육 및
연구조사</td><td rowspan="4">교육 및 연구조사
직무 차원</td><td>실습생 지도</td></tr>
<tr><td>신규직원 교육</td></tr>
<tr><td>전문성 제고를 위한 교육 참여(임상연구회의, 저널클럽)</td></tr>
<tr><td>의료사회사업 연구 및 조사활동</td></tr>
</table>

자료: 한인영 외(2006). 의료사회복지실천론. 학지사, p. 33.

4) 의료사회복지의 대상문제

(1) 심리적 문제

환자는 자신에게 질병이 있다는 사실을 알게 되면 심리적으로 반응하는데, 이러한 반응을 심리적으로 어떻게 처리하고 대처하는지는 환자의 성격이나 질병의 위험도 등에 따라 다를 수 있다. 환자의 성격이 미성숙하고 신경증적일 때는 병적인 형태로 반응하게 된다.

환자의 일반적인 심리적 반응은 자신의 건강상태에 대해 지나치게 걱정하고, 자기중심적이며 의존적이다. 또한 자신의 의무를 수행하지 못하고, 심리적으로 불안정하여 애정의 욕구가 강하며, 질병에 대한 불안과 두려움에 압도되고, 자아의 손상으로 열등의식과 공격성을 나타낸다. 이처럼 환자는 질병으로 인하여 다양한 반응을 나타내는데, 이에 대해 심리적 측면을 지지하고 원조하여 질병의 치료에 긍정적인 영향을 줄 수 있는 서비스가 필요하다.

(2) 신체적 문제

환자의 신체적 질병은 심리적 · 정서적 요인과도 관계가 있다. 인간의 몸과 마음은 상호 영향을 주고받으므로 그중 어느 하나가 건강하지 못하면 다른 하나도 건강할 수 없다. 따라서 환자의 신체적 질환으로 인한 신체적 문제를 해결하는 데는 의학적 치료도 중요하지만 심리사회적 치료가 필요하다.

(3) 사회적 문제

환자가 장기간 입원하면 실업에 대한 불안을 갖게 되고, 직장을 전환해야 하는 경우가 발생하며, 이에 따라 새로운 직장에 대한 걱정이 생길 수 있다. 따라서 환자가 퇴원하면 가족이나 직장동료 등과 사회적 적응력을 갖고서 원만한 사회복귀가 이루어지도록 해야 한다. 환자가 퇴원 후 적응하지 못하면 좌절감, 소외감, 열등감 등을 갖게 되고, 가정이나 직장에서 인간관계의 불화상태에 놓여 심리적 · 정서적 장애를

보일 수 있다. 따라서 환자의 질환으로 인한 사회적 문제를 해결하는 서비스가 필요하다.

(4) 경제적 문제

환자는 치료비로 인한 경제적 부담, 생활비와 자녀교육비 조달문제 등이 발생할 수 있다. 경제적 어려움이 있는 환자에게는 재원조달을 위한 자원의 활용이 필요하다. 질병으로 인한 경제적 곤란은 질병의 치료에 심각한 장애요인이 될 수 있으므로 이러한 문제에 대한 해결이 질병의 치료와 병행되어야 한다. 경제적 자원을 조달하고 활용하는 방안이 요구되므로 이에 대한 법제도적 장치와 지역사회자원과의 연계가 추진되어야 한다.

제 13 장

기타 사회복지분야

1. 여성복지
2. 산업복지
3. 학교사회복지
4. 교정복지

1. 여성복지

1) 여성복지의 정의

여성의 교육수준이 향상되고 사회참여가 확대됨에 따라 성차별, 성폭력과 성매매, 빈곤여성, 학대받는 여성, 미혼모 등 다양한 여성문제가 부각되기 시작하였으며, 여성의 욕구에 효과적으로 대처하고 다양한 여성문제를 해결하기 위하여 여성복지의 필요성이 증대되고 있다. 여성복지는 인간으로서 여성의 삶의 질을 향상시키는 것을 궁극적인 목적으로 한다. 「헌법」 제34조에서는 '국가는 여성의 복지와 권익의 향상을 위하여 노력하여야 한다.'라고 규정함으로써 여성의 복지 및 권익향상을 위한 국가의 입법적 · 정책적 노력의 필요성을 제시하고 있다.

여성복지란 모든 여성이 인간다운 삶을 누릴 수 있도록 여성의 욕구나 문제를 해결하고 예방하여 여성의 사회적 기능수행을 활성화시키고, 생활향상 등에 관심을 갖는 사회복지서비스나 정책을 포함하여 모든 여성이 한 사회의 구성원으로서 건강하고 문화적인 생활을 영위할 수 있게 이론적 · 실천적 차원에서 이루어지는 사회적 노력을 의미한다. 이는 모든 여성이 한 사회의 구성원으로서 삶의 질을 영위할 수 있도록 공적 및 사적 차원에서 행하는 공동체적 노력이다. 여성복지는 여성문제의 해결, 예방, 여성의 사회적 기능수행의 향상, 생활의 질적 향상 등에 직접적으로 관심을 갖는 사회복지서비스나 정책을 포함한다. 이는 여성에 대한 서비스뿐 아니라 가부장제에 의한 성차별과 이에 근거한 법제도와 문화 등의 개선에 대한 노력까지 포괄한다. 여성복지의 목적은 여성의 생활보장이라는 복지권의 기본이념에 입각하여 여성이 한 개인으로서 가지는 욕구와 주체성을 중시하여 가부장적인 성역할에 얽매이는 것을 강요하지 않고 여성 개개인의 자아개발과 잠재능력을 개발시키는 데 있다고 할 수 있다.

여성은 임신, 출산, 양육기능을 담당하고, 아동 및 가정의 보호 · 유지존속과 불가분의 관계를 가진다. 시대가 변함에 따라 이전에 여성에 의해 이루어져 왔던 자녀양육이나 노인 또는 장애인가족을 돌보는 일 등이 더 이상 당연한 것이 아니게 되었으며, 개인이나 개별가족이 해결할 수 없는 문제가 되고 있다. 가족형태의 다양화 속에서 여성의 역할도 변화하고 있으며, 사회복지서비스가 다양해질수록 여성이 복지 수혜자의 입장뿐 아니라 복지서비스 제공자의 입장에서도 성취해야 할 과제가 복잡해지고 있다.

성평등의 확산에도 불구하고 우리나라에서는 아직도 여성과 관련된 사회적 차별문제가 주요한 사회문제가 되고 있다. 이러한 사회에서는 특히 여성의 인간다운 삶을 위한 소득, 의료, 주거, 교육, 출산, 자녀양육 등을 보장해 주는 여성복지의 중요성이 매우 크다. 여성복지를 통하여 사회에서 발생하는 여성의 문제를 해결하고 여성의 욕구를 충족시키고 궁극적으로는 여성의 삶의 질을 향상시키기 위한 국가와 사회의 노력이 요구된다.

여성복지에는 남성과 동등한 여성의 권리신장, 취업기회 보장, 소득보장, 건강보호, 아동보육 및 기타 사회복지서비스 등의 제공이 포함되어 있다. 여성복지는 구체적인 문제해결에만 관심을 두지 않고 양성평등의 이념하에 여성에 대한 성차별의 폐지와 사회참여 증대 및 삶의 질 향상을 목표로 한다. 여성복지는 여성이 국가나 사회로부터 인간의 존엄성과 인간다운 생활을 할 권리를 남성과 동등하게 보장받아서 여성의 소득, 건강 등 삶의 질과 관련된 제반 욕구와 조건을 충족시켜 나가도록 해야 한다.

우리나라의 경우 여성에 대한 사회복지적 접근은 1970년대까지는 여성의 모성 및 부인으로서의 역할을 강조하는 부녀복지라는 개념을 중심으로 미혼모, 저소득 모자가정, 가출여성, 윤락여성 등 특수집단을 대상으로 한 접근이 이루어져 왔고, 일반여성들은 사회복지제도 내에서 남성의 피부양자로 규정됨으로써 제한적인 위치를 차지해 왔다. 기존의 사회복지에 대한 개념규정에서도 여성의 특수성을 적절하게 반영하지 못하여 여성이 전반적인 복지체계로부터 소외되어 왔다. 사회복지제도는 자본주의와 가부장제가 만들어 내는 여성차별을 해소하기보다는 오히려 강화시키는 역할을 하였다.

그러다가 UN이 1975년을 '세계 여성의 해'로 선포하고 'UN 여성 10년'(1976~1985)을 정하여 가맹국들에게 남녀평등을 촉진할 입법, 사법, 행정 등 제반 조치를 취할 것을 의무로 부과한 것이 여성관련법을 제정하는 주요 요인으로 작용하였다. 이에 따라 1980년대 후반 이후 「남녀고용평등법」(1987), 「모자복지법」(1989), 「영유아보육법」(1991) 등 일련의 여성관련 복지법이 제정되었다. 특히 1995년에 「여성발전기본법」이 제정됨으로써 일반여성을 대상으로 하는 여성정책의 발전을 가져올 기본틀이 마련되었다. 1980년대에 여성학에서 제기된 성불평등의 타파를 통한 성평등의 실현이라는 여성주의적 입장과 함께 1990년대 후반에 이르러서는 여성의 지위향상과 역할변화에 따라서 부녀복지의 대상을 모든 일반여성으로 해야 한다는 인식이 확산되었고, 여성복지에 대한 요구도 증가하여 일반여성을 위한 복지로 변화되었다.

2015년에는 여성발전기본법이 개정되어 양성평등기본법이 공포되었다. 양성평등기본법은 성평등과 관련된 권리보장과 정부의 책임을 강화하고, 모든 영역에서 평등한 책임과 권리를 공유하는 양성평등사회의 실현을 위한 법이다.

2) 여성복지서비스의 종류

(1) 여성의 취업 및 사회참여 지원서비스

① 육아휴직제

육아휴직제란 근로자의 직장생활과 가정생활의 양립이 가능하도록 하기 위한 사회적 지원제도로서 근로자가 피고용자의 신분을 유지하면서 일정기간 자녀의 양육을 위해 휴직할 수 있도록 하는 제도다. 육아휴직제도는 1987년에 제정된 「남녀고용평등법」에 의해 처음으로 도입되었다. 처음에는 여성근로자만을 대상으로 하였으나 1995년 동법을 개정하여 여성근로자의 배우자인 남성근로자도 선택적으로 육아휴직을 할 수 있도록 대상을 확대하였다.

육아휴직제도의 주요 내용은 육아휴직대상의 남녀근로자로의 확대, 육아휴직근로자에 대한 소득보전을 위한 육아휴직급여 제공, 육아휴직 종료 후 휴직 전과 동일한 업무 또는 동등수준의 임금을 지급하는 직무로의 복귀 보장, 육아휴직기간 중 해고금지, 육아휴직을 이유로 한 불리한 처우금지, 사업주에 대한 벌칙 강화 등이다.

② 여성가장 실업자 취업훈련

고용노동부에서는 1998년부터 저학력, 무기능으로 취업이 어려울 뿐만 아니라 생계유지부담으로 정규 직업훈련에의 참여가 어려운 여성가장 실업자를 대상으로 특별직업훈련을 실시하고 있다. 이혼 · 사별 등의 사유로 배우자가 없거나, 미혼여성으로 부모가 모두 없거나 부모가 모두 부양능력이 없는 여성 등을 대상으로 하고 있으며, 전문직업훈련기관에서 취업이나 창업이 용이한 분야를 중심으로 1년 이내의 훈련을 실시하고 있다. 훈련비 전액이 국고에서 지원되고, 훈련수당으로 교통비와 식비가 지원되며, 재산세가 일정액 이하인 훈련생에게는 가계보조금, 가족수당이 지급된다.

③ 실직 여성가장 자영업 창업 지원

실직한 여성가장은 창업을 원하는 경우가 많으나 보증 · 담보를 확보하기 어려워 금융기관에서 사업자금을 대부받기 곤란한 경우가 많다. 따라서 보증 · 담보문제를 해소해 줌으로써 실직한 여성가장이 쉽게 창업할 수 있도록 하고 있다. 근로복지공단에서 실직 여성가장이 희망하는 점포를 직접 임차하여 사용하도록 함으로써 담보 · 보증 확보의 어려움을 해결하도록 하고 있다.

④ 여성재고용장려금 및 여성가장고용촉진장려금 지원

임신 · 출산 · 육아문제로 퇴직한 여성의 재취업을 지원하기 위하여 1998년부터 여성재고용장려금 지원제도를 도입하고, 재취업이 어려울 뿐 아니라 생계비를 확보하기 어려운 여성가장 실업자의 고용을 촉진하기 위하여 여성가장고용촉진장려금 지원제도를 시행하고 있다. 여성재고용장려금은 임신 · 출산 · 육아를 이유로 퇴직한

여성근로자를 5년 이내에 재고용한 사업주에게 고용보험에서 6개월간 매월 일정액을 지원하며, 여성가장고용촉진장려금은 직업안정기관에 구직을 신청하여 실업기간이 1개월 이상인 여성가장 실업자를 지방노동관서의 취업알선에 의해 채용한 사업주에게 고용보험에서 12개월간 매월 일정액을 지원한다.

⑤ 출산후계속고용지원금제도

기간제 등 비정규직 여성근로자라 하더라도 산전후휴가를 보호받을 수 있는 법적 장치는 있으나 현실적으로 비정규직 여성근로자는 출산하는 경우 산전후휴가에 따른 비용부담, 업무공백 등으로 사업주가 재계약을 기피하는 등 고용이 불안정하다. 따라서 2005년부터 출산후계속고용지원금제도를 신설하여 비정규직 여성근로자에게 지원하고 있다. 이 제도는「근로기준법」규정에 의한 보호휴가 중이거나 임신 34주 이상인 계약직 또는 파견직 여성근로자가 휴가 · 임신기간 중에 근로계약기간 또는 파견계약기간이 종료되는 경우에 계약기간 종료 즉시 1년 이상의 근로계약을 체결하는 사업주에게 매월 일정액을 6개월간 지급하도록 되어 있다.

(2) 저소득 모부자가정에 대한 재가복지서비스

「한부모가족지원법」에 의한 지원대상은 모 또는 부가 18세 미만(취학 시 22세 미만)의 아동을 양육하는 가정으로서 지원기준에 해당되는 저소득 모부자가정이다. 입학금과 수업료를 포함한 자녀학비 지원과 6세 미만 아동에 대한 아동양육비 지원이 있다. 또한 생업기반을 조성하여 조기자립 및 생활안정을 이루도록 사업에 필요한 자금이나 아동교육비, 의료비, 주택자금 등 복지자금을 대여해 주며, 그 금액은 각 복지자금별로 매년 보건복지부장관이 정한다. 국가와 지방자치단체가 운영하는 공공시설 내 매점을 모부자가정에게 우선허가해 주고, 국가와 지방자치단체의 국민주택의 분양과 임대 시 모부자가정에게 일정비율을 우선분양하며, 무주택가정인 경우에 영구임대주택을 우선공급하도록 하고 있다.

(3) 시설보호서비스

① 모자(부자)보호시설

생활이 어려운 모자(부자)가족을 일시적 또는 일정기간 보호하여 생계를 지원하고 퇴소 후 자립기반을 조성하도록 지원하는 것을 목적으로 하는 시설이다. 지원내용은 자녀교육비, 난방비, 공공요금, 부교재 및 교양도서비, 학용품비, 교통비, 아동급식비, 복지자금 융자지원, 보육료 감면, 영구임대주택 입주지원 등이다.

② 모자자립시설

자립이 어려운 모자가족에게 일정기간 동안 주택편의만을 제공하는 것을 목적으로 하는 시설이다. 자녀교육비, 직업훈련비 및 훈련기간 중 생계비지원, 복지자금 융자지원, 영구임대주택 입주지원, 보육지원 등을 한다. 보호기간은 3년 이내이며 2년 범위 내에서 연장 가능하다.

③ 모자일시보호시설

배우자가 있으나 배우자의 학대로 아동의 양육이나 모의 건강에 지장을 초래할 우려가 있는 경우에 일정기간 그 모와 아동을 보호할 목적으로 운영되는 시설이다. 자녀교육비, 부교재 및 교양도서비, 학용품비, 교통비, 아동급식비 등을 지원한다. 보호기간은 6개월 이내이며 3개월 범위 내에서 연장 가능하다.

④ 미혼모자시설

미혼여성이 임신했거나 출산할 경우 안전하게 분만하게 하고 건강이 회복될 때까지 일정기간 보호해 주는 것을 목적으로 하는 시설이다. 입소대상은 미혼의 임산부 및 출산 후 6개월 미만의 보호가 요구되는 여성으로서 분만혜택과 숙식보호를 필요로 하는 여성이다. 보호기간은 1년이며 6개월 범위 내에서 연장 가능하다.

⑤ 미혼모자공동생활가정

출산 후의 미혼모와 해당아동으로 구성된 미혼모자가족이 일정기간 공동으로 가정을 이루어 아동을 양육하고 보호할 수 있도록 지원하는 시설이다. 보호기간은 1년 이내이며 1년 범위 내에서 연장 가능하다.

⑥ 모자(부자)공동생활가정

독립적인 가정생활이 어려운 모자(부자)가족이 일정기간 공동으로 가정을 이루어 생활하면서 자립을 준비할 수 있도록 지원하는 시설이다.

⑦ 미혼모공동생활가정

출산 후 아동을 양육하지 아니하는 미혼모들이 일정기간 공동으로 가정을 이루면서 자립을 준비할 수 있도록 지원하는 시설이다.

(4) 가정폭력 및 성폭력 피해여성을 위한 서비스

1994년에 제정된「성폭력범죄의 처벌 및 피해자보호 등에 관한 법률」과 1997년에 제정된「가정폭력범죄의 처벌 등에 관한 특례법」,「가정폭력방지 및 피해자보호 등에 관한 법률」을 통해 가정폭력과 성폭력에 대한 국가의 개입 근거가 마련되었다.「가정폭력방지 및 피해자보호 등에 관한 법률」에 의하면 국가와 지방자치단체는 모든 개인이 가정에서 안전하고 건강한 삶을 누릴 수 있도록 건전한 가정과 가족제도를 유지·보호하기 위하여 노력하여야 하며, 가정폭력에 대한 실태조사를 실시하여 피해자에 대한 지원서비스를 제공할 의무가 있다. 대표적인 가정폭력 및 성폭력 피해자를 위한 복지서비스로는 24시간 운영하는 여성긴급전화 1366, 가정폭력상담소, 가정폭력 피해자보호시설 등이 있다.

여성긴급전화 1366은 가정폭력·성폭력·성매매 등으로 긴급한 구조·보호 또는 상담을 필요로 하는 여성이 전화를 통해 피해상담을 받을 수 있도록 365일 24시간 운영한다. 피해자에 대하여 1차 긴급상담을 하여 의료기관, 상담기관, 법률구조기관,

보호시설 등과 연계하여 위기개입서비스를 제공하는 기관으로서 여성폭력관련상담소, 보호시설 및 112, 119 등 관련기관과 연계하여 서비스를 제공하고 있다.

가정폭력상담소는 가정폭력의 신고, 가정폭력에 관한 상담을 실시하고, 가정폭력으로 인해 정상적인 가정생활 및 사회생활이 어렵거나 기타 긴급히 보호를 필요로 하는 피해자에 대해 임시보호를 하거나, 의료기관이나 가정폭력 피해자 보호시설로의 인도, 경찰관서 등으로부터 인도받은 피해자의 임시보호, 가정폭력 예방에 관한 홍보, 가정폭력 및 피해에 관한 조사연구 등의 업무를 수행한다.

가정폭력 피해자 보호시설은 가정폭력으로부터 피해자를 보호하기 위해 숙식을 제공하고 일정기간 보호해 주는 시설이다. 여기서는 가정폭력 상담, 피해자 일시보호, 피해자의 신체적·정신적 안정 및 가정복귀 등을 지원한다.

성폭력상담소는 성폭력 피해의 신고 및 이에 관한 상담을 하고, 성폭력 피해 때문에 정상적인 생활이 어렵거나 기타 사정으로 긴급히 보호를 필요로 하는 사람을 병원이나 성폭력 피해자 보호시설로 안내하고, 가해자에 대한 처벌에 관하여 관련기관에 협조와 지원을 요청하고, 성폭력범죄의 방지를 위한 홍보와 성폭력범죄 및 성폭력피해에 관한 조사연구 등의 업무를 수행한다.

성폭력 피해자 보호시설은 성폭력 피해자를 보호함으로써 신체적·정신적 안정회복과 사회복귀를 도모하기 위한 시설이다. 여기서는 성폭력 피해자 의료비 지원, 여성폭력 긴급의료지원센터 운영, 피해자 자활을 위한 무료 직업교육 등을 제공한다.

(5) 성매매 피해여성을 위한 서비스

성매매 피해여성을 위한 복지서비스는 상담센터, 일반지원시설, 청소년지원시설, 외국인 여성지원시설, 자활지원센터 등을 통하여 이루어지고 있다. 일반지원시설과 청소년지원시설에서는 입소자들에게 무료숙식을 제공하고 상담지도와 직업훈련을 통해 성매매 피해여성이 자활할 수 있도록 지원하고 있다. 청소년지원시설은 성매매 피해자 청소년을 대상으로 1년 한도 내에서 숙식을 제공하고 취학을 위한 교육을 제공하거나 교육기관에 취학을 연계하는 업무를 수행한다. 외국인 성매매 피해여성을 대

상으로 하는 외국인여성지원시설은 3개월 한도 내에서 숙식제공과 귀국을 지원한다.

(6) 여성결혼이민자를 위한 서비스

외국여성과 결혼하는 한국남성이 증가함에 따라 결혼이민자가족이 증가하고 있다. 여성결혼이민자는 언어문제, 문화적 차이, 가정폭력, 자녀교육문제, 빈곤 등 다양한 어려움을 겪고 있다.

여성가족부에서는 시 · 도(시 · 군 · 구)에 결혼이민자가족지원센터(건강가정지원센터, NGO, 여성회관, 사회복지관 등)를 선정하고 결혼이민자가족의 안정적인 생활환경 조성과 여성결혼이민자에 대한 사회적 인식개선 등의 사업을 제공하고 있다. 한국어교육, 가족교육, 문화교육, 정보화교육 등을 실시하고, 후원가족 결연, 정서적 · 문화적 지원, 가족생활상담, 정보제공 등을 하고 있다.

우리나라의 여성복지시설의 종류는 〈표 13-1〉과 같다.

표 13-1 여성복지시설의 종류

구분		내용
성매매/가출여성 복지시설	선도보호시설	「성매매방지 및 피해자보호 등에 관한 법률」에 의한 보호처분에 의하여 위탁된 자를 대상으로 선도보호를 행하는 시설과 선도보호조치에 의하여 입소한 자를 대상으로 선도보호를 행하는 복지시설
	일시보호시설	요보호여성에 대한 일시보호와 상담을 행하는 복지시설
	자립자활시설	요보호여성 또는 선도보호시설에서 퇴소한 자 중 사회적응이 곤란하거나 거주할 곳이 없는 자로서 본인이 희망하는 경우 숙식, 직업 알선 등을 제공하여 사회적응을 용이하게 하는 시설
	여성복지상담소	상습적 성매매행위를 하는 자와 성매매행위의 우려가 높은 환경에 처한 자의 선도를 위해 상담을 하는 시설

<table>
<tr><td rowspan="3">성폭력/
가정폭력 피해
여성복지시설</td><td>성폭력 피해
상담소</td><td>성폭력 피해를 신고받거나 이에 관한 상담에 응하고 성폭력피해로 인하여 정상적인 가정생활, 사회생활이 어렵거나 기타 사정으로 긴급히 보호를 필요로 하는 사람을 병원 또는 성폭력 피해자 보호시설로 데려다 주는 등 성폭력피해자를 상담하여 적절한 조치를 함으로써 피해자가 정신적 · 신체적 안정을 찾아 정상적인 사회생활을 하도록 돕는 시설</td></tr>
<tr><td>성폭력 피해자
보호시설</td><td>성폭력 피해자를 일시보호하며 신체적 · 정신적 안정회복과 사회복귀를 돕는 일을 하는 쉼터</td></tr>
<tr><td>요보호여성
긴급피난처</td><td>긴급한 숙식지원이나 정신적 · 육체적 안정과 상담, 치료 등이 필요한 요보호여성(미혼모, 성폭력 피해여성, 학대받는 여성, 재난을 당한 모자가정 등)과 그 자녀가 해당지역에서 여성복지시설의 보호를 받지 못하는 경우 여성복지시설 내에나 인근시설에 긴급피난시키고 상태에 따라 전원 조치하거나 필요한 조치를 하는 시설</td></tr>
<tr><td rowspan="6">한부모가족
복지시설</td><td>모자보호시설</td><td>생활이 어려운 모자가정을 일시 또는 일정기간 수용하여 생계를 보호하고 퇴소 후 자립기반을 조정하도록 지원하는 것을 목적으로 하는 시설</td></tr>
<tr><td>모자자립시설</td><td>자립이 어려운 모자가정에 대하여 주택편의만을 제공하는 시설</td></tr>
<tr><td>미혼모자시설</td><td>미혼여성이 임신 또는 출산한 경우 안전하게 분만하여 심신의 건강을 회복할 때까지 일정기간 보호하는 시설</td></tr>
<tr><td>일시보호시설</td><td>배우자의 물리적 · 정신적 학대로 인하여 아동의 양육이나 모의 건강에 지장을 초래할 우려가 있는 경우 일시적 또는 일정기간 모와 아동 또는 모를 보호하는 시설</td></tr>
<tr><td>한부모가족복지
상담소</td><td>한부모가족에 대한 조사, 지도, 시설입소 등에 관한 상담업무를 수행하는 시설</td></tr>
<tr><td>여성복지관</td><td>모자가정과 미혼여성에 대한 각종 상담을 실시하고 생활지도, 생업지도, 탁아, 직업보도를 행하는 등 모자가정과 미혼여성의 복지를 위한 편의를 종합적으로 제공하는 시설</td></tr>
</table>

3) 여성복지관련법

우리나라에서 여성의 지위향상과 복지증진을 위한 법제도는 1980년대에 들어와서 획기적으로 발전하였다. 1983년에 한국여성개발원(현 한국여성정책연구원)이 설립되었으며, 1987년에「남녀고용평등법」이 제정되었고, 1991년에「영유아보육법」이 제정되었다. 1994년에는「성폭력범죄의 처벌 및 피해자보호 등에 관한 법률」이 제정되었고, 1995년에는 국가 및 사회의 발전에 남녀 공동책임 분담의 이념을 담고 있는「여성발전기본법」이 제정되었으며, 2004년에는「성매매방지특별법」이 제정되었다. 2015년에는 양성평등기본법이 제정되었다.

(1) 양성평등기본법

성평등과 관련된 권리보장과 정부의 책임을 강화하고, 양성평등정책 추진체계의 내실화, 양성평등시책 강화, 양성평등위원회 설치 등을 규정하고, 성인지예산 및 성인지교육 등에 관한 법적 근거를 마련하였다.

(2) 남녀고용평등법

노동시장에서 여성의 취약한 위치와 모성을 보호함으로써 근로여성의 지위향상과 복지증진에 기여함을 목적으로 1987년에 제정된 법으로서 고용에 있어 여성이라는 이유로 남녀를 차별하는 고용관행을 바로잡고, 모성보호를 위해 육아휴직을 제도화하였다. 1995년에 동법을 개정하여 여성근로자를 모집, 채용함에 있어 용모, 키, 체중 등 신체적 조건을 제시하거나 요구하는 것을 금지시켰으며, 2001년에 다시 개정하여 육아휴직제도를 개선하고, 직장 내 성차별 및 성희롱을 해소하기 위해 성희롱 예방교육을 하고 구제절차를 강화하였다. 또한「남녀고용평등법」의 적용범위를 상시 5인 이상 근로자를 사용하는 사업장에서부터 모든 사업장으로 확대하였고, 육아휴직기간 중 해고금지 규정 등을 신설하였다. 2005년 개정에서는 산전후 휴가뿐 아니라 유산, 사산휴가를 사용하는 근로자에 대해서도 휴가기간에 대해 급여를 지급하도록 하였다.

(3) 모성보호관련법

모성보호란 여성의 생리 · 임신 · 출산 및 육아 등 모성기능에 관한 보호를 의미하는 것으로 임산부나 기혼여성은 물론 장래의 임산부인 미혼여성까지 포괄적으로 적용되는 개념이다. 「모성보호관련법」은 모성보호와 관련된 「남녀고용평등법」, 「근로기준법」, 「고용보험법」 3개 법률의 개정안이 통합처리된 것이다.

2001년부터는 산전후휴가를 보장하고 있다. 또한 임신 중인 여성근로자가 임신 16주 이후에 유산이나 사산한 경우 당해 근로자가 청구하면 일정기간의 유산 · 사산휴가를 부여하도록 하였다. 사업주는 유산 · 사산한 근로자의 임신기간이 28주 이상인 경우에는 90일까지 임신 또는 사산한 날로부터 휴가를 부여해야 한다. 유산 · 사산휴가는 자연유산일 경우에 부여함을 원칙으로 하고, 인공임신중절인 경우에는 「모자보건법」 제14조의 규정에 의해 허용되는 경우만 인정한다.

생리휴가제도는 여성근로자가 생리기간 중에 무리하게 근로함으로써 정신적 · 육체적 건강을 해치는 것을 방지하기 위한 것이다. 2003년 개정된 「근로기준법」에서 '여성인 근로자에 대하여 월 1일의 유급생리휴가를 주어야 한다.'는 조항을 '여성인 근로자가 청구하는 경우 월 1일의 생리휴가를 주어야 한다.'로 변경하고 2004년 7월부터 규모가 큰 사업장부터 단계적으로 적용하도록 함에 따라 생리휴가를 유급으로 해야 할 법적 의무가 소멸되었다.

(4) 가정폭력방지법

가정폭력을 방지하기 위한 법으로 가정폭력 가해자에 대한 처벌은 「가정폭력범죄의 처벌 등에 관한 특례법」으로, 가정폭력 피해자에 대한 보호 및 예방조치는 「가정폭력방지 및 피해자보호 등에 관한 특례법」으로 제정되어 1998년 7월부터 시행되고 있다. 「가정폭력방지 및 피해자보호 등에 관한 특례법」은 사회복지 차원에서 가정폭력을 사전에 예방하고, 가정폭력 피해자를 상담소, 보호시설, 치료감호 등을 통하여 보호함으로써 건전한 가정육성을 목적으로 하는 법이다. 「가정폭력범죄의 처벌 등에 관한 특례법」은 가정폭력행위를 범죄행위로 규정하고, 가정폭력범죄를 범한 자에 대

해 보호처분을 행함으로써 가정폭력범죄로 파괴된 가정의 평화와 안정을 회복하고 피해자와 가족구성원의 인권보호를 목적으로 하는 법이다. 가정폭력 피해자뿐 아니라 가정폭력행위를 안 사람은 누구든지 신고할 수 있다. 특히 상담이나 직무를 통해 가정폭력범죄를 알게 된 의료기관이나 가정폭력상담소 대표는 반드시 신고해야 하며, 신고받은 경찰은 즉시 출동하여 폭력행위를 저지하고 피해자를 가정폭력관련 상담소나 보호시설, 의료기관에 인도하는 등의 응급조치를 취해야 한다. 경찰과 검사는 법원의 허가를 얻어 가해자로부터 피해자를 격리하는 임시조치를 취할 수 있다. 또한 가정법원은 가정폭력사범에 대해 폭력행위와 피해정도, 가정평화가 회복될 가능성 등을 조사한 뒤 정도에 따라 최대 6개월간 보호처분을 내릴 수 있다.

(5) 성매매특별법

「성매매알선 등 행위의 처벌에 관한 법률」과 「성매매방지 및 피해자 보호 등에 관한 법률」을 통칭하여 「성매매특별법」이라고 한다. 동법의 가장 큰 특징은 성매매업주와 성 구매 남성에 대한 엄격한 처벌과 피해여성의 인권에 대한 철저한 보호다.

2. 산업복지

1) 산업복지의 정의와 기능

산업화가 진행되면서 근로자 수가 증가하였고, 이에 따라 이전 사회에는 없었던 많은 문제가 발생하게 되었다. 근로자가 경험하는 주된 문제로는 경제적 문제, 산업재해문제, 건강문제 등을 들 수 있다. 산업사회의 출현은 물질적 풍요와 생활안정을 제공해 주었으나 반면에 새로운 문제들을 야기하였으며, 따라서 이에 대한 사회복지대책의 요구가 등장하게 되었다. 산업화의 영향으로 야기된 문제들을 해결하기 위해서는 사회복지제도의 확립과 시행이 필수적이다. 산업복지는 자본주의 시장경제에서 파생되는 노동문제와 사회문제를 해결하려는 노력이므로 이러한 문제들이 심각할수록 산업복지는 더욱 필요해진다.

산업복지(industrial welfare)란 근로자의 삶의 질을 향상시키기 위하여 전문적인 사회복지 지식과 기술을 활용하여 실시되는 사회복지실천이며 사회복지의 한 분야다. 이는 산업이라는 장에서 발생하는 사회적 · 심리적 · 제도적 제반 문제에 효과적으로 대처함으로써 근로자와 그 가족의 복지를 추구하는 사회복지분야다. 산업복지는 개별기업이 수행하는 기업복지, 노동조합이 수행하는 노동자복지, 국가가 수행하는 공공복지를 포함하는 것으로서 국가와 기업과 노동자가 주체가 되어 근로자의 생활수준을 향상하고 복지를 증진시키는 것을 목적으로 하는 활동이다. Barker는 산업복지란 고용조직이나 노동조합 또는 이 양자의 후원 아래 직장 내외에서 근로자의 전체적인 삶의 질을 향상시키기 위해 실시되는 전문사회복지실천이라고 정의하였다. 산업복지는 사용자와 노동자 그리고 이 양자의 후원으로 근로자와 그 가족의 욕구충족을 돕는다.

산업복지와 유사한 개념으로 근로복지와 노동복지가 있다. 사회복지계에서는 주로 산업복지라는 개념을 사용하지만 정부나 노동조합 일부에서는 근로복지라는 개념을, 노동조합이나 노동운동계에서는 노동복지라는 개념을 많이 사용한다. 근로복지라는 개념에는 광의와 협의가 있다. 광의의 근로복지는 근로자와 그 가족의 생활을 안정시키고 향상시키는 모든 것을 포함한다. 이는 실업, 산업재해, 질병, 노후 등 생활상의 불안을 예방하거나 완화하는 것은 물론 임금, 재산형성, 생활설비와 사회서비스, 여가와 문화생활 등 생활향상을 위한 정치, 경제, 사회, 문화 등 거의 모든 분야에서 직간접적으로 이루어지는 물질적 · 정신적 · 객관적 · 주관적 편익이다. 협의의 근로복지는 법적으로 확립된 기본적인 근로조건하에서 사회적으로 결정되는 임금 이외에 추가적으로 근로자의 생활안정과 생활향상에 도움이 되는 직접적이고 객관적인 편익이다.

노동복지라는 개념은 일본에서 도입되어 사용되었는데, 그 내용은 근로복지와 별 차이가 없다. 노동복지는 노동자가 주체가 되어 노동자와 그 가족의 복지를 향상시

키기 위해 조직하는 복지활동이다. 노동복지를 수행하는 주체로서 노동조합을 설정하는 경우에는 노동조합의 계속성과 노동자 주체성이 명확해야 한다.

산업복지는 부익부 빈익빈 현상을 가져온 자본주의의 구조적 문제를 해결하려는 방안의 하나로 나타났다. 부익부 빈익빈 현상은 자본과 노동의 대립을 첨예화하여 사회적 평안을 위협하고, 국민경제 차원에서 생산과 소비의 균형을 깨뜨려서 자본주의를 위기에 처하게 만들었다. 산업복지는 자본가 측에 과도하게 축적되는 부의 일부를 노동자 측에 이전함으로써 한편으로는 생산과 소비의 균형을 도모하고, 다른 한편으로는 노동과 자본의 협력관계를 제도화하여 사회적 평안을 조성하는 장치였다. 그리하여 국가는 자본주의 시장경제의 모순을 해결하기 위해 산업복지를 적극적으로 육성할 의지를 가지게 되었다고 할 수 있다.

산업복지는 기업의 입장에서도 필요하다. 기업은 이해관계를 달리하는 노동과 자본이 결합하여 재화나 서비스를 생산하고 판매하는 기구다. 따라서 노동과 자본은 이해관계의 대립 속에서도 서로 협력하지 않으면 안 된다. 이러한 협력관계를 확립하기 위해서는 기업은 노동자를 기업의 책임 있는 주체로서 기업활동에 능동적으로 참여할 수 있도록 하고, 작업장의 민주화를 위해 노력하며, 기업 차원의 복지를 증대하여 기업에 대한 노동자의 충성을 강화한다.

산업복지의 주요 기능은 다음과 같다.

- 비용절감의 기능: 근로자에게 발생할 수 있는 자연적 또는 산업적 위험에 대비하여 지출되어야 할 비용을 절감하고 기업의 이윤증대에 기여한다. 이 기능은 산업복지의 생산적 측면이 강조된 기능이다.
- 노동력 안정의 기능: 산업복지에 의한 서비스나 급여를 통하여 근로자의 전직의사를 약화시키고 노동력의 안정을 도모한다.
- 노동력 표준화의 기능: 근로자의 욕구를 수렴하여 노동력의 장애요소를 경감시키고 효율적인 노동력 활용을 용이하게 하는 기능이다.
- 박애전달의 기능: 산업조직에서 근로자의 비인간화 요소를 인간화하는 노력이

며, 노동에 대한 비화폐적 보상으로 충분한 책임을 완수하도록 하는 기능이다.

- 사회적 책임의 기능: 기업체는 이윤추구와 함께 지역사회와의 상호협조관계가 불가피하다. 이 기능은 지역사회의 기대에 부응하는 기능이다.

2) 산업복지의 구성요소

(1) 산업복지의 주체

산업복지의 주체로는 국가, 지방공공단체, 기업, 노동조합, 협동조합, 종교단체, 민간단체, 가족 등 다양하나 대표적인 네 주체는 노동조합, 사용자, 정부, 민간단체다. 그러나 일반적으로 노 · 사 · 정의 3자를 산업복지의 핵심주체로 한다.

첫째, 국가와 지방자치단체가 주체가 되어 실시하는 공공산업복지는 1960년대에 「공무원연금법」, 「산업재해보상보험법」이 제정되는 등 1960년대 이후에 생성, 발전되어 왔다. 공공산업복지의 핵심은 건강보험제도, 국민연금제도, 산업재해보상보험제도, 고용보험제도 등 국가가 법률로써 강제로 시행하는 사회보장제도다.

국가가 법을 제정하여 기업이나 노동조합이 근로자와 그 가족의 복지를 증진시키도록 유도하는 퇴직금제도, 사내근로복지기금, 종업원지주제도, 직장보육시설 등과 같은 법적 지원제도도 사회보험과 같은 법정복지는 아니지만 기업복지나 노동복지로는 간주하기 힘든 제도다.

둘째, 사용자가 주체가 되는 기업복지는 기업이 임의로 제공하는 법정 외 복지를 총칭한다. 기업복지는 복지의 제공이 국가에 의해 법적으로 강제되지 않고 고용주에 의해 임의적으로 결정되는 것이다. 우리나라의 기업복지는 1960년대까지는 크게 발달하지 못하였다가 1970년대에 들어서 근로자들의 욕구 증대와 노동시장의 변화에 따라 발달하게 되었다.

기업복지는 기업의 입장에서는 기업복지 혜택을 받는 근로자의 충성을 유도하여 생산성을 향상시키고 고용관계를 안정시키는 효과를 가지며, 근로자의 입장에서는 국가에 의한 공공산업복지가 해결할 수 없는 다양한 욕구를 충족시킬 수 있는 기회를

제공해 준다. 기업복지제도에는 근로자 주거안정프로그램, 식사지원프로그램, 의료 및 보건프로그램, 문화 · 체육 및 오락관련프로그램, 보험료지원프로그램, 경조비 지원제도, 학비보조프로그램, 보육지원프로그램, 근로자 휴양프로그램 등이 있다.

셋째, 노동자가 주체가 되는 자주복지사업은 1920년대 조선노동공제회의 활동에서 그 기원을 찾을 수 있다. 이 공제회는 지식계발, 품위 향상, 저축 장려, 위생 장려, 환난구제, 직업소개, 노동상황의 조사연구 등을 목적으로 활동하였다. 1921년에는 조선노동공제회가 한국 최초의 소비조합을 설립하였다. 1960년대 이후에 노동조합은 조직 확장과 임금 등 기본적인 근로조건의 확보에 주력하여 자주복지활동을 실시해 왔다. 1970년대에는 한국노총이 신용협동조합과 장학활동, 근로회관 운영 등 사회복지사업을 시작하였다. 노동조합의 자주복지활동이 활성화되기 시작한 것은 1980년 「노동조합법」 개정에 의해 법적으로 조합비의 일정액을 사회복지활동에 투입한 이후부터라고 할 수 있다.

(2) 산업복지의 대상

산업복지의 대상은 근로자와 그 가족이다. 근로자는 사업장에서 근로의 대가인 임금을 목적으로 근로를 제공하는 자를 말한다. 근로자는 현재 근로를 하고 있는 사람은 물론이고 취업할 의사를 가진 예비근로자나 실업자를 포괄하는 개념이다.

최초의 임금근로자는 산업혁명을 전후하여 발생되었다. 봉건제의 몰락으로 무사계급과 빈민이 임금근로자로 양산되고 종획운동(enclosure movement)에 의하여 농민이 난민화되었다. 우리나라의 경우 근대적 의미의 임금근로자는 19세기 말에 광산의 채광권을 외국인에게 넘겨 준 뒤 생겨난 광산근로자를 선두로 부두근로자, 운수근로자, 제조업분야 근로자 등의 순으로 발생하였다. 1910년대의 토지조사사업으로 인하여 토지를 수탈당한 많은 농민이 이농하여 임금근로자로 전환되었다.

3) 특수집단을 위한 산업복지

산업복지는 근로자와 그 가족의 복지향상을 위해 국가, 기업, 노동조합이 주체가 되어 실시하는 제도 및 서비스의 체계로 규정된다. 그런데 여기서 말하는 근로자는 주로 평균연령의 정상적인 내국인 남성노동자로 설정되는 경우가 대부분이다. 이러한 통상적인 인식 때문에 정작 노동사회에 참여하고 있는 청소년노동자, 노년층노동자, 여성노동자, 장애인노동자, 이주노동자 등의 문제는 산업복지에서 사각지대로 남는 경우가 많다. 산업복지가 노동할 능력과 의지가 있어서 노동사회에 참여하고 있거나 참여하고자 하는 사람들과 그 가족의 복지를 위한 일련의 제도와 서비스체계라고 한다면 산업복지는 특수집단의 욕구에 부응하여 특수한 형태로 조직될 수 있어야 한다.

(1) 청소년노동자를 위한 산업복지

청소년노동자복지를 증진시키기 위해서는 「근로기준법」상의 보호장치가 제대로 작동할 수 있도록 하는 것이 중요하다. 청소년노동자를 위한 산업복지제도에는 15세 미만 청소년의 취업금지, 유해업소 취업금지, 노동시간 상한규정, 노동착취 방지를 위한 최저임금제도 등이 있다.

(2) 노년층노동자를 위한 산업복지

노년층노동자를 위한 산업복지는 고령화사회에서 특히 중요하다. 우리나라의 경우 정년이 매우 빠른 데 비하여 평균수명이 빠르게 늘어나므로 정년을 연장하는 것이 필요하다. 노년층노동자는 경험이 풍부하고, 관리자적 능력을 발휘할 수 있으며, 3D 업종이나 단순작업에도 잘 종사하고, 직장에 대한 충성도가 높은 장점이 있다. 노년층노동자를 위한 산업복지로 직무설계, 개인차에 따른 능력개발, 정년연장에 따른 직무 및 임금조정프로그램 등을 개발할 필요가 있다.

(3) 여성노동자를 위한 산업복지

여성노동자의 대부분은 저임금직종에 종사하거나 비정규직 노동자로 일하고 있으며 직장일과 가사라는 이중노동에 시달린다. 여성노동자의 복지를 증진시키기 위해서는 자녀의 출산과 양육을 위해 일시적으로 노동시장에서 이탈한 여성이 노동시장에 쉽게 재진입할 수 있도록 여건을 조성하는 것이 중요하다.

(4) 장애인노동자를 위한 산업복지

장애인은 장애로 인해 교육과 취업기회가 제한되어 있다. 장애인으로 하여금 자립생활을 할 수 있게 하기 위해서는 취업할 수 있도록 직업재활을 비롯한 각종 재활대책을 적극적으로 시행하는 것이 필요하다.

(5) 이주노동자를 위한 산업복지

이주노동자를 위한 산업복지활동에는 이들이 사회에 잘 적응할 수 있도록 언어교육, 문화교육 등 필요한 프로그램을 제공하는 것과 이들의 권익을 보호하는 법제도를 마련하는 것이 있다.

3. 학교사회복지

1) 학교사회복지의 정의와 기능

학교사회복지란 학교에서의 적응이 곤란한 원인이 되는 사회적 · 정서적 문제를 가진 학생을 도와주는 활동이다. Johnson은 학교사회복지를 학생 개인이나 학생집단이 학교 내에서 자신의 기능 및 성취에 방해가 되는 사회적 또는 정서적 문제를 극복하도록 돕기 위하여 수행되는 활동이라고 정의하였고, Costin은 학교사회복지란 학교가 학생 개인의 지적 · 사회적 · 정서적 욕구와 문제해결에 관심을 갖도록 도와

주며, 이를 통하여 모든 학생이 학교에서 공평한 교육기회와 성취감을 제공받을 수 있도록 학교현장에서 활동하는 전문적인 사회사업분야라고 정의하였다(임춘식 외, 2007에서 재인용). 학교사회복지는 사회사업의 실천방법을 활용하여 학교의 교육기능과 목적을 달성하도록 도와주는 사회사업의 전문분야다.

학교사회복지가 시작된 1900년대 초에는 가정과 학교를 연계시켜 주는 방문교사의 역할에 초점을 두어 학교사회복지를 정의하였으나, 1900년대 중반부터는 학교부적응 학생의 심리치료와 사회기능 향상에 초점을 둔 정의가 보편화되기 시작하였다.

건전한 인격을 갖춘 민주시민을 길러 내야 하는 교육이 오늘날에는 학생들의 내면보다 외면을 중시하는 비인도적 교육으로 되고 있다. 우리나라는 특히 입시 위주의 교육과 같은 왜곡된 교육풍토로 인하여 학생 개개인의 특성과 가치가 무시되고 있는 실정이다. 학생들은 치열한 경쟁 속에서 학교폭력, 비행 등 많은 문제행동을 나타낸다. 문제학생을 예방하고 상담해 주는 전문적인 상담교사가 질적 · 양적으로 부족하여 제 역할을 수행하는 데 미흡한 실정이다. 따라서 문제학생을 예방하고 치료하는 학교사회복지의 필요성이 증가하고 있다.

학교사회복지의 기능은 사회적 · 정서적 문제를 가진 학생들을 이해하여 교육과정을 계속하는 동안에 각자가 지니고 있는 최대한의 능력을 발휘시켜서 발전과 성장의 기회를 발견하고 각 개인이 학교생활에서 많은 이익을 얻을 수 있도록 필요한 서비스를 제공하는 것이다.

학교사회복지의 구체적인 기능은 다음과 같다.

① 사회적 · 정서적 부적응 징후를 나타내는 문제학생을 조기에 발견하고 예방하는 기능
② 학생들의 잠재적 능력을 최대한 개발시키는 기능
③ 개별지도사업 및 집단지도사업을 통한 직접적인 치료활동을 비롯하여 지역사회의 이용 가능한 자원을 조직하고 동원하는 기능
④ 문제학생의 문제를 해결하여 학교생활에 잘 적응하도록 돕는 기능

⑤ 교사와 학생 간의 관계개선 노력과 학교 내의 문제해결을 위한 팀(심리학자, 정신의학자, 교육책임자)을 구성하여 효과적인 원조관계를 조성하는 기능
⑥ 학교-학부모-지역사회 인사와의 상호협력체계를 조성하는 기능
⑦ 정신건강의 입장에서 학생들에게 장애를 주는 환경적 요소를 개선하고 교육적 분위기를 조성하는 기능
⑧ 청소년문제에 대한 새로운 중재방법을 제공하고 활용하는 기능

미국의 경우 20세기 초반에 인보관에서 활동하던 사회사업가들이 그 지역의 학교를 방문하여 이민자의 아동이나 빈곤아동 같은 요보호학생들에게 사회사업서비스를 제공하는 방문교사 역할을 하였는데, 이것이 학교사회복지의 출발점이 되었다. 초기의 학교사회복지사들은 문제가 있는 아동의 가정을 방문하여 학생의 출석의무를 도울 뿐 아니라 학생이 학업목표를 성취할 수 있도록 도와주는 학교와 가정의 연계자 역할을 수행하였다. 또한 초기의 방문교사들은 지역사회 내의 학교가 변화하는 사회현상과 환경을 이해하고, 이러한 변화에 따르는 교육정책을 수립하고 실행할 수 있도록 도와주는 역할을 수행하였다. 이러한 방문교사제도는 1906년도에서 1907년도 사이에 뉴욕, 보스턴, 하트퍼드의 세 도시에서 각각 독립적으로 처음으로 실시되었으며, 이것이 학교사회복지의 모체가 되었다. 1994년에는 전미학교사회사업협회가 결성되어 전미사회사업가협회와 상호협조하면서 학교사회복지가의 권익과 전문성 향상에 노력하고 있다. 미국에서 학교사회복지사 자격은 사회복지학 석사학위가 요구된다.

우리나라의 경우에는 1990년 중반부터 학교사회복지에 관한 실증적 실험연구가 발표되기 시작하였고, 1994년에는 사회복지학과 학생들이 자원봉사 자격으로 초·중·고등학교에 학교사회복지서비스를 제공하였다. 교육부에서는 1995년부터 몇 개 학교를 선정하여 학교사회복지의 도입을 위한 시범사업과 연구사업을 시행하였다. 교육부가 추진하는 학교사회복지의 시범사업과는 별도로 서울시 교육청에서는 1996년부터 서울의 소수 중·고등학교에서 학교사회복지를 위한 시범사업을 진행하였다. 1997년에는 학교사회복지학회가 창립되었다. 또한 2018년 「사회복지사업법」 개정을 통해 그간 민간자격으로 운영하던 학교사회복지사 자격이 국가자격으로 법제화되었으며, 2020년부터 학교사회복지사 1급 국가자격제도를 시작하여 사회복지사 1급을 취득한 후 보건복지부령으로 정한 수련기관에서 1년 이상, 1,000시간 수련과정을 이수하고 수련평가를 통과한 경우 학교사회복지사 1급 자격을 취득할 수 있도록 하고 있다.

2) 학교사회복지의 대상

모든 학생이 학교사회복지의 대상이 되지만 그중에서도 특히 다음과 같은 문제학생이 주요 대상이 된다.

- 대인관계에 문제가 있는 학생: 폭력행동, 비사교적 행동, 교사나 성인의 권위에 대항하는 행동 등을 하는 학생
- 심리 · 정신적 문제를 가진 학생: 갑작스러운 위기상황을 보이는 학생들로서 우울증, 소외감, 공포, 불안, 자살 기도, 심리적 및 행동적 변화 등을 보이는 학생
- 학교규칙을 위반하는 학생: 장기결석, 등교거부, 잦은 지각, 무단조퇴, 수업불참 등의 행동을 하여 근신, 정학을 받는 학생
- 가정환경문제가 있는 학생: 결손가정, 이혼가정, 재혼가정, 빈곤가정, 입양가정, 소년소녀가정 등의 학생
- 부모가 아동양육에 문제를 보이는 학생: 학대, 방임 등에 노출된 학생
- 학습부진이 나타나는 학생: 학습의욕 저하, 학습 무능력, 학습부진, 학업불량 등으로 학업목표를 달성하지 못하는 학생
- 반사회적 행동을 하는 학생: 폭력, 절도, 가출, 약물남용, 불량서클 가입, 임신 등 비행이나 범죄행위를 하는 학생
- 장애학생: 정신장애, 신체장애 등을 가진 학생

3) 학교사회복지사의 역할

학교사회복지사는 문제를 지닌 아동 및 그 부모에 대한 개별사회사업, 문제아동과의 회합, 교사 및 지역사회기관과의 협력, 교사, 교장, 직원 등과의 협의를 통해 아동을 간접적으로 돕는 일을 한다. 일반아동을 위해서는 학교행정 및 기타 위원회에 참여하고, 부모 또는 교사와 교육활동을 하며, 지역사회계획 단계에서 학교를 대표함으로써 학교와 지역사회를 연결하는 역할을 한다.

Costin은 학교사회복지사의 임무로서 다음과 같은 것을 지적하였다(임춘식 외, 2007에서 재인용).

① 학교사회복지사는 학생들에게 직접적인 교육과 사회복지서비스의 설비를 용이하게 하고 특별한 학생에 대해서는 직접적인 사회사업서비스를 제공해야 한다.

② 학교사회복지사는 특별한 집단의 절박한 욕구에 초점을 두고 이들 학생의 옹호자로서 활동해야 한다.

③ 학교사회복지사는 청소년의 복지에 직접적인 영향을 주는 학교정책을 형성하고 지역사회와의 협력적 관계를 개발하는 것을 돕고, 문제상황과 문제의 복잡성을 학교행정가와 의논해야 한다.

④ 학교사회복지사는 학생들이 자유롭게 배우고 학습할 수 있도록 동기화시키는 분위기를 만드는 데 필요한 기술에 대하여 교사와 상의해야 한다.

⑤ 학교사회복지사는 학생과 그 가족에게 보다 효과적인 지역사회서비스를 촉진시키고, 지역사회자원의 조직화를 돕기 위하여 학교와 사회사업의 분야와 법적 서비스 간에 연락관계를 조성하고 개발해야 한다.

⑥ 학교사회복지사는 학생과 학교에 대한 효과적인 관심을 전하기 위하여 학부모와 지역사회집단을 조직화하고 학교와 지역사회의 관계에서 건설적인 힘으로 활동해야 한다.

⑦ 학교사회복지사는 학생지도를 위한 전문적인 팀(상담가, 심리학자, 간호사 등) 가

운데 학생 측면에서 여러 전문직의 다양한 기술을 협력하게 하는 지도력을 발휘해야 한다.

4) 학교사회복지의 실천모델

(1) 전통적 임상모델

이 모델은 오늘날 미국에서 가장 널리 채택되고 있는 모델로서 정신분석학, 자아심리학, 개별지도에 이론적 근거를 두고 있다. 이 모델은 학교에서의 적응과 학업성취에 장애가 되는 사회 · 심리적 문제에 초점을 두고, 이러한 부적응과 학습장애의 원인이 되는 학생과 가족의 사회 · 정서적 특성을 중시한다. 이 모델에서의 개입은 학생의 행동을 수정하거나 부모의 특성을 변화시킴으로써 학교에 적응하고 학습기회를 효과적으로 활용할 수 있도록 원조하는 것이다. 학교사회복지사의 전략은 학교에서 어려움을 가진 학생과의 개별적 접근, 교사와 다른 학교관련 직원과의 전문적 관계 수립, 부모와의 개별적 접근, 지역사회기관과 함께하는 사업, 지역사회에 학교프로그램을 설명해 주는 것 등이다.

(2) 학교변화모델

이 모델은 일탈이론과 조직이론에 이론적 근거를 두고 있으며, 그 목적은 사회적 · 교육적 배경에서 학생의 능력에 장애가 되는 학교의 역기능적 규범과 조건을 찾아내는 데 있다. 학교환경에 초점을 두고, 학교제도가 학생의 부적응과 학업 미성취의 원인이 된다고 본다. 학교 전체, 즉 학생, 교사, 행정가가 학교사회복지사의 개입을 위한 잠재적 표적이 된다. 학교사회복지사는 학교행정가와 교사가 학습과 적응을 저해하는 학교의 조건을 변화시키도록 돕고, 학생과 그 가족에게 역기능을 제거할 수 있도록 집단지도를 실시한다. 이 모델에서 학교사회복지사는 대변자, 집단촉진자, 자문가, 중재자의 역할을 수행한다.

(3) 지역사회학교모델

이 모델은 지역사회조직이론, 의사소통이론에 이론적 근거를 두고 있으며, 문제의 원인이 빈곤을 포함한 지역사회의 사회적 조건과 문화적 차이에 대한 학교의 이해부족에 있다고 본다. 따라서 지역사회가 학교의 역할을 이해하고 지지하며, 학교가 차별대우를 받는 취약지역의 학생을 지원하는 학교프로그램을 개발할 수 있도록 돕는 것을 목적으로 한다. 또한 학교가 학생들이 교육적 · 사회적 기능과 역량을 발휘하는데 장애가 되는 조건을 시정하여 학생들을 전인적으로 교육시킬 수 있도록 돕는다. 이 모델에서 학교사회복지사는 학교의 역할과 필요성을 지역사회에 알리고 교육하며, 학생들을 위한 학교프로그램을 개발하고 그들의 어려움을 야기시키는 환경을 개선하는 등 지역사회와 학교의 관계를 친밀하게 지속시키는 역할을 수행한다.

(4) 사회적 상호작용모델

이 모델은 체계이론, 의사소통이론에 이론적 근거를 두고 있으며, 학교, 학생, 지역사회 간의 상호작용, 특히 역기능적 관계와 이들 사이에서 일어나는 상호교류의 종류와 질에 관심을 갖고, 대상체계에 대한 옹호보다는 조정에 초점을 둔다. 문제의 원인을 개인과 다양한 체계가 서로 의사소통하고 상호보조하기 위해 행하는 사회적 상호작용의 어려움으로 보고, 학교, 학생, 지역사회 간의 기능적 상호작용을 방해하는 장애를 확인하고 역기능적 상호작용에 변화를 주고, 의사소통을 향상시키고, 상호협조체계를 형성할 수 있도록 한다.

표 13-2 학교사회복지의 실천모델

구분	전통적 임상모델	학교변화모델	지역사회학교모델	사회적 상호작용모델
대상	사회적 또는 정서적 문제를 가진 학생들	학교제도(학교규범과 규칙)	학교를 오해하고 불신하는 빈곤지역사회	학생과 학교 간의 상호작용에 의한 문제
목표	학교와 관련된 사회적·정서적 어려움을 가진 학생들이 보다 효과적으로 기능하도록 한다.	역기능적인 학교 규범과 규칙을 개선한다.	지역사회에 대한 자원을 개발하여 학교가 빈곤학생들을 원조하고, 이들의 박탈된 상태를 경감시킨다.	상호 원조체계의 발전을 촉진하고 상호작용의 장애물을 제거한다.
표적체계	학생과 그 부모	학교 전체	지역사회	상호관계적 분야
문제에 대한 관점	가족, 특히 부모-자녀문제로부터 기인한 아동의 정서적 또는 정신적 어려움	역기능적인 학교 규범과 규칙	빈곤과 기타 사회적 조건	학생-클라이언트의 어려움과 사회환경 상호 간에 발생하는 역기능
사회 사업가의 과업	개별지도, 집단지도, 가족치료를 중심으로 하여 학생, 부모, 선생님을 포함하는 교육직원 간의 기능을 연계한다.	역기능적인 학교 규범과 규칙을 확인하고 선생님, 행정가와 개별적이고 집단적인 협의를 한다.	지역사회조직 활동을 통하여 지역사회와 학교가 상호이해하고 서로 돕고 관련되도록 조장한다.	학생과 환경 간의 문제를 확인하고 상호 간의 목표를 설정하여 의사소통을 향상하고 상호 간의 원조체계를 설립한다.
사회 사업가의 역할	지지적인 협동과 협의	옹호, 협상, 협의, 약물치료	중재, 옹호, out-reach	중재, 협의, 기능자
이론적 기초	심리분석, 심리사회적, 자아심리학, 개별지도방법론	사회과학이론, 특히 일탈이론, 조직적 이론	지역사회-학교개념, 의사소통이론	체계이론, 사회과학이론, 의사소통이론

자료: 임춘식 외(2007). 사회복지학개론. 공동체, p. 431.

4. 교정복지

1) 교정복지의 정의와 원리

교정복지(correctional social work)란 개별사회사업, 집단사회사업, 지역사회사업, 사례관리 등 사회복지실천방법론을 활용하여 범죄인이나 비행청소년이 심리사회적으로 가장 편안한 상태를 유지하면서 사회에 적응해 갈 수 있도록 돕는 활동으로서 비행과 범죄에 관한 사회복지의 한 분야다. 교정이란 교도소 내에서 행해지는 권력적인 행형과 대립되는 개념으로서 결점 등을 바로잡아서 고친다는 뜻이고, 교정사업은 범죄나 비행으로 비뚤어진 사람의 인격을 바로잡아 고치는 일이다. 교정복지는 범죄인이나 비행청소년을 개선, 교화, 재활시킴으로써 재범을 방지하고 사회복귀를 도모하기 위한 공적 및 사적 차원의 조직적 활동이다.

각종 범죄 및 비행의 발생건수를 보면 범죄율이 해마다 증가하고 있다. 특히 청소년비행처럼 범죄가 연소화되어 갈 뿐 아니라 가정 · 사회 · 학교 등 도처에서 반인륜적인 범행이 심각한 실정이다. 많은 국가가 국가재정의 투자와 범죄예방에 노력했음에도 불구하고 범죄율이 감소하지 않고 교도소의 수용자 수도 증가하였다. 이로 인해 교정복지의 중요성이 강조되었고 교도소에서의 교정복지를 우선적으로 실시하고 있다. 사회로부터 격리된 공간에서 엄격한 규칙에 따라 생활하는 사람들에게 수용생활 중에 발생하는 여러 가지 문제의 해결과 출소 후 재범 예방 및 사회적응에 필요한 각종 재활에 필요한 교정복지의 필요성이 점차 증가하게 되었다.

교정복지의 주요 실천현장으로는 경찰, 검찰, 법원, 교정시설, 보호시설, 민간시설, 지역사회 등이 있고, 관련현장으로는 학교, 주민자치센터, 사회복지관, 민간교화단체 등이 있다.

교정복지는 인도주의, 과학주의, 교정의 사회화를 기본원리로 하고 있다.

(1) 인도주의

교정사회복지사는 인도주의에 입각하여 비인도적인 행형제도와 교정제도를 인간화하는 역할을 해야 한다. 범죄자라 할지라도 헌법에 보장된 기본적인 인권을 보장해 주어야 한다.

(2) 과학주의

범죄의 원인 및 범죄자에 대한 과학적인 연구와 분석, 조사, 교정처우 등을 기본으로 삼아 처우의 과학화와 개별화를 중시한다. 과학주의의 한 가지 예는 과학수사다.

(3) 교정의 사회화

사회에 복귀하여 정상적으로 적응하도록 하려면 부자연스러운 환경 속에 고립시키기보다는 사회와 상호작용하게 해야 한다. 재소자에게도 자유를 부여하여 자신에 대한 사항은 스스로 처리하도록 한다. 예를 들어, 개방교도소의 운영, 개방처우 등을 통하여 재소자에 대한 신뢰와 자유를 보장해야 한다.

2) 교정복지의 발달과정

영국은 1960년대에 들어서 교도소에 복지요원을 채용하여 재소자들에게 서비스를 제공하였고, 1970년대에는 복지요원의 업무에 대한 사회복지학적 접근의 필요성에 대한 연구가 많이 나왔다. 미국의 경우 1960년대 중반부터 교정시설과 형사제도분야에서 사회복지사의 필요성을 인식하고 이들의 훈련과 채용 확대를 위해 노력하였다.

우리나라에서는 1961년에 「갱생보호법」이 제정되면서 1978년 이후 보호관찰제도의 도입을 위한 준비로 선도조건부 기소유예제도나 「사회보호법」에 근거한 보호관찰제도 등이 실시되었다. 1986년에는 한국교정화사업연구소(현 한국교정교화연구원)를 설립하여 교정복지의 실제와 연구에 기여하였다. 1988년에는 「보호관찰법」이 제정되면서 교정복지의 역사에 전환기를 맞이하였다. 1995년에는 「갱생보호법」과 「보호

관찰법」을 통합하여 「보호관찰 등에 관한 법률」을 제정하여 그동안 소년 범죄자에게만 적용되던 보호관찰제도를 성인까지 확대 실시함으로써 교정복지사업이 사회복지 차원에서 실천되었다. 1990년 초부터 사회복지관을 중심으로 부적응아동과 비행청소년을 위한 치료프로그램이 시작되었으며 2000년대에 들어서 교정복지가 다소 활성화되었다고 할 수 있다.

우리나라의 경우 비행청소년과 범죄인 재활을 위한 현장에서 사회복지실천적 개입이 부족한 상태이며, 교정복지서비스가 아동보호시설과 사회복지관에서 가장 활발하게 이루어지고 있으며, 사회복지기관과 시설이 교정복지서비스를 단독으로 수행하지 못하고 소년원, 보호관찰소, 학교 등과 공동으로 실시하고 있다.

3) 교정복지의 종류

(1) 시설 내 교정

교도소, 소년원, 감호소와 같은 교정시설에 수용한 후에 교정 · 처우하는 것을 의미한다. 그러나 범죄인을 이러한 시설 내에서 개선하고 교정하는 데는 한계가 있고, 교도소가 범죄인을 양성하는 역기능을 수행하는 측면이 있다. 수용생활 중에 발생하는 인권침해를 비롯한 여러 가지 문제를 해결하고 출소 후 재범 예방과 사회적응에 필요한 교정복지프로그램이 필요하다.

(2) 시설 외 교정

교정시설에 수용되지 않거나 수용된 범죄인을 가석방이나 가퇴원 절차를 거쳐서 만기가 되기 전에 석방하여 사회 내에서 지도, 감독, 후원하여 교정 · 처우하는 것을 의미한다. 일정기간 동안 감독관이 이들의 생활을 감독하고 필요한 도움을 제공하여 정상인으로서 사회에 복귀시키는 것이다. 대표적인 예로 「소년법」에 의거하여 보호관찰제도와 사회봉사명령제도 등을 시행하고 있다.

4) 교정사회복지사의 역할

(1) 상담가 및 치료자 역할

교정복지실천현장에서 사회복지사는 범죄인이나 비행청소년을 위하여 상담하고 치료하는 역할을 수행한다. 상담가 및 치료자 역할은 보호 및 교정기관의 실무자나 비행청소년 및 범죄인 중 어느 한쪽의 욕구로 이루어지기보다 양자의 필요에 의해 정기적이고 지속적으로 수행되어야 한다. 교정사회복지사는 수용자가 교도소 생활에 잘 적응할 수 있도록 도와주어야 한다. 수용자들의 생활이 안정될 수 있도록 도와야 한다. 또한 범죄인의 질병치료에 개입한다. 범죄인 중에는 알코올중독, 약물중독을 비롯한 정신질환 및 신체질환이 있는 경우가 많이 있다. 이러한 수용자의 재활을 위해 정신과 의사, 임상심리사 등의 활동에 참여하여 원조할 수 있다.

(2) 중재자 역할

교정사회복지사는 교정시설 내의 수용자들 간, 수용자와 교정시설 직원들 간, 수용자와 그 가족 간의 원만한 관계를 위해 중재자 역할을 수행한다. 동료 수용자 및 직원들과 좋은 관계를 형성하도록 도와준다. 수용자의 재활을 위해 중요한 것은 수용자와 직원 간의 협력적 관계다.

(3) 안내자 역할

교정사회복지사는 교정시설의 수용자나 비행청소년들을 위해 필요한 정보를 제공하고 나아가야 할 방향을 제시해 주는 안내자 역할을 수행한다.

(4) 교육자 역할

교정사회복지사는 비행청소년 및 범죄인에게 부족한 지식을 채워 주는 교육자 역할을 수행한다.

(5) 대변자 역할

교정사회복지사는 자신의 권리를 자유로이 주장할 수 없는 비행청소년과 범죄인을 위해 이들의 사정을 대변해 주는 대변자 역할을 수행한다.

(6) 조직가 역할

비행청소년과 범죄인의 재활을 위해서는 지역사회의 다양한 인적 · 물적 자원이 필요하며 비행 및 범죄 예방을 위하여 주민의 조직화가 필요하다. 교정사회복지사는 교정시설에서 필요로 하는 자원을 개발하고 관리하는 역할을 해야 하며, 수용자와 그 가족을 위해 봉사할 수 있는 자원봉사자를 발굴하여 지원해야 한다. 교정사회복지사는 조직화기술을 바탕으로 지역사회 주민을 상대로 인적 · 물적 자원을 동원하고 조직하는 조직가 역할을 수행해야 한다.

(7) 개혁가 역할

교정복지실천현장에서 실무가 원칙적으로 이루어지기 위해서는 교정정책의 변화가 필요한 경우가 있다. 교정사회복지사는 교정정책의 개혁을 위하여 정부당국에 대항하는 개혁가 역할을 수행해야 한다.

이 외에도 교정사회복지사는 퇴소한 범죄인을 위하여 사회생활에 잘 적응하도록 지원하는 역할을 수행하며, 보호관찰업무에 협력하고, 비행청소년과 범죄인 가족을 지지하고 돕는 일을 한다. 또한 교정자원봉사자를 관리하고, 수용자를 위한 적합한 프로그램을 개발해야 한다.

교정사회복지사가 갖추어야 할 전문지식과 기술은 교정제도와 교정복지실천현장에 대한 지식, 상담기술, 조직관리 등이다. 사회복지사는 법무부 보호국과 교정국이 관장하는 정책, 행정, 실무 등 전반적인 교정제도를 이해해야 한다. 정부가 비행청소년과 범죄인의 재활을 위해 시행하고 있는 정책과, 이 정책을 실천하려는 업무체계로서의 행정과, 일선에서 일어나는 실무를 명확히 알아야 한다. 또한 교정복지실천현장을 알고 이해해야 한다.

참고문헌

강용규, 김희성, 배은영, 양정하, 오종희, 유용식, 주익수(2007). 사회복지행정론. 경기: 공동체.
공계순, 박현선, 오승환, 이상균, 이현주(2006). 아동복지론. 서울: 학지사.
권중돈(2007). 노인복지론. 서울: 학지사.
김태성, 김진수(2007). 사회보장론. 서울: 청목출판사.
남기민(2005). 현대사회복지학. 경기: 양서원.
남일재, 박형준, 손정일, 신현석, 양정하, 오종희, 오주, 유용식(2006). 사회복지개론. 경기: 공동체.
대한민국정부(2011). 제2차 저출산 · 고령사회기본계획: 새로마지플랜 2015.
박경일, 김경호, 서화정, 윤숙자, 이명현(2010). 사회복지학강의. 경기: 양서원.
박병현(2007). 사회복지정책론. 서울: 학현사.
박옥희(2006a). 장애인복지론. 서울: 학문사.
박옥희(2006b). 사회복지조사론. 서울: 학지사.
박용순(2002). 사회복지개론. 서울: 학지사.
보건복지부(2008a). 다문화가족 생애주기별 맞춤형 지원강화대책.
보건복지부(2008b). 요양보호사 양성지침.
보건복지부(2010). 사회복지시설관리안내.
보건복지부(2014). 보건복지백서.
보건복지부(2015a). 국민기초생활보장사업안내.
보건복지부(2015b). 긴급지원사업안내.
보건복지부(2015c). 노인보건복지사업안내.
보건복지부(2015d). 보건복지통계연보.
보건복지부(2015e). 아동청소년사업안내.

보건복지부(2015f). 의료급여사업안내.

보건복지부(2015g). 자활사업안내.

보건복지부(2015h). 주요업무참고자료.

보건복지부(2016). 장애인복지사업안내.

사회복지고시연구회(2007). 1급 사회복지사 수험서. 경기: 양서원.

양정하, 임광수, 황인옥, 신현석, 박미정, 윤성호(2005). 사회복지정책론. 경기: 양서원.

엄명용, 김성천, 오혜경, 윤혜미(2005). 사회복지실천의 이해. 서울: 학지사.

엄명용, 노충래, 김용석(2005). 사회복지실천기술의 이해. 서울: 학지사.

여성가족부(2010). 한부모가족지원사업안내.

오정수, 류진석(2006). 지역사회복지론. 서울: 학지사.

원석조(2005). 사회복지개론. 경기: 양서원.

원석조(2006). 사회복지정책론. 경기: 공동체.

일본국립사회보장・인구문제연구소(2003). 인구통계자료집.

임춘식, 고수현, 김기덕, 강호성, 강원돈(2007). 사회복지학개론. 경기: 공동체.

장애우권익문제연구소 편(2001). 장애우복지개론. 서울: 나눔의 집.

조홍식, 김인숙, 김혜란, 김혜련, 신은주(2006). 가족복지학. 서울: 학지사.

최일섭, 정은(2006). 현대사회복지의 이해. 경기: 공동체.

최일섭, 최성재(1995). 사회문제와 사회복지. 경기: 나남출판.

최옥채(2006). 교정복지론. 서울: 학지사.

통계청(2006). 장래인구 추계결과.

통계청(2011). 인구주택총조사보고서.

한국사회복지실천학회 편(2005). 사회복지개론. 서울: 유풍출판사.

한국임상사회사업학회(2006). 사회복지개론. 서울: 신정.

한인영, 최현미, 장수미(2006). 의료사회복지실천론. 서울: 학지사.

현외성(2003). 사회복지정책강론. 경기: 양서원.

황성철, 정무성, 강철희, 최재성(2004). 사회복지행정론. 경기: 학현사.

Biestek. F. (1957). *The Casework Relationship*. Chicago: Loyola University Press.

Cowgill, D., & Holmes, L. (1972). *Aging and Modernization*. New York: Appleton-Century-Crofts.

Esping-Andersen, G. (1990). *Three World of Welfare Capitalism.* Cambridge: Polity Press.

Feldman, F., & Scherz, F. (1967). *Family Social Welfare: Helping Troubled Families.* New York: Atherton Press.

Friedlander, W., & Apte, R. (1980). *Introduction to Social Welfare.* NJ: Prentice-Hall.

Gilbert, N., & Terrell, P. (1998). *Dimensions of Social Welfare Policy.* NJ: Prentice-Hall.

Gulick, L., & Urwick, L. (1937). "Notes on the Theory of Organization", in Papers on the Science of Administration.

Johnson, A. (1965). *Encyclopedia of Social Work.* US: NASW.

Marshall, T. (1977). *Class, Citizenship and Social Development.* Chicago: University of Chicago Press.

Mayo, E. (1933). *The Human Problems of an Industrial Civilization.* London: Macmillan.

Mishira, R. (1990). *The Welfare State in Capitalist Society: Policies of Retrenchment and Maintenance in Europe, North America and Australia.* New York: Harvester Wheatsheaf.

Perlman, H. (1957). *Social Casework: A Problem Solving Process.* Chicago: University of Chicago Press.

Pierson, C. (1991). *Beyond the Welfare State: The New Political Economy of Welfare.* Cambridge: Polity Press.

Romanyshin, J. (1971). *Social Welfare: Charity to Justice.* New York: Random House.

Rothman, J., & Tropman, J. (2001). *Strategies of Community Intervention.* New York: Peacock.

Skidmore, R. (1995). *Social Work Administration.* NJ: Prentice-Hall.

Stogdill, R. (1948). Personal Factors Associated with Leadership: A Survey of Literature. *Journal of Psychology, 25,* 37-71.

Taylor, F. (1947). *Scientific Management.* New York: Harper and Row.

WHO (1980). International Classification of Impairments, Disabilities, and Handicap.

Wilensky, H. (1975). *The Welfare State and Equality.* Berkeley: University of California Press.

Wilensky, H., & Lebeaux, C. (1965). *Industrial Society and Social Welfare.* Chicago: The Free Press.

찾아보기

인명

내용

ㅇ

ㅈ

저자 소개

박옥희(Ok-Hee Park)

이화여자대학교 사회학과 졸업(학사)

미국 Iowa State University 사회학과 졸업(석사, 박사)

한국보건사회연구원 책임연구원 역임

현 명지전문대학 사회복지과 교수

[주요 저서]

대중매체와 가족(공저, 양서원, 2000)

사회심리학(공저, 학지사, 2000)

변화하는 사회 다양한 가족(공저, 양서원, 2001)

장애인복지론(학문사, 2001)

조사방법과 엑셀을 이용한 자료분석(공저, 박영사, 2001)

가족의 사회학적 이해(공저, 학지사, 2002)

신사회복지론(공저, 유풍출판사, 2003)

우리 시대 이혼이야기(공저, 양서원, 2005)

21세기 한국가족(공저, 경문사, 2005)

사회복지조사론(학지사, 2006) 외 다수의 저서 및 논문

정민아(Min Ah Jung)

이화여자대학교 사회복지학과 졸업(학사, 석사)

영국 University of Glasgow, Urban Studies 전공(박사)

현 명지전문대학 사회서비스상담복지과 조교수

사회복지학개론(2판)

Introduction to Social Welfare (2nd ed.)

2016년 8월 10일 1판 1쇄 발행
2020년 4월 20일 1판 2쇄 발행
2024년 3월 30일 2판 1쇄 발행

지은이 • 박옥희 · 정민아

펴낸이 • 김진환
펴낸곳 • (주)학지사
04031 서울특별시 마포구 양화로 15길 20 마인드월드빌딩
대표전화 • 02-330-5114 팩스 • 02-324-2345
등록번호 • 제313-2006-000265호

홈페이지 • http://www.hakjisa.co.kr
인스타그램 • https://www.instagram.com/hakjisabook

ISBN 978-89-997-3090-0 93330

정가 23,000원